전면개정 제37회 공인중개사 시험대비 동영상강의 www.pmg.co.kr

김희상 필수서

2차 | 부동산공법

브랜드만족 1위 박문각

2026

합격결정!

박문각 공인중개사

박문각

박문각 공인중개사

PREFACE

이 책의 머리말

제37회 공인중개사 시험을 준비하고 계신
수험생들을 위한 필수서!!

부동산공법은 수험생들에게 공포의 공법이라는 말로 불릴 만큼 용어도 낯설고 내용도 복잡하며 분량도 방대해 접근하기가 어려운 법률입니다. 그런 수험생들의 어려움을 돕고자 핵심적인 논점을 엄선하였고, 연계 학습이 가능하도록 집필하였습니다.

본 교재의 구체적인 특징은 다음과 같습니다.

01 | 부동산공법의 방대한 양을 줄였습니다.
부동산공법은 공부해야 할 분량이 너무 많아서 수험생들에게 어려운 과목으로 인식되어 있지만, 이러한 고민을 해결할 수 있도록 중요한 핵심적인 논점과 포인트를 잡아 구성하여 요약집만으로도 고득점할 수 있도록 집필하였습니다.

02 | 체계도와 연계하여 공부할 수 있도록 구성하였습니다.
수험생들의 부담 중의 하나인 요약집과 체계도를 별도로 공부하여야 하는 시간적인 부담을 최소화할 수 있도록 체계도와 동일한 구성으로 집필하여 빠른 시간에 반복적인 학습을 통하여 본 시험을 준비할 수 있도록 기본에 충실하게 집필하였습니다.

03 | 시험에서 출제되는 문제를 쉽게 해결할 수 있도록 구성하였습니다.
최신 개정법령과 각 단원별 중요 포인트를 선별하여 예상되는 문제의 범위를 최소화함으로써 고난이도의 문제가 출제되더라도 요약집의 범위를 벗어나지 않도록 구성하였습니다. 따라서 수험생들은 본 요약집을 통하여 공인중개사 시험 문제를 쉽게 해결하여 합격할 수 있도록 집필하였습니다.

04 | 부동산공법의 핵심 논점 40제를 부록으로 첨부하였습니다.
수험생들이 휴대하며 편리하게 볼 수 있도록 부록으로 부동산공법의 중요 논점 40제를 압축하여 정리하였습니다. 가볍게 들고 다니며, 언제 어디서나 부동산공법 학습이 가능하고, 머릿속에 내용을 정리할 수 있도록 하였습니다.

본서를 통해 모든 수험생 여러분들이 합격하시기를 진심으로 기원합니다.

2025년 11월 명품공법 김희상

GUIDE

이 책의 구성 및 특징

본문 2단 구성
보다 효율적인 학습이 가능하도록 수험생의 시야 폭을 고려하여 본문을 입체적인 2단으로 구성하여 가독성을 높였습니다.

보충
본문과 관련하여 더 알아두어야 할 내용들을 정리하여 제시함으로써 보다 폭 넓은 학습이 가능하도록 하였습니다.

Chapter 04 대지와 도로

제1절 대 지 제26회, 제27회, 제31회, 제34회, 제35회

1 대지의 안전 등

(1) 대지의 높이
대지는 인접한 도로면보다 낮아서는 아니 된다. 다만, 대지의 배수에 지장이 없거나 건축물의 용도상 방습(防濕)의 필요가 없는 경우에는 인접한 도로면보다 낮아도 된다.

(2) 습지 · 매립지
습한 토지, 물이 나올 우려가 많은 토지, 쓰레기, 그 밖에 이와 유사한 것으로 매립된 토지에 건축물을 건축하는 경우에는 성토(盛土), 지반 개량 등 필요한 조치를 하여야 한다.

(3) 배수시설의 설치
대지에는 빗물과 오수를 배출하거나 처리하기 위하여 필요한 하수관, 하수구, 저수탱크, 그 밖에 이와 유사한 시설을 하여야 한다.

(4) 옹벽의 설치
손궤(損潰 : 무너져 내림)의 우려가 있는 토지에 대지를 조성하려면 옹벽을 설치하거나 그 밖에 필요한 조치를 하여야 한다.

보충⁺ 대지 안의 옹벽 설치
1. 성토 또는 절토하는 부분의 경사도가 1:1.5 이상으로서 높이가 1m 이상인 부분에는 옹벽을 설치할 것
2. 옹벽의 높이가 2m 이상인 경우에는 이를 콘크리트구조로 할 것. 다만, 옹벽에 관한 기술적 기준에 적합한 경우에는 그러하지 아니하다.
3. 옹벽의 외벽면에는 이의 지지 또는 배수를 위한 시설 외의 구조물이 밖으로 튀어나오지 아니하게 할 것

[기출] 쓰레기로 매립된 토지에 건축물을 건축하는 경우 성토, 지반 개량 등 필요한 조치를 하여야 한다. 제25회 ( )
▶ 정답 ○

보충⁺ 경사도

1 : 1.5
1(높이)
1.5(가로)

핵심다지기
토지상환채권의 발행규모
토지상환채권의 발행규모는 그 토지상환채권으로 상환할 토지·건축물이 해당 도시개발사업으로 조성되는 분양토지 또는 분양건축물 면적의 2분의 1을 초과하지 아니하도록 하여야 한다.

② **지급보증**: 민간시행자와 공동출자법인인 시행자는 「은행법」에 따른 은행과 「보험업법」에 따른 보험회사 및 「건설산업기본법」에 따른 공제조합으로부터 지급보증을 받은 경우에만 이를 발행할 수 있다.

③ **지정권자의 승인**: 시행자(지정권자가 시행자인 경우는 제외)는 토지상환채권을 발행하려면 대통령령으로 정하는 바에 따라 토지상환채권의 발행계획을 작성하여 미리 지정권자의 승인을 받아야 한다.

④ **이율**: 토지상환채권의 이율은 발행 당시의 은행의 예금금리 및 부동산 수급 상황을 고려하여 발행자가 정한다. ⇨ 이발

⑤ **발행방법**: 토지상환채권은 기명식 증권으로 한다. ⇨ 양도 가능

(2) 토지상환채권의 이전 등

① **이전과 대항력**: 토지상환채권을 이전하는 경우 취득자는 그 성명과 주소를 토지상환채권원부에 기재하여 줄 것을 요청하여야 하며, 취득자의 성명과 주소가 토지상환채권에 기재되지 아니하면 취득자는 발행자 및 그 밖의 제3자에게 대항하지 못한다.

② **질권설정과 대항력**: 토지상환채권을 질권의 목적으로 하는 경우에는 질권자의 성명과 주소가 토지상환채권원부에 기재되지 아니하면 질권자는 발행자 및 그 밖의 제3자에게 대항하지 못한다.

3 선수금

(1) 시행자는 조성토지 등과 도시개발사업으로 조성되지 아니한 상태의 토지(이하 '원형지'라 한다)를 공급받거나 이용하려는 자로부터 대통령령으로 정하는 바에 따라 해당 대금의 전부 또는 일부를 미리 받을 수 있다.

(2) 시행자(지정권자가 시행자인 경우는 제외)는 해당 대금의 전부 또는 일부를 미리 받으려면 지정권자의 승인을 받아야 한다.

▶ 기출 | 지방자치단체가 시행자인 경우 지급보증 없이 토지상환채권을 발행할 수 있다. 제30회 ( )
▶ 정답 ○

▶ 기출 | 토지상환채권은 질권의 목적으로 할 수 있다. 제24회 ( )
▶ 정답 ×
토지상환채권은 질권의 목적으로 할 수 있다.

▶ 기출 | 시행자는 조성토지를 공급받은 자로부터 해당 대금의 전부를 미리 받을 수 없다. 제26회 ( )
▶ 정답 ×
시행자는 조성토지를 공급받은 자로부터 해당 대금의 전부를 미리 받을 수 있다.

핵심다지기
중요한 내용을 놓치지 않고 암기할 수 있도록 체계적으로 정리하고 구성하여 효율적인 학습이 가능하도록 하였습니다.

암기TIP
암기하고 넘어가야 하는 부동산공법 중요 내용을 쉽게 암기할 수 있도록 암기TIP을 제시하였습니다.

기출OX
실제로 시험에 출제되었던 지문들과 출제예상 지문들을 풍부하게 수록하여 방금 학습한 내용이 실제 시험에서는 어떻게 적용되는지 확인함으로써 문제적응력을 높이고자 하였습니다.

CONTENTS

이 책의 차례

PART 01

국토의 계획 및 이용에 관한 법률

제1장 총 칙	···· 12
제2장 광역계획권 및 광역도시계획	···· 16
제3장 도시·군기본계획	···· 22
제4장 도시·군관리계획	···· 26
제5장 용도지역	···· 38
제6장 용도지구 및 용도구역	···· 45
제7장 기반시설과 도시·군계획시설	···· 56
제8장 지구단위계획구역과 지구단위계획	···· 68
제9장 개발행위의 허가	···· 72
제10장 성장관리계획구역 및 성장관리계획	···· 80
제11장 개발밀도관리구역과 기반시설부담구역	···· 83
제12장 보칙 및 벌칙	···· 88

제1장 개발계획 및 도시개발구역 · · · · 92

제2장 도시개발사업의 시행자 · · · · 98

제3장 실시계획 및 사업시행방식 · · · · 105

제4장 수용방식에 의한 사업시행 · · · · 108

제5장 환지방식에 의한 사업시행 · · · · 113

제6장 비용부담 등 · · · · 119

PART 02

도시개발법

제1장 총 칙 · · · · 124

제2장 기본계획의 수립 및 정비구역의 지정 · · · · 127

제3장 정비사업의 시행 · · · · 138

PART 03

도시 및 주거환경정비법

CONTENTS

이 책의 차례

PART 04 건축법

제1장 용어의 정의 및 적용대상물 ···· 176

제2장 건축법 적용대상 행위 ···· 181

제3장 건축허가 및 건축신고 ···· 187

제4장 대지와 도로 ···· 195

제5장 건축물의 구조 및 면적산정방법 ···· 203

제6장 건축물의 높이제한 및 건축협정 등 ···· 211

PART 05 주택법

제1장 용어의 정의 ···· 224

제2장 사업주체 ···· 229

제3장 주택건설자금 ···· 238

제4장 사업계획승인 및 매도청구 ···· 240

제5장 주택의 공급 및 분양가상한제 · · · · 247

제6장 투기과열지구 및 전매제한 · · · · 252

제7장 공급질서 교란금지 및 리모델링 · · · · 257

제1장 총칙 및 농지의 소유 · · · · 262

제2장 농지의 이용 · · · · 270

제3장 농지의 보전 · · · · 274

PART 06

농지법

박문각 공인중개사

제1장 총 칙
제2장 광역계획권 및 광역도시계획
제3장 도시·군기본계획
제4장 도시·군관리계획
제5장 용도지역
제6장 용도지구 및 용도구역
제7장 기반시설과 도시·군계획시설
제8장 지구단위계획구역과 지구단위계획
제9장 개발행위의 허가
제10장 성장관리계획구역 및 성장관리계획
제11장 개발밀도관리구역과 기반시설부담구역
제12장 보칙 및 벌칙

PART

01

국토의 계획 및 이용에 관한 법률

Chapter 01 총칙

제1절 용어의 정의 제29회, 제30회, 제35회

광역도시계획	광역계획권의 장기발전방향을 제시하는 계획을 말한다.
도시·군계획	특별시·광역시·특별자치시·특별자치도·시 또는 군(광역시의 관할 구역에 있는 군은 제외)의 관할 구역에 대하여 수립하는 공간구조와 발전방향에 대한 계획으로서 도시·군기본계획과 도시·군관리계획으로 구분한다.
도시·군 기본계획	특별시·광역시·특별자치시·특별자치도·시 또는 군의 관할 구역 및 생활권에 대하여 기본적인 공간구조와 장기발전방향을 제시하는 종합계획으로서 도시·군관리계획 수립의 지침이 되는 계획을 말한다.
도시·군 관리계획	특별시·광역시·특별자치시·특별자치도·시 또는 군의 개발·정비 및 보전을 위하여 수립하는 토지이용, 교통, 환경, 경관, 안전, 산업, 정보통신, 보건, 복지, 안보, 문화 등에 관한 다음의 계획을 말한다. ① 용도지역·용도지구의 지정 또는 변경에 관한 계획 ② 개발제한구역, 도시자연공원구역, 시가화조정구역, 수산자원보호구역의 지정 또는 변경에 관한 계획 ③ 기반시설의 설치·정비 또는 개량에 관한 계획 ④ 도시개발사업이나 정비사업에 관한 계획 ⑤ 지구단위계획구역의 지정 또는 변경에 관한 계획과 지구단위계획 ⑥ 도시혁신구역의 지정 또는 변경에 관한 계획과 도시혁신계획 ⑦ 복합용도구역의 지정 또는 변경에 관한 계획과 복합용도계획 ⑧ 도시·군계획시설입체복합구역의 지정 또는 변경에 관한 계획
지구단위계획	도시·군계획 수립대상지역의 일부에 대하여 토지이용을 합리화하고 그 기능을 증진시키며 미관을 개선하고 양호한 환경을 확보하며, 그 지역을 체계적·계획적으로 관리하기 위하여 수립하는 도시·군관리계획을 말한다.
공간재구조화 계획	토지의 이용 및 건축물이나 그 밖의 시설의 용도·건폐율·용적률·높이 등을 완화하는 용도구역의 효율적이고 계획적인 관리를 위하여 수립하는 계획을 말한다.

※참고 법의 목적
이 법은 국토의 이용·개발과 보전을 위한 계획의 수립 및 집행 등에 필요한 사항을 정하여 공공복리를 증진시키고 국민의 삶의 질을 향상시키는 것을 목적으로 한다.

※참고 성장관리계획
성장관리계획구역에서의 난개발을 방지하고 계획적인 개발을 유도하기 위하여 수립하는 계획을 말한다.

도시혁신계획	창의적이고 혁신적인 도시공간의 개발을 목적으로 도시혁신구역에서의 토지의 이용 및 건축물의 용도·건폐율·용적률·높이 등의 제한에 관한 사항을 따로 정하기 위하여 공간재구조화계획으로 결정하는 도시·군관리계획을 말한다.
복합용도계획	주거·상업·산업·교육·문화·의료 등 다양한 도시기능이 융복합된 공간의 조성을 목적으로 복합용도구역에서의 건축물의 용도별 구성비율 및 건폐율·용적률·높이 등의 제한에 관한 사항을 따로 정하기 위하여 공간재구조화계획으로 결정하는 도시·군관리계획을 말한다.
기반시설	다음의 시설로서 대통령령으로 정하는 시설을 말한다. ① 도로·철도·항만·공항·주차장 등 교통시설 ② 광장·공원·녹지 등 공간시설 ③ 유통업무설비, 수도·전기·가스공급설비, 방송·통신시설, 공동구 등 유통·공급시설 ④ 학교·공공청사·문화시설 및 공공필요성이 인정되는 체육시설 등 공공·문화체육시설 ⑤ 하천·유수지·방화설비 등 방재시설 ⑥ 장사시설 등 보건위생시설 ⑦ 하수도, 폐기물처리 및 재활용시설, 빗물저장 및 이용시설 등 환경기초시설
도시·군 계획시설	기반시설 중 도시·군관리계획으로 결정된 시설을 말한다.
광역시설	기반시설 중 광역적인 정비체계가 필요한 다음의 시설로서 대통령령으로 정하는 시설을 말한다. ① 둘 이상의 특별시·광역시·특별자치시·특별자치도·시 또는 군의 관할 구역에 걸쳐 있는 시설 ② 둘 이상의 특별시·광역시·특별자치시·특별자치도·시 또는 군이 공동으로 이용하는 시설
공동구	전기·가스·수도 등의 공급설비, 통신시설, 하수도시설 등 지하매설물을 공동 수용함으로써 미관의 개선, 도로구조의 보전 및 교통의 원활한 소통을 위하여 지하에 설치하는 시설물을 말한다.
도시·군 계획시설사업	도시·군계획시설을 설치·정비 또는 개량하는 사업을 말한다.
도시·군 계획사업	도시·군관리계획을 시행하기 위한 다음의 사업을 말한다. ① 도시·군계획시설사업 ② 「도시개발법」에 따른 도시개발사업 ③ 「도시 및 주거환경정비법」에 따른 정비사업

국가계획	중앙행정기관이 법률에 따라 수립하거나 국가의 정책적인 목적을 이루기 위하여 수립하는 계획 중 도시·군기본계획의 내용(제19조 제1항 제1호부터 제9호까지)이나 도시·군관리계획으로 결정하여야 할 사항이 포함된 계획을 말한다.
용도지역	토지의 이용 및 건축물의 용도, 건폐율, 용적률, 높이 등을 제한함으로써 토지를 경제적·효율적으로 이용하고 공공복리의 증진을 도모하기 위하여 서로 중복되지 아니하게 도시·군관리계획으로 결정하는 지역을 말한다.
용도지구	토지의 이용 및 건축물의 용도·건폐율·용적률·높이 등에 대한 용도지역의 제한을 강화하거나 완화하여 적용함으로써 용도지역의 기능을 증진시키고 경관·안전 등을 도모하기 위하여 도시·군관리계획으로 결정하는 지역을 말한다.
용도구역	토지의 이용 및 건축물의 용도·건폐율·용적률·높이 등에 대한 용도지역 및 용도지구의 제한을 강화하거나 완화하여 따로 정함으로써 시가지의 무질서한 확산방지, 계획적이고 단계적인 토지이용의 도모, 혁신적이고 복합적인 토지활용의 촉진, 토지이용의 종합적 조정·관리 등을 위하여 도시·군관리계획으로 결정하는 지역을 말한다.
개발밀도 관리구역	개발로 인하여 기반시설이 부족할 것으로 예상되나 기반시설을 설치하기 곤란한 지역을 대상으로 건폐율이나 용적률을 강화하여 적용하기 위하여 지정하는 구역을 말한다.
기반시설 부담구역	개발밀도관리구역 외의 지역으로서 개발로 인하여 도로, 공원, 녹지 등 대통령령으로 정하는 기반시설의 설치가 필요한 지역을 대상으로 기반시설을 설치하거나 그에 필요한 용지를 확보하게 하기 위하여 지정·고시하는 구역을 말한다.
기반시설 설치비용	단독주택 및 숙박시설 등 대통령령으로 정하는 시설의 신·증축 행위로 인하여 유발되는 기반시설을 설치하거나 그에 필요한 용지를 확보하기 위하여 부과·징수하는 금액을 말한다.

[기출] 용도지역은 필요한 경우 도시·군기본계획으로 결정할 수 있다. 제35회 ( )

▶ **정답** ×
용도지역은 도시·군관리계획으로 결정할 수 있다.

※참고 「고등교육법」에 따른 학교(대학)는 기반시설부담구역에서 설치가 필요한 기반시설에 해당하지 않는다.

제2절 도시·군계획의 법적 지위

1 국가계획, 광역도시계획 및 도시·군계획의 지위

(1) 도시·군계획은 특별시·광역시·특별자치시·특별자치도·시 또는 군의 관할 구역에서 수립되는 다른 법률에 따른 토지의 이용·개발 및 보전에 관한 계획의 기본이 된다.

(2) 광역도시계획 및 도시·군계획은 국가계획에 부합되어야 하며, 광역도시계획 또는 도시·군계획의 내용이 국가계획의 내용과 다를 때에는 국가계획의 내용이 우선한다. 이 경우 국가계획을 수립하려는 중앙행정기관의 장은 미리 지방자치단체의 장의 의견을 듣고 충분히 협의하여야 한다.

(3) 광역도시계획이 수립되어 있는 지역에 대하여 수립하는 도시·군기본계획은 그 광역도시계획에 부합되어야 하며, 도시·군기본계획의 내용이 광역도시계획의 내용과 다를 때에는 광역도시계획의 내용이 우선한다.

2 부문별 계획의 기준

특별시장·광역시장·특별자치시장·특별자치도지사·시장 또는 군수가 관할 구역에 대하여 다른 법률에 따른 환경·교통·수도·하수도·주택 등에 관한 부문별 계획을 수립할 때에는 도시·군기본계획의 내용에 부합되게 하여야 한다.

3 도시의 지속가능성 평가

국토교통부장관은 도시의 지속가능하고 균형 있는 발전과 주민의 편리하고 쾌적한 삶을 위하여 도시의 지속가능성 및 생활인프라(교육시설, 문화·체육시설, 교통시설 등의 시설로서 국토교통부장관이 정하는 것을 말한다) 수준을 평가할 수 있다.

광역계획권 및 광역도시계획

제1절 광역계획권의 지정 제27회, 제28회, 제29회, 제33회

1 지정권자

국토교통부장관 또는 도지사는 둘 이상의 특별시·광역시·특별자치시·특별자치도·시 또는 군의 공간구조 및 기능을 상호 연계시키고 환경을 보전하며 광역시설을 체계적으로 정비하기 위하여 필요한 경우에는 다음의 구분에 따라 인접한 둘 이상의 특별시·광역시·특별자치시·특별자치도·시 또는 군의 관할 구역 전부 또는 일부를 광역계획권으로 지정할 수 있다.

① 국토교통부장관: 광역계획권이 둘 이상의 특별시·광역시·특별자치시·도 또는 특별자치도(이하 '시·도'라 한다)의 관할 구역에 걸쳐 있는 경우
② 도지사: 광역계획권이 도의 관할 구역에 속하여 있는 경우

※ 참고 지정요청
중앙행정기관의 장, 시·도지사, 시장 또는 군수는 국토교통부장관이나 도지사에게 광역계획권의 지정 또는 변경을 요청할 수 있다.

2 지정대상지역

(1) 원 칙

인접한 둘 이상의 특별시·광역시·특별자치시·특별자치도·시 또는 군의 관할 구역 단위로 지정한다.

(2) 예 외

국토교통부장관 또는 도지사는 인접한 둘 이상의 특별시·광역시·특별자치시·특별자치도·시 또는 군의 관할 구역의 일부를 광역계획권에 포함시키고자 하는 때에는 구·군(광역시의 관할 구역 안에 있는 군을 말한다)·읍 또는 면의 관할 구역 단위로 하여야 한다.

기출 광역계획권은 인접한 둘 이상의 특별시·광역시·시 또는 군의 관할 구역 단위로 지정하여야 하며, 그 관할 구역의 일부만을 광역계획권에 포함시킬 수는 없다. 제27회 ( )

▶ 정답 ×
광역계획권은 인접한 관할 구역의 전부 또는 일부를 대상으로 지정할 수 있다.

3 지정절차

(1) 의견청취 및 심의

① 국토교통부장관은 광역계획권을 지정하거나 변경하려면 관계 시·도지사, 시장 또는 군수의 의견을 들은 후 중앙도시계획위원회의 심의를 거쳐야 한다.

② 도지사가 광역계획권을 지정하거나 변경하려면 관계 중앙행정기관의 장, 관계 시·도지사, 시장 또는 군수의 의견을 들은 후 지방도시계획위원회의 심의를 거쳐야 한다.

(2) 지정통보

국토교통부장관 또는 도지사는 광역계획권을 지정하거나 변경하면 지체 없이 관계 시·도지사, 시장 또는 군수에게 그 사실을 통보하여야 한다.

제2절 광역도시계획 제27회, 제28회, 제29회, 제31회, 제32회, 제36회

1 수립권자

(1) 원칙적 수립권자

국토교통부장관, 시·도지사, 시장 또는 군수는 다음의 구분에 따라 광역도시계획을 수립하여야 한다.

> ① 광역계획권이 같은 도의 관할 구역에 속하여 있는 경우: 관할 시장 또는 군수가 공동으로 수립하여야 한다.
> ② 광역계획권이 둘 이상의 시·도의 관할 구역에 걸쳐 있는 경우: 관할 시·도지사가 공동으로 수립하여야 한다.
> ③ 광역계획권을 지정한 날부터 3년이 지날 때까지 관할 시장 또는 군수로부터 광역도시계획의 승인신청이 없는 경우: 도지사가 수립하여야 한다.
> ④ 국가계획과 관련된 광역도시계획의 수립이 필요한 경우나 광역계획권을 지정한 날부터 3년이 지날 때까지 관할 시·도지사로부터 광역도시계획의 승인신청이 없는 경우: 국토교통부장관이 수립하여야 한다.

[기출] 광역계획권이 둘 이상의 시·도에 걸쳐 있는 경우에는 광역도시계획의 수립권자는 국토교통부장관이다. 제28회 ( )

▶정답 ✕
광역계획권이 둘 이상의 시·도에 걸쳐 있는 경우에는 시·도지사가 공동으로 수립하여야 한다.

기출 국토교통부장관은 시·도지사가 요청하는 경우에도 시·도지사와 공동으로 광역도시계획을 수립할 수 없다. 제28회 ( )

▶ 정답 ✕
국토교통부장관은 시·도지사가 요청하는 경우에는 시·도지사와 공동으로 광역도시계획을 수립할 수 있다.

기출 도지사는 시장 또는 군수가 협의를 거쳐 요청하는 경우에는 단독으로 광역도시계획을 수립할 수 있다. 제31회 ( )

▶ 정답 ○

(2) 예외적 수립권자

다음의 경우에는 공동으로 수립하거나 단독으로 수립할 수 있다.

① 시·도지사가 요청하는 경우와 그 밖에 필요하다고 인정되는 경우 : 국토교통부장관과 관할 시·도지사와 공동으로 수립할 수 있다.
② 시장 또는 군수가 요청하는 경우와 그 밖에 필요하다고 인정하는 경우 : 도지사와 관할 시장 또는 군수가 공동으로 수립할 수 있다. ⇨ 국토교통부장관의 승인(✕)
③ 시장 또는 군수가 협의를 거쳐 요청하는 경우 : 도지사가 단독으로 수립할 수 있다. ⇨ 국토교통부장관의 승인(✕)

2 광역도시계획의 내용

광역도시계획에는 다음의 사항 중 그 광역계획권의 지정목적을 이루는 데 필요한 사항에 대한 정책 방향이 포함되어야 한다.

① 광역계획권의 공간 구조와 기능 분담에 관한 사항
② 광역계획권의 녹지관리체계와 환경 보전에 관한 사항
③ 광역시설의 배치·규모·설치에 관한 사항
④ 경관계획에 관한 사항
⑤ 광역계획권의 교통 및 물류유통체계에 관한 사항
⑥ 광역계획권의 문화·여가공간 및 방재에 관한 사항

3 광역도시계획의 조정

(1) 조정신청

광역도시계획을 공동으로 수립하는 시·도지사는 그 내용에 관하여 서로 협의가 되지 아니하면 공동이나 단독으로 국토교통부장관에게 조정(調停)을 신청할 수 있다.

(2) 재협의 권고

국토교통부장관은 단독(공동 ✕)으로 조정신청을 받은 경우에는 기한을 정하여 당사자 간에 다시 협의를 하도록 권고할 수 있으며, 기한까지 협의가 이루어지지 아니하는 경우에는 직접 조정할 수 있다.

(3) 심 의

국토교통부장관은 조정의 신청을 받거나 직접 조정하려는 경우에는 중앙도시계획위원회의 심의를 거쳐 광역도시계획의 내용을 조정하여야 한다.

(4) 조정결과의 반영

광역도시계획을 수립하는 자는 조정결과를 광역도시계획에 반영하여야 한다.

(5) 도지사의 조정

광역도시계획을 공동으로 수립하는 시장 또는 군수는 그 내용에 관하여 서로 협의가 되지 아니하면 공동이나 단독으로 도지사에게 조정을 신청할 수 있다.

보충⁺ 의견진술
이해관계를 가진 지방자치단체의 장은 중앙도시계획위원회의 회의에 출석하여 의견을 진술할 수 있다.

보충⁺ 준용
도지사가 광역도시계획을 조정하는 경우에는 (2)부터 (4)의 규정을 준용한다.

4 광역도시계획의 수립 및 승인절차

🏠 광역도시계획의 수립·승인절차도

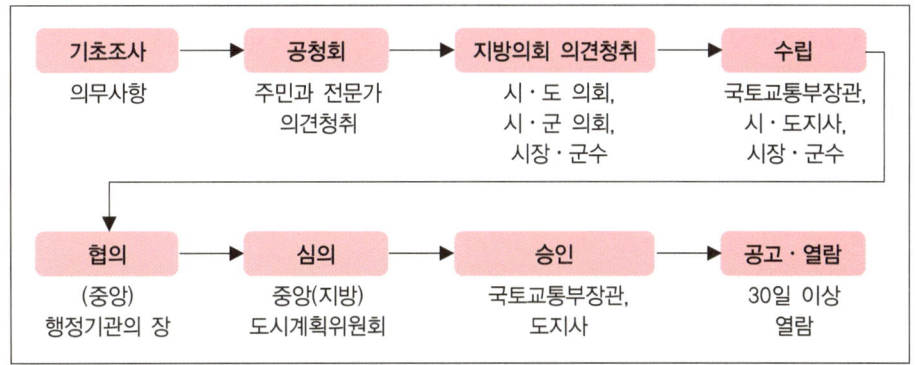

(1) 기초조사

① **의무사항**: 국토교통부장관, 시·도지사, 시장 또는 군수는 광역도시계획을 수립하거나 변경하려면 미리 인구, 경제, 사회, 문화, 토지이용, 환경, 교통, 주택, 그 밖에 대통령령으로 정하는 사항 중 그 광역도시계획의 수립 또는 변경에 필요한 사항을 조사하거나 측량하여야 한다.

② **기초조사정보체계**: 국토교통부장관, 시·도지사, 시장 또는 군수는 기초조사정보체계를 구축한 경우에는 등록된 정보의 현황을 5년마다 확인하고 변동사항을 반영하여야 한다.

기출 시장 또는 군수가 기초조사 정보체계를 구축한 경우에는 등록된 정보의 현황을 5년마다 확인하고 변동사항을 반영하여야 한다.
제32회 ( )

▶정답 ○

(2) **공청회의 개최**
   ① **공청회**(생략 ×) : 국토교통부장관, 시·도지사, 시장 또는 군수는 광역도시계획을 수립하거나 변경하려면 미리 공청회를 열어 주민과 관계 전문가 등으로부터 의견을 들어야 하며, 공청회에서 제시된 의견이 타당하다고 인정하면 광역도시계획에 반영하여야 한다. 이 경우 일간신문, 관보, 공보, 인터넷 홈페이지 또는 방송 등의 방법으로 공청회 개최 예정일 14일 전까지 1회 이상 공고하여야 한다.
   ② **구분 개최** : 공청회는 광역계획권 단위로 개최하되, 필요한 경우에는 광역계획권을 여러 개의 지역으로 구분하여 개최할 수 있다.

(3) **지방의회와 지방자치단체의 의견청취**
   ① **시·도지사, 시장 또는 군수 수립 시** : 시·도지사, 시장 또는 군수는 광역도시계획을 수립하거나 변경하려면 미리 관계 시·도, 시 또는 군의 의회와 관계 시장 또는 군수의 의견을 들어야 한다.
   ② **의견제시기한** : 관계 시·도, 시 또는 군의 의회와 관계 시장 또는 군수는 특별한 사유가 없으면 30일 이내에 시·도지사, 시장 또는 군수에게 의견을 제시하여야 한다.

(4) **승 인**
   ① **국토교통부장관의 승인** : 시·도지사는 광역도시계획을 수립하거나 변경하려면 국토교통부장관의 승인을 받아야 한다. 다만, 도지사가 관할 시장 또는 군수와 공동으로 수립하는 경우와 시장 또는 군수가 협의를 거쳐 요청하여 도지사가 단독으로 수립하는 경우에는 국토교통부장관의 승인을 받지 않아도 된다.
   ② **협의 및 심의**
      ㉠ 국토교통부장관은 광역도시계획을 승인하거나 직접 광역도시계획을 수립 또는 변경하려면 관계 중앙행정기관과 협의한 후 중앙도시계획위원회의 심의를 거쳐야 한다.
      ㉡ 협의요청을 받은 관계 중앙행정기관의 장은 특별한 사유가 없으면 그 요청을 받은 날부터 30일 이내에 국토교통부장관에게 의견을 제시하여야 한다.

③ 도지사의 승인
  ㉠ 시장 또는 군수는 광역도시계획을 수립하거나 변경하려면 도지사의 승인을 받아야 한다.
  ㉡ 도지사가 광역도시계획을 승인하거나 직접 광역도시계획을 수립 또는 변경하려면 위 ②의 협의 및 심의에 관한 규정을 준용한다.

(5) **공고 및 열람**

국토교통부장관은 직접 광역도시계획을 수립 또는 변경하거나 승인하였을 때에는 관계 중앙행정기관의 장과 시·도지사에게 관계 서류를 송부하여야 하며, 관계 서류를 받은 시·도지사는 지체 없이 이를 해당 시·도의 공보와 인터넷 홈페이지에 게재하는 방법으로 그 내용을 공고하며, 관계 서류를 30일 이상 일반이 열람할 수 있도록 하여야 한다.

> [기출] 국토교통부장관은 광역도시계획을 수립하였을 때에는 직접 그 내용을 공고하고 일반이 열람할 수 있도록 하여야 한다. 제31회 ( )
>
> ▶정답 ×
> 국토교통부장관은 광역도시계획을 수립하였을 때에는 시·도지사에게 관계 서류를 송부하여야 하며, 관계 서류를 송부받은 시·도지사는 지체 없이 이를 공고하고 30일 이상 일반이 열람할 수 있도록 하여야 한다.

Chapter 03 도시·군기본계획

제1절 도시·군기본계획의 수립 및 확정(승인) 제27회, 제31회, 제32회, 제33회, 제35회

1 도시·군기본계획의 수립

(1) 수립권자와 대상지역

특별시장·광역시장·특별자치시장·특별자치도지사·시장 또는 군수는 관할 구역에 대하여 도시·군기본계획을 수립하여야 한다. 다만, 시 또는 군의 위치, 인구의 규모, 인구감소율 등을 고려하여 다음의 시 또는 군은 도시·군기본계획을 수립하지 아니할 수 있다.

> ① 「수도권정비계획법」의 규정에 의한 수도권에 속하지 아니하고 광역시와 경계를 같이하지 아니한 시 또는 군으로서 인구 10만명 이하인 시 또는 군
> ② 관할 구역 전부에 대하여 광역도시계획이 수립되어 있는 시 또는 군으로서 해당 광역도시계획에 도시·군기본계획에 포함될 사항이 모두 포함되어 있는 시 또는 군

[기출] 「수도권정비계획법」에 의한 수도권에 속하고 광역시와 경계를 같이하지 아니한 시로서 인구 20만명 이하인 시는 도시·군기본계획을 수립하지 아니할 수 있다. 제32회 ( )

▶ 정답 ✕
「수도권정비계획법」에 의한 수도권에 속하지 아니하고 광역시와 경계를 같이하지 아니한 시로서 인구 10만명 이하인 시는 도시·군기본계획은 수립하지 아니할 수 있다.

(2) 도시·군기본계획의 연계수립

특별시장·광역시장·특별자치시장·특별자치도지사·시장 또는 군수는 지역 여건상 필요하다고 인정되면 인접한 특별시·광역시·특별자치시·특별자치도·시 또는 군의 관할 구역 전부 또는 일부를 포함하여 도시·군기본계획을 수립할 수 있다.

[기출] 시장 또는 군수는 인접한 시 또는 군의 관할 구역을 포함하여 도시·군기본계획을 수립하려면 미리 그 시장 또는 군수와 협의하여야 한다. 제31회 ( )

▶ 정답 ○

(3) 수립내용

도시·군기본계획은 다음의 사항에 대한 정책방향이 포함되어야 한다.

> ① 지역적 특성 및 계획의 방향·목표에 관한 사항
> ② 공간구조 및 인구의 배분에 관한 사항
> ③ 생활권의 설정과 생활권역별 개발·정비 및 보전 등에 관한 사항
> ④ 토지의 이용 및 개발에 관한 사항
> ⑤ 토지의 용도별 수요 및 공급에 관한 사항
> ⑥ 환경의 보전 및 관리에 관한 사항
> ⑦ 기반시설에 관한 사항

[보충+] 생활권계획 수립의 특례
1. 특별시장·광역시장·특별자치시장·특별자치도지사·시장 또는 군수는 생활권별 개발·정비 및 보전 등에 필요한 경우 대통령령으로 정하는 바에 따라 생활권계획을 따로 수립할 수 있다.
2. 생활권계획을 수립할 때에는 도시·군기본계획의 수립 및 확정(승인)절차를 준용한다.
3. 생활권계획이 수립 또는 승인된 때에는 해당 계획이 수립된 생활권에 대해서는 도시·군기본계획이 수립 또는 변경된 것으로 본다.

(4) 수립기준

도시·군기본계획의 수립기준 등은 대통령령으로 정하는 바에 따라 국토교통부장관이 정한다.

2 도시·군기본계획의 수립·확정(승인)절차

▶ 도시·군기본계획의 수립 및 확정(승인)절차도

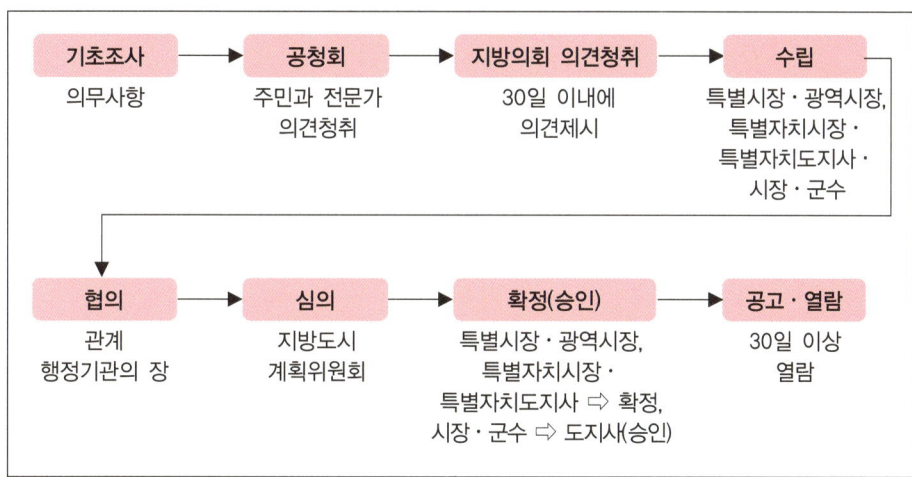

(1) 기초조사 및 공청회

① 도시·군기본계획을 수립하거나 변경하는 경우에는 광역도시계획의 수립을 위한 기초조사·공청회에 관한 규정을 준용한다.

> **핵심 다지기**
>
> **공청회 개최의무**
>
> 특별시장·광역시장·특별자치시장·특별자치도지사·시장 또는 군수는 도시·군기본계획을 수립하거나 변경하는 경우에는 공청회를 생략할 수 없다.

② 시·도지사, 시장 또는 군수는 기초조사의 내용에 국토교통부장관이 정하는 바에 따라 실시하는 토지의 토양, 입지, 활용가능성 등 토지의 적성에 대한 평가(이하 '토지적성평가'라 한다)와 재해취약성에 관한 분석(이하 '재해취약성분석'이라 한다)을 포함하여야 한다.

③ 도시·군기본계획 입안일부터 5년 이내에 토지적성평가를 실시한 경우 등 대통령령으로 정하는 다음의 경우에는 토지적성평가 또는 재해취약성분석을 하지 아니할 수 있다.

> **기출** 도시·군기본계획을 변경하는 경우에는 공청회를 개최하지 아니할 수 있다. 제24회 ( )
>
> ▶ 정답 ✕
> 공청회는 생략할 수 없다.

> [기출] 도시·군기본계획 입안일부터 5년 이내에 토지적성평가를 실시한 경우에는 토지적성평가를 하지 아니할 수 있다. 제31회 ( )
>
> ▶ 정답 ○

핵심 다지기

토지적성평가 또는 재해취약성분석을 생략할 수 있는 경우

1. 토지적성평가를 생략할 수 있는 사유
   ① 도시·군기본계획 입안일부터 5년 이내에 토지적성평가를 실시한 경우
   ② 다른 법률에 따른 지역·지구 등의 지정이나 개발계획 수립 등으로 인하여 도시·군기본계획의 변경이 필요한 경우

2. 재해취약성분석을 생략할 수 있는 사유
   ① 도시·군기본계획 입안일부터 5년 이내에 재해취약성분석을 실시한 경우
   ② 다른 법률에 따른 지역·지구 등의 지정이나 개발계획의 수립 등으로 인하여 도시·군기본계획의 변경이 필요한 경우

(2) 지방의회의 의견청취

① 특별시장·광역시장·특별자치시장·특별자치도지사·시장 또는 군수는 도시·군기본계획을 수립하거나 변경하려면 미리 그 특별시·광역시·특별자치시·특별자치도·시 또는 군 의회의 의견을 들어야 한다.

② 특별시·광역시·특별자치시·특별자치도·시 또는 군의 의회는 특별한 사유가 없으면 30일 이내에 특별시장·광역시장·특별자치시장·특별자치도지사·시장 또는 군수에게 의견을 제시하여야 한다.

(3) 도시·군기본계획의 확정과 승인

① **특별시·광역시·특별자치시·특별자치도의 도시·군기본계획의 확정(승인 ×)**

㉠ 특별시장·광역시장·특별자치시장 또는 특별자치도지사는 도시·군기본계획을 수립하거나 변경하려면 관계 행정기관의 장(국토교통부장관을 포함)과 협의한 후 지방도시계획위원회의 심의를 거쳐야 한다.

㉡ 협의요청을 받은 관계 행정기관의 장은 특별한 사유가 없으면 그 요청을 받은 날부터 30일 이내에 특별시장·광역시장·특별자치시장 또는 특별자치도지사에게 의견을 제시하여야 한다.

㉢ 특별시장·광역시장·특별자치시장 또는 특별자치도지사는 도시·군기본계획을 수립하거나 변경한 경우에는 관계 행정기관의 장에게 관계 서류를 송부하여야 하며, 그 계획을 공고하고 일반인이 30일 이상 열람할 수 있도록 하여야 한다.

> [기출] 특별시장·광역시장·특별자치시장 또는 특별자치도지사는 도시·군기본계획을 변경하려면 관계 행정기관의 장(국토교통부장관을 포함)과 협의한 후 지방도시계획위원회의 심의를 거쳐야 한다. 제32회 ( )
>
> ▶ 정답 ○

② 시·군의 도시·군기본계획의 승인
  ㉠ 시장 또는 군수는 도시·군기본계획을 수립하거나 변경하려면 대통령령으로 정하는 바에 따라 도지사의 승인을 받아야 한다.
  ㉡ 도지사는 도시·군기본계획을 승인하려면 관계 행정기관의 장과 협의한 후 지방도시계획위원회의 심의를 거쳐야 한다.
  ㉢ 협의요청을 받은 관계 행정기관의 장은 특별한 사유가 없으면 그 요청을 받은 날부터 30일 이내에 도지사에게 의견을 제시하여야 한다.
  ㉣ 도지사는 도시·군기본계획을 승인하면 관계 행정기관의 장과 시장 또는 군수에게 관계 서류를 송부하여야 하며, 관계 서류를 받은 시장 또는 군수는 그 계획을 공고하고 일반인이 30일 이상 열람할 수 있도록 하여야 한다.

> [기출] 시장 또는 군수는 도시·군기본계획을 변경하려면 도지사와 협의한 후 지방도시계획위원회의 심의를 거쳐야 한다. 제31회 ( )
>
> ▶ 정답 ×
> 시장 또는 군수는 도시·군기본계획을 수립하거나 변경하려면 도지사의 승인을 받아야 한다. 도지사는 도시·군기본계획을 승인하려면 관계 행정기관의 장과 협의한 후 지방도시계획위원회의 심의를 거쳐야 한다.

제2절 도시·군기본계획의 정비 제27회, 제31회, 제32회

1 타당성검토

특별시장·광역시장·특별자치시장·특별자치도지사·시장 또는 군수는 5년마다 관할 구역의 도시·군기본계획에 대하여 그 타당성을 전반적으로 재검토하여 정비하여야 한다.

> [기출] 특별시장·광역시장·특별자치시장·특별자치도지사·시장 또는 군수는 5년마다 관할 구역의 도시·군기본계획에 대하여 그 타당성을 전반적으로 재검토하여 정비하여야 한다. 제27회, 제31회, 제32회 ( )
>
> ▶ 정답 ○

2 상위계획과의 관계

특별시장·광역시장·특별자치시장·특별자치도지사·시장 또는 군수는 도시·군기본계획의 내용에 우선하는 광역도시계획의 내용 및 도시·군기본계획에 우선하는 국가계획의 내용을 도시·군기본계획에 반영하여야 한다.

Chapter 04 도시·군관리계획

제1절 도시·군관리계획의 입안 제27회, 제28회, 제29회, 제30회, 제32회, 제34회, 제35회, 제36회

1 도시·군관리계획의 입안권자

(1) **원칙**: 특별시장·광역시장·특별자치시장·특별자치도지사·시장 또는 군수

① **단독입안**: 특별시장·광역시장·특별자치시장·특별자치도지사·시장 또는 군수는 관할 구역에 대하여 도시·군관리계획을 입안하여야 한다(예외 ×).

② **연계입안**: 특별시장·광역시장·특별자치시장·특별자치도지사·시장 또는 군수는 다음의 어느 하나에 해당하면 인접한 특별시·광역시·특별자치시·특별자치도·시 또는 군의 관할 구역 전부 또는 일부를 포함하여 도시·군관리계획을 입안할 수 있다.

> ㉠ 지역 여건상 필요하다고 인정하여 미리 인접한 특별시장·광역시장·특별자치시장·특별자치도지사·시장 또는 군수와 협의한 경우
> ㉡ 인접한 특별시·광역시·특별자치시·특별자치도·시 또는 군의 관할 구역을 포함하여 도시·군기본계획을 수립한 경우

> **보충⁺ 공동입안**
> 인접한 특별시·광역시·특별자치시·특별자치도·시 또는 군의 관할 구역에 대한 도시·군관리계획은 관계 특별시장·광역시장·특별자치시장·특별자치도지사·시장 또는 군수가 협의하여 공동으로 입안하거나 입안할 자를 정한다.

(2) **예 외**

① **국토교통부장관**: 국토교통부장관(수산자원보호구역의 경우 해양수산부장관)은 다음의 어느 하나에 해당하는 경우에는 직접 또는 관계 중앙행정기관의 장의 요청에 의하여 도시·군관리계획을 입안할 수 있다.

> ㉠ **국가계획**과 관련된 경우
> ㉡ 둘 이상의 **시·도**에 걸쳐 지정되는 용도지역·용도지구 또는 용도구역과 둘 이상의 시·도에 걸쳐 이루어지는 사업의 계획 중 도시·군관리계획으로 결정하여야 할 사항이 있는 경우
> ㉢ 특별시장·광역시장·특별자치시장·특별자치도지사·시장 또는 군수가 조정기한까지 국토교통부장관의 도시·군관리계획 조정요구에 따라 도시·군관리계획을 정비하지 아니하는 경우

② **도지사**: 도지사는 다음의 어느 하나에 해당하는 경우에는 직접 또는 시장이나 군수의 요청에 의하여 도시·군관리계획을 입안할 수 있다.

> ㉠ 둘 이상의 시·군에 걸쳐 지정되는 용도지역·용도지구 또는 용도구역과 둘 이상의 시·군에 걸쳐 이루어지는 사업의 계획 중 도시·군관리계획으로 결정하여야 할 사항이 포함되어 있는 경우
> ㉡ 도지사가 직접 수립하는 사업의 계획으로서 도시·군관리계획으로 결정하여야 할 사항이 포함되어 있는 경우

2 도시·군관리계획 입안의 기준

(1) 상위계획과의 관계

도시·군관리계획은 광역도시계획과 도시·군기본계획(생활권계획을 포함한다)에 부합되어야 한다.

(2) 수립기준

도시·군관리계획의 수립기준, 도시·군관리계획도서 및 계획설명서의 작성기준·작성방법 등은 대통령령으로 정하는 바에 따라 국토교통부장관이 정한다.

보충⁺ 차등적 입안
도시·군관리계획은 계획의 상세정도, 도시·군관리계획으로 결정하여야 하는 기반시설의 종류 등에 대하여 도시 및 농·산어촌 지역의 인구밀도, 토지 이용의 특성 및 주변상황 등을 고려하여 차등을 두어 입안하여야 한다.

3 도시·군관리계획 입안의 제안

(1) 제안대상

주민(이해관계자를 포함)은 다음의 사항에 대하여 도시·군관리계획을 입안할 수 있는 자에게 도시·군관리계획의 입안을 제안할 수 있다. 이 경우 제안서에는 도시·군관리계획도서와 계획설명서를 첨부하여야 한다.

> ① 기반시설의 설치·정비 또는 개량에 관한 사항
> ② 지구단위계획구역의 지정 및 변경과 지구단위계획의 수립 및 변경에 관한 사항
> ③ 산업·유통개발진흥지구의 지정 및 변경에 관한 사항
> ④ 용도지구 중 해당 용도지구에 따른 건축물이나 그 밖의 시설의 용도·종류 및 규모 등의 제한을 지구단위계획으로 대체하기 위한 용도지구의 지정 및 변경에 관한 사항
> ⑤ 도시·군계획시설입체복합구역의 지정 및 변경과 도시·군계획시설입체복합구역의 건축제한·건폐율·용적률·높이 등에 관한 사항

기출 산업·유통개발진흥지구의 지정 및 변경에 관한 사항은 입안제안의 대상에 해당하지 않는다. 제30회 ( )

▶**정답** ✕
산업·유통개발진흥지구의 지정 및 변경에 관한 사항은 입안제안의 대상에 해당한다.

(2) 토지소유자의 동의

도시·군관리계획의 입안을 제안하려는 자는 다음의 구분에 따라 토지소유자의 동의를 받아야 한다. 이 경우 동의대상 토지면적에서 국·공유지는 제외한다.

> ① 기반시설의 설치·정비 또는 개량에 관한 사항: 토지면적의 5분의 4 이상
> ② 지구단위계획구역의 지정 및 변경과 지구단위계획의 수립 및 변경에 관한 사항: 토지면적의 3분의 2 이상
> ③ 산업·유통개발진흥지구의 지정 및 변경에 관한 사항: 토지면적의 3분의 2 이상
> ④ 용도지구에 따른 건축물이나 그 밖의 시설의 용도·종류 및 규모 등의 제한을 지구단위계획으로 대체하기 위한 용도지구의 지정 및 변경에 관한 사항: 토지면적의 3분의 2 이상
> ⑤ 도시·군계획시설입체복합구역의 지정 및 변경과 도시·군계획시설입체복합구역의 건축제한·건폐율·용적률·높이 등에 관한 사항: 토지면적의 5분의 4 이상

(3) 개발진흥지구의 지정요건

산업·유통개발진흥지구의 지정을 제안할 수 있는 대상지역은 다음의 요건을 모두 갖춘 지역으로 한다.

> ① 대상지역의 면적은 1만m^2 이상 3만m^2 미만일 것
> ② 대상지역이 자연녹지지역·계획관리지역 또는 생산관리지역일 것
> ③ 대상지역의 전체 면적에서 계획관리지역의 면적이 차지하는 비율이 100분의 50 이상일 것

(4) 결과통보

도시·군관리계획 입안의 제안을 받은 국토교통부장관, 시·도지사, 시장 또는 군수는 제안일부터 45일 이내에 도시·군관리계획 입안에의 반영 여부를 제안자에게 통보하여야 한다. 다만, 부득이한 사정이 있는 경우에는 1회에 한하여 30일을 연장할 수 있다.

(5) 비용부담

도시·군관리계획의 입안을 제안받은 자는 제안자와 협의하여 제안된 도시·군관리계획의 입안 및 결정에 필요한 비용의 전부 또는 일부를 제안자에게 부담시킬 수 있다.

[기출] 도시·군관리계획의 입안을 제안하려는 자가 토지소유자의 동의를 받아야 하는 경우 국·공유지는 동의대상 토지면적에서 제외된다. 제30회 ( )

▶ 정답 ○

[기출] 주민은 상업지역에 산업·유통개발진흥지구를 지정하여 줄 것을 내용으로 하는 도시·군관리계획의 입안을 제안할 수 있다. 제35회 ( )

▶ 정답 ✕
주민은 상업지역에 산업·유통개발진흥지구를 지정하여 줄 것을 내용으로 하는 도시·군관리계획의 입안을 제안할 수 없다.

[기출] 도시·군관리계획의 입안을 제안받은 자는 제안된 도시·군관리계획의 입안 및 결정에 필요한 비용의 전부 또는 일부를 부담시킬 수 있다. 제30회 ( )

▶ 정답 ○

4 도시·군관리계획의 입안절차

🏠 도시·군관리계획의 입안 및 결정절차

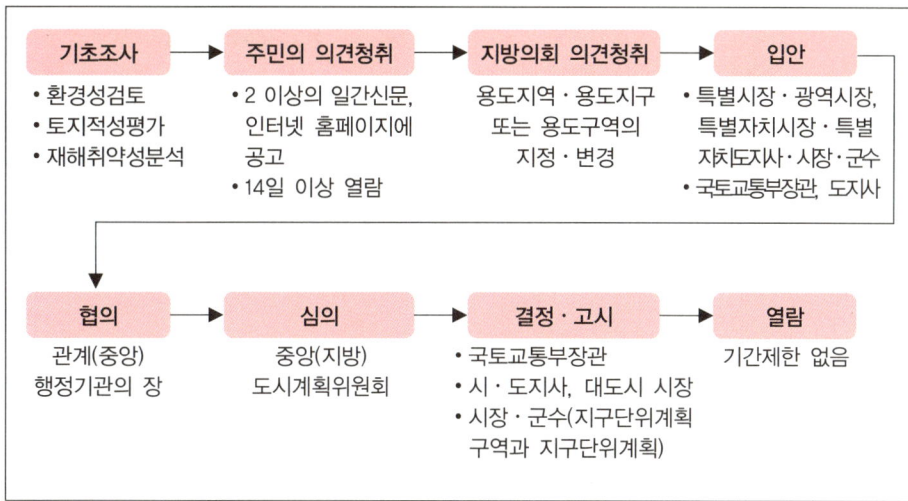

(1) **기초조사**

① **기초조사의 의무**: 도시·군관리계획을 입안하는 경우에는 광역도시계획 수립을 위한 기초조사에 관한 규정을 준용한다. 다만, 경미한 사항을 입안하는 경우에는 그러하지 아니하다.

② **환경성검토**: 국토교통부장관, 시·도지사, 시장 또는 군수는 기초조사의 내용에 도시·군관리계획이 환경에 미치는 영향 등에 대한 환경성검토를 포함하여야 한다.

③ **토지적성평가와 재해취약성분석**: 국토교통부장관, 시·도지사, 시장 또는 군수는 기초조사의 내용에 토지적성평가와 재해취약성분석을 포함하여야 한다.

④ **기초조사 등의 생략**: 도시·군관리계획으로 입안하려는 지역이 도심지에 위치하거나 개발이 끝나 나대지가 없는 등 다음의 요건에 해당하면 기초조사, 환경성검토, 토지적성평가 또는 재해취약성분석을 하지 아니할 수 있다.

> **기출** 도시·군관리계획을 입안할 때 해당 지구단위계획구역 안의 나대지 면적이 구역 면적의 2%에 미달하는 경우에는 환경성검토와 토지적성평가를 실시하여야 한다.
> 제27회 ( )
>
> ▶ 정답 ✕
> 도시·군관리계획을 입안할 때 해당 지구단위계획구역 안의 나대지 면적이 구역 면적의 2%에 미달하는 경우에는 환경성검토와 토지적성평가를 실시하지 아니할 수 있다.

핵심 다지기

기초조사 등의 생략 가능 사유

1. **환경성검토, 토지적성평가, 재해취약성분석을 생략할 수 있는 사유**
   ① 해당 지구단위계획구역이 도심지(상업지역과 상업지역에 연접한 지역을 말한다)에 위치하는 경우
   ② 해당 지구단위계획구역 안의 나대지 면적이 구역 면적의 2%에 미달하는 경우
   ③ 해당 지구단위계획구역 또는 도시·군계획시설부지가 다른 법률에 따라 지역·지구 등으로 지정되거나 개발계획이 수립된 경우
   ④ 해당 지구단위계획구역의 지정목적이 해당 구역을 정비 또는 관리하고자 하는 경우로서 지구단위계획의 내용에 너비 12m 이상 도로의 설치계획이 없는 경우
   ⑤ 기존의 용도지구를 폐지하고 지구단위계획을 수립 또는 변경하여 그 용도지구에 따른 건축물이나 그 밖의 시설의 용도·종류 및 규모 등의 제한을 그대로 대체하려는 경우
   ⑥ 해당 도시·군계획시설의 결정을 해제하려는 경우

2. **환경성검토를 생략할 수 있는 사유**
   ① 위 1.의 ①부터 ⑥까지의 어느 하나에 해당하는 경우
   ② 「환경영향평가법」에 따른 전략환경영향평가 대상인 도시·군관리계획을 입안하는 경우

3. **토지적성평가를 생략할 수 있는 사유**
   ① 위 1.의 ①부터 ⑥까지의 어느 하나에 해당하는 경우
   ② 도시·군관리계획 입안일부터 5년 이내에 토지적성평가를 실시한 경우
   ③ 주거지역·상업지역 또는 공업지역에 도시·군관리계획을 입안하는 경우
   ④ 법 또는 다른 법령에 따라 조성된 지역에 도시·군관리계획을 입안하는 경우
   ⑤ 개발제한구역 안에 기반시설을 설치하는 경우
   ⑥ 「도시개발법」에 따른 도시개발사업의 경우
   ⑦ 지구단위계획구역 또는 도시·군계획시설부지에서 도시·군관리계획을 입안하는 경우

4. **재해취약성분석을 생략할 수 있는 사유**
   ① 위 1.의 ①부터 ⑥까지의 어느 하나에 해당하는 경우
   ② 도시·군관리계획 입안일부터 5년 이내에 재해취약성분석을 실시한 경우

(2) 주민 및 지방의회의 의견청취

① **주민의 의견청취**: 국토교통부장관, 시·도지사, 시장 또는 군수는 도시·군관리계획을 입안할 때에는 주민의 의견을 들어야 하며, 그 의견이 타당하다고 인정되면 도시·군관리계획안에 반영하여야 한다. 다만, 국방상 또는 국가안전보장상 기밀을 지켜야 할 필요가 있는 사항(관계 중앙행정기관의 장이 요청하는 것만 해당)이거나 경미한 사항(도시지역 축소에 따른 용도지역·용도지구·용도구역 또는 지구단위계획구역의 변경)인 경우에는 그러하지 아니하다.

> ⊙ **공고 및 열람**: 특별시장·광역시장·특별자치시장·특별자치도지사·시장 또는 군수는 도시·군관리계획의 입안에 관하여 주민의 의견을 청취하고자 하는 때에는 도시·군관리계획안의 주요내용을 전국 또는 해당 특별시·광역시·특별자치시·특별자치도·시 또는 군의 지역을 주된 보급지역으로 하는 2 이상의 일간신문과 해당 특별시·광역시·특별자치시·특별자치도·시 또는 군의 인터넷 홈페이지 등의 매체와 국토교통부장관이 구축·운영하는 국토이용정보체계에 공고하고 도시·군관리계획안을 14일 이상 일반이 열람할 수 있도록 하여야 한다.
>
> ⊙ **의견제출**: 공고된 도시·군관리계획안의 내용에 대하여 의견이 있는 자는 열람기간 내에 특별시장·광역시장·특별자치시장·특별자치도지사·시장 또는 군수에게 의견서를 제출할 수 있다.
>
> ⊙ **결과통보**: 국토교통부장관, 시·도지사, 시장 또는 군수는 제출된 의견을 도시·군관리계획안에 반영할 것인지 여부를 검토하여 그 결과를 열람기간이 종료된 날부터 60일 이내에 해당 의견을 제출한 자에게 통보하여야 한다.

② **지방의회의 의견청취**: 국토교통부장관, 시·도지사, 시장 또는 군수는 도시·군관리계획을 입안하려면 용도지역·용도지구 또는 용도구역의 지정 또는 변경지정 등에 대하여 해당 지방의회의 의견을 들어야 한다. 다만, 도시지역의 축소에 따른 용도지역·용도지구·용도구역 또는 지구단위계획구역의 변경은 지방의회의 의견청취절차를 생략할 수 있다.

5 입안의 특례(동시입안)

국토교통부장관, 시·도지사, 시장 또는 군수는 도시·군관리계획을 조속히 입안해야 할 필요가 있다고 인정되면 광역도시계획이나 도시·군기본계획을 수립할 때 도시·군관리계획을 함께 입안할 수 있다.

보충⁺ 주민 의견청취의 생략
국방상·국가안전보장상 기밀을 지켜야 할 필요가 있는 사항(관계 중앙행정기관의 장이 요청하는 것만 해당)이거나 대통령령으로 정하는 경미한 사항(도시지역의 축소에 따른 용도지역·용도지구·용도구역 또는 지구단위계획구역의 변경인 경우)인 경우에는 주민의 의견청취를 생략할 수 있다.

[기출] 도시지역의 축소에 따른 용도지역의 변경을 도시·군관리계획으로 입안하는 경우에는 주민 및 지방의회의 의견청취절차를 생략할 수 있다. 제26회 ( )

▶ 정답 ○

[기출] 광역도시계획이나 도시·군기본계획을 수립할 때 도시·군관리계획을 함께 입안할 수 없다. 제35회 ( )

▶ 정답 ✕
광역도시계획이나 도시·군기본계획을 수립할 때 도시·군관리계획을 함께 입안할 수 있다.

제2절 도시·군관리계획의 결정 제27회, 제28회, 제29회, 제30회, 제31회, 제32회

1 도시·군관리계획의 결정

(1) 도시·군관리계획의 결정권자

① **원칙**: 시·도지사 또는 대도시 시장

도시·군관리계획은 시·도지사가 직접 또는 시장·군수의 신청에 따라 결정한다. 다만, 「지방자치법」에 따른 서울특별시와 광역시 및 특별자치시를 제외한 인구 50만 이상의 대도시(이하 '대도시'라 한다)의 경우에는 해당 대도시 시장이 직접 결정하고, 시장 또는 군수가 입안한 지구단위계획구역의 지정·변경과 지구단위계획의 수립·변경에 관한 도시·군관리계획은 해당 시장 또는 군수가 직접 결정한다.

② **예외**: 다음의 도시·군관리계획은 국토교통부장관(㉣의 경우에는 해양수산부장관)이 결정한다.

> ㉠ 국토교통부장관이 입안한 도시·군관리계획
> ㉡ 개발제한구역의 지정 및 변경에 관한 도시·군관리계획
> ㉢ 국가계획과 연계하여 지정할 필요가 있는 경우에 따른 시가화조정구역의 지정 및 변경에 관한 도시·군관리계획
> ㉣ 수산자원보호구역의 지정 및 변경에 관한 도시·군관리계획

(2) 결정절차

① **협의**: 시·도지사는 도시·군관리계획을 결정하려면 관계 행정기관의 장과 미리 협의하여야 하며, 국토교통부장관(수산자원보호구역의 경우 해양수산부장관)이 도시·군관리계획을 결정하려면 관계 중앙행정기관의 장과 미리 협의하여야 한다. 이 경우 협의요청을 받은 기관의 장은 특별한 사유가 없으면 그 요청을 받은 날부터 30일 이내에 의견을 제시하여야 한다.

② **심의**: 시·도지사가 지구단위계획(지구단위계획과 지구단위계획구역을 동시에 결정할 때에는 지구단위계획구역의 지정 또는 변경에 관한 사항을 포함할 수 있다)이나 지구단위계획으로 대체하는 용도지구 폐지에 관한 사항을 결정하려면 「건축법」에 따라 시·도에 두는 건축위원회와 도시계획위원회가 공동으로 하는 심의를 거쳐야 한다.

[기출] 시장 또는 군수가 입안한 지구단위계획구역의 지정·변경에 관한 도시·군관리계획은 시장 또는 군수가 직접 결정한다. 제31회, 제32회 ( )
▶ 정답 ○

[기출] 국가계획과 연계하여 시가화조정구역의 지정이 필요한 경우 국토교통부장관이 직접 그 지정을 도시·군관리계획으로 결정할 수 있다. 제28회 ( )
▶ 정답 ○

[보충+] 국토교통부장관과 협의
시·도지사는 국가계획과 관련되어 국토교통부장관이 입안하여 결정한 도시·군관리계획을 변경하려면 미리 국토교통부장관과 협의하여야 한다.

③ **협의와 심의절차의 생략**: 국토교통부장관이나 시·도지사는 국방상 또는 국가안전보장상 기밀을 지켜야 할 필요가 있다고 인정되면(관계 중앙행정기관의 장이 요청할 때만 해당) 그 도시·군관리계획의 전부 또는 일부에 대하여 협의와 심의절차를 생략할 수 있다.

④ **고시 및 열람**: 국토교통부장관이나 시·도지사는 도시·군관리계획을 결정하면 그 결정을 고시하고, 국토교통부장관이나 도지사는 관계 서류를 관계 특별시장·광역시장·특별자치시장·특별자치도지사·시장 또는 군수에게 송부하여 일반이 열람할 수 있도록 하여야 하며, 특별시장·광역시장·특별자치시장·특별자치도지사는 관계 서류를 일반이 열람할 수 있도록 하여야 한다.

> **[기출]** 국토교통부장관은 관계 중앙행정기관의 장의 요청이 없어도 국가안전보장상 기밀을 지켜야 할 필요가 있다고 인정되면 중앙도시계획위원회의 심의를 거치지 않고 도시·군관리계획을 결정할 수 있다. 제31회 ( )
>
> ▶ **정답** ×
> 국토교통부장관은 관계 중앙행정기관의 장의 요청이 있는 경우에만 국가안전보장상 기밀을 지켜야 할 필요가 있다고 인정되면 중앙도시계획위원회의 심의를 거치지 않고 도시·군관리계획을 결정할 수 있다.

2 도시·군관리계획결정의 효력

(1) 효력발생시기

도시·군관리계획결정의 효력은 지형도면을 고시한 날부터 발생한다.
→ 다음 날(×)

(2) 기득권 보호

시가화조정구역이나 수산자원보호구역의 지정에 관한 도시·군관리계획 결정이 있는 경우에는 도시·군관리계획결정의 고시일부터 3월 이내에 그 사업 또는 공사의 내용을 관할 특별시장·광역시장·특별자치시장·특별자치도지사·시장 또는 군수에게 신고하고 그 사업이나 공사를 계속할 수 있다.
⇨ 착수 + 3월 이내 신고

(3) 지형도면의 작성 및 고시

① **지형도면의 작성**(입안권자)

> ㉠ 특별시장·광역시장·특별자치시장·특별자치도지사·시장 또는 군수는 도시·군관리계획결정이 고시되면 지적이 표시된 지형도에 도시·군관리계획에 관한 사항을 자세히 밝힌 도면을 작성하여야 한다.
>
> ㉡ 시장(대도시 시장은 제외)이나 군수는 지형도에 도시·군관리계획(지구단위계획구역의 지정·변경과 지구단위계획의 수립·변경에 관한 도시·군관리계획은 제외)에 관한 사항을 자세히 밝힌 도면(이하 '지형도면'이라 한다)을 작성하면 도지사의 승인을 받아야 한다. 이 경우 지형도면의 승인신청을 받은 도지사는 그 지형도면과 결정·고시된 도시·군관리계획을 대조하여 착오가 없다고 인정되면 30일 이내에 그 지형도면을 승인하여야 한다.

> **[기출]** 도시·군관리계획결정의 효력은 지형도면을 고시한 날의 다음 날부터 발생한다. 제26회, 제32회 제35회 ( )
>
> ▶ **정답** ×
> 도시·군관리계획결정의 효력은 지형도면을 고시한 날부터 발생한다.

ⓒ 국토교통부장관(수산자원보호구역의 경우 해양수산부장관)이나 도지사는 도시·군관리계획을 직접 입안한 경우에는 관계 특별시장·광역시장·특별자치시장·특별자치도지사·시장 또는 군수의 의견을 들어 직접 지형도면을 작성할 수 있다.

② **지형도면의 고시**: 국토교통부장관, 시·도지사, 시장 또는 군수는 직접 지형도면을 작성하거나 지형도면을 승인한 경우에는 이를 고시하여야 한다.

(4) **타당성검토**

특별시장·광역시장·특별자치시장·특별자치도지사·시장 또는 군수는 5년마다 관할 구역의 도시·군관리계획에 대하여 그 타당성을 전반적으로 재검토하여 정비하여야 한다.

> [기출] 시장 또는 군수는 10년마다 관할 구역의 도시·군관리계획에 대하여 그 타당성을 전반적으로 재검토하여 정비하여야 한다. 제22회 ( )
>
> ▶ 정답 ✕
> 시장 또는 군수는 5년마다 도시·군관리계획에 대하여 그 타당성을 재검토하여 정비하여야 한다.

제3절 공간재구조화계획

1 공간재구조화계획의 입안권자

(1) **특별시장·광역시장·특별자치시장·특별자치도지사·시장 또는 군수**

① 특별시장·광역시장·특별자치시장·특별자치도지사·시장 또는 군수는 다음의 용도구역을 지정하고 해당 용도구역에 대한 계획을 수립하기 위하여 공간재구조화계획을 입안하여야 한다.

> ㉠ 도시혁신구역 및 도시혁신계획
> ㉡ 복합용도구역 및 복합용도계획
> ㉢ 도시·군계획시설입체복합구역(㉠ 또는 ㉡과 함께 구역을 지정하거나 계획을 입안하는 경우로 한정한다)

② 공간재구조화계획의 입안과 관련하여 도시·군관리계획의 규정을 준용한다. 이 경우 "도시·군관리계획"은 "공간재구조화계획"으로 본다.

③ 국토교통부장관은 도시의 경쟁력 향상, 특화발전 및 지역 균형발전 등을 위하여 필요한 때에는 관할 특별시장·광역시장·특별자치시장·특별자치도지사·시장 또는 군수의 요청에 따라 공간재구조화계획을 입안할 수 있다.

④ 공간재구조화계획을 입안하려는 국토교통부장관, 시·도지사, 시장 또는 군수(이하 "공간재구조화계획 입안권자"라 한다)는 공간재구조화계획도서(계획도와 계획조서를 말한다) 및 이를 보조하는 계획설명서(기초조사결과·재원조달방안 및 경관계획을 포함한다)를 작성하여야 한다.

⑤ 공간재구조화계획의 입안범위와 기준, 공간재구조화계획도서 및 계획설명서의 작성기준·작성방법 등은 국토교통부장관이 정한다.

2 공간재구조화계획의 입안제안

(1) 제안대상

주민(이해관계자를 포함)은 다음의 용도구역 지정을 위하여 공간재구조화계획 입안권자에게 공간재구조화계획의 입안을 제안할 수 있다. 이 경우 제안서에는 공간재구조화계획도서와 계획설명서를 첨부하여야 한다.

> ① **도시혁신구역**: 토지면적(국유지 및 공유지 제외)의 3분의 2 이상 동의
> ② **복합용도구역**: 토지면적(국유지 및 공유지 제외)의 3분의 2 이상 동의
> ③ 도시·군계획시설입체복합구역(① 또는 ②와 함께 구역을 지정하거나 계획을 입안하는 경우로 한정한다): 대상 토지면적의 5분의 4 이상 동의

(2) 제안내용의 공고

공간재구조화계획의 입안을 제안받은 공간재구조화계획 입안권자는 「국유재산법」·「공유재산 및 물품 관리법」에 따른 국유재산·공유재산이 공간재구조화계획으로 지정된 용도구역 내에 포함된 경우 등 대통령령으로 정하는 경우에는 제안자 외의 제3자에 의한 제안이 가능하도록 제안 내용의 개요를 공고하여야 한다. 다만, 제안받은 공간재구조화계획을 입안하지 아니하기로 결정한 때에는 그러하지 아니하다.

(3) 입안에의 반영 및 통보

① **반영**: 공간재구조화계획 입안권자는 최초 제안자의 제안서 및 제3자 제안서에 대하여 토지이용계획의 적절성 등 대통령령으로 정하는 바에 따라 검토·평가한 후 제출한 제안서 내용의 전부 또는 일부를 공간재구조화계획의 입안에 반영할 수 있다.

② **통보**: 공간재구조화계획 입안권자가 제안서 내용의 채택 여부 등을 결정한 경우에는 그 결과를 제안자와 제3자에게 알려야 한다.

(4) 비용부담

공간재구조화계획 입안권자는 제안자 또는 제3자와 협의하여 제안된 공간재구조화계획의 입안 및 결정에 필요한 비용의 전부 또는 일부를 제안자에게 부담시킬 수 있다.

보충⁺ 공간재구조화계획 절차
1. 공간재구조화계획의 입안을 위한 기초조사, 주민과 지방의회의 의견 청취 등에 관하여는 도시·군관리계획에 관한 규정을 준용한다.
2. 기초조사, 환경성 검토, 토지적성평가 또는 재해취약성분석은 공간재구조화계획 입안일부터 5년 이내 기초조사를 실시한 경우 등 대통령령으로 정하는 바에 따라 생략할 수 있다.

3 공간재구조화계획의 내용

공간재구조화계획에는 다음의 사항을 포함하여야 한다.

> ① 도시혁신구역 지정 위치 및 도시혁신계획 등에 관한 사항
> ② 복합용도구역 지정 위치 및 복합용도계획 등에 관한 사항
> ③ 도시·군계획시설입체복합구역(① 또는 ②와 함께 구역을 지정하거나 계획을 입안하는 경우로 한정한다)의 지정 위치
> ④ 용도구역을 지정함에 따라 인근 지역의 주거·교통·기반시설 등에 미치는 영향 등 대통령령으로 정하는 사항

4 공간재구조화계획의 결정

(1) 결정권자

공간재구조화계획은 시·도지사가 직접 또는 시장·군수의 신청에 따라 결정한다. 다만, 국토교통부장관이 입안한 공간재구조화계획은 국토교통부장관이 결정한다.

(2) 결정절차

① **협의 및 심의**: 국토교통부장관 또는 시·도지사가 공간재구조화계획을 결정하려면 미리 관계 행정기관의 장(국토교통부장관을 포함한다)과 협의하고 다음에 따라 중앙도시계획위원회 또는 지방도시계획위원회의 심의를 거쳐야 한다. 이 경우 협의 요청을 받은 기관의 장은 특별한 사유가 없으면 그 요청을 받은 날부터 30일(도시혁신구역 지정을 위한 공간재구조화계획 결정의 경우에는 근무일 기준으로 10일) 이내에 의견을 제시하여야 한다.

> ◆ 다음의 어느 하나에 해당하는 사항은 중앙도시계획위원회의 심의를 거친다.
>   ㉠ 국토교통부장관이 결정하는 공간재구조화계획

㉡ 시·도지사가 결정하는 공간재구조화계획 중 도시혁신구역, 복합용도구역, 도시·군계획시설입체복합구역(도시혁신구역 또는 복합용도구역과 함께 구역을 지정하거나 계획을 입안하는 경우로 한정한다) 지정 및 입지 타당성 등에 관한 사항

② **고시 및 열람**: 국토교통부장관 또는 시·도지사는 공간재구조화계획을 결정하면 대통령령으로 정하는 바에 따라 그 결정을 고시하고, 국토교통부장관이나 도지사는 관계 서류를 관계 특별시장·광역시장·특별자치시장·특별자치도지사·시장 또는 군수에게 송부하여 일반이 열람할 수 있도록 하여야 하며, 특별시장·광역시장·특별자치시장·특별자치도지사는 관계 서류를 일반이 열람할 수 있도록 하여야 한다.

5 공간재구조화계획 결정의 효력

(1) 효력발생시기

공간재구조화계획 결정의 효력은 지형도면을 고시한 날부터 발생한다. 다만, 지형도면이 필요 없는 경우에는 공간재구조화계획 결정을 고시한 날부터 효력이 발생한다.

(2) 기득권 보호

공간재구조화계획결정을 고시를 할 당시에 이미 사업이나 공사에 착수한 자(이 법 또는 다른 법률에 따라 허가·인가·승인 등을 받아야 하는 경우에는 그 허가·인가·승인 등을 받아 사업이나 공사에 착수한 자를 말한다)는 그 공간재구조화계획 결정과 관계없이 그 사업이나 공사를 계속할 수 있다.

(3) 관리 및 준용규정

① 위 (1)에 따라 고시된 공간재구조화계획의 내용은 도시·군계획으로 관리하여야 한다.
② 지형도면 고시 등에 관하여는 도시·군관리계획의 규정을 준용한다.

(4) 의 제

위 (1)에 따라 고시를 한 경우에 해당 구역 지정 및 계획 수립에 필요한 내용에 대해서는 고시한 내용에 따라 도시·군기본계획의 수립·변경(인구의 배분에 관한 계획은 전체 인구 규모의 5% 미만의 범위에서 변경하는 경우로 한정)과 도시·군관리계획의 결정(변경결정을 포함한다) 고시를 한 것으로 본다.

Chapter 05 용도지역

제1절 용도지역의 종류와 지정절차 제29회, 제30회, 제33회, 제35회, 제36회

1 용도지역의 종류

(1) 용도지역의 종류

① **도시지역**: 인구와 산업이 밀집되어 있거나 밀집이 예상되어 그 지역에 대하여 체계적인 개발·정비·관리·보전 등이 필요한 지역

주거지역	거주의 안녕과 건전한 생활환경의 보호를 위하여 필요한 지역
상업지역	상업이나 그 밖의 업무의 편익을 증진하기 위하여 필요한 지역
공업지역	공업의 편익을 증진하기 위하여 필요한 지역
녹지지역	자연환경·농지 및 산림의 보호, 보건위생, 보안과 도시의 무질서한 확산을 방지하기 위하여 녹지의 보전이 필요한 지역

② **관리지역**: 도시지역의 인구와 산업을 수용하기 위하여 도시지역에 준하여 체계적으로 관리하거나 농림업의 진흥, 자연환경 또는 산림의 보전을 위하여 농림지역 또는 자연환경보전지역에 준하여 관리할 필요가 있는 지역

보전관리지역	자연환경 보호, 산림 보호, 수질오염 방지, 녹지공간 확보 및 생태계 보전 등을 위하여 보전이 필요하나, 주변 용도지역과의 관계 등을 고려할 때 자연환경보전지역으로 지정하여 관리하기가 곤란한 지역
생산관리지역	농업·임업·어업생산 등을 위하여 관리가 필요하나, 주변의 용도지역과의 관계 등을 고려할 때 농림지역으로 지정하여 관리하기가 곤란한 지역
계획관리지역	도시지역으로의 편입이 예상되는 지역이나 자연환경을 고려하여 제한적인 이용·개발을 하려는 지역으로서 계획적·체계적인 관리가 필요한 지역

③ **농림지역**: 도시지역에 속하지 아니하는 「농지법」에 따른 농업진흥지역 또는 「산지관리법」에 따른 보전산지 등으로서 농림업을 진흥시키고 산림을 보전하기 위하여 필요한 지역

④ **자연환경보전지역**: 자연환경·수자원·해안·생태계·상수원 및 국가유산의 보전과 수산자원의 보호·육성 등을 위하여 필요한 지역

보충⁺ 조례에 의한 추가세분
시·도지사 또는 대도시 시장은 해당 시·도 또는 대도시의 도시·군계획조례로 정하는 바에 따라 도시·군관리계획결정으로 세분된 주거지역·상업지역·공업지역·녹지지역을 추가적으로 세분하여 지정할 수 있다.

기출 용도지역은 토지를 경제적·효율적으로 이용하기 위하여 필요한 경우 서로 중복되게 지정할 수 있다. 제35회 ( )

▶정답 ✕
용도지역은 중복하여 지정할 수 없다.

(2) 용도지역의 세분

법률	대통령령		구체적 내용
주거지역	전용주거지역	제1종 전용주거지역	단독주택 중심의 양호한 주거환경을 보호하기 위하여 필요한 지역
		제2종 전용주거지역	공동주택 중심의 양호한 주거환경을 보호하기 위하여 필요한 지역
	일반주거지역	제1종 일반주거지역	저층주택[4층 이하(단지형 연립주택 및 단지형 다세대주택인 경우에는 5층 이하)]을 중심으로 편리한 주거환경을 조성하기 위하여 필요한 지역
		제2종 일반주거지역	중층주택을 중심으로 편리한 주거환경을 조성하기 위하여 필요한 지역
		제3종 일반주거지역	중·고층주택을 중심으로 편리한 주거환경을 조성하기 위하여 필요한 지역
	준주거지역		주거기능을 위주로 이를 지원하는 일부 상업기능·업무기능을 보완하기 위하여 필요한 지역
상업지역	중심상업지역		도심·부도심의 상업기능 및 업무기능의 확충을 위하여 필요한 지역
	일반상업지역		일반적인 상업·업무기능을 담당하게 하기 위하여 필요한 지역
	유통상업지역		도시 내 및 지역 간 유통기능의 증진을 위하여 필요한 지역
	근린상업지역		근린지역에서의 일용품 및 서비스의 공급을 위하여 필요한 지역
공업지역	전용공업지역		주로 중화학공업·공해성 공업 등을 수용하기 위하여 필요한 지역
	일반공업지역		환경을 저해하지 아니하는 공업의 배치를 위하여 필요한 지역
	준공업지역		경공업 그 밖의 공업을 수용하되, 주거기능·상업기능 및 업무기능의 보완이 필요한 지역
녹지지역	보전녹지지역		도시의 자연환경·경관·산림·녹지공간을 보전할 필요가 있는 지역
	생산녹지지역		주로 농업적 생산을 위하여 개발을 유보할 필요가 있는 지역
	자연녹지지역		도시의 녹지공간의 확보, 도시확산의 방지, 장래 도시용지의 공급 등을 위하여 보전할 필요가 있는 지역으로 불가피한 경우에 한하여 제한적인 개발이 허용되는 지역

> [기출] 제2종 전용주거지역은 아파트를 건축할 수 있는 용도지역에 해당한다. 제29회 ( )
>
> ▶ 정답 ○

> [기출] 중층주택 중심의 편리한 주거환경을 조성하기 위하여 필요한 지역은 제3종 일반주거지역으로 지정한다. 제24회 ( )
>
> ▶ 정답 ✕
> 제3종 일반주거지역은 중·고층주택 중심의 편리한 주거환경을 조성하기 위하여 지정한다.

2 용도지역의 지정절차

(1) 원칙
국토교통부장관, 시·도지사 또는 대도시 시장은 용도지역의 지정 또는 변경을 도시·군관리계획으로 결정한다.

(2) 예외(용도지역 지정절차상의 특례)

① 용도지역의 지정 의제
  ㉠ 공유수면(바다만 해당)의 매립 목적이 그 매립구역과 이웃하고 있는 용도지역의 내용과 같으면 도시·군관리계획의 입안 및 결정절차 없이 그 매립준공구역은 그 매립의 준공인가일부터 이와 이웃하고 있는 용도지역으로 지정된 것으로 본다. 이 경우 관계 특별시장·광역시장·특별자치시장·특별자치도지사·시장 또는 군수는 그 사실을 지체 없이 고시하여야 한다.
  ㉡ 공유수면의 매립 목적이 그 매립구역과 이웃하고 있는 용도지역의 내용과 다른 경우 및 그 매립구역이 둘 이상의 용도지역에 걸쳐 있거나 이웃하고 있는 경우 그 매립구역이 속할 용도지역은 도시·군관리계획결정으로 지정하여야 한다.

② 용도지역의 결정·고시의 의제
  ㉠ 도시지역으로 결정·고시 의제: 다음의 어느 하나의 구역 등으로 지정·고시된 지역은 이 법에 따른 도시지역으로 결정·고시된 것으로 본다.

  > ⓐ 「항만법」에 따른 항만구역으로서 도시지역에 연접한 공유수면
  > ⓑ 「어촌·어항법」에 따른 어항구역으로서 도시지역에 연접한 공유수면
  > ⓒ 「산업입지 및 개발에 관한 법률」에 따른 국가산업단지, 일반산업단지 및 도시첨단산업단지
  > ⓓ 「택지개발촉진법」에 따른 택지개발지구
  > ⓔ 「전원개발촉진법」에 따른 전원개발사업구역 및 예정구역(수력발전소 또는 송변전설비만 설치하기 위한 경우는 제외)
  >   💡 개발사업 완료로 해제된 경우에는 지정하기 이전의 용도지역으로 환원되지 않는다.

  ㉡ 관리지역에서의 결정·고시 의제: 관리지역에서 「농지법」에 따른 농업진흥지역으로 지정·고시된 지역은 이 법에 따른 농림지역으로, 관리지역의 산림 중 「산지관리법」에 따라 보전산지로 지정·고시된 지역은 그 고시에서 구분하는 바에 따라 이 법에 따른 농림지역 또는 자연환경보전지역으로 결정·고시된 것으로 본다.

[기출] 공유수면의 매립 목적이 그 매립구역과 이웃하고 있는 용도지역의 내용과 다른 경우 그 매립준공구역은 이와 이웃하고 있는 용도지역으로 지정된 것으로 본다. 제33회, 제35회 ( )
▶ 정답 ×
공유수면의 매립 목적이 그 매립구역과 이웃하고 있는 용도지역의 내용과 다른 경우 그 매립준공구역은 이와 이웃하고 있는 용도지역으로 지정된 것으로 보지 않는다.

[기출] 택지개발촉진법에 따른 택지개발지구로 지정·고시된 지역은 국토의 계획 및 이용에 관한 법률에 따른 도시지역으로 결정·고시된 것으로 본다. 제33회 ( )
▶ 정답 ○

[기출] 관리지역에서 「농지법」에 따른 농업진흥지역으로 지정·고시된 지역은 농림지역으로 결정·고시된 것으로 본다. 제26회, 제35회 ( )
▶ 정답 ○

제2절 용도지역 지정의 효과 _{제27회, 제28회, 제29회, 제30회, 제31회, 제32회, 제32회, 제33회}

1 용도지역에서의 행위제한

(1) 건축물의 건축제한

용도지역에서의 건축물이나 그 밖의 시설의 용도·종류 및 규모 등의 제한에 관한 사항은 대통령령으로 정한다.

용도지역	허용 여부
제1종 일반주거지역 (허용)	단독주택, 공동주택(아파트는 제외), 제1종 근린생활시설, 교육연구시설 중 유치원·초등학교·중학교 및 고등학교, 노유자시설을 건축할 수 있다.
제2종·제3종 일반주거지역 (허용)	제1종 일반주거지역에서 허용되는 건축물 + 공동주택(아파트를 포함), 종교시설을 건축할 수 있다.

> **보충⁺ 제1종 일반주거지역에서 조례로 허용하는 건축물**
> 제2종 근린생활시설(단란주점 및 안마시술소는 제외), 문화 및 집회시설(공연장 및 관람장은 제외), 의료시설(격리병원은 제외), 운동시설(옥외철탑이 설치된 골프연습장은 제외), 업무시설 중 오피스텔 +3,000m² 미만, 위험물저장 및 처리시설 중 주유소, 석유판매소, 액화가스 취급소

(2) 건축제한에 관한 특별규정

다음에 해당하는 경우의 건축물이나 그 밖의 시설의 용도·종류 및 규모 등의 제한에 관하여는 다음에서 정하는 바에 따른다.

① 「산업입지 및 개발에 관한 법률」 규정에 따른 농공단지 안에서는 「산업입지 및 개발에 관한 법률」에서 정하는 바에 따른다.
② 농림지역 중 농업진흥지역, 보전산지 또는 초지인 경우에는 각각 「농지법」, 「산지관리법」 또는 「초지법」에서 정하는 바에 따른다.
③ 자연환경보전지역 중 「자연공원법」에 따른 공원구역, 「수도법」에 따른 상수원보호구역, 「문화유산의 보존 및 활용에 관한 법률」에 따라 지정된 지정문화유산과 그 보호구역 또는 「자연유산의 보존 및 활용에 관한 법률」에 따라 지정된 천연기념물 등과 그 보호구역, 「해양생태계의 보전 및 관리에 관한 법률」에 따른 해양보호구역인 경우에는 각각 「자연공원법」, 「수도법」, 「문화유산의 보존 및 활용에 관한 법률」, 「자연유산의 보존 및 활용에 관한 법률」 또는 「해양생태계의 보전 및 관리에 관한 법률」에서 정하는 바에 따른다.
④ 자연환경보전지역 중 수산자원보호구역인 경우에는 「수산자원관리법」에서 정하는 바에 따른다.

> **보충⁺ 제2종·제3종 일반주거지역에서 조례로 허용하는 건축물**
> 제2종 근린생활시설(단란주점 및 안마시술소는 제외), 문화 및 집회시설(관람장은 제외), 의료시설(격리병원은 제외), 운동시설, 업무시설 중 오피스텔·금융업소·사무소·공공업무시설 + 3,000m² 미만(제2종 일반주거지역), 업무시설 + 3,000m² 이하(제3종 일반주거지역), 위험물저장 및 처리시설 중 주유소, 석유판매소, 액화가스 취급소

2 건폐율 제한(대지면적에 대한 건축면적의 비율)

(1) 용도지역에서의 건폐율

용도지역	세분된 용도지역		건폐율
도시지역	주거지역	제1종 전용주거지역	50% 이하
		제2종 전용주거지역	50% 이하
		제1종 일반주거지역	60% 이하
		제2종 일반주거지역	60% 이하
		제3종 일반주거지역	50% 이하
		준주거지역	70% 이하
	상업지역	중심상업지역	90% 이하
		일반상업지역	80% 이하
		유통상업지역	80% 이하
		근린상업지역	70% 이하
	공업지역	전용공업지역	70% 이하
		일반공업지역	70% 이하
		준공업지역	70% 이하
	녹지지역	보전녹지지역	20% 이하
		생산녹지지역	20% 이하
		자연녹지지역	20% 이하
관리지역	보전관리지역	–	20% 이하
	생산관리지역	–	20% 이하
	계획관리지역	–	40% 이하
농림지역	–	–	20% 이하
자연환경 보전지역	–	–	20% 이하

(2) 건폐율에 관한 특별규정

다음의 지역에서의 건폐율은 다음에서 정한 범위에서 특별시·광역시·특별자치시·특별자치도·시 또는 군의 도시·군계획조례로 정하는 비율 이하로 한다.

① 자연취락지구: 60% 이하
② 도시지역 외의 지역에 지정된 개발진흥지구: 40% 이하. 다만, 계획관리지역에 지정된 산업·유통개발진흥지구의 경우에는 60% 이하로 한다.

기출 계획관리지역에 지정된 산업·유통개발진흥에서 도시·군계획조례로 정할 수 있는 건폐율의 최대한도는 60%이다. 제36회 ( )

▶정답 O

③ 자연녹지지역에 지정된 개발진흥지구 : 30% 이하
④ 수산자원보호구역 : 40% 이하
⑤ 「자연공원법」에 따른 자연공원 : 60% 이하
⑥ 「산업입지 및 개발에 관한 법률」에 따른 농공단지 : 70% 이하. 다만, 해당 지방도시계획위원회의 심의를 거쳐 도로·상수도·하수도 등의 기반시설이 충분히 확보되었다고 인정되거나 도시·군계획조례로 정하는 기반시설 확보 요건을 갖춘 경우는 80%로 한다.
⑦ 공업지역에 있는 「산업입지 및 개발에 관한 법률」에 따른 국가산업단지, 일반산업단지, 도시첨단산업단지 및 준산업단지 : 80% 이하

3 용적률 제한(대지면적에 대한 연면적의 비율)

(1) 용도지역 안에서의 용적률

용도지역	세분된 용도지역		용적률
도시지역	주거지역	제1종 전용주거지역	50% 이상 100% 이하
		제2종 전용주거지역	50% 이상 150% 이하
		제1종 일반주거지역	100% 이상 200% 이하
		제2종 일반주거지역	100% 이상 250% 이하
		제3종 일반주거지역	100% 이상 300% 이하
		준주거지역	200% 이상 500% 이하
	상업지역	중심상업지역	200% 이상 1,500% 이하
		일반상업지역	200% 이상 1,300% 이하
		유통상업지역	200% 이상 1,100% 이하
		근린상업지역	200% 이상 900% 이하
	공업지역	전용공업지역	150% 이상 300% 이하
		일반공업지역	150% 이상 350% 이하
		준공업지역	150% 이상 400% 이하
	녹지지역	보전녹지지역	50% 이상 80% 이하
		생산녹지지역	50% 이상 100% 이하
		자연녹지지역	50% 이상 100% 이하
관리지역	보전관리지역	–	50% 이상 80% 이하
	생산관리지역	–	50% 이상 80% 이하
	계획관리지역	–	50% 이상 100% 이하
농림지역	–	–	50% 이상 80% 이하
자연환경 보전지역	–	–	50% 이상 80% 이하

[기출] 근린상업지역에서의 용적률의 최대한도는 900%이고, 건폐율의 최대한도는 80%이다. 제27회 ( )

▶정답 ✗
근린상업지역에서의 용적률의 최대한도는 900%이고, 건폐율의 최대한도는 70%이다.

(2) 용적률에 관한 특별규정

다음의 지역 안에서의 용적률은 다음에서 정한 범위 안에서 도시·군계획조례가 정하는 비율을 초과하여서는 아니 된다.

> ① 도시지역 외의 지역에 지정된 개발진흥지구: 100% 이하
> ② 수산자원보호구역: 80% 이하
> ③ 「자연공원법」에 따른 자연공원: 100% 이하
> ④ 「산업입지 및 개발에 관한 법률」에 따른 농공단지(도시지역 외의 지역에 지정된 농공단지에 한한다): 150% 이하

4 용도지역 미지정 또는 미세분 지역에서의 행위제한 등

(1) 용도지역이 미지정된 지역

도시지역·관리지역·농림지역 또는 자연환경보전지역으로 용도가 지정되지 아니한 지역에 대하여는 건축물의 건축제한, 건폐율, 용적률의 규정을 적용할 때에 자연환경보전지역에 관한 규정을 적용한다.

(2) 용도지역이 미세분된 지역

도시지역 또는 관리지역이 세부용도지역으로 지정되지 아니한 경우에는 건축물의 건축제한, 건폐율, 용적률의 규정을 적용할 때에 해당 용도지역이 도시지역인 경우에 보전녹지지역에 관한 규정을 적용하고, 관리지역인 경우에는 보전관리지역에 관한 규정을 적용한다.

> [기출] 도시지역이 세부용도지역으로 지정되지 아니한 경우에는 용도지역의 용적률 규정을 적용할 때에 보전녹지지역에 관한 규정을 적용한다. 제26회 ( )
>
> ▶정답 ○

(3) 도시지역에서의 다른 법률의 적용 배제

도시지역에 대하여는 다음의 법률 규정을 적용하지 아니한다.

> ① 「도로법」에 따른 접도구역
> ② 「농지법」에 따른 농지취득자격증명. 다만, 녹지지역의 농지로서 도시·군계획시설사업에 필요하지 아니한 농지에 대하여는 그러하지 아니하다.

Chapter 06 용도지구 및 용도구역

제1절 용도지구 제28회, 제29회, 제30회, 제31회, 제33회, 제34회, 제35회, 제36회

1 용도지구의 지정

(1) 용도지구의 종류

경관지구	경관의 보전·관리 및 형성을 위하여 필요한 지구
보호지구	국가유산, 중요시설물(항만, 공항, 공공업무시설, 교정시설·군사시설) 및 문화적·생태적으로 보존가치가 큰 지역의 보호와 보존을 위하여 필요한 지구
복합용도지구	① 지역의 토지이용상황, 개발 수요 및 주변 여건 등을 고려하여 효율적이고 복합적인 토지이용을 도모하기 위하여 특정시설의 입지를 완화할 필요가 있는 지구 ② 시·도지사 또는 대도시 시장은 대통령령으로 정하는 주거지역·공업지역·관리지역에 복합용도지구를 지정할 수 있다.
개발진흥지구	주거기능·상업기능·공업기능·유통물류기능·관광기능·휴양기능 등을 집중적으로 개발·정비할 필요가 있는 지구
고도지구	쾌적한 환경 조성 및 토지의 효율적 이용을 위하여 건축물 높이의 최고한도를 규제할 필요가 있는 지구
취락지구	녹지지역·관리지역·농림지역·자연환경보전지역·개발제한구역 또는 도시자연공원구역의 취락을 정비하기 위한 지구
방재지구	풍수해, 산사태, 지반의 붕괴, 그 밖의 재해를 예방하기 위하여 필요한 지구
방화지구	화재의 위험을 예방하기 위하여 필요한 지구
특정용도 제한지구	주거 및 교육환경 보호나 청소년 보호 등의 목적으로 오염물질 배출시설, 청소년 유해시설 등 특정시설의 입지를 제한할 필요가 있는 지구

> **보충⁺ 복합용도지구의 지정대상**
> 1. 일반주거지역
> 2. 일반공업지역
> 3. 계획관리지역

> **※참고 복합용도지구의 지정요건**
> 용도지역의 지정목적이 크게 저해하지 아니하도록 해당 용도지역 전체 면적의 3분의 1 이하의 범위에서 지정하여야 한다.

(2) 용도지구의 세분(대통령령에 의한 세분)

① 경관지구(자, 시, 특)

자연경관지구	산지·구릉지 등 자연경관을 보호하거나 유지하기 위하여 필요한 지구
시가지경관지구	지역 내 주거지, 중심지 등 시가지의 경관을 보호 또는 유지하거나 형성하기 위하여 필요한 지구
특화경관지구	지역 내 주요 수계의 수변 또는 문화적 보존가치가 큰 건축물 주변의 경관 등 특별한 경관을 보호 또는 유지하거나 형성하기 위하여 필요한 지구

> [기출] 보호지구는 역사문화환경보호지구, 중요시설물보호지구, 생태계보호지구로 세분하여 지정할 수 있다. 제30회 ( )
> ▶ 정답 ○

② 보호지구(역, 중, 생)

역사문화환경 보호지구	국가유산·전통사찰 등 역사·문화적으로 보존가치가 큰 시설 및 지역의 보호와 보존을 위하여 필요한 지구
중요시설물 보호지구	중요시설물(항만·공항·공용시설·교정시설·군사시설)의 보호와 기능의 유지 및 증진 등을 위하여 필요한 지구
생태계보호지구	야생동식물서식처 등 생태적으로 보존가치가 큰 지역의 보호와 보존을 위하여 필요한 지구

③ 개발진흥지구(주, 산, 관, 복, 특)

주거개발 진흥지구	주거기능을 중심으로 개발·정비할 필요가 있는 지구
산업·유통 개발진흥지구	공업기능 및 유통·물류기능을 중심으로 개발·정비할 필요가 있는 지구
관광·휴양 개발진흥지구	관광·휴양기능을 중심으로 개발·정비할 필요가 있는 지구
복합개발 진흥지구	주거기능, 공업기능, 유통·물류기능 및 관광·휴양기능 중 둘 이상의 기능을 중심으로 개발·정비할 필요가 있는 지구
특정개발 진흥지구	주거기능, 공업기능, 유통·물류기능 및 관광·휴양기능 외의 기능을 중심으로 특정한 목적을 위하여 개발·정비할 필요가 있는 지구

> [기출] 공업기능 및 유통·물류기능을 중심으로 개발·정비할 필요가 있는 용도지구는 산업·유통개발진흥지구이다. 제31회 ( )
> ▶ 정답 ○

④ 취락지구(집, 보, 자)

자연취락지구	녹지지역·관리지역·농림지역 또는 자연환경보전지역 안의 취락을 정비하기 위하여 필요한 지구
보호취락지구	녹지지역·관리지역·농림지역 또는 자연환경보전지역 안의 취락을 농촌의 주거환경 보호와 주거기능 강화를 목적으로 정비하기 위한 지구
집단취락지구	개발제한구역 안의 취락을 정비하기 위하여 필요한 지구

⑤ **방재지구**(시가지, 자연)

시가지방재지구	건축물·인구가 밀집되어 있는 지역으로서 시설 개선 등을 통하여 재해 예방이 필요한 지구
자연방재지구	토지의 이용도가 낮은 해안변, 하천변, 급경사지 주변 등의 지역으로서 건축제한 등을 통하여 재해 예방이 필요한 지구

(3) **용도지구의 세분**(조례에 의한 세분)

시·도지사 또는 대도시 시장은 지역여건상 필요한 때에는 해당 시·도 또는 대도시의 도시·군계획조례로 정하는 바에 따라 경관지구를 추가적으로 세분(특화경관지구의 세분을 포함한다)하거나 중요시설물보호지구 및 특정용도제한지구를 세분하여 지정할 수 있다.

(4) **방재지구의 재해저감대책**

시·도지사 또는 대도시 시장은 연안침식이 진행 중이거나 우려되는 지역 등 대통령령으로 정하는 지역에 대해서는 방재지구의 지정 또는 변경을 도시·군관리계획으로 결정하여야 한다. 이 경우 도시·군관리계획의 내용에는 해당 방재지구의 재해저감대책을 포함하여야 한다.

> **보충⁺ 대통령령으로 정하는 지역**
> 풍수해, 산사태 등의 동일한 재해가 최근 10년 이내 2회 이상 발생하여 인명 피해를 입은 지역으로서 향후 동일한 재해 발생 시 상당한 피해가 우려되는 지역을 말한다.

2 용도지구에서의 행위제한

(1) **원 칙**

용도지구에서의 건축물이나 그 밖의 시설의 용도·종류 및 규모 등의 제한에 관한 사항은 「국토의 계획 및 이용에 관한 법률」 또는 다른 법률에 특별한 규정이 있는 경우 외에는 대통령령으로 정하는 기준에 따라 특별시·광역시·특별자치시·특별자치도·시 또는 군의 조례로 정할 수 있다.

> **정리▶ 용도지구에서의 건축제한**
> 1. 원칙: 도시·군계획조례
> 2. 예외: 이 법 또는 다른 법률

(2) **예 외**

① **고도지구**: 도시·군관리계획으로 정하는 높이를 초과하는 건축물을 건축할 수 없다.

> **보충⁺ 건축제한의 배제**
> 용도지역·용도지구 안에서의 도시·군계획시설에 대하여는 용도지역·용도지구 안의 건축제한에 관한 규정을 적용하지 아니한다.

② 복합용도지구

- ㉠ **일반주거지역**: 안마시술소, 관람장, 공장, 위험물저장 및 처리시설, 동물 및 식물 관련 시설, 장례시설을 건축할 수 없다. 암기TIP 마관동 공장물
- ㉡ **일반공업지역**: 아파트, 단란주점 및 안마시술소, 노유자시설을 건축할 수 없다. 암기TIP 노란파아
- ㉢ **계획관리지역**: 판매시설, 테마파크업의 시설을 건축할 수 있다.

③ 개발진흥지구

- ㉠ 지구단위계획 또는 개발계획을 수립하는 경우 ⇨ 지구단위계획 또는 개발계획
- ㉡ 지구단위계획 또는 개발계획이 수립되기 전 ⇨ 조례
- ㉢ 지구단위계획 또는 개발계획이 수립되지 아니한 경우 ⇨ 해당 용도지역에 허용되는 건축물을 건축할 수 있다.

④ 자연취락지구: 4층 이하의 건축물로서 다음에 해당하는 건축물은 건축할 수 있다.

- ㉠ 단독주택, 제1종 근린생활시설, 제2종 근린생활시설(휴게음식점, 제과점, 일반음식점, 단란주점, 안마시술소는 제외)
- ㉡ 운동시설, 창고(농업·임업·축산업·수산업용만 해당), 동물 및 식물 관련 시설
- ㉢ 교정시설, 국방·군사시설, 방송통신시설, 발전시설

⑤ 보호취락지구: 4층 이하의 건축물로서 다음에 해당하는 건축물은 건축할 수 있다.

- ㉠ 단독주택, 제1종 근린생활시설, 제2종 근린생활시설(휴게음식점, 제과점, 일반음식점, 단란주점, 안마시술소는 제외)
- ㉡ 운동시설, 창고[바닥면적의 합계가 200m² 이하인 농업·임업·축산업·수산업용 창고, 조합(농협, 수협, 산림조합)이 설치·운영하는 농업·수산업·축산업·임업용 창고], 동물 및 식물 관련시설 중 작물재배사, 종묘배양시설, 화초 및 분재등의 온실
- ㉢ 교정시설, 국방·군사시설, 방송통신시설, 발전시설

⑥ 집단취락지구: 개발제한구역의 지정 및 관리에 관한 특별조치법령이 정하는 바에 의한다.

[기출] 일반주거지역에 지정된 복합용도지구 안에서는 장례시설을 건축할 수 있다. 제29회 ( )

▶ 정답 ✕
일반주거지역에 지정된 복합용도지구 안에서는 장례시설을 건축할 수 없다.

[기출] 자연취락지구 안에서는 4층 이하의 범위에서 동물 전용의 장례식장을 건축할 수 있다. 제31회 ( )

▶ 정답 ✕
자연취락지구에서는 4층 이하의 범위에서 동물 전용의 장례식장을 건축할 수 없다.

추가● 완화
경관지구 또는 고도지구 안에서의 「건축법 시행령」에 따른 리모델링이 필요한 건축물에 대해서는 건축물의 높이·규모 등의 제한을 완화하여 제한할 수 있다.

제2절 용도구역 제28회, 제29회, 제30회, 제31회, 제32회, 제33회, 제34회, 제35회, 제36회

1 개발제한구역

(1) 개발제한구역의 지정

국토교통부장관은 도시의 무질서한 확산을 방지하고 도시주변의 자연환경을 보전하여 도시민의 건전한 생활환경을 확보하기 위하여 도시의 개발을 제한할 필요가 있거나 국방부장관의 요청이 있어 보안상 도시의 개발을 제한할 필요가 있다고 인정되면 개발제한구역의 지정 또는 변경을 도시·군관리계획으로 결정할 수 있다.

> [기출] 개발제한구역의 지정에 관한 도시·군관리계획은 국토교통부장관이 결정한다. 제31회 ( )
> ▶정답 ○

(2) 행위제한 등

개발제한구역의 행위제한이나 그 밖에 개발제한구역의 관리에 필요한 사항은 따로 법률(개발제한구역의 지정 및 관리에 관한 특별조치법)로 정한다.

2 도시자연공원구역

(1) 도시자연공원구역의 지정

시·도지사 또는 대도시 시장은 도시의 자연환경 및 경관을 보호하고 도시민에게 건전한 여가·휴식공간을 제공하기 위하여 도시지역 안에서 식생(植生)이 양호한 산지(山地)의 개발을 제한할 필요가 있다고 인정하면 도시자연공원구역의 지정 또는 변경을 도시·군관리계획으로 결정할 수 있다.

> [기출] 시·도지사는 도시자연공원구역의 변경을 도시·군관리계획으로 결정할 수 있다. 제28회 ( )
> ▶정답 ○

(2) 행위제한 등

도시자연공원구역의 행위제한이나 그 밖에 도시자연공원구역의 관리에 필요한 사항은 따로 법률(도시공원 및 녹지 등에 관한 법률)로 정한다.

3 시가화조정구역

(1) 지정권자

시·도지사는 직접 또는 관계 행정기관의 장의 요청을 받아 도시지역과 그 주변지역의 무질서한 시가화를 방지하고 계획적·단계적인 개발을 도모하기 위하여 대통령령으로 정하는 기간 동안 시가화를 유보할 필요가 있다고 인정되면 시가화조정구역의 지정 또는 변경을 도시·군관리계획으로 결정할 수 있다.

다만, 국가계획과 연계하여 시가화조정구역의 지정 또는 변경이 필요한 경우에는 국토교통부장관이 직접 시가화조정구역의 지정 또는 변경을 도시·군관리계획으로 결정할 수 있다.

(2) 시가화 유보기간

① 시가화조정구역을 지정 또는 변경하고자 하는 때에는 해당 도시지역과 그 주변지역의 인구의 동태, 토지의 이용상황, 산업발전상황 등을 고려하여 5년 이상 20년 이내의 범위 안에서 도시·군관리계획으로 시가화 유보기간을 정하여야 한다.

② 시가화조정구역의 지정에 관한 도시·군관리계획의 결정은 시가화 유보기간이 끝난 날의 다음 날부터 그 효력을 잃는다. 이 경우 국토교통부장관 또는 시·도지사는 대통령령으로 정하는 바에 따라 그 사실을 고시하여야 한다.

(3) 지정의 효과(행위제한)

① **도시·군계획사업의 시행** ⇨ 허가 ×

시가화조정구역에서의 도시·군계획사업은 대통령령으로 정하는 사업(국방상 또는 공익상 시가화조정구역 안에서의 사업시행이 불가피한 것으로서 관계 중앙행정기관의 장의 요청에 의하여 국토교통부장관이 시가화조정구역의 지정 목적 달성에 지장이 없다고 인정하는 도시·군계획사업)만 시행할 수 있다.

② **허가사항**(비도시·군계획사업) ⇨ 허가 ○

시가화조정구역에서는 도시·군계획사업의 경우 외에는 다음의 어느 하나에 해당하는 행위에 한정하여 특별시장·광역시장·특별자치시장·특별자치도지사·시장 또는 군수의 허가를 받아 그 행위를 할 수 있다.

㉠ 주택 및 그 부속건축물의 건축으로서 다음에 해당하는 행위

ⓐ 주택의 증축(기존주택의 면적을 포함하여 100m² 이하)
ⓑ 부속건축물의 건축(주택 또는 이에 준하는 건축물에 부속되는 것에 한하되, 기존 건축물의 면적을 포함하여 33m² 이하)

㉡ 공익시설·공용시설 및 공공시설 등의 설치로서 다음에 해당하는 행위

ⓐ 국가유산의 복원과 국가유산관리용 건축물의 설치
ⓑ 보건소, 경찰파출소, 119 안전센터, 우체국 및 읍·면·동사무소의 설치
ⓒ 사회복지시설의 설치
ⓓ 야외음악당 및 야외극장의 설치

㉢ 입목의 벌채, 조림, 육림, 토석의 채취 등으로 할 수 있는 행위

4 수산자원보호구역

(1) 수산자원보호구역의 지정

해양수산부장관은 직접 또는 관계 행정기관의 장의 요청을 받아 수산자원을 보호·육성하기 위하여 필요한 공유수면이나 그에 인접한 토지에 대한 수산자원보호구역의 지정 또는 변경을 도시·군관리계획으로 결정할 수 있다.

(2) 행위제한

수산자원보호구역 안에서의 건축제한에 관하여는 「수산자원관리법」에서 정하는 바에 따른다.

5 도시혁신구역

(1) 도시혁신구역의 지정

공간재구조화계획 결정권자는 다음의 어느 하나에 해당하는 지역을 도시혁신구역으로 지정할 수 있다.

> ① 도시·군기본계획에 따른 도심·부도심 또는 생활권의 중심지역
> ② 주요 기반시설과 연계하여 지역의 거점 역할을 수행할 수 있는 지역
> ③ 유휴토지 또는 대규모 시설의 이전부지

(2) 도시혁신계획

① **내용**: 도시혁신계획에는 도시혁신구역의 지정 목적을 이루기 위하여 다음에 관한 사항이 포함되어야 한다.

> ㉠ 용도지역·용도지구, 도시·군계획시설 및 지구단위계획의 결정에 관한 사항
> ㉡ 주요 기반시설의 확보에 관한 사항
> ㉢ 건축물의 건폐율·용적률·높이에 관한 사항
> ㉣ 건축물의 용도·종류 및 규모 등에 관한 사항
> ㉤ 다른 법률 규정 적용의 완화 또는 배제에 관한 사항
> ㉥ 도시혁신구역 내 개발사업 및 개발사업의 시행자 등에 관한 사항
> ㉦ 그 밖에 도시혁신구역의 체계적 개발과 관리에 필요한 사항

② **고려사항**: 도시혁신구역의 지정 및 변경과 도시혁신계획은 다음의 사항을 종합적으로 고려하여 공간재구조화계획으로 결정한다.

> ㉠ 도시혁신구역의 지정 목적
> ㉡ 해당 지역의 용도지역·기반시설 등 토지이용 현황
> ㉢ 도시·군기본계획 등 상위계획과의 부합성
> ㉣ 주변 지역의 기반시설, 경관, 환경 등에 미치는 영향 및 도시환경 개선·정비 효과
> ㉤ 도시의 개발 수요 및 지역에 미치는 사회적·경제적 파급효과

③ **지정제한**: 다른 법률에서 공간재구조화계획의 결정을 의제하고 있는 경우에도 이 법에 따르지 아니하고 도시혁신구역의 지정과 도시혁신계획을 결정할 수 없다.

④ **협의기간**: 공간재구조화계획 결정권자가 공간재구조화계획을 결정하기 위하여 관계 행정기관의 장과 협의하는 경우 협의 요청을 받은 기관의 장은 그 요청을 받은 날부터 10일(근무일 기준) 이내에 의견을 회신하여야 한다.

⑤ **수립기준**: 도시혁신구역의 지정 및 변경과 도시혁신계획의 수립 및 변경에 관한 세부적인 사항은 국토교통부장관이 정하여 고시한다.

(3) 도시혁신구역에서의 다른 법률의 적용 특례

① **개별적용**: 도시혁신구역에 대하여는 다음의 법률 규정에도 불구하고 도시혁신계획으로 따로 정할 수 있다.

> ㉠ 「주택법」에 따른 주택의 배치, 부대시설·복리시설의 설치기준 및 대지조성기준
> ㉡ 「주차장법」에 따른 부설주차장의 설치
> ㉢ 「문화예술진흥법」에 따른 건축물에 대한 미술작품의 설치
> ㉣ 「건축법」에 따른 공개공지 등의 확보
> ㉤ 「도시공원 및 녹지 등에 관한 법률」에 따른 도시공원 또는 녹지 확보기준
> ㉥ 「학교용지 확보 등에 관한 특례법」에 따른 학교용지의 조성·개발 기준

② **지정의제**: 도시혁신구역으로 지정된 지역은 「건축법」에 따른 특별건축구역으로 지정된 것으로 본다.

③ **특례적용**: 시·도지사 또는 시장·군수·구청장은 도시혁신구역에서 건축하는 건축물을 특별건축구역에서 적용배제 사항을 적용하여 건축할 수 있는 건축물에 포함시킬 수 있다.

보충⁺ 준용규정
도시혁신구역 및 도시혁신계획에 관한 도시·군관리계획 결정의 실효, 도시혁신구역에서의 건축 등에 관하여 다른 특별한 규정이 없으면 지구단위계획구역 및 지구단위계획에 관한 규정을 준용한다.

기출 도시혁신구역으로 지정된 지역은 「건축법」에 따른 특별건축구역으로 지정된 것으로 본다.
제35회 ( )

▶정답 ○

④ **도시개발구역 지정의제**: 도시혁신구역의 지정·변경 및 도시혁신계획 결정의 고시는 「도시개발법」에 따른 개발계획의 내용에 부합하는 경우 도시개발구역의 지정 및 개발계획 수립의 고시로 본다. 이 경우 도시혁신계획에서 정한 시행자는 사업시행자 지정요건 및 도시개발구역 지정 제안 요건 등을 갖춘 경우에 한정하여 같은 법에 따른 도시개발사업의 시행자로 지정된 것으로 본다.

6 복합용도구역

(1) 복합용도구역의 지정

공간재구조화계획 결정권자는 다음의 어느 하나에 해당하는 지역을 복합용도구역으로 지정할 수 있다.

① 산업구조 또는 경제활동의 변화로 복합적 토지이용이 필요한 지역
② 노후 건축물 등이 밀집하여 단계적 정비가 필요한 지역
③ 복합용도구역으로 지정하려는 지역이 둘 이상의 용도지역에 걸치는 경우로서 토지를 효율적으로 이용하기 위해 건축물의 용도, 종류 및 규모 등을 통합적으로 관리할 필요가 있는 지역

> **보충⁺ 행위제한**
> 복합용도구역에서의 건폐율과 용적률은 용도지역별 건폐율과 용적률의 최대한도의 범위에서 복합용도계획으로 정한다.

(2) 복합용도계획

① **내용**: 복합용도계획에는 복합용도구역의 지정 목적을 이루기 위하여 다음에 관한 사항이 포함되어야 한다.

㉠ 용도지역·용도지구, 도시·군계획시설 및 지구단위계획의 결정에 관한 사항
㉡ 주요 기반시설의 확보에 관한 사항
㉢ 건축물의 **용도별 복합적인 배치비율 및 규모** 등에 관한 사항
㉣ 건축물의 건폐율·용적률·높이에 관한 사항
㉤ **특별건축구역계획**에 관한 사항
㉥ 그 밖에 복합용도구역의 체계적 개발과 관리에 필요한 사항

> **보충⁺ 복합용도구역의 적용규정**
> 1. **지정의제**: 복합용도구역으로 지정된 지역은 「건축법」에 따른 **특별건축구역으로 지정된 것으로 본다.**
> 2. **특례적용**: 시·도지사 또는 시장·군수·구청장은 복합용도구역구역에서 건축하는 건축물을 특별건축구역에서 적용배제 사항을 적용하여 건축할 수 있는 건축물에 포함시킬 수 있다.

② **고려사항**: 복합용도구역의 지정 및 변경과 복합용도계획은 다음의 사항을 종합적으로 고려하여 공간재구조화계획으로 결정한다.

> ㉠ 복합용도구역의 지정 목적
> ㉡ 해당 지역의 용도지역·기반시설 등 토지이용 현황
> ㉢ 도시·군기본계획 등 상위계획과의 부합성
> ㉣ 주변 지역의 기반시설, 경관, 환경 등에 미치는 영향 및 도시환경 개선·정비 효과

③ **수립기준**: 복합용도구역의 지정 및 변경과 복합용도계획의 수립 및 변경에 관한 세부적인 사항은 국토교통부장관이 정하여 고시한다.

> **보충⁺ 준용규정**
> 복합용도구역 및 복합용도계획에 관한 도시·군관리계획 결정의 실효, 복합용도구역에서의 건축 등에 관하여 다른 특별한 규정이 없으면 지구단위계획구역 및 지구단위계획에 관한 규정을 준용한다.

7 도시·군계획시설입체복합구역

(1) 도시·군계획시설입체복합구역의 지정

도시·군관리계획의 결정권자는 도시·군계획시설의 입체복합적 활용을 위하여 다음의 어느 하나에 해당하는 경우에 도시·군계획시설이 결정된 토지의 전부 또는 일부를 도시·군계획시설입체복합구역(이하 "입체복합구역"이라 한다)으로 지정할 수 있다.

> ㉠ 도시·군계획시설 준공 후 10년이 경과한 경우로서 해당 시설의 개량 또는 정비가 필요한 경우
> ㉡ 주변지역 정비 또는 지역경제 활성화를 위하여 기반시설의 복합적 이용이 필요한 경우
> ㉢ 첨단기술을 적용한 새로운 형태의 기반시설 구축 등이 필요한 경우
> ㉣ 그 밖에 효율적이고 복합적인 도시·군계획시설의 조성을 위하여 필요한 경우로서 대통령령으로 정하는 경우

(2) 완화적용

이 법 또는 다른 법률의 규정에도 불구하고 입체복합구역에서의 도시·군계획시설과 도시·군계획시설이 아닌 시설에 대한 건축물이나 그 밖의 시설의 용도·종류 및 규모 등의 제한, 건폐율, 용적률, 높이 등은 대통령령으로 정하는 범위에서 따로 정할 수 있다. 다만, 다른 법률에 따라 정하여진 건축제한, 건폐율, 용적률, 높이 등을 완화하는 경우에는 미리 관계 기관의 장과 협의하여야 한다.

> **보충⁺ 대통령령으로 정하는 범위**
> 1. 도시지역의 건축 제한: 도시지역에서 허용되는 범위
> 2. 관리지역, 농림지역 및 자연환경보전지역의 건축 제한: 계획관리지역에서 허용되는 범위
> 3. 건폐율: 용도지역별 건폐율의 최대한도의 150% 이하
> 4. 용적률: 용도지역별 용적률의 최대한도의 200% 이하
> 5. 건축물의 높이제한
>   ① 건축물 높이제한의 150% 이하
>   ② 채광 등의 확보를 위한 건축물의 높이제한: 200% 이하

(3) 완화비율

건폐율과 용적률은 용도지역별 최대한도의 200% 이하로 한다.

제3절 둘 이상의 용도지역 등에 걸치는 경우의 행위제한

1 하나의 대지가 둘 이상의 용도지역에 걸치는 경우

하나의 대지가 둘 이상의 용도지역·용도지구 또는 용도구역에 걸치는 경우로서 각 용도지역 등에 걸치는 부분 중 가장 작은 부분의 규모가 330m²(도로변에 띠 모양으로 지정된 상업지역에 걸쳐 있는 필지의 경우에는 660m²) 이하인 경우에는 전체 대지의 건폐율 및 용적률은 각 부분이 전체 대지 면적에서 차지하는 비율을 고려하여 다음의 구분에 따라 각 용도지역별 건폐율 및 용적률을 가중평균한 값을 적용하고, 그 밖의 건축제한 등에 관한 사항은 그 대지 중 가장 넓은 면적이 속하는 용도지역 등에 관한 규정을 적용한다.

1. 가중평균한 건폐율 = (A 용도지역의 대지면적 × 건폐율 + B 용도지역의 대지면적 × 건폐율) ÷ 전체 대지 면적
2. 가중평균한 용적률 = (A 용도지역의 대지면적 × 용적률 + B 용도지역의 대지면적 × 용적률) ÷ 전체 대지 면적

※참고 갑이 소유하고 있는 하나의 대지가 1,000m²인 경우 다음과 같이 용도지역에 걸쳐 있는 경우 1,000m² 전부에 적용되는 건폐율

700m²	300m²
건폐율: 50%	건폐율: 70%
제3종 일반주거지역	일반공업지역

건폐율 = [(700 × 0.5) + (300 × 0.7)] ÷ 1,000 × 100 = 56%

2 건축물이 고도지구에 걸치는 경우

건축물이 고도지구에 걸쳐 있는 경우에는 그 건축물 및 대지의 전부에 대하여 고도지구의 건축물 및 대지에 관한 규정을 적용한다.

3 건축물이 방화지구에 걸치는 경우

하나의 건축물이 방화지구와 그 밖의 용도지역·용도지구 또는 용도구역에 걸쳐 있는 경우에는 그 전부(건축물)에 대하여 방화지구의 건축물에 관한 규정을 적용한다. 다만, 그 경계가 방화벽으로 구획되는 경우 그 밖의 용도지역·용도지구 또는 용도구역에 있는 부분에 대하여는 그러하지 아니하다.

4 대지가 녹지지역에 걸치는 경우

하나의 대지가 녹지지역과 그 밖의 용도지역·용도지구 또는 용도구역에 걸쳐 있는 경우[규모가 가장 작은 부분이 녹지지역으로서 해당 녹지지역이 330m² 이하(도로변에 띠 모양으로 지정된 상업지역에 걸쳐 있는 필지의 경우에는 660m²)인 경우는 제외]에는 각각의 용도지역·용도지구 또는 용도구역의 건축물 및 토지에 관한 규정을 적용한다. 다만, 녹지지역의 건축물이 고도지구에 걸쳐 있는 경우에는 2의 규정에 관한 규정을 적용하고, 방화지구에 걸쳐 있는 경우에는 3에 따른다.

Chapter 07 기반시설과 도시·군계획시설

제1절 기반시설과 도시·군계획시설 제27회, 제28회, 제29회, 제30회, 제31회, 제32회, 제33회, 제35회, 제36회

1 기반시설의 설치·관리

(1) 기반시설의 종류

기반시설이란 다음의 시설을 말한다.

교통시설	도로·철도·항만·공항·주차장·자동차정류장·궤도·차량검사 및 면허시설
공간시설	광장·공원·녹지·유원지·공공공지
유통·공급시설	유통업무설비, 수도·전기·가스·열공급설비, 방송·통신시설, 공동구·시장, 유류저장 및 송유설비
공공·문화 체육시설	학교·공공청사·문화시설·공공필요성이 인정되는 체육시설·연구시설·사회복지시설·공공직업훈련시설·청소년수련시설
방재시설	하천·유수지·저수지·방화설비·방풍설비·방수설비·사방설비·방조설비
보건위생시설	장사시설·도축장·종합의료시설
환경기초시설	하수도, 폐기물처리 및 재활용시설, 빗물저장 및 이용시설·수질오염방지시설·폐차장

> **기출** 장사시설은 기반시설 중 공간시설에 해당한다. 제28회 ( )
>
> ▶ 정답 ×
> 장사시설은 기반시설 중 보건위생시설에 해당한다.

(2) 도시·군계획시설

기반시설 중 도시·군관리계획으로 결정된 시설을 말한다.

(3) 기반시설의 설치

① **원칙**: 지상·수상·공중·수중 또는 지하에 기반시설을 설치하려면 그 시설의 종류·명칭·위치·규모 등을 미리 도시·군관리계획으로 결정하여야 한다.

② **예외**: 용도지역·기반시설의 특성 등을 고려하여 주차장, 차량검사 및 면허시설, 시장, 공공청사, 사회복지시설, 장사시설, 종합의료시설, 빗물저장 및 이용시설, 폐차장은 그러하지 아니하다.

> 암기 TIP 주차장이 종일 비맞고 폐차장에 서있다.

> **보충+** 도시·군계획시설의 관리
> 1. 국가: 대통령령(중앙관서의 장)으로 정한다.
> 2. 지방자치단체: 조례로 정한다.

> **보충+** 도시·군계획시설 설치기준
> 도시·군계획시설의 결정·구조 및 설치의 기준 등에 필요한 사항은 국토교통부령으로 정하고, 세부사항은 시·도조례로 정할 수 있다.

2 공동구의 설치·관리

(1) 공동구의 의의
공동구란 전기·가스·수도 등의 공급설비, 통신시설, 하수도시설 등 지하매설물을 공동 수용함으로써 미관의 개선, 도로구조의 보전 및 교통의 원활한 소통을 위하여 지하에 설치하는 시설물을 말한다.

(2) 공동구의 설치
① **공동구 설치의무자**: 다음에 해당하는 지역·지구·구역 등(이하 '지역 등'이라 한다)이 200만m²를 초과하는 경우에는 해당 지역 등에서 개발사업을 시행하는 자(이하 '사업시행자'라 한다)는 공동구를 설치하여야 한다.

> ㉠ 「도시개발법」에 따른 도시개발구역
> ㉡ 「택지개발촉진법」에 따른 택지개발지구
> ㉢ 「경제자유구역의 지정 및 운영에 관한 특별법」에 따른 경제자유구역
> ㉣ 「도시 및 주거환경정비법」에 따른 정비구역
> ㉤ 「공공주택 특별법」에 따른 공공주택지구
> ㉥ 「도청이전을 위한 도시건설 및 지원에 관한 특별법」에 따른 도청이전신도시

② **수용의무**: 공동구가 설치된 경우에는 대통령령으로 정하는 바에 따라 공동구에 수용하여야 할 시설이 모두 수용되도록 하여야 한다.

③ **비용 부담**: 공동구의 설치(개량하는 경우 포함)에 필요한 비용은 「국토의 계획 및 이용에 관한 법률」 또는 다른 법률에 특별한 규정이 있는 경우를 제외하고는 공동구 점용예정자와 사업시행자가 부담한다.

④ **부담시기**: 공동구 점용예정자는 공동구 설치공사가 착수되기 전에 부담액의 3분의 1 이상을 납부하여야 하며, 나머지 금액은 공사기간 만료일 전까지 납부하여야 한다.

(3) 공동구의 관리·운영 등
① **관리의무**: 공동구는 특별시장·광역시장·특별자치시장·특별자치도지사·시장 또는 군수(이하 '공동구관리자'라 한다)가 관리한다. 다만, 공동구의 효율적인 관리·운영을 위하여 필요하다고 인정하는 경우에는 대통령령으로 정하는 기관에 그 관리·운영을 위탁할 수 있다.

② **안전 및 유지관리계획**: 공동구관리자는 5년마다 해당 공동구의 안전 및 유지관리계획을 대통령령으로 정하는 바에 따라 수립·시행하여야 한다.

기출 「산업입지 및 개발에 관한 법률」에 따른 일반산업단지의 규모가 200만m²를 초과하는 경우 해당 구역의 개발사업시행자는 공동구를 설치하여야 한다. 제31회 ( )

▶ **정답** ✗
「산업입지 및 개발에 관한 법률」에 따른 일반산업단지는 공동구를 설치하여야 하는 대상지역에 해당하지 않는다.

> **기출** 공동구가 설치된 경우 쓰레기수송관은 공동구협의회의 심의를 거쳐야 공동구를 수용할 수 있다. 제35회 ( )
>
> ▶ 정답 ×
> 쓰레기수송관은 공동구협의회의 심의대상이 아니다.
>
> **보충⁺ 분할납부**
> 공동구관리자는 공동구관리에 소요되는 비용을 연 2회로 분할하여 납부하게 하여야 한다.

③ **안전점검**: 공동구관리자는 대통령령으로 정하는 바에 따라 1년에 1회 이상 공동구의 안전점검을 실시하여야 하며, 안전점검결과 이상이 있다고 인정되는 때에는 지체 없이 정밀안전진단·보수·보강 등 필요한 조치를 하여야 한다.

④ **공동구협의회의 심의대상**: 공동구가 설치된 경우에는 가스관 및 하수도관의 시설은 공동구협의회의 심의를 거쳐 수용할 수 있다.

(4) 공동구의 관리비용

① **부담비율**: 공동구 관리에 소요되는 비용은 그 공동구를 점용하는 자가 함께 부담하되, 부담비율은 점용면적을 고려하여 공동구관리자가 정한다.

② **점용(사용)허가**: 공동구 설치비용을 부담하지 아니하는 자가 공동구를 점용하거나 사용하려면 공동구관리자의 허가를 받아야 한다.

3 광역시설의 설치 및 관리

(1) 원칙
광역시설의 설치 및 관리는 도시·군계획시설의 설치·관리의 규정에 따른다.

(2) 예외

① **협약 체결 또는 협의회 구성**: 관계 특별시장·광역시장·특별자치시장·특별자치도지사·시장 또는 군수는 협약을 체결하거나 협의회 등을 구성하여 광역시설을 설치·관리할 수 있다. 다만, 협약의 체결이나 협의회 등의 구성이 이루어지지 아니하는 경우 그 시 또는 군이 같은 도에 속할 때에는 관할 도지사가 광역시설을 설치·관리할 수 있다.

② **법인의 설치·관리**: 국가계획으로 설치하는 광역시설은 그 광역시설의 설치·관리를 사업목적 또는 사업종목으로 하여 다른 법률에 따라 설립된 법인이 설치·관리할 수 있다.

4 도시·군계획시설사업의 시행

(1) 단계별 집행계획의 수립

① **수립권자**(입안권자)
  ㉠ 원칙: 특별시장·광역시장·특별자치시장·특별자치도지사·시장 또는 군수는 도시·군계획시설에 대하여 도시·군계획시설결정의 고시일부터 3개월 이내에 대통령령으로 정하는 바에 따라 재원조달계획, 보상계획 등을 포함하는 단계별 집행계획을 수립하여야 한다. 다만, 「도시 및 주거환경정비법」 등에 따라 도시·군관리계획의 결정이 의제되는 경우에는 해당 도시·군계획시설결정의 고시일부터 2년 이내에 단계별 집행계획을 수립할 수 있다.
  ㉡ 예외: 국토교통부장관이나 도지사가 직접 입안한 도시·군관리계획인 경우 국토교통부장관이나 도지사는 단계별 집행계획을 수립할 수 있다.

② **단계별 집행계획의 구분**

제1단계 집행계획에 포함	3년 이내에 시행하는 도시·군계획시설사업
제2단계 집행계획에 포함	3년 이후에 시행하는 도시·군계획시설사업

③ **수립절차**
  ㉠ 협의 및 지방의회 의견청취(심의 ×): 특별시장·광역시장·특별자치시장·특별자치도지사·시장 또는 군수는 단계별 집행계획을 수립하고자 하는 때에는 미리 관계 행정기관의 장과 협의하여야 하며, 해당 지방의회의 의견을 들어야 한다.
  ㉡ 공고: 특별시장·광역시장·특별자치시장·특별자치도지사·시장 또는 군수는 단계별 집행계획을 수립하거나 송부받은 때에는 해당 지방자치단체의 공보와 인터넷 홈페이지에 게재하는 방법에 의하며, 필요한 경우 전국 또는 해당 지방자치단체를 주된 보급지역으로 하는 일간신문에 게재하는 방법이나 방송 등의 방법을 병행할 수 있다.

(2) 도시·군계획시설사업의 시행자

① **행정청인 시행자**
  ㉠ 원칙: 특별시장·광역시장·특별자치시장·특별자치도지사·시장 또는 군수
    ⓐ 특별시장·광역시장·특별자치시장·특별자치도지사·시장 또는 군수는 「국토의 계획 및 이용에 관한 법률」 또는 다른 법률에 특별한 규정이 있는 경우 외에는 관할 구역의 도시·군계획시설사업을 시행한다.

> [기출] 광역시장이 단계별 집행계획을 수립하고자 하는 때에는 미리 관계 행정기관의 장과 협의하여야 하며, 해당 지방의회의 의견을 들어야 한다. 제28회 ( )
> ▶정답 ○

> [기출] 「국토의 계획 및 이용에 관한 법률」 또는 다른 법률에 특별한 규정이 있는 경우 외에는 특별시장·광역시장·특별자치시장·특별자치도지사·시장 또는 군수가 관할 구역의 도시·군계획시설사업을 시행한다. 제21회 ( )
> ▶정답 ○

ⓑ 도시·군계획시설사업이 둘 이상의 특별시·광역시·특별자치시·특별자치도·시 또는 군의 관할 구역에 걸쳐 시행되는 경우에는 관계 특별시장·광역시장·특별자치시장·특별자치도지사·시장 또는 군수가 서로 협의하여 시행자를 정한다.

ⓒ 협의가 성립되지 아니하는 경우 도시·군계획시설사업을 시행하려는 구역이 같은 도의 관할 구역에 속하는 경우에는 관할 도지사가 시행자를 지정하고, 둘 이상의 시·도의 관할 구역에 걸치는 경우에는 국토교통부장관이 시행자를 지정한다.

ⓛ 예외: 국토교통부장관 또는 도지사

ⓐ 국토교통부장관은 국가계획과 관련되거나 그 밖에 특히 필요하다고 인정되는 경우에는 관계 특별시장·광역시장·특별자치시장·특별자치도지사·시장 또는 군수의 의견을 들어 직접 도시·군계획시설사업을 시행할 수 있다.

ⓑ 도지사는 광역도시계획과 관련되거나 특히 필요하다고 인정되는 경우에는 관계 시장 또는 군수의 의견을 들어 직접 도시·군계획시설사업을 시행할 수 있다.

② **비행정청인 시행자**

㉠ 지정시행자: 국토교통부장관, 시·도지사, 시장·군수 외의 자는 대통령령으로 정하는 바에 따라 국토교통부장관, 시·도지사, 시장 또는 군수로부터 시행자로 지정을 받아 도시·군계획시설사업을 시행할 수 있다.

㉡ 민간시행자의 지정요건: 도시·군계획시설사업의 시행자로 지정을 받으려면 도시·군계획시설사업의 대상인 토지(국·공유지는 제외)면적의 3분의 2 이상에 해당하는 토지를 소유하고, 토지소유자 총수의 2분의 1 이상에 해당하는 자의 동의를 얻어야 한다.

③ **행정심판**: 「국토의 계획 및 이용에 관한 법률」에 따른 도시·군계획시설사업 시행자의 처분에 대하여는 「행정심판법」에 따라 행정심판을 제기할 수 있다. 이 경우 행정청이 아닌 시행자의 처분에 대하여는 그 시행자를 지정한 자(시행자 ×)에게 행정심판을 제기하여야 한다.

(3) **실시계획**

① 실시계획의 작성

㉠ 도시·군계획시설사업의 시행자는 도시·군계획시설사업에 관한 실시계획을 작성하여야 한다.

㉡ 실시계획에는 사업시행에 필요한 설계도서, 자금계획, 시행기간, 그 밖에 대통령령으로 정하는 사항을 자세히 밝히거나 첨부하여야 한다.

보충⁺ 제출서류
도시·군계획시설사업 시행자로 지정받고자 하는 자가 제출하여야 하는 서류는 다음과 같다.
1. 사업의 종류 및 명칭
2. 사업시행자의 명칭 및 주소
3. 토지 또는 건축물의 소재지, 소유권과 소유권 외의 권리명세 등
4. 착수예정일 및 준공예정일
5. 자금조달계획

기출 한국토지주택공사가 도시·군계획시설사업의 시행자로 지정받으려면 사업대상 토지면적의 3분의 2 이상의 토지소유자의 동의를 얻어야 한다. 제27회 ( )

▶ 정답 ×
한국토지주택공사는 동의를 받지 아니하고도 도시·군계획시설사업의 시행자로 지정을 받을 수 있다.

ⓒ 도시·군계획시설사업을 분할시행하는 때에는 분할된 지역별로 실시계획을 작성할 수 있다.

② **실시계획의 인가**

　　㉠ 인가권자: 도시·군계획시설사업의 시행자(국토교통부장관, 시·도지사와 대도시 시장은 제외)는 실시계획을 작성하면 국토교통부장관이 지정한 시행자는 국토교통부장관의 인가를 받아야 하며, 그 밖의 시행자는 시·도지사 또는 대도시 시장의 인가를 받아야 한다.

　　㉡ 조건부 인가: 국토교통부장관, 시·도지사 또는 대도시 시장은 도시·군계획시설사업시행자가 작성한 실시계획이 도시·군계획시설의 결정·구조 및 설치의 기준 등에 맞다고 인정하는 경우에는 실시계획을 인가하여야 한다. 이 경우 국토교통부장관, 시·도지사 또는 대도시 시장은 기반시설의 설치나 그에 필요한 용지의 확보, 위해 방지, 환경오염 방지, 경관 조성, 조경 등의 조치를 할 것을 조건으로 실시계획을 인가할 수 있다.

　　㉢ 경미한 변경: 인가받은 실시계획을 변경하거나 폐지하는 경우에는 인가를 받아야 한다. 다만, 구역경계의 변경이 없는 범위 안에서 행하는 건축물의 연면적 10% 미만의 변경과 「학교시설사업촉진법」에 의한 학교시설의 변경인 경우에는 인가를 받지 않아도 된다.

③ **실시계획의 인가절차**: 국토교통부장관, 시·도지사 또는 대도시 시장은 실시계획을 인가하려면 미리 그 사실을 공고하고, 관계 서류의 사본을 14일 이상 일반이 열람할 수 있도록 하여야 한다.

④ **실시계획의 고시**: 국토교통부장관, 시·도지사 또는 대도시 시장은 실시계획을 인가한 경우에는 그 내용을 고시하여야 한다.

⑤ **실시계획의 실효**

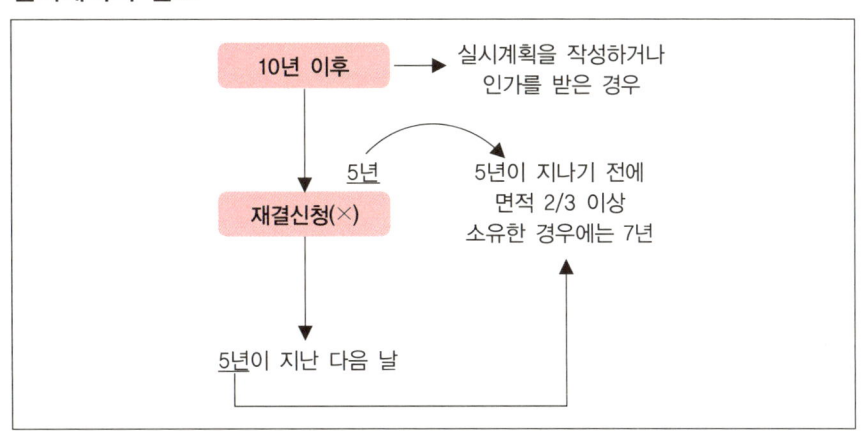

보충⁺ 경미한 변경
1. 사업명칭을 변경하는 경우
2. 기존시설의 일부 또는 전부에 대한 용도변경을 수반하지 않는 대수선·재축 및 개축인 경우
3. 도로의 포장 등 기존 도로의 면적·위치 및 규모의 변경을 수반하지 아니하는 도로의 개량인 경우
4. 구역경계의 변경이 없는 범위에서 측량결과에 따라 면적을 변경하는 경우

(4) 사업시행을 위한 조치

① **분할시행**: 도시·군계획시설사업의 시행자는 도시·군계획시설사업을 효율적으로 추진하기 위하여 필요하다고 인정되면 사업시행대상지역 또는 대상시설을 둘 이상으로 분할하여 도시·군계획시설사업을 시행할 수 있다.

② **무료 열람**: 도시·군계획시설사업의 시행자는 도시·군계획시설사업을 시행하기 위하여 필요하면 등기소나 관계 행정기관의 장에게 필요한 서류의 열람 또는 복사나 그 등본 또는 초본의 발급을 무료로 청구할 수 있다.

③ **공시송달**: 도시·군계획시설사업의 시행자는 서류를 송달할 필요가 있으나 이해관계인의 주소 또는 거소가 불분명하거나 그 밖의 사유로 서류를 송달할 수 없는 경우에는 그 서류의 송달을 갈음하여 그 내용을 공시할 수 있다.

▶ 기출) 행정청인 시행자는 이해관계인의 주소 또는 거소(居所)가 불분명하여 서류를 송달할 수 없는 경우 그 서류의 송달을 갈음하여 그 내용을 공시할 수 있다. 제28회 ( )
▶ 정답 ○

④ **토지 등의 수용 및 사용**
  ㉠ 수용 및 사용: 도시·군계획시설사업의 시행자는 도시·군계획시설사업에 필요한 다음의 물건 또는 권리를 수용하거나 사용할 수 있다.

  > ⓐ 토지·건축물 또는 그 토지에 정착된 물건
  > ⓑ 토지·건축물 또는 그 토지에 정착된 물건에 관한 소유권 외의 권리

  ㉡ 일시사용: 도시·군계획시설사업의 시행자는 사업시행을 위하여 특히 필요하다고 인정되면 도시·군계획시설에 인접한 다음의 물건 또는 권리를 일시사용(수용 ×)할 수 있다.

  > ⓐ 토지·건축물 또는 그 토지에 정착된 물건
  > ⓑ 토지·건축물 또는 그 토지에 정착된 물건에 관한 소유권 외의 권리

▶ 보충+ **국·공유지의 처분제한**
도시·군관리계획결정을 고시한 경우에는 국·공유지로서 도시·군계획시설사업에 필요한 토지는 그 도시·군관리계획으로 정하여진 목적 외의 목적으로 매각하거나 양도할 수 없다. ⇨ 위반 시 무효

⑤ **「공익사업을 위한 토지 등의 취득 및 보상에 관한 법률」의 특례**
  ㉠ 사업인정 및 고시의 의제: 실시계획을 고시한 경우에는 「공익사업을 위한 토지 등의 취득 및 보상에 관한 법률」에 따른 사업인정 및 그 고시가 있었던 것으로 본다.
  ㉡ 재결신청기간: 재결신청은 실시계획에서 정한 도시·군계획시설사업의 시행기간에 하여야 한다.

제 2 절 매수청구 및 실효 등 제27회, 제28회, 제29회, 제30회, 제32회

1 장기미집행 도시·군계획시설부지의 매수청구

(1) 매수청구권자 및 매수의무자

① **매수청구권자**: 도시·군계획시설에 대한 도시·군관리계획결정의 고시일부터 10년 이내에 그 도시·군계획시설의 설치에 관한 도시·군계획시설사업이 시행되지 아니하는 경우(실시계획의 인가나 그에 상당하는 절차가 진행된 경우는 제외) 그 도시·군계획시설의 부지로 되어 있는 토지 중 지목(地目)이 대(垈)인 토지(그 토지에 있는 건축물 및 정착물을 포함)의 소유자

② **매수의무자**
  ㉠ 특별시장·광역시장·특별자치시장·특별자치도지사·시장 또는 군수
  ㉡ 도시·군계획시설사업의 시행자가 정하여진 경우에는 그 시행자
  ㉢ 「국토의 계획 및 이용에 관한 법률」 또는 다른 법률에 따라 도시·군계획시설을 설치하거나 관리하여야 할 의무가 있는 자가 있으면 그 의무가 있는 자. 이 경우 도시·군계획시설을 설치하거나 관리하여야 할 의무가 있는 자가 서로 다른 경우에는 설치하여야 할 의무가 있는 자

> **기출** 도시·군계획시설결정의 고시일부터 10년 이내에 실시계획인가만 있고 사업이 진행되지 아니한 경우 그 부지의 소유자는 그 토지의 매수를 청구할 수 있다. 제35회 ( )
> ▶정답 ✕
> 실시계획인가나 그에 상당하는 절차가 진행된 경우에는 매수청구할 수 없다.

(2) 매수절차

① **매수 여부의 결정**: 매수의무자는 매수청구를 받은 날부터 6개월 이내에 매수 여부를 결정하여 토지소유자와 특별시장·광역시장·특별자치시장·특별자치도지사·시장 또는 군수에게 알려야 하며, 매수하기로 결정한 토지는 매수결정을 알린 날부터 2년 이내에 매수하여야 한다.

② **토지의 매수가격**: 매수청구된 토지의 매수가격·매수절차 등에 관하여 「국토의 계획 및 이용에 관한 법률」에 특별한 규정이 있는 경우 외에는 「공익사업을 위한 토지 등의 취득 및 보상에 관한 법률」을 준용한다.

> **기출** 매수의무자가 매수하기로 결정한 토지는 매수결정을 알린 날부터 3년 이내에 매수하여야 한다. 제26회 ( )
> ▶정답 ✕
> 매수의무자가 매수하기로 결정한 토지는 매수결정을 알린 날부터 2년 이내에 매수하여야 한다.

(3) 매수방법

① **원칙**: 매수의무자는 매수청구를 받은 토지를 매수하는 때에는 현금으로 그 대금을 지급한다.

② **예외**: 다음에 해당하는 경우로서 매수의무자가 지방자치단체인 경우에는 채권(이하 '도시·군계획시설채권'이라 한다)을 발행하여 지급할 수 있다.

> ㉠ 토지소유자가 원하는 경우
> ㉡ 부재부동산 소유자의 토지 또는 비업무용 토지로서 매수대금이 **3천만원을 초과하는 경우** 그 초과하는 금액을 지급하는 경우

③ **상환기간·이율**: 도시·군계획시설채권의 상환기간은 **10년 이내**로 하며, 그 이율은 채권 발행 당시 은행이 적용하는 1년 만기 정기예금금리의 평균 이상이어야 하며, 구체적인 상환기간과 이율은 조례로 정한다.

④ **준용 법률**: 도시·군계획시설채권의 발행절차에 관하여 「국토의 계획 및 이용에 관한 법률」에 특별한 규정이 있는 경우 외에는 「지방재정법」에서 정하는 바에 따른다.

【기출】 도시·군계획시설채권의 상환기간은 5년 이상 10년 이내로 한다. 제26회 ( )
▶정답 ×
상환기간은 10년 이내에서 조례로 정한다.

(4) 매수거부 또는 지연 시 조치

매수청구를 한 토지의 소유자는 매수의무자가 매수하지 아니하기로 결정한 경우 또는 매수결정을 알린 날부터 2년이 지날 때까지 해당 토지를 매수하지 아니하는 경우 개발행위허가를 받아 다음의 건축물 또는 공작물을 설치할 수 있다. 이 경우 개발행위허가의 기준을 적용하지 아니한다.

> ① 단독주택(다중주택·다가구주택·공관은 제외)으로서 3층 이하인 것
> ② 제1종 근린생활시설로서 3층 이하인 것
> ③ 제2종 근린생활시설(단란주점, 안마시술소, 노래연습장 및 다중생활시설은 제외)로서 3층 이하인 것
> ④ 공작물

【기출】 매수청구를 받은 매수의무자가 매수하지 아니하기로 결정한 경우 매수청구자는 개발행위허가를 받아 2층의 다세대주택을 건축할 수 있다. 제27회 ( )
▶정답 ×
매수의무자가 매수를 거부한 경우에는 허가를 받아 3층 이하의 단독주택, 3층 이하의 제1종 근린생활시설, 3층 이하의 제2종 근린생활시설(단란주점, 안마시술소, 노래연습장 및 다중생활시설은 제외), 공작물을 설치할 수 있다.

2 도시·군계획시설결정의 실효 등

(1) 실효사유

도시·군계획시설결정이 고시된 도시·군계획시설에 대하여 그 고시일부터 20년이 지날 때까지 그 시설의 설치에 관한 도시·군계획시설사업이 시행되지 아니하는 경우 그 도시·군계획시설결정은 그 고시일부터 **20년이 되는 날의 다음 날**에 그 **효력을 잃는다**.

(2) 지방의회의 해제권고

① 미집행 도시·군계획시설의 보고
  ㉠ 특별시장·광역시장·특별자치시장·특별자치도지사·시장 또는 군수는 도시·군계획시설결정이 고시된 도시·군계획시설(국토교통부장관이 결

【기출】 도시·군계획시설결정의 고시일부터 20년이 지날 때까지 그 시설의 설치에 관한 도시·군계획시설사업이 시행되지 아니하는 경우, 그 도시·군계획시설결정은 그 고시일부터 20년이 되는 날의 다음 날에 효력을 잃는다.
제26회, 제30회, 제35회 ( )
▶정답 ○

정·고시한 도시·군계획시설 중 관계 중앙행정기관의 장이 직접 설치하기로 한 시설은 제외)을 설치할 필요성이 없어진 경우 또는 그 고시일부터 10년이 지날 때까지 해당 시설의 설치에 관한 도시·군계획시설사업이 시행되지 아니하는 경우에는 그 현황과 단계별 집행계획을 해당 지방의회의 정례회 또는 임시회의 기간 중에 보고하여야 한다.
  - ⓒ 지방자치단체의 장은 지방의회에 보고한 장기미집행 도시·군계획시설 등 중 도시·군계획시설결정이 해제되지 아니한 장기미집행 도시·군계획시설 등에 대하여 최초로 지방의회에 보고한 때부터 2년마다 지방의회에 보고하여야 한다.
- ② **지방의회의 해제권고**
  - ㉠ 보고를 받은 지방의회는 해당 특별시장·광역시장·특별자치시장·특별자치도지사·시장 또는 군수에게 도시·군계획시설결정의 해제를 권고할 수 있다.
  - ⓒ 지방의회는 장기미집행 도시·군계획시설 등에 대하여 해제를 권고하는 경우에는 보고가 지방의회에 접수된 날부터 90일 이내에 해제를 권고하는 서면을 지방자치단체의 장에게 보내야 한다.
- ③ **해제를 위한 도시·군관리계획의 결정**
  - ㉠ 지방자치단체의 장은 특별한 사유가 있는 경우를 제외하고는 해당 장기미집행 도시·군계획시설 등의 해제권고를 받은 날부터 1년 이내에 해제를 위한 도시·군관리계획을 결정하여야 한다.
  - ⓒ 시장 또는 군수는 도지사가 결정한 도시·군관리계획의 해제가 필요한 경우에는 도지사에게 그 결정을 신청하여야 한다.
  - ⓒ 도시·군계획시설결정의 해제를 신청받은 도지사는 특별한 사유가 없으면 신청을 받은 날부터 1년 이내에 해당 도시·군계획시설의 해제를 위한 도시·군관리계획결정을 하여야 한다.

> **보충⁺ 소명기간**
> 지방자치단체의 장은 지방의회에 해제할 수 없다고 인정하는 특별한 사유를 해제권고를 받은 날부터 6개월 이내에 소명하여야 한다.

3 비용의 부담

(1) **원칙**: 시행자 비용부담

광역도시계획 및 도시·군계획의 수립과 도시·군계획시설사업에 관한 비용은 국가가 하는 경우에는 국가예산에서, 지방자치단체가 하는 경우에는 해당 지방자치단체가, 행정청이 아닌 자가 하는 경우에는 그 자가 부담함을 원칙으로 한다.

> **기출** 행정청이 아닌 자가 도시·군계획시설사업을 시행하는 경우 그에 관한 비용은 원칙적으로 그 자가 부담한다. 제21회 ( )
> ▶정답 ○

(2) **예외**: 수익자 비용부담

① 국토교통부장관이나 시·도지사는 그가 시행한 도시·군계획시설사업으로 현저히 이익을 받는 시·도, 시 또는 군이 있으면 그 사업에 든 비용의 일부(50%를 넘지 않는 범위)를 그 이익을 받는 시·도, 시 또는 군에 부담시킬 수 있다.

② 시·도지사는 그 시·도에 속하지 아니하는 특별시·광역시·특별자치시·특별자치도·시 또는 군에 비용을 부담시키려면 해당 지방자치단체의 장과 협의하되, 협의가 성립되지 아니하는 경우에는 행정안전부장관이 결정하는 바에 따른다.

(3) **보조 또는 융자**

시행자가 행정청인 경우	행정청이 시행하는 도시·군계획시설사업에 대하여는 해당 도시·군계획시설사업에 소요되는 비용(조사·측량비, 설계비 및 관리비를 제외한 공사비와 감정비를 포함한 보상비를 말한다)의 50% 이하의 범위 안에서 국가예산으로 보조 또는 융자할 수 있다.
시행자가 비행정청인 경우	행정청이 아닌 자가 시행하는 도시·군계획시설사업에 대하여는 해당 도시·군계획시설사업에 소요되는 비용(조사·측량비, 설계비 및 관리비를 제외한 공사비와 감정비를 포함한 보상비를 말한다)의 3분의 1 이하의 범위 안에서 국가 또는 지방자치단체가 보조 또는 융자할 수 있다.

[기출] 도지사가 시행한 도시·군계획시설사업으로 그 도에 속하지 않는 군이 현저한 이익을 받는 경우, 해당 도지사와 군수 간의 비용부담에 관한 협의가 성립하지 아니한 때에는 행정안전부장관이 결정하는 바에 따른다. 제24회
( )

▶ 정답 ○

[보충+] 보조 또는 융자
기초조사 또는 지형도면의 작성에 소요되는 비용은 그 비용의 80% 이하의 범위에서 국가예산으로 보조할 수 있다.

1. 국토의 계획 및 이용에 관한 법령상 도시·군계획시설(이하 '시설'이라 함)에 관한 설명으로 옳은 것은?
① 시설결정의 고시일부터 10년 이내에 실시계획의 인가만 있고 시설사업이 진행되지 아니하는 경우 그 부지의 소유자는 그 토지의 매수를 청구할 수 있다.
② 공동구가 설치된 경우 쓰레기수송관은 공동구협의회의 심의를 거쳐야 공동구에 수용할 수 있다.
③ 「택지개발촉진법」에 따른 택지개발지구가 200만제곱미터를 초과하는 경우에는 공동구를 설치하여야 한다.
④ 시설결정의 고시일부터 20년이 지날 때까지 시설사업이 시행되지 아니하는 경우 그 시설결정은 20년이 되는 날에 효력을 잃는다.
⑤ 시설결정의 고시일부터 10년 이내에 시설사업이 시행되지 아니하는 경우 그 부지 내에 건물만을 소유한 자도 시설결정 해제를 위한 도시·군관리계획 입안을 신청할 수 있다.

해설 ① 시설결정의 고시일부터 10년 이내에 실시계획의 인가만 있고 시설사업이 진행되지 아니하는 경우 그 부지의 소유자는 그 토지의 매수를 청구할 수 없다.
② 공동구가 설치된 경우 가스관 및 하수도관은 공동구협의회의 심의를 거쳐야 공동구에 수용할 수 있다.
④ 시설결정의 고시일부터 20년이 지날 때까지 시설사업이 시행되지 아니하는 경우 그 시설결정은 20년이 되는 날의 다음날에 효력을 잃는다.
⑤ 시설결정의 고시일부터 10년 이내에 시설사업이 시행되지 아니하는 경우 그 부지 내에 건물만을 소유한 자는 시설결정 해제를 위한 도시·군관리계획 입안을 신청할 수 없다. **정답 ③**

2. 甲소유의 토지는 A광역시 B구에 소재한 지목이 대(垈)인 토지로서 한국토지주택공사를 사업시행자로 하는 도시·군계획시설부지이다. 甲의 토지에 대해 국토의 계획 및 이용에 관한 법령상 도시·군계획시설부지의 매수청구권이 인정되는 경우, 이에 관한 설명으로 옳은 것은? (단, 도시·군계획시설의 설치의무자는 사업시행자이며, 조례는 고려하지 않음)
① 甲의 토지의 매수의무자는 B구청장이다.
② 甲이 매수청구를 할 수 있는 대상은 토지이며, 그 토지에 있는 건축물은 포함되지 않는다.
③ 甲이 원하는 경우 매수의무자는 도시·군계획시설채권을 발행하여 그 대금을 지급할 수 있다.
④ 매수의무자는 매수청구를 받은 날부터 6개월 이내에 매수 여부를 결정하여 甲과 A광역시장에게 알려야 한다.
⑤ 매수청구에 대해 매수의무자가 매수하지 아니하기로 결정한 경우 甲은 자신의 토지에 2층의 다세대주택을 건축할 수 있다.

해설 ① 甲의 토지의 매수의무자는 한국토지주택공사이다.
② 甲이 매수청구를 할 수 있는 대상은 토지이며, 그 토지에 있는 건축물도 포함된다.
③ 甲이 원하는 경우라도 매수의무자가 한국토지주택공사이기 때문에 도시·군계획시설채권을 발행하여 그 대금을 지급할 수 없다. 매수의무자가 지방자치단체인 경우에만 채권을 발행할 수 있다.
⑤ 매수청구에 대해 매수의무자가 매수하지 아니하기로 결정한 경우 3층 이하의 단독주택을 건축할 수 있다. 따라서 甲은 자신의 토지에 2층의 다세대주택을 건축할 수 없다. **정답 ④**

Chapter 08 지구단위계획구역과 지구단위계획

제1절 지구단위계획구역 제27회, 제28회, 제29회, 제32회, 제34회

1 재량적 지정대상지역

국토교통부장관, 시·도지사, 시장 또는 군수는 다음의 어느 하나에 해당하는 지역의 전부 또는 일부에 대하여 지구단위계획구역을 지정할 수 있다.

① 용도지구
② 「도시개발법」에 따라 지정된 도시개발구역
③ 「도시 및 주거환경정비법」에 따라 지정된 정비구역
④ 「택지개발촉진법」에 따라 지정된 택지개발지구
⑤ 「주택법」에 따른 대지조성사업지구
⑥ 「산업입지 및 개발에 관한 법률」의 산업단지와 준산업단지
⑦ 「관광진흥법」에 따라 지정된 관광단지와 관광특구
⑧ 개발제한구역·도시자연공원구역·시가화조정구역 또는 공원에서 해제되는 구역, 녹지지역에서 주거·상업·공업지역으로 변경되는 구역
   암기TIP 공개도시 + 해제
⑨ 도시지역 내 복합적인 토지 이용을 증진시킬 필요가 있는 일반주거지역, 준주거지역, 상업지역 및 준공업지역 + 세 개 이상의 노선이 교차하는 대중교통 결절지로부터 1km 이내에 위치한 지역, 역세권개발구역 등

기출 「주택법」에 따라 대지조성사업지구로 지정된 지역의 전부에 대하여 지구단위계획구역을 지정할 수는 없다. 제24회 ( )
▶ 정답 ✕
대지조성사업지구로 지정된 지역의 전부에 대하여 지구단위계획구역을 지정할 수 있다.

기출 정비구역과 택지개발지구에서 사업이 끝난 후 5년이 지난 지역은 지구단위계획구역으로 지정하여야 한다. 제27회 ( )
▶ 정답 ✕
정비구역과 택지개발지구에서 시행되는 사업이 끝난 후 10년이 지난 지역으로서 관계 법률에 따른 토지이용과 건축에 관한 계획이 수립되어 있지 않은 지역은 지구단위계획구역으로 지정하여야 한다.

2 의무적 지정대상지역

국토교통부장관, 시·도지사, 시장 또는 군수는 다음의 어느 하나에 해당하는 지역은 지구단위계획구역으로 지정하여야 한다. 다만, 관계 법률에 따라 그 지역에 토지이용과 건축에 관한 계획이 수립되어 있는 경우에는 그러하지 아니하다.

① 정비구역 및 택지개발지구에서 시행되는 사업이 끝난 후 10년이 지난 지역
   암기TIP 정택이는 10년 지난 친구!

② 다음에 해당하는 지역으로서 체계적·계획적인 개발 또는 관리가 필요한 지역으로서 그 면적이 30만m² 이상인 지역

> ㉠ 시가화조정구역 또는 공원에서 해제되는 지역. 다만, 녹지지역으로 지정 또는 존치되거나 법 또는 다른 법령에 의하여 도시·군계획사업 등 개발계획이 수립되지 아니하는 경우를 제외한다.
> ㉡ 녹지지역에서 주거지역·상업지역 또는 공업지역으로 변경되는 지역

③ 도시지역 외 지역 중 지정대상지역

(1) 구역 면적의 50% 이상이 계획관리지역으로서 다음에 해당하는 지역

① 계획관리지역 외 지구단위계획구역으로 포함할 수 있는 나머지 용도지역은 생산관리지역 또는 보전관리지역일 것

② 지구단위계획구역으로 지정하고자 하는 토지의 면적이 다음에 규정된 면적요건에 해당할 것

> ㉠ 아파트 또는 연립주택 건설계획이 포함된 경우로서 자연보전권역인 경우: 10만m² 이상
> ㉡ 아파트 또는 연립주택 건설계획이 포함되지 않은 경우: 3만m² 이상일 것
> ㉢ 해당 지역에 도로·수도공급설비·하수도 등 기반시설을 공급할 수 있을 것
> ㉣ 자연환경·경관·미관 등을 해치지 아니하고 국가유산의 훼손 우려가 없을 것

(2) 개발진흥지구로서 다음의 요건에 해당하는 지역

① 계획관리지역에서의 요건에 해당할 것

② 해당 개발진흥지구가 다음의 지역에 위치할 것

> ㉠ 주거, 특정, 복합개발진흥지구(주거기능 포함) ⇨ 계획관리지역
> ㉡ 산업·유통, 복합개발진흥지구(주거기능이 포함되지 않는 경우)
>   ⇨ 계획관리지역, 생산관리지역, 농림지역
> ㉢ 관광·휴양개발진흥지구 ⇨ 도시지역 외의 지역

(3) 용도지구를 폐지하고 그 용도지구에서의 행위제한 등을 지구단위계획으로 대체하려는 지역

기출 도시지역 외의 지역으로서 용도지구를 폐지하고 그 용도지구에서의 행위제한 등을 지구단위계획으로 대체하려는 지역은 지구단위계획구역으로 지정될 수 있다. 제25회 ( )

▶정답 ○

제2절 지구단위계획 제27회, 제28회, 제29회

1 지구단위계획의 수립

지구단위계획의 **수립기준** 등은 대통령령으로 정하는 바에 따라 **국토교통부장관**이 정한다.

보충⁺ 지구단위계획 수립시 고려사항
1. 도시의 정비·관리·보전·개발 등 지구단위계획구역의 지정목적
2. 주거·산업·유통·관광휴양·복합 등 지구단위계획구역의 중심기능
3. 해당 용도지역의 특성
4. 지역 공동체의 활성화
5. 안전하고 지속가능한 생활권의 조성
6. 해당 지역 및 인근 지역의 토지이용을 고려한 토지이용계획과 건축계획의 조화

2 지구단위계획의 내용

지구단위계획구역의 지정 목적을 이루기 위하여 지구단위계획에는 다음의 ③과 ⑤의 사항을 포함한 둘 이상의 사항이 포함되어야 한다. 다만, ②를 내용으로 하는 지구단위계획의 경우에는 그러하지 아니하다.

> ① 용도지역이나 용도지구를 대통령령으로 정하는 범위에서 세분하거나 변경하는 사항
> ② 기존의 용도지구를 폐지하고 그 용도지구에서의 건축물이나 그 밖의 시설의 용도·종류 및 규모 등의 제한을 대체하는 사항
> ③ 대통령령으로 정하는 **기반시설의 배치와 규모**
> ④ 도로로 둘러싸인 일단의 지역 또는 계획적인 개발·정비를 위하여 구획된 일단의 토지의 규모와 조성계획
> ⑤ **건축물의 용도제한, 건축물의 건폐율 또는 용적률, 건축물 높이의 최고한도 또는 최저한도**
> ⑥ 건축물의 배치·형태·색채 또는 건축선에 관한 계획
> ⑦ 환경관리계획 또는 경관계획
> ⑧ 보행안전 등을 고려한 교통처리계획

3 법률규정의 완화 적용

기출 계획관리지역 외의 지역에 지정된 개발진흥지구 내의 지구단위계획구역에서는 건축물의 용도·종류 및 규모 등을 완화하여 적용할 경우 아파트 및 연립주택은 허용되지 아니한다. 제29회   (   )

▶ 정답 ○

지구단위계획구역에서는 다음의 규정에 관하여 대통령령으로 정하는 범위에서 지구단위계획으로 정하는 바에 따라 완화하여 적용할 수 있다. 다만, 개발진흥지구(**계획관리지역에 지정된 개발진흥지구는 제외**)에 지정된 지구단위계획구역에 대하여는 공동주택 중 아파트 및 연립주택은 허용되지 아니한다.

도시지역 내 지구단위계획구역	① 건축제한의 완화 ② 건폐율의 완화: 150%를 초과할 수 없다. ③ 용적률의 완화: 200%를 초과할 수 없다. ④ 건축물의 높이제한: 120% 이내에서 완화할 수 있다. ⑤ 주차장 설치기준: 100%까지 완화할 수 있다. ⑥ 채광 등의 확보를 위한 높이제한: 지구단위계획구역 내 준주거지역에서는 200% 이내에서 완화할 수 있다.
도시지역 외 지구단위계획구역	① 건축제한의 완화 ② 건폐율의 완화: 150% 이내에서 완화하여 적용할 수 있다. ③ 용적률의 완화: 200% 이내에서 완화하여 적용할 수 있다.

> **보충⁺ 주차장 설치기준을 완화할 수 있는 경우**
> 1. 한옥마을을 보존하고자 하는 경우
> 2. 차 없는 거리를 조성하고자 하는 경우

> **기출** 도시지역 내 지구단위계획구역의 지정이 한옥마을의 보존을 목적으로 하는 경우 지구단위계획으로 「주차장법」 제19조 제3항에 의한 주차장 설치기준을 100%까지 완화하여 적용할 수 있다. 제26회
> ( )
> ▶ 정답 ○

4 지구단위계획구역의 지정 및 지구단위계획의 실효

(1) 지구단위계획구역의 실효

지구단위계획구역의 지정에 관한 도시·군관리계획결정의 고시일부터 3년 이내에 그 지구단위계획구역에 관한 지구단위계획이 결정·고시되지 아니하면 그 3년이 되는 날의 다음 날에 그 지구단위계획구역의 지정에 관한 도시·군관리계획결정은 효력을 잃는다.

(2) 지구단위계획의 실효

지구단위계획(주민이 입안을 제안한 것에 한정)에 관한 도시·군관리계획결정의 고시일부터 5년 이내에 「국토의 계획 및 관리에 관한 법률」 또는 다른 법률에 따라 허가·인가·승인 등을 받아 사업이나 공사에 착수하지 아니하면 그 5년이 된 날의 다음 날에 그 지구단위계획에 관한 도시·군관리계획결정은 효력을 잃는다. 이 경우 지구단위계획과 관련한 도시·군관리계획결정에 관한 사항은 해당 지구단위계획구역 지정 당시의 도시·군관리계획으로 환원된 것으로 본다.

> **보충⁺ 실효고시**
> 국토교통부장관, 시·도지사, 시장 또는 군수는 지구단위계획구역 지정 및 지구단위계획결정이 효력을 잃으면 대통령령으로 정하는 바에 따라 지체 없이 그 사실을 고시하여야 한다.

5 지구단위계획구역에서의 건축

지구단위계획구역에서 건축물(일정기간 내 철거가 예상되는 가설건축물은 제외)을 건축 또는 용도변경하거나 공작물을 설치하려면 그 지구단위계획에 맞게 하여야 한다. 다만, 지구단위계획이 수립되어 있지 아니한 경우에는 그러하지 아니하다.

Chapter 09 개발행위의 허가

제1절 허가대상 개발행위 제30회, 제31회, 제33회, 제34회, 제35회

1 허가대상 개발행위

(1) 허가권자

다음에 해당하는 개발행위를 하려는 자는 특별시장·광역시장·특별자치시장·특별자치도지사·시장 또는 군수의 허가를 받아야 한다. 다만, <mark>도시·군계획사업(도시·군계획시설사업＋도시개발사업＋정비사업)에 의한 행위는 그러하지 아니하다.</mark>

① **건축물의 건축 또는 공작물의 설치**

> ㉠ 건축물의 건축:「건축법」에 따른 건축물의 건축
> ㉡ 공작물의 설치: 인공을 가하여 제작한 시설물(「건축법」에 따른 건축물은 제외)의 설치

② **토지의 형질변경**: 절토(땅깎기)·성토(흙쌓기)·정지(땅고르기)·포장 등의 방법으로 토지의 형상을 변경하는 행위와 공유수면의 매립(<mark>경작을 위한 토지의 형질변경은 제외</mark>)

③ **토석채취**: 흙·모래·자갈·바위 등의 토석을 채취하는 행위. 다만, 토지의 형질변경을 목적으로 하는 것은 제외한다.

④ **토지분할**: 다음의 어느 하나에 해당하는 토지의 분할(「건축법」에 따른 건축물이 있는 대지는 제외)

> ㉠ 녹지지역·관리지역·농림지역 및 자연환경보전지역 안에서 관계 법령에 따른 허가·인가 등을 받지 아니하고 행하는 토지의 분할
> ㉡ 「건축법」에 따른 분할제한면적 미만으로의 토지의 분할
> ㉢ 관계 법령에 의한 허가·인가 등을 받지 아니하고 행하는 너비 5m 이하로의 토지의 분할

⑤ **물건을 쌓아놓는 행위**: <mark>녹지지역·관리지역 또는 자연환경보전지역</mark> 안에서 건축물의 울타리 안(적법한 절차에 의하여 조성된 대지에 한정)에 위치하지 아니한 토지에 물건을 <mark>1개월 이상</mark> 쌓아놓는 행위

[기출] 도시·군계획사업에 의하여 10층 이상의 건축물을 건축하려는 경우에는 개발행위허가를 받아야 한다. 제35회　　(　　)

▶ 정답 ✕
도시·군계획사업에 의한 행위는 개발행위허가를 받지 않아도 된다.

[보충] 허가대상
1. 인접토지의 관개·배수 및 농작업에 영향을 미치는 경우
2. 재활용 골재, 사업장 폐토양, 무기성 오니(오염된 침전물) 등 수질오염 또는 토질오염의 우려가 있는 토사 등을 사용하여 성토하는 경우. 다만, 「농지법 시행령」에 따른 성토는 제외한다.
3. 지목의 변경을 수반하는 경우(전·답 사이의 변경은 제외)
4. 옹벽 설치(허가를 받지 않아도 되는 옹벽 설치는 제외) 또는 2m 이상(여러 차례에 걸쳐 이루어지는 경우에는 누적하여 산정)의 절토·성토가 수반되는 경우

(2) 경미한 사항의 변경

개발행위허가를 받은 사항을 변경하는 경우에는 개발행위허가에 관한 규정을 준용한다. 다만, 개발행위허가를 받은 자는 다음에 해당하는 경우(다른 사항에 저촉되지 않는 경우로 한정)에는 지체 없이 그 사실을 특별시장·광역시장·특별자치시장·특별자치도지사·시장 또는 군수에게 통지하여야 한다.

① 사업기간을 단축하는 경우 ⇨ 연장의 경우에는 허가를 받아야 한다.
② 부지면적 또는 건축물 연면적을 5% 범위에서 축소(공작물의 무게, 부피 또는 수평투영면적을 5% 범위에서 축소하는 경우를 포함)하는 경우

> **기출** 개발행위허가를 받은 사업면적을 5% 범위 안에서 축소하거나 확장하는 경우에는 별도의 변경허가를 받을 필요가 없다. 제24회 ( )
>
> ▶ 정답 ✕
> 사업면적을 5% 범위 안에서 축소하는 경우에는 변경허가를 받을 필요가 없지만, 사업면적을 확장하는 경우에는 변경허가를 받아야 한다.

② 허가를 요하지 아니하는 개발행위

다음에 해당하는 행위는 개발행위허가를 받지 아니하고 할 수 있다.

(1) 재해복구나 재난수습을 위한 응급조치

응급조치를 한 경우에는 1개월 이내에 특별시장·광역시장·특별자치시장·특별자치도지사·시장 또는 군수에게 신고하여야 한다.

(2) 대통령령으로 정하는 다음의 경미한 행위

① **공작물의 설치**: 녹지지역·관리지역 또는 농림지역 안에서의 농림어업용 비닐하우스(양식업을 하기 위하여 비닐하우스 안에 설치하는 양식장은 제외)의 설치

② **토지분할**

　㉠ 「사도법」에 의한 사도개설허가를 받은 토지의 분할
　㉡ 토지의 일부를 국유지 또는 공유지로 하거나 공공시설로 사용하기 위한 토지의 분할
　㉢ 행정재산 중 용도폐지되는 부분의 분할 또는 일반재산을 매각·교환 또는 양여하기 위한 분할
　㉣ 토지의 일부가 도시·군계획시설로 지형도면고시가 된 해당 토지의 분할
　㉤ 너비 5m 이하로 이미 분할된 토지의 「건축법」에 따른 분할제한면적 이상으로의 분할

> **기출** 재해복구를 위한 응급조치로서 공작물의 설치를 하려는 자는 도시·군계획사업에 의한 행위가 아닌 한 개발행위허가를 받아야 한다. 제30회 ( )
>
> ▶ 정답 ✕
> 재해복구를 위한 응급조치로서 공작물의 설치를 하려는 자는 도시·군계획사업에 의한 행위가 아니더라도 개발행위허가를 받지 않아도 된다.

③ 개발행위허가의 절차

(1) 개발행위허가의 신청

① **원칙**: 개발행위를 하려는 자는 그 개발행위에 따른 기반시설의 설치나 그에 필요한 용지의 확보, 위해(危害) 방지, 환경오염 방지, 경관, 조경 등에 관한 계획서를 첨부한 신청서를 개발행위허가권자에게 제출하여야 한다.

② **예외**: 개발밀도관리구역 안에서는 기반시설의 설치나 그에 필요한 용지의 확보에 관한 계획서를 제출하지 아니한다.

> [정리] **개발밀도관리구역과 기반시설 설치계획서**
> 개발밀도관리구역 안에서는 기반시설의 설치가 곤란하므로 기반시설의 설치나 그에 필요한 용지의 확보에 관한 계획서를 제출하지 아니한다.

(2) 개발행위허가의 절차

① **시행자의 의견청취**: 특별시장·광역시장·특별자치시장·특별자치도지사·시장 또는 군수는 개발행위허가 또는 변경허가를 하려면 그 개발행위가 도시·군계획사업의 시행에 지장을 주는지에 관하여 해당 지역에서 시행되는 도시·군계획사업의 시행자의 의견을 들어야 한다.

② **관리청의 의견청취**: 특별시장·광역시장·특별자치시장·특별자치도지사·시장 또는 군수는 공공시설의 귀속에 관한 사항이 포함된 개발행위허가를 하려면 미리 해당 공공시설이 속한 관리청의 의견을 들어야 한다.

(3) 도시계획위원회의 심의

① **원칙**: 관계 행정기관의 장은 건축물의 건축, 공작물의 설치, 토지의 형질변경, 토석의 채취에 해당하는 행위로서 부피 5만m³ 이상의 토석채취를 「국토의 계획 및 이용에 관한 법률」에 따라 허가 또는 변경허가를 하려면 대통령령으로 정하는 바에 따라 중앙도시계획위원회나 지방도시계획위원회의 심의를 거쳐야 한다.

② **예외**: 다음의 어느 하나에 해당하는 개발행위는 중앙도시계획위원회와 지방도시계획위원회의 심의를 거치지 아니한다.

> ㉠ 지구단위계획 또는 성장관리계획을 수립한 지역에서 하는 개발행위
> ㉡ 「환경영향평가법」에 따라 환경영향평가를 받은 개발행위
> ㉢ 「도시교통정비 촉진법」에 따라 교통영향평가에 대한 검토를 받은 개발행위
> ㉣ 「사방사업법」에 따른 사방사업을 위한 개발행위
> ㉤ 다른 법률에 따라 도시계획위원회의 심의를 받은 구역에서 하는 개발행위
> ㉥ 「산림자원의 조성 및 관리에 관한 법률」에 따른 산림사업을 위한 개발행위

> [기출] 「사방사업법」에 따른 사방사업을 위한 개발행위를 허가하려면 지방도시계획위원회의 심의를 거쳐야 한다. 제33회 ( )
> ▶ 정답 ×
> 「사방사업법」에 따른 사방사업을 위한 개발행위는 지방도시계획위원회의 심의를 거치지 아니한다.

(4) 허가 또는 불허가처분

① 특별시장·광역시장·특별자치시장·특별자치도지사·시장 또는 군수는 개발행위허가의 신청에 대하여 특별한 사유가 없으면 15일(도시계획위원회의 심의를 거쳐야 하거나 관계 행정기관의 장과 협의를 하여야 하는 경우에는 심의 또는 협의기간은 제외) 이내에 허가 또는 불허가의 처분을 하여야 한다.

② 특별시장·광역시장·특별자치시장·특별자치도지사·시장 또는 군수는 허가 또는 불허가의 처분을 할 때에는 지체 없이 그 신청인에게 허가내용이나 불허가처분의 사유를 서면 또는 국토이용정보체계를 통하여 알려야 한다.

(5) 조건부 허가

① 특별시장·광역시장·특별자치시장·특별자치도지사·시장 또는 군수는 개발행위허가를 하는 경우에는 그 개발행위에 따른 기반시설의 설치 또는 그에 필요한 용지의 확보, 위해 방지, 환경오염 방지, 경관, 조경 등에 관한 조치를 할 것을 조건으로 개발행위허가를 할 수 있다.

② 특별시장·광역시장·특별자치시장·특별자치도지사·시장 또는 군수는 개발행위허가에 조건을 붙이려는 때에는 미리 개발행위허가를 신청한 자의 의견을 들어야 한다.

(6) 이행보증금 예치

① **예치대상 및 사유**: 특별시장·광역시장·특별자치시장·특별자치도지사·시장 또는 군수는 기반시설의 설치나 그에 필요한 용지의 확보, 위해 방지, 환경오염 방지, 경관, 조경 등을 위하여 필요하다고 인정되는 경우로서 이의 이행을 보증하기 위하여 개발행위허가를 받는 자로 하여금 이행보증금을 예치하게 할 수 있다. 다만, 다음의 경우에는 그러하지 아니하다.

> ㉠ 국가 또는 지방자치단체가 시행하는 개발행위
> ㉡ 「공공기관의 운영에 관한 법률」에 따른 공공기관 중 대통령령으로 정하는 기관이 시행하는 개발행위

② **반환시기**: 이행보증금은 개발행위허가를 받은 자가 준공검사를 받은 때에는 즉시 반환하여야 한다.

[기출] 개발행위허가 신청이 있는 경우 특별한 사유가 없으면 도시계획위원회의 심의 또는 기타 협의기간을 포함하여 15일 이내에 허가 또는 불허가의 처분을 하여야 한다. 제35회 ( )

▶ 정답 ✕
도시계획위원회의 심의 또는 협의기간을 제외하고 15일 이내에 허가 또는 불허가의 처분을 하여야 한다.

[기출] 환경오염 방지조치를 할 것을 조건으로 개발행위허가를 하려는 경우에는 미리 개발행위허가를 신청한 자의 의견을 들어야 한다. 제30회 ( )

▶ 정답 ○

[정리] 이행보증금 예치사유
1. 굴착
2. 비탈면의 조경
3. 발파
4. 차량의 통행
5. 기반시설의 설치

[보충] 이행보증금 예치금액 및 방법
1. 예치금액: 총 공사비의 20% 이내가 되도록 한다.
2. 예치방법: 이행보증서로 갈음할 수 있다.
3. 산지에서의 개발행위에 대한 이행보증금 예치금액은 산지관리법에 따른 복구비를 포함한다.
4. 이행보증금은 행정대집행 비용으로 사용할 수 있다.

제2절 개발행위허가기준 제29회, 제31회, 제33회, 제34회

1 개발행위허가의 기준

(1) 일반적 기준(자금 X)

① 용도지역별 특성을 고려하여 다음에서 정하는 **개발행위의 규모에 적합할 것**

> ㉠ 도시지역
> ⓐ 주거지역·상업지역·자연녹지지역·생산녹지지역 ⇨ 1만m² 미만
> ⓑ 공업지역 ⇨ 3만m² 미만
> ⓒ 보전녹지지역 ⇨ 5,000m² 미만
> ㉡ 관리지역: 3만m² 미만
> ㉢ 농림지역: 3만m² 미만
> ㉣ 자연환경보전지역: 5,000m² 미만

② 도시·군관리계획 및 성장관리계획의 내용에 어긋나지 아니할 것

③ 도시·군계획사업의 시행에 지장이 없을 것

④ 주변지역의 토지이용실태 또는 토지이용계획, 건축물의 높이, 토지의 경사도, 수목의 상태, 물의 배수, 하천·호소·습지의 배수 등 주변환경이나 경관과 조화를 이룰 것

⑤ 해당 개발행위에 따른 기반시설의 설치나 그에 필요한 용지의 확보계획이 적절할 것

(2) 2 이상의 용도지역에 걸치는 경우

개발행위허가의 대상인 토지가 2 이상의 용도지역에 걸치는 경우에는 각각의 용도지역에 위치하는 토지부분에 대하여 각각의 용도지역의 개발행위의 규모에 관한 규정을 적용한다. 다만, 총면적이 걸쳐 있는 용도지역 중 규모가 가장 큰 용도지역의 개발행위의 규모를 초과하여서는 아니 된다.

(3) 용도별 기준

개발행위를 허가할 수 있는 경우 그 허가의 기준은 지역의 특성, 지역의 개발상황, 기반시설의 현황 등을 고려하여 다음의 구분에 따라 대통령령으로 정한다.

▶기출 개발행위허가의 신청내용이 성장관리계획의 내용에 어긋나는 경우에는 개발행위허가를 하여서는 아니 된다. 제25회 ( )

▶정답 O

▶기출 개발행위허가의 대상인 토지가 2 이상의 용도지역에 걸치는 경우, 개발행위허가의 규모를 적용할 때는 가장 큰 규모의 용도지역에 대한 규정을 적용한다. 제23회 ( )

▶정답 X
개발행위허가의 대상인 토지가 2 이상의 용도지역에 걸치는 경우, 개발행위허가의 규모를 적용할 때는 각각의 용도지역의 개발행위의 규모에 관한 규정을 적용한다.

① 시가화 용도: 토지의 이용 및 건축물의 용도·건폐율·용적률·높이 등에 대한 용도지역의 제한에 따라 개발행위허가의 기준을 적용하는 주거지역·상업지역 및 공업지역
② 유보 용도: 도시계획위원회의 심의를 통하여 개발행위허가의 기준을 강화 또는 완화하여 적용할 수 있는 계획관리지역·생산관리지역 및 자연녹지지역
③ 보전 용도: 도시계획위원회의 심의를 통하여 개발행위허가의 기준을 강화하여 적용할 수 있는 보전관리지역·농림지역·자연환경보전지역 및 녹지지역 중 생산녹지지역 및 보전녹지지역

2 개발행위허가의 제한

국토교통부장관, 시·도지사, 시장 또는 군수는 다음의 어느 하나에 해당되는 지역으로서 도시·군관리계획상 특히 필요하다고 인정되는 지역에 대해서는 국토교통부장관은 중앙도시계획위원회, 시·도지사, 시장 또는 군수는 지방도시계획위원회의 심의를 거쳐 한 차례만 3년 이내의 기간 동안 개발행위허가를 제한할 수 있다. 다만, 다음의 ③부터 ⑤까지에 해당하는 지역에 대해서는 중앙도시계획위원회나 지방도시계획위원회의 심의를 거치지 아니하고 한 차례만 2년 이내의 기간 동안 개발행위허가의 제한을 연장할 수 있다.

① 녹지지역이나 계획관리지역으로서 수목이 집단적으로 자라고 있거나 조수류 등이 집단적으로 서식하고 있는 지역 또는 우량 농지 등으로 보전할 필요가 있는 지역
② 개발행위로 인하여 주변의 환경·경관·미관·국가유산 등이 크게 오염되거나 손상될 우려가 있는 지역
③ 도시·군기본계획이나 도시·군관리계획을 수립하고 있는 지역으로서 그 도시·군기본계획이나 도시·군관리계획이 결정될 경우 용도지역·용도지구 또는 용도구역의 변경이 예상되고 그에 따라 개발행위허가의 기준이 크게 달라질 것으로 예상되는 지역
④ 지구단위계획구역으로 지정된 지역
⑤ 기반시설부담구역으로 지정된 지역

기출 국토교통부장관은 개발행위로 인하여 주변의 환경이 크게 오염될 우려가 있는 지역에서 개발행위허가를 제한하고자 하는 경우 중앙도시계획위원회의 심의를 거쳐야 한다. 제33회 ( )

▶정답 ○

기출 기반시설부담구역으로 지정된 지역에 대해서는 개발행위허가의 제한을 연장할 수 없다. 제35회 ( )

▶정답 ✕
기반시설부담구역으로 지정된 지역에 대해서는 개발행위허가의 제한을 연장할 수 있다.

3 준공검사

다음의 개발행위허가를 받은 자는 그 개발행위를 마치면 특별시장·광역시장·특별자치시장·특별자치도지사·시장 또는 군수의 준공검사를 받아야 한다.

① 건축물의 건축 또는 공작물의 설치(「건축법」에 따른 건축물의 사용승인을 받은 경우에는 제외)
② 토지의 형질변경
③ 토석의 채취

🔔 토지분할과 물건을 1개월 이상 쌓아놓는 행위는 준공검사대상이 아니다.

> 기출) 토지분할에 대해 개발행위허가를 받은 자가 그 개발행위를 마치면 관할 행정청의 준공검사를 받아야 한다. 제26회, 제33회 ( )
>
> ▶ 정답 ✕
> 토지분할은 준공검사대상에서 제외된다.

4 위반자에 대한 조치

(1) 원상회복명령

특별시장·광역시장·특별자치시장·특별자치도지사·시장 또는 군수는 개발행위허가를 받지 아니하고 개발행위를 하거나 허가내용과 다르게 개발행위를 하는 자에게는 그 토지의 원상회복을 명할 수 있다.

> 기출) 허가권자는 허가내용과 다르게 형질변경을 한 자에게 그 토지의 원상회복을 명할 수 없다. 제26회 ( )
>
> ▶ 정답 ✕
> 허가권자는 허가내용과 다르게 형질변경을 한 자에게는 그 토지의 원상회복을 명할 수 있다.

(2) 행정대집행

특별시장·광역시장·특별자치시장·특별자치도지사·시장 또는 군수는 원상회복의 명령을 받은 자가 원상회복을 하지 아니하면 「행정대집행법」에 따른 행정대집행에 따라 원상회복을 할 수 있다. 이 경우 행정대집행에 필요한 비용은 개발행위허가를 받은 자가 예치한 이행보증금을 사용할 수 있다.

(3) 행정형벌

개발행위허가 또는 변경허가를 받지 아니하거나, 속임수나 그 밖의 부정한 방법으로 허가 또는 변경허가를 받아 개발행위를 한 자에게는 3년 이하의 징역 또는 3,000만원 이하의 벌금에 처한다.

5 공공시설의 귀속

(1) 새로운 공공시설

그 시설을 관리할 관리청에 무상으로 귀속된다.

(2) 종래의 공공시설

① 개발행위자가 행정청인 경우 : 개발행위허가를 받은 자에게 무상으로 귀속
② 개발행위자가 비행정청인 경우 : 용도폐지되는 공공시설은 새로 설치한 공공시설의 설치비용에 상당하는 범위 안에서 개발행위허가를 받은 자에게 무상양도 가능

> 기출) 행정청이 아닌 자가 개발행위허가를 받아 새로 공공시설을 설치한 경우, 종래의 공공시설은 개발행위허가를 받은 자에게 전부 무상으로 귀속된다. 제24회, 제33회 ( )
>
> ▶ 정답 ✕
> 행정청이 아닌 자가 개발행위허가를 받아 새로 공공시설을 설치한 경우, 종래의 공공시설은 새로 설치한 공공시설의 설치비용에 상당하는 범위 안에서 개발행위허가를 받은 자에게 무상으로 양도할 수 있다.

(3) 공공시설의 귀속시기

① 개발행위자가 행정청인 경우: 공공시설의 종류와 토지의 세목을 통지한 날
② 개발행위자가 비행정청인 경우: 준공검사를 받은 때

(4) 공공시설의 관리청

관리청이 불분명한 경우에는 도로 등에 대하여는 국토교통부장관을, 하천에 대하여는 기후에너지환경부장관을 관리청으로 보고, 그 외의 재산에 대하여는 재정경제부장관을 관리청으로 본다.

(5) 수익금 사용제한

개발행위허가를 받은 자가 행정청인 경우 개발행위허가를 받은 자는 그에게 귀속된 공공시설의 처분으로 인한 수익금을 도시·군계획사업 외의 목적에 사용하여서는 아니 된다.

예제

국토의 계획 및 이용에 관한 법령상 개발행위허가를 받은 자가 행정청인 경우, 개발행위에 따른 공공시설의 귀속에 관한 설명으로 옳은 것은? (단, 다른 법률은 고려하지 않음)

① 개발행위허가를 받은 자가 새로 공공시설을 설치한 경우, 새로 설치된 공공시설은 그 시설을 관리할 관리청에 무상으로 귀속된다.
② 개발행위로 용도가 폐지되는 공공시설은 새로 설치한 공공시설의 설치비용에 상당하는 범위에서 개발행위허가를 받은 자에게 무상으로 양도할 수 있다.
③ 공공시설의 관리청이 불분명한 경우, 하천에 대하여는 국토교통부장관을 관리청으로 본다.
④ 관리청에 귀속되거나 개발행위허가를 받은 자에게 양도될 공공시설은 준공검사를 받음으로써 관리청과 개발행위허가를 받은 자에게 각각 귀속되거나 양도된 것으로 본다.
⑤ 개발행위허가를 받은 자는 국토교통부장관의 허가를 받아 그에게 귀속된 공공시설의 처분으로 인한 수익금을 도시·군계획사업 외의 목적에 사용할 수 있다.

해설 ② 개발행위허가를 받은 자가 행정청인 경우 개발행위로 용도가 폐지되는 공공시설은 개발행위허가를 받은 자에게 무상으로 귀속된다.
③ 공공시설의 관리청이 불분명한 경우, 하천에 대하여는 기후에너지환경부장관을 관리청으로 본다.
④ 관리청에 귀속되거나 개발행위허가를 받은 자에게 양도될 공공시설은 공공시설의 종류와 토지의 세부목록을 통지한 날 각각 귀속된 것으로 본다.
⑤ 개발행위허가를 받은 자는 그에게 귀속된 공공시설의 처분으로 인한 수익금을 도시·군계획사업 외의 목적에 사용하여서는 아니 된다.

◆ 정답 ①

성장관리계획구역 및 성장관리계획

제1절 성장관리계획구역 제32회, 제33회, 제35회

1 지정대상지역

> [기출] 시장 또는 군수는 공업지역 중 향후 시가화가 예상되는 지역의 전부 또는 일부에 대하여 성장관리계획구역을 지정할 수 있다. 제33회 ( )
>
> ▶정답 ✕
> 공업지역에는 성장관리계획구역을 지정할 수 없다.

특별시장·광역시장·특별자치시장·특별자치도지사·시장 또는 군수는 녹지지역, 관리지역, 농림지역 및 자연환경보전지역 중 다음의 어느 하나에 해당하는 지역의 전부 또는 일부에 대하여 성장관리계획구역을 지정할 수 있다.

① 개발수요가 많아 무질서한 개발이 진행되고 있거나 진행될 것으로 예상되는 지역
② 주변의 토지이용이나 교통 여건 변화 등으로 향후 시가화가 예상되는 지역
③ 주변지역과 연계하여 체계적인 관리가 필요한 지역
④ 「토지이용규제 기본법」에 따른 지역·지구 등의 변경으로 토지이용에 대한 행위제한이 완화되는 지역
⑤ 인구 감소 또는 경제성장 정체 등으로 압축적이고 효율적인 도시성장관리가 필요한 지역
⑥ 공장 등과 입지 분리 등을 통해 쾌적한 주거환경 조성이 필요한 지역

2 지정절차

(1) 의견청취 + 협의 + 심의

> [기출] 시장 또는 군수는 성장관리계획구역을 지정하려면 성장관리계획구역안을 7일간 일반이 열람할 수 있도록 하여야 한다. 제33회 ( )
>
> ▶정답 ✕
> 열람기간은 7일간이 아니라 14일 이상이다.

특별시장·광역시장·특별자치시장·특별자치도지사·시장 또는 군수는 성장관리계획구역을 지정하거나 이를 변경하려면 미리 주민(14일 이상 열람)과 해당 지방의회의 의견을 들어야 하며, 관계 행정기관과의 협의 및 지방도시계획위원회의 심의를 거쳐야 한다. 다만, 대통령령으로 정하는 경미한 사항을 변경하는 경우에는 그러하지 아니하다.

(2) 지방의회 의견제시

특별시·광역시·특별자치시·특별자치도·시 또는 군의 의회는 특별한 사유가 없으면 60일 이내에 특별시장·광역시장·특별자치시장·특별자치도지사·시장 또는 군수에게 의견을 제시하여야 하며, 그 기한까지 의견을 제시하지 아니하면 의견이 없는 것으로 본다.

(3) 협의기간

협의요청을 받은 관계 행정기관의 장은 특별한 사유가 없으면 요청을 받은 날부터 30일 이내에 특별시장·광역시장·특별자치시장·특별자치도지사·시장 또는 군수에게 의견을 제시하여야 한다.

(4) 지정·고시

특별시장·광역시장·특별자치시장·특별자치도지사·시장 또는 군수가 성장관리계획구역을 지정하거나 이를 변경한 경우에는 관계 행정기관의 장에게 관계 서류를 송부하여야 하며, 대통령령으로 정하는 바에 따라 이를 고시하고 일반인이 열람할 수 있도록 하여야 한다.

제2절 성장관리계획 제33회, 제35회

1 내용

특별시장·광역시장·특별자치시장·특별자치도지사·시장 또는 군수는 성장관리계획구역을 지정할 때에는 다음의 사항 중 그 성장관리계획구역의 지정 목적을 이루는 데 필요한 사항을 포함하여 성장관리계획을 수립하여야 한다.

① 도로, 공원 등 기반시설의 배치와 규모에 관한 사항
② 건축물의 용도제한, 건축물의 건폐율 또는 용적률
③ 건축물의 배치, 형태, 색채 및 높이
④ 환경관리 및 경관계획
⑤ 성장관리구역 내 토지개발·이용, 기반시설, 생활환경 등의 현황 및 문제점

> **보충+ 경미한 변경**
> 성장관리계획 변경시 다음에 해당하는 경우에는 주민 + 지방의회 의견청취 + 협의 + 심의를 거치지 아니할 수 있다.
> 1. 지형사정으로 인한 기반시설의 근소한 위치변경
> 2. 건축물의 배치·형태·색채 또는 높이의 변경

2 건폐율 완화규정

성장관리계획구역에서는 다음의 구분에 따른 범위에서 성장관리계획으로 정하는 바에 따라 특별시·광역시·특별자치시·특별자치도·시 또는 군의 조례로 정하는 비율까지 건폐율을 완화하여 적용할 수 있다.

① 계획관리지역: 50% 이하
② 생산관리지역·농림지역 및 자연녹지지역·생산녹지지역: 30% 이하

> **기출** 성장관리구역 내 생산녹지지역에서는 30% 이하의 범위에서 성장관리계획으로 정하는 바에 따라 건폐율을 완화하여 적용할 수 있다. 제33회 ( )
> ▶ 정답 ○

> [기출] 성장관리계획구역 내 보전관리지역에서는 125% 이하의 범위에서 성장관리계획으로 정하는 바에 따라 용적률을 완화하여 적용할 수 있다. 제33회 ( )
>
> ▶ 정답 ✕
> 성장관리계획구역 내 계획관리지역에서는 125% 이하의 범위에서 성장관리계획으로 정하는 바에 따라 용적률을 완화하여 적용할 수 있다.

③ 용적률 완화규정

성장관리계획구역 내 계획관리지역에서는 125% 이하의 범위에서 성장관리계획으로 정하는 바에 따라 특별시·광역시·특별자치시·특별자치도·시 또는 군의 조례로 정하는 비율까지 용적률을 완화하여 적용할 수 있다.

④ 타당성검토

특별시장·광역시장·특별자치시장·특별자치도지사·시장 또는 군수는 5년마다 관할 구역 내 수립된 성장관리계획에 대하여 대통령령으로 정하는 바에 따라 그 타당성 여부를 전반적으로 재검토하여 정비하여야 한다.

⑤ 성장관리계획구역에서의 개발행위 등

성장관리계획구역에서 개발행위 또는 건축물의 용도변경을 하려면 그 성장관리계획에 맞게 하여야 한다.

예제

국토의 계획 및 이용에 관한 법령상 성장관리계획에 관한 설명으로 옳은 것은? (단, 조례, 기타 강화·완화 조건은 고려하지 않음)

① 시장 또는 군수는 공업지역 중 향후 시가화가 예상되는 지역의 전부 또는 일부에 대하여 성장관리계획구역을 지정할 수 있다.
② 성장관리계획구역 내 생산녹지지역에서는 30% 이하의 범위에서 성장관리계획으로 정하는 바에 따라 건폐율을 완화하여 적용할 수 있다.
③ 성장관리계획구역 내 보전관리지역에서는 125% 이하의 범위에서 성장관리계획으로 정하는 바에 따라 용적률을 완화하여 적용할 수 있다.
④ 시장 또는 군수는 성장관리계획구역을 지정할 때에는 도시·군관리계획의 결정으로 하여야 한다.
⑤ 시장 또는 군수는 성장관리계획구역을 지정하려면 성장관리계획구역안을 7일간 일반이 열람할 수 있도록 해야 한다.

해설 ① 시장 또는 군수는 공업지역에 대하여 성장관리계획구역을 지정할 수 없다.
③ 성장관리계획구역 내 계획관리지역에서는 125% 이하의 범위에서 성장관리계획으로 정하는 바에 따라 용적률을 완화하여 적용할 수 있다.
④ 성장관리계획구역의 지정은 도시·군관리계획의 결정으로 하여야 할 사항이 아니다.
⑤ 시장 또는 군수는 성장관리계획구역을 지정하려면 성장관리구역안을 14일 이상 일반이 열람할 수 있도록 해야 한다.

❶ 정답 ②

Chapter 11 개발밀도관리구역과 기반시설부담구역

제1절 개발밀도관리구역 제29회, 제30회, 제32회, 제33회, 제34회, 제35회

1 지정권자

특별시장·광역시장·특별자치시장·특별자치도지사·시장 또는 군수는 주거·상업 또는 공업지역에서의 개발행위로 기반시설(도시·군계획시설을 포함)의 처리·공급 또는 수용능력이 부족할 것으로 예상되는 지역 중 기반시설의 설치가 곤란한 지역을 개발밀도관리구역으로 지정할 수 있다.

→ 승인(×)

기출 주거지역·상업지역에서의 개발행위로 인하여 기반시설의 수용능력이 부족할 것으로 예상되는 지역 중 기반시설의 설치가 곤란한 지역은 기반시설부담구역으로 지정할 수 있다. 제29회, 제35회
( )

▶ **정답** ×
주거지역·상업지역에서의 개발행위로 인하여 기반시설의 수용능력이 부족할 것으로 예상되는 지역 중 기반시설의 설치가 곤란한 지역은 개발밀도관리구역으로 지정할 수 있다.

2 지정기준

개발밀도관리구역의 지정기준, 개발밀도관리구역의 관리 등에 관하여 필요한 사항은 다음의 사항을 종합적으로 고려하여 국토교통부장관이 정한다.

(1) 개발밀도관리구역은 도로·수도공급설비·하수도·학교 등 기반시설의 용량이 부족할 것으로 예상되는 지역 중 기반시설의 설치가 곤란한 지역으로서 다음 해당 지역에 대하여 지정할 수 있도록 할 것

> ① 해당 지역의 도로서비스 수준이 매우 낮아 차량통행이 현저하게 지체되는 지역
> ② 해당 지역의 도로율이 국토교통부령이 정하는 용도지역별 도로율에 20% 이상 미달하는 지역
> ③ 향후 2년 이내에 해당 지역의 수도에 대한 수요량이 수도시설의 시설용량을 초과할 것으로 예상되는 지역
> ④ 향후 2년 이내에 해당 지역의 하수발생량이 하수시설의 시설용량을 초과할 것으로 예상되는 지역
> ⑤ 향후 2년 이내에 해당 지역의 학생 수가 학교수용능력을 20% 이상 초과할 것으로 예상되는 지역

(2) 개발밀도관리구역의 경계는 도로·하천 그 밖에 특색 있는 지형지물을 이용하거나 용도지역의 경계선을 따라 설정하는 등 경계선이 분명하게 구분되도록 할 것

(3) 용적률의 강화범위는 해당 용도지역에 적용되는 용적률의 최대한도의 50% 범위 안에서 기반시설의 부족 정도를 감안하여 결정할 것

(4) 개발밀도관리구역 안의 기반시설의 변화를 <mark>주기적으로 검토</mark>하여 용적률을 강화 또는 완화하거나 개발밀도관리구역을 해제하는 등 필요한 조치를 취하도록 할 것

3 지정절차(주민의 의견청취 ×)

(1) **도시계획위원회의 심의**

특별시장·광역시장·특별자치시장·특별자치도지사·시장 또는 군수는 개발밀도관리구역을 지정하거나 변경하려면 <mark>지방도시계획위원회의 심의</mark>를 거쳐야 한다.

> [기출] 군수가 개발밀도관리구역을 지정하려면 지방도시계획위원회의 심의를 거쳐 도지사의 승인을 받아야 한다. 제29회 ( )
> ▶ 정답 ×
> 군수가 개발밀도관리구역을 지정하려는 경우에는 도지사의 승인을 받지 않아도 된다.

(2) **지정(변경)의 고시**

특별시장·광역시장·특별자치시장·특별자치도지사·시장 또는 군수는 개발밀도관리구역을 지정하거나 변경한 경우에는 그 사실을 지방자치단체의 공보에 게재하는 방법에 의하여 고시하여야 한다.

4 지정의 효과

(1) 특별시장·광역시장·특별자치시장·특별자치도지사·시장 또는 군수는 개발밀도관리구역에서는 대통령령으로 정하는 범위에서 <mark>건폐율 또는 용적률을 강화하여 적용</mark>한다.

(2) 개발밀도관리구역에서는 해당 용도지역에 적용되는 <mark>용적률의 최대한도의 50% 범위에서 용적률을 강화</mark>하여 적용한다. → 건폐율(×)

> [기출] 개발밀도관리구역에서는 해당 용도지역에 적용되는 용적률의 최대한도의 50% 범위에서 용적률을 강화하여 적용한다. 제24회, 제32회, 제35회 ( )
> ▶ 정답 ○

제 2 절 기반시설부담구역 제27회, 제28회, 제29회, 제30회, 제31회, 제32회, 제33회, 제34회, 제35회

1 기반시설부담구역

(1) 기반시설부담구역의 지정 ⇨ 기반시설부담구역과 개발밀도관리구역은 중복하여 지정할 수 없다.

① **의무적 지정대상지역**: 특별시장·광역시장·특별자치시장·특별자치도지사·시장 또는 군수는 다음의 어느 하나에 해당하는 지역에 대하여는 기반시설부담구역으로 지정하여야 한다.

> ㉠ 「국토의 계획 및 이용에 관한 법률」 또는 다른 법령의 제정·개정으로 인하여 행위제한이 완화되거나 해제되는 지역
> ㉡ 「국토의 계획 및 이용에 관한 법률」 또는 다른 법령에 따라 지정된 용도지역 등이 변경되거나 해제되어 행위제한이 완화되는 지역
> ㉢ 해당 지역의 전년도 개발행위허가 건수가 전전년도 개발행위허가 건수보다 20% 이상 증가한 지역
> ㉣ 해당 지역의 전년도 인구증가율이 그 지역이 속하는 특별시·광역시·특별자치시·특별자치도·시 또는 군(광역시의 관할 구역에 있는 군은 제외)의 전년도 인구증가율보다 20% 이상 높은 지역

② **재량적 지정대상지역**: 개발행위가 집중되어 특별시장·광역시장·특별자치시장·특별자치도지사·시장 또는 군수가 해당 지역의 계획적 관리를 위하여 필요하다고 인정하면 위 ①에 해당하지 아니하는 경우라도 기반시설부담구역으로 지정할 수 있다.

(2) 지정절차

특별시장·광역시장·특별자치시장·특별자치도지사·시장 또는 군수는 기반시설부담구역을 지정 또는 변경하려면 주민의 의견을 들어야 하며, 해당 지방자치단체에 설치된 지방도시계획위원회의 심의를 거쳐 해당 지방자치단체의 공보와 인터넷 홈페이지에 고시하여야 한다.

(3) 기반시설설치계획

특별시장·광역시장·특별자치시장·특별자치도지사·시장 또는 군수는 기반시설부담구역이 지정되면 대통령령으로 정하는 바에 따라 기반시설설치계획을 수립하여야 하며, 이를 도시·군관리계획에 반영하여야 한다.

[기출] 동일한 지역에 대해 기반시설부담구역과 개발밀도관리구역은 중복하여 지정할 수 있다. 제24회, 제27회, 제35회 ( )

▶ 정답 ×
동일한 지역에 대해 기반시설부담구역과 개발밀도관리구역은 중복하여 지정할 수 없다.

[기출] 시장은 기반시설부담구역을 지정하면 기반시설설치계획을 수립하여야 하며, 이를 도시·군관리계획에 반영하여야 한다. 제29회 ( )

▶ 정답 ○

(4) 기반시설설치계획의 의제
지구단위계획을 수립한 경우에는 기반시설설치계획을 수립한 것으로 본다.

(5) 기반시설부담구역의 해제
기반시설부담구역의 지정·고시일부터 **1년**이 되는 날까지 기반시설설치계획을 수립하지 아니하면 그 1년이 되는 날의 **다음 날**에 기반시설부담구역의 지정은 **해제된** 것으로 본다.

(6) 기반시설부담구역의 지정기준
기반시설부담구역의 지정기준 등에 관하여 필요한 사항은 대통령령으로 정하는 바에 따라 국토교통부장관이 정한다.

> ① 기반시설부담구역은 기반시설이 적절하게 배치될 수 있는 규모로서 **최소 10만m^2 이상의 규모**가 되도록 지정할 것
> ② 소규모 개발행위가 연접하여 시행될 것으로 예상되는 지역의 경우에는 하나의 단위구역으로 묶어서 기반시설부담구역을 지정할 것
> ③ 기반시설부담구역의 경계는 도로, 하천, 그 밖의 특색 있는 지형지물을 이용하는 등 경계선이 분명하게 구분되도록 할 것

2 기반시설설치비용

(1) 부과대상 및 산정기준
① **부과대상**: 기반시설부담구역에서 기반시설설치비용의 부과대상인 건축행위는 단독주택 및 숙박시설 등 대통령령으로 정하는 시설로서 **200m^2**(기존 건축물의 연면적을 포함)**를 초과**하는 건축물의 **신축·증축행위**로 한다. 다만, 기존 건축물을 철거하고 신축하는 경우에는 기존 건축물의 건축 연면적을 초과하는 건축행위만 부과대상으로 한다.

② **민간사업자의 부담률**: 민간 개발사업자가 부담하는 부담률은 100분의 20으로 하며, 특별시장·광역시장·특별자치시장·특별자치도지사·시장 또는 군수가 건물의 규모, 지역 특성 등을 고려하여 100분의 25의 범위에서 부담률을 가감할 수 있다.

③ **기반시설유발계수**: 위락시설(2.1), 관광휴게시설(1.9), 제2종 근린생활시설(1.6), 종교시설, 운수시설, 문화 및 집회시설, 자원순환 관련 시설(1.4), 제1종 근린생활시설, 판매시설(1.3), 숙박시설(1.0), 의료시설(0.9), 방송통신시설(0.8), 단독주택, 공동주택, 교육연구시설, 수련시설, 운동시설, 업무시설(0.7)

암기 TIP 위 관 이가 종 일 숙캐면 병원간다는 것을 방송으로 알리자!

[기출] 기반시설부담구역의 지정·고시일부터 2년이 되는 날까지 기반시설설치계획을 수립하지 아니하면 그 2년이 되는 날의 다음 날에 기반시설부담구역의 지정은 해제된 것으로 본다. 제25회 ( )

▶ **정답** ✕
기반시설부담구역의 지정·고시일부터 1년이 되는 날까지 기반시설설치계획을 수립하지 아니하면 그 1년이 되는 날의 다음 날에 기반시설부담구역의 지정은 해제된 것으로 본다.

[기출] 기반시설부담구역에서 기반시설설치비용의 부과대상인 건축행위는 제2조 제20호에 따른 시설로서 200m^2(기존 건축물의 연면적을 포함한다)를 초과하는 건축물의 신축·증축행위로 한다. 제31회, 제35회 ( )

▶ **정답** ○

보충+ 기반시설설치비용의 사용
기반시설설치비용을 해당 **기반시설부담구역에서 사용하기가 곤란한** 경우에는 해당 기반시설부담구역의 기반시설과 연계된 기반시설의 설치 또는 그에 필요한 용지의 확보 등에 사용할 수 있다.

(2) 납부 및 체납처분

① **납부의무자**: 기반시설부담구역에서 기반시설설치비용의 부과대상인 건축행위를 하는 자(건축행위의 위탁자 또는 지위의 승계자를 포함한다)는 기반시설설치비용을 내야 한다.

② **부과 및 납부**

㉠ 부과 및 납부시기: 특별시장·광역시장·특별자치시장·특별자치도지사·시장 또는 군수는 납부의무자가 국가 또는 지방자치단체로부터 건축허가를 받은 날부터 2개월 이내에 기반시설설치비용을 부과하여야 하고, 납부의무자는 사용승인 신청 시까지 이를 내야 한다.

㉡ 납부방법: 기반시설설치비용은 현금, 신용카드 또는 직불카드로 납부하도록 하되, 부과대상 토지 및 이와 비슷한 토지로 하는 납부(이하 '물납'이라 한다)를 인정할 수 있다.

③ **특별회계**: 특별시장·광역시장·특별자치시장·특별자치도지사·시장 또는 군수는 기반시설설치비용의 관리 및 운용을 위하여 기반시설부담구역별로 특별회계를 설치하여야 한다.

> 보충⁺ **연기 및 분할납부**
> 납부의무자가 재해나 도난으로 재산에 심한 손실을 입은 경우에는 1년의 범위에서 납부기일을 연장하거나 2년의 범위에서 분할납부를 인정할 수 있다.

> 보충⁺ **납부통지**
> 기반시설설치비용을 부과하려면 부과기준시점부터 30일 이내에 미리 알려야 한다.

> 보충⁺ **물납**
> 납부의무자는 납부기한 20일 전까지 물납신청서를 제출하여야 한다.

> 보충⁺ **강제징수**
> 특별시장·광역시장·특별자치시장·특별자치도지사·시장 또는 군수는 납부의무자가 기반시설설치비용을 내지 아니하는 경우에는 「지방행정제재·부과금의 징수 등에 관한 법률」에 따라 징수할 수 있다.

예제

국토의 계획 및 이용에 관한 법령상 개발밀도관리구역 및 기반시설부담구역에 관한 설명으로 옳은 것은?

① 개발밀도관리구역에서는 해당 용도지역에 적용되는 건폐율 또는 용적률을 강화 또는 완화하여 적용할 수 있다.
② 군수가 개발밀도관리구역을 지정하려면 지방도시계획위원회의 심의를 거쳐 도지사의 승인을 받아야 한다.
③ 주거·상업지역에서의 개발행위로 기반시설의 수용능력이 부족할 것으로 예상되는 지역 중 기반시설의 설치가 곤란한 지역은 기반시설부담구역으로 지정할 수 있다.
④ 시장은 기반시설부담구역을 지정하면 기반시설설치계획을 수립하여야 하며, 이를 도시·군관리계획에 반영하여야 한다.
⑤ 기반시설부담구역에서 개발행위를 허가받고자 하는 자에게는 기반시설설치비용을 부과하여야 한다.

해설 ① 개발밀도관리구역에서는 해당 용도지역에 적용되는 건폐율 또는 용적률을 강화하여 적용한다.
② 군수가 개발밀도관리구역을 지정하려면 도지사의 승인을 받지 않아도 된다.
③ 주거·상업지역에서의 개발행위로 기반시설의 수용능력이 부족할 것으로 예상되는 지역 중 기반시설의 설치가 곤란한 지역은 개발밀도관리구역으로 지정할 수 있다.
⑤ 기반시설부담구역에서 기반시설설치비용의 부과대상인 건축행위는 단독주택 및 숙박시설 등 대통령령으로 정하는 시설로서 200m²를 초과하는 건축물의 신축·증축행위로 한다. 다만, 기존 건축물을 철거하고 신축하는 경우에는 기존 건축물의 건축연면적을 초과하는 건축행위만 부과대상으로 한다.

● 정답 ④

Chapter 12 보칙 및 벌칙

제1절 타인토지에의 출입 등 제33회, 제34회

1 출입 등의 주체 및 목적

국토교통부장관, 시·도지사, 시장 또는 군수나 도시·군계획시설사업의 시행자는 다음의 행위를 하기 위하여 필요하면 타인의 토지에 출입하거나 타인의 토지를 재료 적치장 또는 임시통로로 일시 사용할 수 있으며, 특히 필요한 경우에는 나무, 흙, 돌, 그 밖의 장애물을 변경하거나 제거할 수 있다.

① 도시·군계획, 광역도시계획에 관한 기초조사
② 개발밀도관리구역, 기반시설부담구역 및 기반시설설치계획에 관한 기초조사
③ 지가의 동향 및 토지거래의 상황에 관한 조사
④ 도시·군계획시설사업에 관한 조사·측량 또는 시행

2 출입 등의 절차

(1) 출입의 사전통지

타인의 토지에 출입하려는 자는 특별시장·광역시장·특별자치시장·특별자치도지사·시장 또는 군수의 허가를 받아야 하며, 출입하려는 날의 7일 전까지 그 토지의 소유자·점유자 또는 관리인에게 그 일시와 장소를 알려야 한다. 다만, 행정청인 도시·군계획시설사업의 시행자는 허가를 받지 아니하고 타인의 토지에 출입할 수 있다.

(2) 일시사용 등의 동의

① 타인의 토지를 재료 적치장 또는 임시통로로 일시사용하거나 나무, 흙, 돌, 그 밖의 장애물을 변경 또는 제거하려는 자는 토지의 소유자·점유자 또는 관리인의 동의를 받아야 한다.
② 토지나 장애물의 소유자·점유자 또는 관리인이 현장에 없거나 주소 또는 거소가 불분명하여 그 동의를 받을 수 없는 경우에는 행정청인 도시·군계획시설사업의 시행자는 관할 특별시장·광역시장·특별자치시장·특별자치도지사·시장 또는 군수에게 그 사실을 통지하여야 하며, 행정청이 아닌

비교 ▶ 출입절차
1. 행정청: 허가(×) + 7일 전 통지
2. 비행정청: 허가(○) + 7일 전 통지

도시·군계획시설사업의 시행자는 미리 관할 특별시장·광역시장·특별자치시장·특별자치도지사·시장 또는 군수의 허가를 받아야 한다.

(3) 일시사용 등의 사전통지

토지를 일시사용하거나 장애물을 변경 또는 제거하려는 자는 토지를 사용하려는 날이나 장애물을 변경 또는 제거하려는 날의 3일 전까지 그 토지나 장애물의 소유자·점유자 또는 관리인에게 알려야 한다.

> **비교 ▶ 사전통지**
> 1. 출입의 사전통지: 7일 전
> 2. 일시사용 등의 사전통지: 3일 전

③ 출입의 제한

일출 전이나 일몰 후에는 그 토지 점유자(소유자 ×)의 승낙 없이 택지나 담장 또는 울타리로 둘러싸인 타인의 토지에 출입할 수 없다.

④ 수인의 의무

토지의 점유자는 정당한 사유 없이 타인 토지의 출입 등의 행위를 방해하거나 거부하지 못한다.

> **보충⁺ 위반 시 조치**
> 정당한 사유 없이 타인토지에의 출입이나 일시 사용 및 장애물의 변경·제거 행위를 방해하거나 거부한 자는 1,000만원 이하의 과태료 부과대상이다.

⑤ 손실보상의무자

타인 토지의 출입과 일시사용 및 장애물 변경·제거로 인하여 손실을 입은 자가 있으면 그 행위자가 속한 행정청이나 도시·군계획시설사업의 시행자가 그 손실을 보상하여야 한다.

제2절 청 문 제28회, 제31회

국토교통부장관, 시·도지사, 시장·군수 또는 구청장은 다음의 어느 하나에 해당하는 처분을 하려면 청문을 하여야 한다.

① 개발행위허가의 취소
② 도시·군계획시설사업의 시행자 지정의 취소
③ 실시계획인가의 취소

박문각 공인중개사

제1장 개발계획 및 도시개발구역
제2장 도시개발사업의 시행자
제3장 실시계획 및 사업시행방식
제4장 수용방식에 의한 사업시행
제5장 환지방식에 의한 사업시행
제6장 비용부담 등

PART

02

도시개발법

개발계획 및 도시개발구역

제1절 개발계획의 수립 제28회, 제30회, 제31회, 제33회, 제34회, 제35회

1 개발계획의 수립시기

(1) **원칙**: 도시개발구역 지정 전

지정권자는 도시개발구역을 지정하려면 해당 도시개발구역에 대한 도시개발사업의 계획(이하 '개발계획'이라 한다)을 수립하여야 한다.

(2) **예외**: 도시개발구역 지정 후

개발계획을 공모하거나 다음의 어느 하나에 해당하는 지역에 도시개발구역을 지정할 때에는 도시개발구역을 지정한 후에 개발계획을 수립할 수 있다.

> ① 자연녹지지역
> ② 생산녹지지역(생산녹지지역이 도시개발구역 지정면적의 100분의 30 이하인 경우만 해당)
> ③ 도시지역 외의 지역
> ④ 국토교통부장관이 지역균형발전을 위하여 관계 중앙행정기관의 장과 협의하여 도시개발구역으로 지정하려는 지역(자연환경보전지역은 제외)
> ⑤ 해당 도시개발구역에 포함되는 주거지역·상업지역·공업지역의 면적의 합계가 전체 도시개발구역 지정면적의 100분의 30 이하인 지역

(3) **개발계획의 변경**

지정권자는 직접 또는 관계 중앙행정기관의 장 또는 시장(대도시 시장은 제외)·군수·구청장 또는 도시개발사업의 시행자의 요청을 받아 개발계획을 변경할 수 있다.

보충+ 개발계획의 응모기간은 90일 이상으로 해야 한다.

기출 계획관리지역에 도시개발구역을 지정할 때에는 도시개발구역을 지정한 후에 개발계획을 수립할 수 있다. 제30회 ( )

▶정답 ○

2 개발계획의 수립 동의(환지방식)

(1) 원 칙

지정권자는 환지방식의 도시개발사업에 대한 개발계획을 수립하려면 환지방식이 적용되는 지역의 토지면적의 3분의 2 이상에 해당하는 토지소유자와 그 지역의 토지소유자 총수의 2분의 1 이상의 동의를 받아야 한다. 환지방식으로 시행하기 위하여 개발계획을 변경(대통령령으로 정하는 경미한 사항의 변경은 제외)하려는 경우에도 동의를 받아야 한다.

(2) 예 외

지정권자는 도시개발사업을 환지방식으로 시행하려고 개발계획을 수립하거나 변경할 때에 도시개발사업의 시행자가 '국가 또는 지방자치단체'인 경우에는 토지소유자의 동의를 받을 필요가 없다.

(3) 동의자 수의 산정방법

① 도시개발구역의 토지면적을 산정하는 경우 ⇨ 국·공유지를 포함할 것

② 토지소유권을 여러 명이 공유하는 경우 ⇨ 다른 공유자의 동의를 받은 대표 공유자 1명만을 해당 토지소유자로 볼 것. 다만, 「집합건물의 소유 및 관리에 관한 법률」에 따른 구분소유자는 각각을 토지소유자 1명으로 본다.

③ 1인이 둘 이상 필지의 토지를 단독으로 소유한 경우 ⇨ 필지의 수에 관계없이 토지소유자를 1인으로 볼 것

④ 도시개발구역의 지정이 제안되기 전 또는 개발계획의 변경을 요청받기 전에 동의를 철회하는 사람이 있는 경우 ⇨ 그 사람은 동의자 수에서 제외할 것

⑤ 개발계획이 수립 또는 변경되기 전에 토지소유자가 변경된 경우 ⇨ 기존 토지소유자의 동의서를 기준으로 할 것

심화 개발계획 변경시 동의를 받아야 하는 경우
1. 너비 12m 이상인 도로를 신설 또는 폐지
2. 사업시행지구를 분할 또는 통합하는 경우
3. 기반시설을 제외한 용적률이 100분의 5 이상 증가하는 경우
4. 수용예정인구가 종전보다 100분의 10 이상 증감(변경 이후 수용예정인구가 3천명 미만인 경우는 제외)
5. 사업시행방식을 변경하는 경우

보충 동의 방법
둘 이상 필지의 토지를 소유한 공유자가 동일한 경우 ⇨ 공유자 여럿을 대표하는 1인을 토지 소유자로 볼 것

3 개발계획의 내용

개발계획에는 다음의 사항이 포함되어야 한다. 다만, 다음의 ⑥부터 ⑨에 해당하는 사항은 도시개발구역을 지정한 후에 개발계획에 포함시킬 수 있다.

① 도시개발구역의 명칭·위치 및 면적
② 도시개발사업의 시행방식
③ 인구수용계획, 교통처리계획, 환경보전계획
④ 원형지로 공급될 대상토지 및 개발방향

> [정리] 도시개발구역을 지정한 후에 개발계획에 포함시킬 수 있는 내용
> 1. 도시개발구역 밖의 지역에 기반시설을 설치하는 경우 비용 부담계획
> 2. 수용 또는 사용의 대상이 되는 토지 등의 세부목록
> 3. 임대주택건설계획 등 세입자 등의 주거 및 생활안정대책
> 4. 순환개발 등 단계적 사업추진이 필요한 경우 사업추진계획

⑤ 보건의료시설 및 복지시설의 설치계획
⑥ 도시개발구역 밖의 지역에 기반시설을 설치하여야 하는 경우에는 그 시설의 설치에 필요한 비용의 부담계획
⑦ 수용(收用) 또는 사용의 대상이 되는 토지·건축물 또는 토지에 정착한 물건과 이에 관한 소유권 외의 권리, 광업권, 어업권, 양식업권, 물의 사용에 관한 권리가 있는 경우에는 그 세부목록
⑧ 임대주택건설계획 등 세입자 등의 주거 및 생활 안정 대책
⑨ 순환개발 등 단계적 사업추진이 필요한 경우 사업추진계획 등에 관한 사항

4 개발계획의 수립기준 등

(1) 광역도시계획 등에 부합

「국토의 계획 및 이용에 관한 법률」에 따른 광역도시계획이나 도시·군기본계획이 수립되어 있는 지역에 대하여 개발계획을 수립하려면 개발계획의 내용이 해당 광역도시계획이나 도시·군기본계획에 들어맞도록 하여야 한다.

(2) 복합기능의 도시

330만m^2 이상인 도시개발구역에 관한 개발계획을 수립할 때에는 해당 구역에서 주거, 생산, 교육, 유통, 위락 등의 기능이 서로 조화를 이루도록 노력하여야 한다.

(3) 개발계획의 작성 기준

개발계획의 작성 기준 및 방법은 국토교통부장관이 정한다.

> [정리] 개발계획의 수립기준
>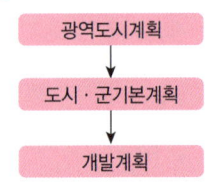
> (330만㎡ 이상 ⇨ 복합기능의 도시)

제 2 절 도시개발구역의 지정 제29회, 제30회, 제31회, 제32회, 제33회, 제36회

1 도시개발구역의 지정권자

(1) 원칙: 시·도지사 또는 대도시 시장

> ① 특별시장·광역시장·도지사·특별자치도지사(이하 '시·도지사'라 한다)
> ② 「지방자치법」에 따른 서울특별시와 광역시를 제외한 인구 50만 이상의 대도시의 시장(이하 '대도시 시장'이라 한다)

(2) **예외**: 국토교통부장관

> ① 국가가 도시개발사업을 실시할 필요가 있는 경우
> ② 관계 중앙행정기관의 장이 요청하는 경우
> ③ 공공기관의 장(지방공사 ×) 또는 정부출연기관의 장이 30만m² 이상으로서 국가계획과 밀접한 관련이 있는 도시개발구역의 지정을 제안하는 경우
> ④ 둘 이상의 시·도 또는 대도시의 행정구역에 걸치는 경우로서 시·도지사 또는 대도시 시장의 협의가 성립되지 아니하는 경우
> ⑤ 천재지변, 그 밖의 사유로 인하여 도시개발사업을 긴급하게 할 필요가 있는 경우

기출 산업통상자원부장관이 10만m² 규모로 도시개발구역의 지정을 요청하는 경우에는 국토교통부장관이 도시개발구역을 지정할 수 있다. 제26회 ( )

▶ 정답 ○

(3) **도시개발구역의 분할 및 결합**

① 도시개발구역의 지정권자는 도시개발사업의 효율적인 추진과 도시의 경관 보호 등을 위하여 필요하다고 인정하는 경우에는 도시개발구역을 둘 이상의 사업시행지구로 분할하거나 서로 떨어진 둘 이상의 지역을 결합하여 하나의 도시개발구역으로 지정할 수 있다.

② 도시개발구역을 둘 이상의 사업시행지구로 분할할 수 있는 경우는 지정권자가 도시개발사업의 효율적인 추진을 위하여 필요하다고 인정하는 경우로서 분할 후 각 사업시행지구의 면적이 각각 1만m² 이상인 경우로 한다.

기출 도시개발구역의 총면적이 1만m² 미만인 경우 둘 이상의 사업시행지구로 분할하여 지정할 수 있다. 제30회, 제35회 ( )

▶ 정답 ✕
도시개발구역을 둘 이상의 사업시행지구로 분할하는 경우 분할 후 사업시행지구의 면적은 각각 1만m² 이상이어야 한다.

2 도시개발구역의 지정규모

도시개발구역으로 지정할 수 있는 대상지역 및 규모는 다음과 같다.

> ① 주거지역 및 상업지역: 1만m² 이상
> ② 공업지역: 3만m² 이상
> ③ 자연녹지지역: 1만m² 이상
> ④ 생산녹지지역(생산녹지지역이 도시개발구역 지정면적의 100분의 30 이하인 경우만 해당): 1만m² 이상

3 도시개발구역에서의 행위제한

(1) 허가대상

도시개발구역 지정에 관한 주민 등의 의견청취를 위한 공고가 있는 지역 및 도시개발구역에서 다음의 행위를 하려는 자는 특별시장·광역시장·특별자치도지사·시장 또는 군수의 허가를 받아야 한다.

① 건축물의 건축 등: 「건축법」에 따른 건축물(가설건축물을 포함)의 건축, 대수선 또는 용도변경
② 공작물의 설치: 인공을 가하여 제작한 시설물의 설치
③ 토지의 형질변경: 절토·성토·정지·포장 등의 방법으로 토지의 형상을 변경하는 행위, 토지의 굴착 또는 공유수면의 매립
④ 토석의 채취: 흙·모래·자갈·바위 등의 토석을 채취하는 행위
⑤ 토지분할
⑥ 물건을 쌓아놓는 행위: 옮기기 쉽지 아니한 물건을 1개월 이상 쌓아놓는 행위
⑦ 죽목(竹木)의 벌채 및 식재(植栽)

(2) 허용사항

다음의 어느 하나에 해당하는 행위는 허가를 받지 아니하고 할 수 있다.

① 재해 복구 또는 재난 수습에 필요한 응급조치를 위하여 하는 행위
② 농림수산물의 생산에 직접 이용되는 것으로서 비닐하우스, 버섯재배사, 퇴비장 등의 설치
③ 경작을 위한 토지의 형질변경
④ 도시개발구역의 개발에 지장을 주지 아니하고 자연경관을 훼손하지 아니하는 범위에서의 토석채취
⑤ 도시개발구역에 남겨두기로 결정된 대지에서 물건을 쌓아놓는 행위
⑥ 관상용 죽목의 임시 식재(경작지에서의 임시 식재는 허가를 받아야 한다)

보충⁺ 「국토의 계획 및 이용에 관한 법률」상 허가대상 개발행위
1. 건축물의 건축
2. 공작물의 설치
3. 토지의 형질변경
4. 토석의 채취
5. 토지분할
6. 물건을 쌓아놓는 행위

정리 개발행위허가와 응급조치
1. 「국토의 계획 및 이용에 관한 법률」: 개발행위허가(×) + 1개월 이내에 신고(○)
2. 「도시개발법」: 개발행위허가(×) + 1개월 이내에 신고(×)

4 도시개발구역의 해제

(1) 도시개발구역의 지정은 다음에 규정된 날의 <mark>다음 날</mark>에 <mark>해제</mark>된 것으로 본다.

> ① 도시개발구역이 지정·고시된 날부터 <mark>3년</mark>이 되는 날까지 실시계획의 인가를 신청하지 아니하는 경우에는 그 3년이 되는 날
> ② 도시개발사업의 <mark>공사 완료</mark>(환지방식에 따른 사업인 경우에는 그 환지처분)의 <mark>공고일</mark>

[기출] 도시개발구역이 지정·고시된 날부터 3년이 되는 날까지 실시계획의 인가를 신청하지 아니하는 경우에는 3년이 되는 날의 다음 날에 도시개발구역의 지정이 해제된 것으로 본다. 제31회 ( )

▶정답 ○

(2) <mark>도시개발구역을 지정한 후 개발계획을 수립하는 경우</mark>에는 다음에 규정된 날의 <mark>다음 날</mark>에 도시개발구역의 지정이 <mark>해제</mark>된 것으로 본다.

> ① 도시개발구역이 지정·고시된 날부터 <mark>2년이 되는 날까지 개발계획을 수립·고시하지 아니하는 경우</mark>에는 그 2년이 되는 날. 다만, 도시개발구역의 면적이 330만m^2 이상인 경우에는 5년으로 한다.
> ② 개발계획을 수립·고시한 날부터 3년이 되는 날까지 <mark>실시계획인가를 신청하지 아니하는 경우</mark>에는 그 3년이 되는 날. 다만, 도시개발구역의 면적이 330만m^2 이상인 경우에는 5년으로 한다.

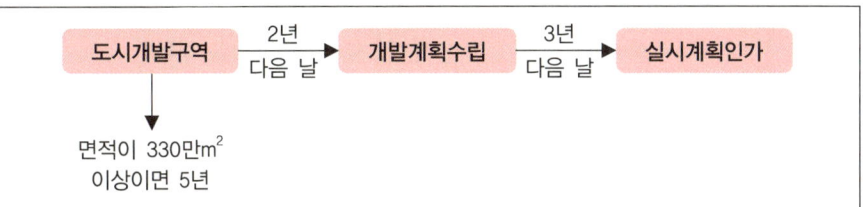

5 해제의제 효과(용도지역 등의 환원 및 폐지)

도시개발구역의 지정이 해제의제된 경우에는 그 도시개발구역에 대한 「국토의 계획 및 이용에 관한 법률」에 따른 용도지역 및 지구단위계획구역은 해당 도시개발구역 지정 전의 용도지역 및 지구단위계획구역으로 각각 환원되거나 폐지된 것으로 본다. 다만, <mark>도시개발사업의 공사완료(환지방식에 따른 사업인 경우에는 그 환지처분)로 도시개발구역의 지정이 해제의제된 경우에는 환원되거나 폐지된 것으로 보지 아니한다.</mark>

[기출] 도시개발사업의 공사완료로 도시개발구역의 지정이 해제의제된 경우에는 도시개발구역의 용도지역은 해당 도시개발구역 지정 전의 용도지역으로 환원되거나 폐지된 것으로 보지 아니한다. 제24회 ( )

▶정답 ○

도시개발사업의 시행자

제1절 시행자의 지정 등 제27회, 제28회, 제29회, 제30회, 제31회, 제33회, 제34회, 제35회, 제36회

1 지정권자의 지정

도시개발사업의 시행자는 다음의 자 중에서 지정권자가 지정한다.

종 류	시행자가 될 수 있는 자
공공사업 시행자	① 국가나 지방자치단체 ② 대통령령으로 정하는 공공기관(한국토지주택공사 등) ③ 대통령령으로 정하는 정부출연기관(국가철도공단 등) ④ 「지방공기업법」에 따라 설립된 지방공사 → 역세권개발사업을 시행하는 경우에만 해당한다.
민간사업 시행자	⑤ 도시개발구역의 토지소유자 ⑥ 도시개발조합(도시개발사업의 전부를 환지방식으로 시행하는 경우에만 해당) ⑦ 과밀억제권역에서 수도권 외의 지역으로 이전하는 법인 ⑧ 「주택법」에 따라 등록한 자 중 도시개발사업을 시행할 능력이 있다고 인정되는 자 ⑨ 토목공사업 또는 토목건축공사업의 면허를 받는 등 개발계획에 맞게 도시개발사업을 시행할 능력이 있다고 인정되는 자 ⑩ 자기관리부동산투자회사 또는 위탁관리부동산투자회사

> **정리 ▶ 공공기관**
> 1. 「한국토지주택공사법」에 따른 한국토지주택공사
> 2. 「한국수자원공사법」에 따른 한국수자원공사
> 3. 「한국농어촌공사 및 농지관리기금법」에 따른 한국농어촌공사
> 4. 「한국관광공사법」에 따른 한국관광공사
> 5. 「한국철도공사법」에 따른 한국철도공사
> 6. 「혁신도시 조성 및 발전에 관한 특별법」에 따른 매입공공기관
> 7. 「한국공항공사법」에 따른 한국공항공사

2 전부 환지방식의 시행자

(1) **원칙**: 토지소유자 또는 조합

도시개발구역의 전부를 환지방식으로 시행하는 경우에는 토지소유자나 조합을 시행자로 지정한다.

(2) **예외**: 지방자치단체 등의 지정

지정권자는 다음에 해당하는 사유가 있으면 지방자치단체나 한국토지주택공사, 지방공사와 신탁업자(이하 '지방자치단체 등'이라 한다)를 시행자로 지정할 수 있다.

> **기출** 조합은 도시개발사업 전부를 환지방식으로 시행하는 경우에 도시개발사업의 시행자가 될 수 있다.
> 제27회, 제31회 ( )
>
> ▶ 정답 ○

① 토지소유자나 조합이 개발계획의 수립·고시일부터 1년(다만, 지정권자가 시행자 지정신청기간의 연장이 불가피하다고 인정하여 6개월의 범위에서 연장한 경우에는 그 연장된 기간) 이내에 시행자 지정을 신청하지 아니한 경우 또는 지정권자가 신청된 내용이 위법하거나 부당하다고 인정한 경우
② 지방자치단체의 장이 집행하는 공공시설에 관한 사업과 병행하여 시행할 필요가 있다고 인정한 경우
③ 도시개발구역의 국·공유지를 제외한 토지면적의 2분의 1 이상에 해당하는 토지소유자 및 토지소유자 총수의 2분의 1 이상이 지방자치단체 등의 시행에 동의한 경우

3 시행자의 변경

지정권자는 다음에 해당하는 경우에는 시행자를 변경할 수 있다.

① 도시개발사업에 관한 실시계획의 인가를 받은 후 2년 이내에 사업을 착수하지 아니하는 경우
② 행정처분으로 시행자의 지정이나 실시계획의 인가가 취소된 경우
③ 시행자의 부도·파산, 그 밖에 이와 유사한 사유로 도시개발사업의 목적을 달성하기 어렵다고 인정되는 경우
④ 도시개발구역의 전부를 환지방식으로 시행하는 시행자(토지소유자 또는 조합)가 도시개발구역 지정의 고시일부터 1년(6개월의 범위에서 연장한 경우에는 그 연장된 기간) 이내에 도시개발사업에 관한 실시계획의 인가를 신청하지 아니하는 경우

▶기출 지정권자는 시행자가 도시개발사업에 관한 실시계획의 인가를 받은 후 2년 이내에 사업을 착수하지 아니하는 경우 시행자를 변경할 수 있다. 제28회, 제29회 ( )

▶정답 ○

4 도시개발구역의 지정제안

(1) 제안의 주체

국가, 지방자치단체, 도시개발조합을 제외한 사업시행자로 지정될 수 있는 자는 특별자치도지사·시장·군수·구청장에게 도시개발구역의 지정을 제안할 수 있다.

(2) 서류의 제출

도시개발구역의 지정을 제안하려는 지역이 둘 이상의 시·군 또는 구의 행정구역에 걸쳐 있는 경우에는 그 지역에 포함된 면적이 가장 큰 행정구역의 시장·군수 또는 구청장에게 서류를 제출하여야 한다.

▶정리 제안의 주체
국가, 지방자치단체, 도시개발조합이 지정제안 대상에서 제외되는 이유는 국가와 지방자치단체는 행정청으로서 직접 지정하거나 지정요청을 할 수 있기 때문이며, 도시개발조합은 설립되지 않은 상태이기 때문이다.

(3) 제안의 동의

<mark>민간사업시행자</mark>가 도시개발구역의 지정을 제안하려는 경우에는 대상구역 <mark>토지면적의 3분의 2 이상에 해당하는 토지소유자(지상권자를 포함)의 동의를 받아야 한다.</mark>

(4) 비용부담

특별자치도지사·시장·군수 또는 구청장은 제안자와 협의하여 도시개발구역의 지정을 위하여 필요한 비용의 전부 또는 일부를 제안자에게 부담시킬 수 있다.

(5) 결과통보

도시개발구역지정의 제안을 받은 국토교통부장관·특별자치도지사·시장·군수 또는 구청장은 제안 내용의 수용 여부를 <mark>1개월</mark> 이내에 제안자에게 <mark>통보</mark>하여야 한다. 다만, 관계 기관과의 협의가 지연되는 등 불가피한 사유가 있는 경우에는 <mark>1개월</mark> 이내의 범위에서 통보기간을 <mark>연장</mark>할 수 있다.

> **[정리] 결과통보**
> 1. 국토의 계획 및 이용에 관한 법령상 도시·군관리계획의 입안 제안 : 45일 이내에 결과 통보(1회에 한하여 30일 연장 가능)
> 2. 도시개발법령상 도시개발구역의 지정제안 : 1개월 이내에 결과 통보(1개월 이내의 범위에서 연장 가능)

5 도시개발사업의 대행

<mark>공공사업시행자</mark>는 도시개발사업을 효율적으로 시행하기 위하여 필요한 경우에는 다음에서 정하는 바에 따라 설계·분양 등 도시개발사업의 일부를 「주택법」에 따른 주택건설사업자 등으로 하여금 <mark>대행하게 할 수 있다.</mark>

① 실시설계
② 부지조성공사
③ 기반시설공사
④ 조성된 토지의 분양

> **[기출]** 사업주체인 지방자치단체는 조성된 토지의 분양을 「주택법」에 따른 주택건설사업자에게 대행하게 할 수 없다. 제29회 ( )
>
> ▶ 정답 ✕
> 사업주체인 지방자치단체는 조성된 토지의 분양을 「주택법」에 따른 주택건설사업자에게 대행하게 할 수 있다.

제 2 절 도시개발조합 제27회, 제29회, 제31회, 제33회, 제34회, 제35회, 제36회

1 도시개발조합의 설립

(1) 조합설립의 인가

① **설립인가**: 조합을 설립하려면 도시개발구역의 토지소유자 7명 이상이 정관을 작성하여 지정권자에게 조합설립의 인가를 받아야 한다.

② **변경인가**: 조합이 인가를 받은 사항을 변경하려면 지정권자로부터 변경인가를 받아야 한다. 다만, 대통령령으로 정하는 경미한 사항(㉠ 주된 사무소의 소재지를 변경, ㉡ 공고방법을 변경)을 변경하려는 경우에는 신고하여야 한다.

[정리] **규약·정관·시행규정**
1. 토지소유자 - 규약
2. 도시개발조합 - 정관
3. 공공사업시행자 - 시행규정

(2) 조합설립의 동의

조합설립의 인가를 신청하려면 해당 도시개발구역의 토지면적의 3분의 2 이상에 해당하는 토지소유자와 그 구역의 토지소유자 총수의 2분의 1 이상의 동의를 받아야 한다.

(3) 동의자 수의 산정방법

조합설립을 위한 동의자 수의 산정방법 및 동의절차는 다음과 같다.

> ① 도시개발구역의 토지면적을 산정하는 경우: 국·공유지를 포함하여 산정할 것
> ② 국·공유지를 제외한 전체 사유 토지면적 및 토지소유자에 대하여 동의요건 이상으로 동의를 받은 후에 그 토지면적 및 토지소유자 수가 법적 동의요건에 미달하게 된 경우에는 국·공유지 관리청의 동의를 받아야 한다.
> ③ 토지소유자는 조합설립인가의 신청 전에 동의를 철회할 수 있다. 이 경우 그 토지소유자는 동의자 수에서 제외한다.

[기출] 조합설립의 인가를 신청하려면 해당 도시개발구역의 토지면적의 2분의 1 이상에 해당하는 토지소유자와 그 구역의 토지소유자 총수의 3분의 2 이상의 동의를 받아야 한다. 제29회, 제31회 (　)

▶정답 ✕
조합설립의 인가를 신청하려면 해당 도시개발구역의 토지면적의 3분의 2 이상에 해당하는 토지소유자와 그 구역의 토지소유자 총수의 2분의 1 이상의 동의를 받아야 한다.

2 조합의 법적 성격

(1) 법 인

조합은 법인으로 한다.

(2) 성립시기

조합은 그 주된 사무소의 소재지에서 등기(30일 이내)를 하면 성립한다.

(3) 준용 규정

조합에 관하여 「도시개발법」으로 규정한 것 외에는 「민법」 중 사단법인에 관한 규정을 준용한다.

③ 조합원 등

(1) 조합원의 자격

조합의 조합원은 <mark>도시개발구역의 토지소유자</mark>로 한다.

→ 동의 여부에 관계없이 조합원이 된다.

(2) 조합원의 권리와 의무

① **권리**: 보유토지의 면적과 관계없는 <mark>평등한 의결권</mark> ⇨ <mark>구분소유자는 구분소유자별로 의결권이 있다.</mark>

② **의무**: 정관에서 정한 조합의 운영 및 도시개발사업의 시행에 필요한 경비의 부담 ⇨ 조합의 경비 부과 ⇨ 체납하는 자 ⇨ 특별자치도지사·시장·군수 또는 구청장에게 징수를 위탁할 수 있다. 이 경우 조합은 징수한 금액의 100분의 4에 해당하는 금액을 지급하여야 한다.

④ 조합의 임원

(1) 임원의 구성 및 선임

① **구성**: 조합에는 다음의 임원을 둔다.

> ㉠ 조합장 1명
> ㉡ 이사
> ㉢ 감사

② **선임**: 조합의 임원은 <mark>의결권을 가진 조합원</mark>이어야 하고, 정관으로 정한 바에 따라 <mark>총회에서 선임</mark>한다.

(2) 임원의 겸직 금지

① 조합의 임원은 그 조합의 다른 임원이나 직원을 겸할 수 <mark>없다</mark>.

② 조합의 임원은 같은 목적의 사업을 하는 다른 조합의 임원 또는 직원을 겸할 수 <mark>없다</mark>.

[기출] 도시개발구역의 토지소유자가 미성년자인 경우에는 조합의 조합원이 될 수 없다. 제31회 ( )

▶ 정답 ✗
도시개발구역의 토지소유자가 미성년자인 경우에도 조합의 조합원이 될 수 있다.

[기출] 조합의 임원은 그 조합의 다른 임원을 겸할 수 있다. 제21회 ( )

▶ 정답 ✗
조합의 임원은 그 조합의 다른 임원을 겸할 수 없다.

(3) 임원의 결격사유

다음에 해당하는 자는 **조합의 임원이 될 수 없다**. → 조합원은 될 수 있다.

① 피성년후견인, 피한정후견인 또는 미성년자
② 파산선고를 받은 자로서 복권되지 아니한 자
③ 금고 이상의 형을 선고받고 그 집행이 끝나거나 집행을 받지 아니하기로 확정된 후 2년이 지나지 아니한 자
④ 금고 이상의 형의 집행유예를 받고 그 유예기간 중에 있는 자

(4) 임원의 자격상실

조합의 임원으로 선임된 자가 결격사유에 해당하게 된 경우에는 그 **다음 날부터 임원의 자격을 상실한다**.

(5) 임원의 직무

① 조합장은 조합을 대표하고 그 사무를 총괄하며, 총회·대의원회 또는 이사회의 의장이 된다.
② 조합장 또는 이사의 자기를 위한 조합과의 **계약이나 소송**에 관하여는 **감사**가 조합을 대표한다.

> **기출** 조합원으로 된 자가 금고 이상의 형의 선고를 받은 경우에는 그 사유가 발생한 다음 날부터 조합원의 자격을 상실한다.
> 제25회, 제35회 ( )
>
> ▶ 정답 ✕
> 조합원이 아닌 조합 임원에 관한 내용이다.

5 총회 및 대의원회

(1) 총회(최고의결기관, 필수기관)

다음의 사항은 총회의 의결을 거쳐야 한다.

① 정관의 변경
② 개발계획 및 실시계획의 수립 및 변경
③ 자금의 차입과 그 방법·이율 및 상환방법
④ 조합의 수지예산
⑤ 부과금의 금액 또는 징수방법
⑥ 체비지 등의 처분방법
⑦ 조합임원의 선임
⑧ 조합의 합병 또는 해산에 관한 사항(다만, 청산금의 징수·교부를 완료한 후에 조합을 해산하는 경우는 제외)

(2) 대의원회(의결대행기관, 임의기관)

① **임의적 기관**: 의결권을 가진 조합원의 수가 50인 이상인 조합은 총회의 권한을 대행하게 하기 위하여 대의원회를 둘 수 있다.

② **대의원의 수**: 대의원회에 두는 대의원의 수는 의결권을 가진 조합원 총수의 100분의 10 이상으로 하고, 대의원은 의결권을 가진 조합원 중에서 정관에서 정하는 바에 따라 선출한다.

③ **대의원회의 권한**: 대의원회는 총회의 의결사항 중 다음의 사항을 제외한 총회의 권한을 대행할 수 있다.

> ㉠ 정관의 변경
> ㉡ 개발계획의 수립 및 변경(개발계획의 경미한 변경 및 실시계획의 수립·변경은 대행 ○)
> ㉢ 환지계획의 작성(환지계획의 경미한 변경은 제외)
> ㉣ 조합임원(조합장, 이사, 감사)의 선임
> ㉤ 조합의 합병 또는 해산(청산금의 징수·교부를 완료한 후 조합해산은 제외)에 관한 사항

[기출] 의결권을 가진 조합원의 수가 100인인 조합은 총회의 권한을 대행하게 하기 위하여 대의원회를 둘 수 있다. 제29회, 제35회 ( )
▶ 정답 ○

[기출] 조합장의 선임은 대의원회가 총회의 권한을 대행할 수 없고 총회의 의결을 거쳐야 한다. 제32회 ( )
▶ 정답 ○

예제

도시개발법령상 도시개발조합에 관한 설명으로 옳은 것은? 제31회

① 도시개발구역의 토지소유자가 미성년자인 경우에는 조합의 조합원이 될 수 없다.
② 조합원은 보유토지의 면적과 관계없는 평등한 의결권을 가지므로, 공유 토지의 경우 공유자별로 의결권이 있다.
③ 조합은 도시개발사업 전부를 환지방식으로 시행하는 경우에 도시개발사업의 시행자가 될 수 있다.
④ 조합설립의 인가를 신청하려면 해당 도시개발구역의 토지면적의 2분의 1 이상에 해당하는 토지소유자와 그 구역의 토지소유자 총수의 3분의 2 이상의 동의를 받아야 한다.
⑤ 토지소유자가 조합설립인가신청에 동의하였다면 이 후 조합설립인가의 신청 전에 그 동의를 철회하였더라도 그 토지소유자는 동의자 수에 포함된다.

해설 ① 도시개발구역의 토지소유자가 미성년자인 경우에도 조합의 조합원이 될 수 있다.
② 공유 토지의 경우에는 공유자의 동의를 받은 대표공유자 1명만 의결권이 있다.
④ 조합설립의 인가를 신청하려면 해당 도시개발구역의 토지면적의 3분의 2 이상에 해당하는 토지소유자와 그 구역의 토지소유자 총수의 2분의 1 이상의 동의를 받아야 한다.
⑤ 토지소유자는 조합설립인가의 신청 전에 동의를 철회할 수 있다. 이 경우 그 토지소유자는 동의자 수에서 제외한다.
◆ 정답 ③

Chapter 03 실시계획 및 사업시행방식

제1절 실시계획의 작성 및 인가 제27회, 제29회, 제31회

1 실시계획의 작성

(1) 시행자는 도시개발사업에 관한 실시계획을 작성하여야 한다. 이 경우 실시계획에는 지구단위계획이 포함되어야 한다.

(2) 실시계획은 개발계획에 맞게 작성하여야 한다.

> **기출** 시행자가 작성하는 실시계획에는 지구단위계획이 포함되어야 한다. 제23회, 제31회 ( )
>
> ▶ 정답 ○

2 실시계획의 내용

실시계획에는 사업시행에 필요한 설계도서, 자금계획, 시행기간 그 밖에 대통령령으로 정하는 사항과 서류를 명시하거나 첨부하여야 한다.

3 지정권자의 인가

시행자(지정권자가 시행자인 경우는 제외)는 작성된 실시계획에 관하여 지정권자의 인가를 받아야 한다. 인가를 받은 실시계획을 변경하거나 폐지하는 경우에도 인가를 받아야 한다. 다만, 국토교통부령으로 정하는 경미한 사항을 변경(① 사업시행지역의 변동이 없는 범위에서의 착오·누락 등에 따른 사업 시행면적의 정정, ② 사업시행면적의 100분의 10의 범위에서의 면적의 감소, ③ 사업비의 100분의 10의 범위에서의 사업비의 증감)하는 경우에는 인가를 받지 않아도 된다.

> **기출** 시행자는 인가를 받은 실시계획 중 사업시행면적의 100분의 20이 감소된 경우 지정권자의 변경인가를 받을 필요가 없다. 제29회 ( )
>
> ▶ 정답 ✕
> 시행자는 인가를 받은 실시계획 중 사업시행면적의 100분의 10의 범위에서의 면적이 감소된 경우 지정권자의 변경인가를 받을 필요가 없다.

4 작성 및 인가절차(의견청취)

지정권자가 실시계획을 작성하거나 인가하는 경우 국토교통부장관이 지정권자이면 시·도지사 또는 대도시 시장의 의견을, 시·도지사가 지정권자이면 시장(대도시 시장은 제외)·군수 또는 구청장의 의견을 미리 들어야 한다.

> **기출** 지정권자인 국토교통부장관이 실시계획을 작성하는 경우 시·도지사 또는 대도시 시장의 의견을 미리 들어야 한다. 제31회 ( )
>
> ▶ 정답 ○

5 실시계획 고시의 효과

(1) 도시·군관리계획결정·고시의 의제

실시계획을 고시한 경우 그 고시된 내용 중 「국토의 계획 및 이용에 관한 법률」에 따라 도시·군관리계획(지구단위계획을 포함)으로 결정하여야 하는 사항은 같은 법에 따른 도시·군관리계획이 결정되어 고시된 것으로 본다. 이 경우 종전에 도시·군관리계획으로 결정된 사항 중 고시내용에 저촉되는 사항은 고시된 내용으로 변경된 것으로 본다.

(2) 지형도면의 고시

도시·군관리계획으로 결정·고시된 사항에 대한 지형도면의 고시는 개발계획에서 정한 도시개발사업의 시행기간에 할 수 있다.

> **보충⁺ 실시계획 고시내용 중 관할 등기소에 통보·제출하지 않아도 되는 경우**
> 1. 도시·군관리계획의 결정내용
> 2. 인가된 실시계획에 관한 도서의 공람기간 및 공람장소
> 3. 실시계획의 고시로 의제되는 인·허가 등의 고시 또는 공고 사항

제2절 사업의 시행방식 제27회, 제30회, 제35회

1 사업시행방식의 종류

도시개발사업은 시행자가 도시개발구역의 토지 등을 수용 또는 사용하는 방식이나 환지방식 또는 이를 혼용하는 방식으로 시행할 수 있다.

2 사업시행방식의 기준

수용 또는 사용방식	계획적이고 체계적인 도시개발 등 집단적인 조성과 공급이 필요한 경우
환지방식	① 대지로서의 효용증진과 공공시설의 정비를 위하여 토지의 교환·분할·합병, 그 밖의 구획변경, 지목 또는 형질의 변경이나 공공시설의 설치·변경이 필요한 경우 ② 도시개발사업을 시행하는 지역의 지가가 인근의 다른 지역에 비하여 현저히 높아 수용 또는 사용방식으로 시행하는 것이 어려운 경우

3 사업시행방식의 변경(수용 ⇨ 환지로 일방통행)

지정권자는 도시개발구역 지정 이후 다음의 어느 하나에 해당하는 경우에는 도시개발사업의 시행방식을 변경할 수 있다.

> ① 국가나 지방자치단체, 공공기관, 정부출연기관, 지방공사인 시행자가 도시개발사업의 시행방식을 수용 또는 사용방식에서 전부 환지방식으로 변경하는 경우
> ② 국가나 지방자치단체, 공공기관, 정부출연기관, 지방공사인 시행자가 도시개발사업의 시행방식을 혼용방식에서 전부 환지방식으로 변경하는 경우
> ③ 도시개발조합을 제외한 시행자가 도시개발사업의 시행방식을 수용 또는 사용방식에서 혼용방식으로 변경하는 경우

▶ 기출 도시개발사업을 시행하는 지방자치단체는 도시개발구역 지정 이후 그 시행방식을 혼용방식에서 수용 또는 사용방식으로 변경할 수 있다. 제32회, 제35회 ( )

▶ 정답 ✕
도시개발사업을 시행하는 지방자치단체는 도시개발구역 지정 이후 그 시행방식을 혼용방식에서 수용 또는 사용방식으로 변경할 수 없다.

예제

도시개발법령상 도시개발사업의 실시계획에 관한 설명으로 틀린 것은? 제31회

① 시행자가 작성하는 실시계획에는 지구단위계획이 포함되어야 한다.
② 지정권자인 국토교통부장관이 실시계획을 작성하는 경우 시·도지사 또는 대도시 시장의 의견을 미리 들어야 한다.
③ 지정권자가 시행자가 아닌 경우 시행자는 작성된 실시계획에 관하여 지정권자의 인가를 받아야 한다.
④ 고시된 실시계획의 내용 중 「국토의 계획 및 이용에 관한 법률」에 따라 도시·군관리계획으로 결정하여야 하는 사항이 종전에 도시·군관리계획으로 결정된 사항에 저촉되면 종전에 도시·군관리계획으로 결정된 사항이 우선하여 적용된다.
⑤ 실시계획의 인가에 의해 「주택법」에 따른 사업계획의 승인은 의제될 수 있다.

해설 ④ 고시된 실시계획의 내용 중 「국토의 계획 및 이용에 관한 법률」에 따라 도시·군관리계획으로 결정하여야 하는 사항은 같은 법에 따른 도시·군관리계획이 결정되어 고시된 것으로 본다. 이 경우 종전에 도시·군관리계획으로 결정된 사항 중 고시 내용에 저촉되는 사항은 고시된 내용으로 변경된 것으로 본다.   ● 정답 ④

Chapter 04 수용방식에 의한 사업시행

> **제1절** 토지 등의 수용·사용 제27회, 제30회, 제32회, 제33회, 제35회

1 토지 등의 수용 또는 사용

(1) 수용의 주체
시행자는 도시개발사업에 필요한 토지 등을 수용하거나 사용할 수 있다.

(2) 수용 등에 대한 동의
민간사업시행자는 사업대상 토지면적의 3분의 2 이상에 해당하는 토지를 소유하고 토지소유자 총수의 2분의 1 이상에 해당하는 자의 동의를 받아야 한다.

> **정리** 수용의 요건
> - 공공시행자: 수용요건(×)
> - 민간시행자: 수용요건(○)
> ⇨ 토지면적의 3분의 2 이상에 해당하는 토지를 소유+토지소유자 총수의 2분의 1 이상의 동의를 받아야 한다.

(3) 「공익사업을 위한 토지 등의 취득 및 보상에 관한 법률」의 준용 및 특례
① **준용 법률**: 토지 등의 수용 또는 사용에 관하여 「도시개발법」에 특별한 규정이 있는 경우 외에는 「공익사업을 위한 토지 등의 취득 및 보상에 관한 법률」을 준용한다.
② 「공익사업을 위한 토지 등의 취득 및 보상에 관한 법률」의 특례
  ㉠ 사업인정 및 고시의 의제: 「공익사업을 위한 토지 등의 취득 및 보상에 관한 법률」을 준용할 때 수용 또는 사용의 대상이 되는 토지의 세부목록을 고시한 경우에는 「공익사업을 위한 토지 등의 취득 및 보상에 관한 법률」에 따른 사업인정 및 그 고시가 있었던 것으로 본다.
  ㉡ 재결신청기간: 재결신청은 개발계획에서 정한 도시개발사업의 시행기간 종료일까지 하여야 한다.

> **정리** 사업인정 및 고시의 의제
> 실시계획의 고시가 아니라 토지의 세부목록의 고시를 사업인정 및 그 고시로 본다.

2 토지상환채권

(1) 토지상환채권의 발행
① **발행권자**: 시행자는 토지소유자가 원하면 토지 등의 매수대금의 일부를 지급하기 위하여 대통령령으로 정하는 바에 따라 사업시행으로 조성된 토지·건축물로 상환하는 채권(이하 '토지상환채권'이라 한다)을 발행할 수 있다.

핵심다지기

토지상환채권의 발행규모
토지상환채권의 발행규모는 그 토지상환채권으로 상환할 토지·건축물이 해당 도시개발사업으로 조성되는 분양토지 또는 분양건축물 면적의 **2분의 1을 초과하지 아니하도록** 하여야 한다.

② **지급보증**: 민간시행자와 공동출자법인인 시행자는 「은행법」에 따른 은행과 「보험업법」에 따른 보험회사 및 「건설산업기본법」에 따른 공제조합으로부터 지급보증을 받은 경우에만 이를 발행할 수 있다.

③ **지정권자의 승인**: 시행자(지정권자가 시행자인 경우는 제외)는 토지상환채권을 발행하려면 대통령령으로 정하는 바에 따라 토지상환채권의 발행계획을 작성하여 미리 지정권자의 승인을 받아야 한다.

④ **이율**: 토지상환채권의 이율은 발행 당시의 은행의 예금금리 및 부동산 수급 상황을 고려하여 발행자가 정한다. 〔암기TIP〕 이발

⑤ **발행방법**: 토지상환채권은 기명식 증권으로 한다. ⇨ 양도 가능

(2) 토지상환채권의 이전 등

① **이전과 대항력**: 토지상환채권을 이전하는 경우 취득자는 그 성명과 주소를 토지상환채권원부에 기재하여 줄 것을 요청하여야 하며, 취득자의 성명과 주소가 토지상환채권에 기재되지 아니하면 취득자는 발행자 및 그 밖의 제3자에게 대항하지 못한다.

② **질권설정과 대항력**: 토지상환채권을 질권의 목적으로 하는 경우에는 질권자의 성명과 주소가 토지상환채권원부에 기재되지 아니하면 질권자는 발행자 및 그 밖의 제3자에게 대항하지 못한다.

3 선수금

(1) 시행자는 조성토지 등과 도시개발사업으로 조성되지 아니한 상태의 토지(이하 '원형지'라 한다)를 공급받거나 이용하려는 자로부터 대통령령으로 정하는 바에 따라 해당 대금의 전부 또는 일부를 미리 받을 수 있다.

(2) 시행자(지정권자가 시행자인 경우는 제외)는 해당 대금의 전부 또는 일부를 미리 받으려면 지정권자의 승인을 받아야 한다.

[기출] 지방자치단체가 시행자인 경우 지급보증 없이 토지상환채권을 발행할 수 있다. 제30회 ( )
▶정답 ○

[기출] 토지상환채권은 질권의 목적으로 할 수 없다. 제24회 ( )
▶정답 ✕
토지상환채권은 질권의 목적으로 할 수 있다.

[기출] 시행자는 조성토지를 공급받은 자로부터 해당 대금의 전부를 미리 받을 수 없다. 제26회 ( )
▶정답 ✕
시행자는 조성토지를 공급받은 자로부터 해당 대금의 전부를 미리 받을 수 있다.

제 2 절 │ 원형지 및 조성토지 등의 공급 제30회, 제34회

1 원형지의 공급과 개발

(1) 원형지의 공급

시행자는 도시를 자연친화적으로 개발하거나 복합적·입체적으로 개발하기 위하여 필요한 경우에는 대통령령으로 정하는 절차에 따라 미리 지정권자의 승인을 받아 다음의 어느 하나에 해당하는 자에게 원형지를 공급하여 개발하게 할 수 있다. 이 경우 공급될 수 있는 원형지의 면적은 도시개발구역 전체 토지면적의 3분의 1 이내로 한정한다.

> ① 국가 또는 지방자치단체
> ② 「공공기관의 운영에 관한 법률」에 따른 공공기관
> ③ 「지방공기업법」에 따라 설립된 지방공사
> ④ 국가 또는 지방자치단체 또는 대통령령으로 정하는 공공기관인 시행자가 복합개발 등을 위하여 실시한 공모에서 선정된 자
> ⑤ 원형지를 학교나 공장 등의 부지로 직접 사용하는 자

[기출] 원형지의 면적은 도시개발구역 전체 토지면적의 3분의 1을 초과하여 공급될 수 있다. 제30회 (　)

▶ 정답 ✕
원형지의 면적은 도시개발구역 전체 토지면적의 3분의 1 이내로 한정한다.

(2) 조건부 승인

지정권자는 승인을 할 때에는 용적률 등 개발밀도, 토지용도별 면적 및 배치, 교통처리계획 및 기반시설의 설치 등에 관한 이행조건을 붙일 수 있다.

(3) 원형지의 매각 금지

원형지개발자(국가 및 지방자치단체는 제외)는 10년의 범위에서 대통령령으로 정하는 기간(원형지에 대한 공사완료 공고일부터 5년 또는 원형지 공급계약일부터 10년 중 먼저 끝나는 기간) 안에는 원형지를 매각할 수 없다.

[기출] 원형지개발자인 지방자치단체는 10년의 범위에서 대통령령으로 정하는 기간 안에는 원형지를 매각할 수 없다. 제23회 (　)

▶ 정답 ✕
국가 또는 지방자치단체는 10년의 범위에서 대통령령으로 정하는 기간 안에 원형지를 매각할 수 있다.

(4) 원형지개발자의 선정방법

원형지개발자의 선정은 수의계약의 방법으로 한다. 다만, 학교용지 또는 공장용지에 해당하는 원형지개발자의 선정은 경쟁입찰의 방식으로 하며, 경쟁입찰이 2회 이상 유찰된 경우에는 수의계약의 방법으로 할 수 있다.

(5) 원형지 공급가격

원형지 공급가격은 개발계획이 반영된 원형지의 감정가격에 시행자가 원형지에 설치한 기반시설 등의 공사비를 더한 금액을 기준으로 시행자와 원형지개발자가 협의하여 결정한다.

2 조성토지 등의 공급

(1) 공급계획서의 승인

시행자는 조성토지 등을 공급하려고 할 때에는 조성토지 등의 공급계획을 작성하여야 하며, 지정권자가 아닌 시행자는 작성한 조성토지 등의 공급계획에 대하여 지정권자의 승인을 받아야 한다.

(2) 조성토지 등의 가격평가

① 원칙: 조성토지 등의 가격평가는 감정가격으로 한다. → 감정평가법인 등이 평가한 금액을 산술평균한 금액

② 예외: 시행자는 학교, 폐기물처리시설, 임대주택, 그 밖에 다음의 시설을 설치하기 위한 조성토지 등과 이주단지의 조성을 위한 토지를 공급하는 경우에는 해당 토지의 가격을 「감정평가 및 감정평가사에 관한 법률」에 따른 감정평가법인등이 감정평가한 가격 이하로 정할 수 있다. 다만, 공공사업시행자에게 임대주택용지를 공급하는 경우에는 해당 토지의 가격을 감정평가한 가격 이하로 정하여야 한다.

> ㉠ 공공청사
> ㉡ 사회복지시설. 다만, 「사회복지사업법」에 따른 사회복지시설의 경우에는 유료시설을 제외한 시설로서 관할 지방자치단체의 장의 추천을 받은 경우로 한정한다.
> ㉢ 임대주택
> ㉣ 「관광진흥법」에 따른 호텔업 시설. 다만, 공공사업시행자가 200실 이상의 객실을 갖춘 호텔의 부지로 토지를 공급하는 경우로 한정한다.
> ㉤ 행정청이 직접 설치하는 시장·자동차정류장·종합의료시설

[기출] 조성토지 등의 가격평가는 「감정평가 및 감정평가사에 관한 법률」에 따른 감정평가법인등이 평가한 금액을 산술평균한 금액으로 한다. 제26회 ( )

▶정답 ○

(3) 조성토지 등의 공급기준 및 방법

① 공급기준: 시행자는 조성토지 등의 공급계획에 따라 조성토지 등을 공급하여야 한다. 이 경우 시행자는 「국토의 계획 및 이용에 관한 법률」에 따른 기반시설의 원활한 설치를 위하여 필요하면 공급대상자의 자격을 제한하거나 공급조건을 부여할 수 있다.

② 공급방법
  ㉠ 경쟁입찰의 방법: 조성토지 등의 공급은 경쟁입찰의 방법에 따른다.
  ㉡ 추첨의 방법: 다음에 해당하는 경우에는 추첨의 방법으로 분양할 수 있다. 다만, 공공사업시행자가 국민주택규모 이하의 주택건설용지 중 임대주택 건설용지를 공급하는 경우에는 추첨의 방법으로 분양하여야 한다.

> ⓐ 「주택법」에 따른 국민주택규모 이하의 주택건설용지
> ⓑ 「주택법」에 따른 공공택지
> ⓒ 330m² 이하의 단독주택용지 및 공장용지
> ⓓ 수의계약의 방법으로 조성토지를 공급하기로 하였으나 공급신청량이 공급계획에서 계획된 면적을 초과하는 경우

ⓒ **수의계약의 방법**: 시행자는 다음에 해당하는 경우에는 수의계약의 방법으로 조성토지 등을 공급할 수 있다.

> ⓐ 학교용지, 공공청사용지 등 일반에게 분양할 수 없는 공공용지를 국가, 지방자치단체, 그 밖의 법령에 따라 해당 시설을 설치할 수 있는 자에게 공급하는 경우
> ⓑ 토지상환채권에 의하여 토지를 상환하는 경우
> ⓒ 경쟁입찰 또는 추첨의 결과 2회 이상 유찰된 경우

[기출] 공공청사용지를 지방자치단체에게 공급하는 경우에는 수의계약의 방법으로 할 수 없다. 제26회 ( )

▶ **정답** ×
공공청사용지를 지방자치단체에게 공급하는 경우에는 수의계약의 방법으로 할 수 있다.

예제

도시개발법령상 원형지의 공급과 개발에 관한 설명으로 옳은 것은? 제34회

① 원형지를 공장 부지로 직접 사용하는 원형지개발자의 선정은 경쟁입찰의 방식으로 하며, 경쟁입찰이 2회 이상 유찰된 경우에는 수의계약의 방법으로 할 수 있다.
② 지정권자는 원형지의 공급을 승인할 때 용적률 등 개발밀도에 관한 이행조건을 붙일 수 없다.
③ 원형지 공급가격은 원형지의 감정가격과 원형지에 설치한 기반시설 공사비의 합산금액을 기준으로 시·도의 조례로 정한다.
④ 원형지개발자인 지방자치단체는 10년의 범위에서 대통령령으로 정하는 기간 안에는 원형지를 매각할 수 없다.
⑤ 원형지개발자가 공급받은 토지의 전부를 시행자의 동의 없이 제3자에게 매각하는 경우, 시행자는 원형지개발자에 대한 시정요구 없이 원형지 공급계약을 해제할 수 있다.

해설 ② 지정권자는 원형지의 공급을 승인할 때 용적률 등 개발밀도에 관한 이행조건을 붙일 수 있다.
③ 원형지 공급가격은 원형지의 감정가격과 원형지에 설치한 기반시설 공사비의 합산금액을 기준으로 시행자와 원형지 개발자가 협의하여 정한다.
④ 원형지개발자인 지방자치단체는 10년의 범위에서 대통령령으로 정하는 기간 안에는 원형지를 매각할 수 있다.
⑤ 원형지개발자가 공급받은 토지의 전부를 시행자의 동의 없이 제3자에게 매각하는 경우, 시행자는 원형지개발자에게 2회 이상 시정요구를 하여야 하고, 원형지개발자가 시정하지 아니하는 경우에는 원형지 공급계약을 해제할 수 있다.

❗ **정답** ①

Chapter 05 환지방식에 의한 사업시행

제1절 환지계획 제27회, 제28회, 제29회, 제30회, 제31회, 제32회, 제34회, 제35회, 제36회

1 환지계획

(1) 환지계획의 내용

시행자는 도시개발사업의 전부 또는 일부를 환지방식으로 시행하려면 다음의 사항이 포함된 환지계획을 작성하여야 한다.

① 환지설계
② 필지별로 된 환지명세
③ 필지별과 권리별로 된 청산대상 토지명세
④ 체비지(替費地) 또는 보류지(保留地)의 명세
⑤ 입체환지를 계획하는 경우에는 입체환지용 건축물의 명세와 공급방법·규모에 관한 사항

> **기출** 환지계획에는 필지별로 된 환지명세와 필지별과 권리별로 된 청산대상 토지명세가 포함되어야 한다. 제30회 ( )
>
> ▶ 정답 ○

(2) 환지계획의 작성

① **작성기준**: 환지계획은 종전의 토지와 환지의 위치·지목·면적·토질·수리(水利)·이용상황·환경, 그 밖의 사항을 종합적으로 고려하여 합리적으로 정하여야 한다.

② **작성의 특례**
　㉠ 신청 또는 동의에 의한 환지부지정: 토지소유자가 신청하거나 동의하면 해당 토지의 전부 또는 일부에 대하여 환지를 정하지 아니할 수 있다. 다만, 해당 토지에 관하여 임차권자 등이 있는 경우에는 그 동의를 받아야 한다.
　㉡ 증환지·감환지: 시행자는 토지면적의 규모를 조정할 특별한 필요가 있으면 면적이 작은 토지는 과소(過小) 토지가 되지 아니하도록 면적을 늘려 환지를 정하거나 환지대상에서 제외할 수 있고, 면적이 넓은 토지는 그 면적을 줄여서 환지를 정할 수 있다.

> **기출** 시행자는 토지면적의 규모를 조정할 특별한 필요가 있으면 면적이 넓은 토지는 그 면적을 줄여서 환지를 정하거나 환지대상에서 제외할 수 있다. 제32회 ( )
>
> ▶ 정답 ✕
> 시행자는 면적이 넓은 토지는 환지대상에서 제외할 수 없다.

> **정리 입체환지의 요건**
> 1. 도시개발사업의 원활한 시행을 위하여 필요한 경우일 것
> 2. 입체환지에 대한 토지소유자 또는 건축물 소유자의 신청이 있을 것
> 3. 건축물의 일부와 그 건축물이 있는 토지의 공유지분을 부여할 것

ⓒ 입체환지
 ⓐ 입체환지의 신청: 시행자는 도시개발사업을 원활히 시행하기 위하여 특히 필요한 경우에는 토지 또는 건축물소유자의 신청을 받아 건축물의 일부와 그 건축물이 있는 토지의 공유지분을 부여할 수 있다.
 ⓑ 입체환지 신청기간: 입체환지의 신청기간은 통지한 날부터 30일 이상 60일 이하로 하여야 한다. 다만, 시행자는 환지계획의 작성에 지장이 없다고 판단하는 경우에는 20일의 범위에서 그 신청기간을 연장할 수 있다.

ⓔ 공공시설의 용지에 대한 환지: 「공익사업을 위한 토지 등의 취득 및 보상에 관한 법률」에 해당하는 공공시설의 용지에 대하여는 환지계획을 정할 때 그 위치·면적 등에 관하여 환지계획 작성기준을 적용하지 아니할 수 있다.

ⓜ 체비지·보류지
 ⓐ 시행자는 도시개발사업에 필요한 경비에 충당하거나 규약·정관·시행규정 또는 실시계획으로 정하는 목적을 위하여 일정한 토지를 환지로 정하지 아니하고 보류지로 정할 수 있으며, 그중 일부를 체비지로 정하여 도시개발사업에 필요한 경비에 충당할 수 있다.
 ⓑ 특별자치도지사·시장·군수 또는 구청장은 「주택법」에 따른 공동주택의 건설을 촉진하기 위하여 필요하다고 인정하면 체비지 중 일부를 같은 지역에 집단으로 정하게 할 수 있다.

(3) 조성토지 등의 가격평가

① 시행자는 환지방식이 적용되는 도시개발구역에 있는 조성토지 등의 가격을 평가할 때에는 토지평가협의회의 심의를 거쳐 결정하되, 그에 앞서 감정평가법인등이 평가하게 하여야 한다.
② 토지평가협의회의 구성 및 운영 등에 필요한 사항은 해당 규약·정관 또는 시행규정으로 정한다.
③ 환지계획의 작성에 따른 환지계획의 기준, 보류지(체비지·공공시설 용지)의 책정기준 등에 관하여 필요한 사항은 국토교통부령으로 정할 수 있다.

> **심화 토지 등의 평가액**
> 환지설계시 적용되는 토지·건축물의 평가액은 최초 환지계획인가시를 기준으로 정하고, 변경할 수 없으며, 환지 후 토지·건축물의 평가액은 실시계획의 변경으로 평가요인이 변경된 경우에만 변경인가를 받아 변경할 수 있다.

2 환지계획인가

행정청이 아닌 시행자가 환지계획을 작성한 경우에는 특별자치도지사·시장·군수 또는 구청장의 인가를 받아야 한다. 인가받은 내용을 변경하려는 경우에도 이를 준용한다. 다만, 다음의 경미한 사항을 변경하는 경우에는 인가를 받지 않아도 된다.

① 종전 토지의 합필 또는 분필로 환지명세가 변경되는 경우
② 「공간정보의 구축 및 관리 등에 관한 법률」에 따른 지적측량의 결과를 반영하기 위하여 환지계획을 변경하는 경우
③ 환지로 지정된 토지나 건축물을 금전으로 청산하는 경우

※참고 토지부담률

1. 시행자는 면적식으로 환지계획을 수립한 경우에는 환지계획구역 안의 토지소유자가 도시개발사업을 위하여 부담하는 토지의 비율(이하 '토지부담률'이라 한다)을 산정하여야 한다.
2. 환지계획구역의 평균 토지부담률은 50%를 초과할 수 없다. 다만, 해당 환지계획구역의 특성을 고려하여 지정권자가 인정하는 경우에는 60%까지로 할 수 있으며, 환지계획구역 안의 토지소유자 3분의 2 이상이 동의하는 경우에는 60%를 초과하여 정할 수 있다.
3. 환지계획구역의 평균 토지부담률은 다음의 계산식에 따라 산정한다. 다만, 시행자가 조합인 경우에는 시행자에게 무상귀속되는 토지에 시행자가 소유하는 토지를 합한 면적으로 한다.

$$토지부담률 = \frac{(보류지\ 면적 - 시행자에게\ 무상귀속되는\ 공공시설의\ 면적)}{(환지계획구역\ 면적 - 시행자에게\ 무상귀속되는\ 공공시설의\ 면적)} \times 100$$

4. 시행자는 사업시행 중 부득이한 경우를 제외하고는 토지소유자에게 부담을 주는 토지부담률의 변경을 하여서는 아니 된다.
5. 환지계획구역의 외부와 연결되는 환지계획구역 안의 도로로서 너비 25m 이상의 간선도로는 토지소유자가 도로의 부지를 부담하고, 관할 지방자치단체가 공사비를 보조하여 건설할 수 있다.

※참고

비례율 = [(도시개발사업으로 조성되는 토지·건축물의 평가액 합계 − 총사업비) ÷ 환지 전 토지·건축물의 평가액 합계] × 100

기출 행정청이 아닌 시행자가 인가받은 환지계획의 내용 중 종전 토지의 합필 또는 분필로 환지명세가 변경되는 경우에는 변경인가를 받아야 한다. 제31회 ( )

▶ 정답 ×
행정청이 아닌 시행자가 인가받은 환지계획의 내용 중 종전 토지의 합필 또는 분필로 환지명세가 변경되는 경우에는 변경인가를 받지 않아도 된다.

제2절 환지 예정지 및 환지처분 제28회, 제30회, 제31회, 제32회, 제33회, 제34회, 제36회

1 환지 예정지의 지정

(1) 시행자의 지정

시행자는 도시개발사업의 시행을 위하여 필요하면 도시개발구역의 토지에 대하여 환지 예정지를 지정할 수 있다. 이 경우 종전의 토지에 대한 임차권자 등이 있으면 해당 환지 예정지에 대하여 해당 권리의 목적인 토지 또는 그 부분을 아울러 지정하여야 한다.

> 기출) 시행자는 도시개발사업의 시행을 위하여 필요하면 도시개발구역의 토지에 대하여 환지 예정지를 지정할 수 있다. 제24회 ( )
> ▶ 정답 ○

(2) 환지 예정지 지정의 효과

① **사용·수익권의 이전**: 환지 예정지가 지정되면 종전의 토지의 소유자와 임차권자 등은 환지 예정지 지정의 효력발생일부터 환지처분이 공고되는 날까지 환지 예정지나 해당 부분에 대하여 종전과 같은 내용의 권리를 행사할 수 있으며 종전의 토지는 사용하거나 수익할 수 없다.

② **체비지의 사용·수익·처분**: 시행자는 체비지의 용도로 환지 예정지가 지정된 경우에는 도시개발사업에 드는 비용을 충당하기 위하여 이를 사용 또는 수익하게 하거나 처분할 수 있다.
→ 매입한 자가 소유권이전등기를 마친 때에 소유권을 취득한다.

> 기출) 시행자는 체비지의 용도로 환지 예정지가 지정된 경우에는 도시개발사업에 드는 비용을 충당하기 위하여 이를 처분할 수 있다. 제31회 ( )
> ▶ 정답 ○

(3) 사용·수익의 정지

① 시행자는 환지를 정하지 아니하기로 결정된 토지소유자나 임차권자 등에게 날짜를 정하여 그 날부터 해당 토지 또는 해당 부분의 사용 또는 수익을 정지시킬 수 있다.

② 시행자가 사용 또는 수익을 정지하게 하려면 30일 이상의 기간을 두고 미리 해당 토지소유자 또는 임차권자 등에게 알려야 한다.

2 환지처분

(1) 환지처분의 절차

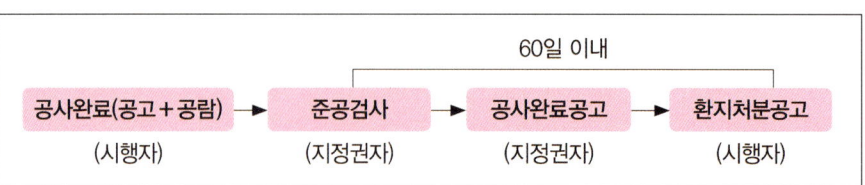

① **공사완료공고 및 공람**: 시행자는 환지방식으로 도시개발사업에 관한 공사를 끝낸 경우에는 지체 없이 이를 관보 또는 공보에 공고하고 공사 관계 서류를 일반인에게 14일 이상 공람시켜야 한다.

② **준공검사 또는 공사완료**: 시행자는 공람기간에 의견서의 제출이 없거나 제출된 의견서에 따라 필요한 조치를 한 경우에는 지정권자에 의한 준공검사를 신청하거나 도시개발사업의 공사를 끝내야 한다.

③ **환지처분시기**: 시행자는 지정권자에 의한 준공검사를 받은 경우(지정권자가 시행자인 경우에는 공사완료공고가 있는 때)에는 60일 이내에 환지처분을 하여야 한다.

④ **환지처분공고**: 시행자는 환지처분을 하려는 경우에는 환지계획에서 정한 사항을 토지소유자에게 알리고 관보나 공보에 공고하여야 한다.

> **심화** 체비지
> 체비지는 준공검사 전이라도 사용할 수 있다.

(2) 환지처분의 효과

① **원칙**

㉠ 권리의 이전: 환지계획에서 정하여진 환지는 그 환지처분이 공고된 날의 다음 날부터 종전의 토지로 보며, 환지계획에서 환지를 정하지 아니한 종전의 토지에 있던 권리는 그 환지처분이 공고된 날이 끝나는 때에 소멸한다.

㉡ 입체환지처분: 환지계획에 따라 환지처분을 받은 자는 환지처분이 공고된 날의 다음 날에 환지계획으로 정하는 바에 따라 건축물의 일부와 해당 건축물이 있는 토지의 공유지분을 취득한다. 이 경우 종전의 토지에 대한 저당권은 환지처분이 공고된 날의 다음 날부터 해당 건축물의 일부와 해당 건축물이 있는 토지의 공유지분에 존재하는 것으로 본다.

㉢ 체비지·보류지의 소유권: 체비지는 시행자가, 보류지는 환지계획에서 정한 자가 각각 환지처분이 공고된 날의 다음 날에 해당 소유권을 취득한다. 다만, 환지 예정지 지정에 따라 이미 처분된 체비지는 그 체비지를 매입한 자가 소유권이전등기를 마친 때에 소유권을 취득한다.

② **예외**

㉠ 지역권: 도시개발구역의 토지에 대한 지역권은 종전의 토지에 존속한다. 다만, 도시개발사업의 시행으로 행사할 이익이 없어진 지역권은 환지처분이 공고된 날이 끝나는 때에 소멸한다.

㉡ 행정상·재판상 처분: 행정상 처분이나 재판상의 처분으로서 종전의 토지에 전속하는 것에 관하여는 영향을 미치지 아니한다.

> **[기출]** 환지계획에서 환지를 정하지 아니한 종전의 토지에 있던 권리는 그 환지처분이 공고된 날의 다음 날이 끝나는 때에 소멸한다. 제25회 ( )
> ▶ **정답** ×
> 환지계획에서 환지를 정하지 아니한 종전의 토지에 있던 권리는 그 환지처분이 공고된 날이 끝나는 때에 소멸한다.

> **[기출]** 체비지로 정해지지 않은 보류지는 환지계획에서 정한 자가 환지처분이 공고된 날의 다음 날에 해당 소유권을 취득한다. 제28회 ( )
> ▶ **정답** ○

> **[기출]** 도시개발구역의 토지에 대한 지역권은 도시개발사업의 시행으로 행사할 이익이 없어진 경우 환지처분이 공고된 날이 끝나는 때에 소멸한다. 제26회, 제30회, 제35회 ( )
> ▶ **정답** ○

③ 청산금
  ㉠ 결정: 청산금은 환지처분을 하는 때에 결정하여야 한다. 다만, 환지대상에서 제외한 토지 등에 대하여는 청산금을 교부하는 때에 청산금을 결정할 수 있다.
  ㉡ 확정: 청산금은 환지처분이 공고된 날의 다음 날에 확정된다.
  ㉢ 징수·교부
    ⓐ 징수·교부시기: 시행자는 환지처분이 공고된 후에 확정된 청산금을 징수하거나 교부하여야 한다. 다만, 환지를 정하지 아니하는 토지에 대하여는 환지처분 전이라도 청산금을 교부할 수 있다.
    ⓑ 분할징수·교부: 청산금은 대통령령으로 정하는 바에 따라 이자를 붙여 분할징수하거나 분할교부할 수 있다.
    ⓒ 강제징수 등: 행정청인 시행자는 청산금을 내야 할 자가 이를 내지 아니하면 국세 또는 지방세 체납처분의 예에 따라 징수할 수 있으며, 행정청이 아닌 시행자는 특별자치도지사·시장·군수 또는 구청장에게 청산금의 징수를 위탁할 수 있다.
  ㉣ 소멸시효: 청산금을 받을 권리나 징수할 권리를 5년간 행사하지 아니하면 시효로 소멸한다.

> **정리 강제징수**
> - 행정청인 시행자: 국세 또는 지방세 체납처분에 따라 징수(○)
> - 비행정청인 시행자: 직접 강제징수할 수는 없고 징수를 위탁(○) ⇨ 위탁수수료는 징수한 금액의 100분의 4에 해당하는 금액을 지급한다.

예제

도시개발법령상 환지 방식에 의한 사업시행에 관한 설명으로 틀린 것은? (단, 시행자는 행정청이 아님) 제36회

① 시행자는 입체 환지를 시행하는 경우 건축 계획이 포함된 환지 계획을 작성하여야 한다.
② 환지 설계를 평가식으로 하는 경우 평균부담률은 '[총사업비/(권리가액의 합계+체비지 평가액의 합계)]×100'의 계산식에 따른다.
③ 환지 계획에서 환지를 정하지 아니한 종전의 토지에 있던 권리는 그 환지처분이 공고되고 소유권이전등기를 마친 때에 소멸한다.
④ 시행자는 토지 면적의 규모를 조정할 특별한 필요가 있으면 면적이 작은 토지는 과소토지가 되지 아니하도록 면적을 늘려 환지를 정하거나 환지 대상에서 제외할 수 있다.
⑤ 평면 환지는 환지 전 토지에 대한 권리를 도시개발사업으로 조성되는 토지에 이전하는 방식이다.

해설 ③ 환지 계획에서 환지를 정하지 아니한 종전의 토지에 있던 권리는 그 환지처분이 공고된 날이 끝나는 때에 소멸한다. **정답 ③**

Chapter 06 비용부담 등

제1절 비용부담 제31회

1 시행자부담의 원칙

도시개발사업에 필요한 비용은 이 법이나 다른 법률에 특별한 규정이 있는 경우 외에는 시행자가 부담한다.

2 도시개발구역의 시설 설치

도시개발구역의 시설의 설치는 다음의 구분에 따른다.

(1) 설치의무자

> ① 도로와 상하수도시설의 설치는 지방자치단체
> ② 전기시설·가스공급시설 또는 지역 난방시설의 설치는 해당 지역에 전기·가스 또는 난방을 공급하는 자
> ③ 통신시설의 설치는 해당 지역에 통신서비스를 제공하는 자

(2) 설치비용

도시개발구역의 시설의 설치비용은 그 설치의무자가 이를 부담한다. 다만, 도시개발구역 안의 전기시설을 사업시행자가 지중선로로 설치할 것을 요청하는 경우에는 전기를 공급하는 자와 지중에 설치할 것을 요청하는 자가 각각 2분의 1의 비율로 그 설치비용을 부담(전부 환지방식으로 도시개발사업을 시행하는 경우에는 전기시설을 공급하는 자가 3분의 2, 지중에 설치할 것을 요청하는 자가 3분의 1의 비율로 부담)한다.

(3) 설치시기

도시개발구역의 시설의 설치는 특별한 사유가 없으면 준공검사신청일(지정권자가 시행자인 경우에는 도시개발사업의 공사를 끝내는 날을 말한다)까지 끝내야 한다.

> [기출] 전부 환지방식으로 사업을 시행하는 경우 전기시설을 지중선로를 요청한 사업시행자와 전기공급자가 각각 2분의 1의 비율로 그 설치비용을 부담한다.
> 제31회 ( )
>
> ▶정답 ×
> 전기시설을 공급하는 자가 3분의 2, 지중에 설치를 요청하는 자가 3분의 1의 비율로 부담한다.

(4) 비용부담

지정권자가 시행자인 경우 그 시행자는 그가 시행한 도시개발사업으로 이익을 얻는 시·도 또는 시·군·구가 있으면 그 도시개발사업에 든 비용의 2분의 1을 넘지 않는 범위 안에서 그 이익을 얻는 시·도 또는 시·군·구에 부담시킬 수 있다. 이 경우 시·도지사 간 또는 대도시 시장과 시·도지사 간의 협의가 성립되지 아니하는 경우에는 행정안전부장관의 결정에 따른다.

(5) 설치의무자의 비용부담

시행자는 공동구(共同溝)를 설치하는 경우에는 다른 법률에 따라 그 공동구에 수용될 시설을 설치할 의무가 있는 자에게 공동구의 설치에 드는 비용을 부담시킬 수 있다.

> [기출] 시행자는 공동구를 설치하는 경우에는 다른 법률에 따라 그 공동구에 수용된 시설을 설치할 의무가 있는 자에게 공동구의 설치에 드는 비용을 부담시킬 수 있다. 제27회 ( )
>
> ▶정답 ○

(6) 보조 또는 융자

도시개발사업의 시행에 드는 비용은 대통령령으로 정하는 바에 따라 그 비용의 전부 또는 일부를 국고에서 보조하거나 융자할 수 있다. 다만, 시행자가 행정청이면 전부를 보조하거나 융자할 수 있다.

제2절 도시개발채권 제28회, 제29회, 제32회, 제36회

1 발행권자 등

(1) 발행권자

지방자치단체의 장(시·도지사)은 도시개발사업 또는 도시·군계획시설사업에 필요한 자금을 조달하기 위하여 도시개발채권을 발행할 수 있다.

(2) 승인권자

시·도지사는 도시개발채권을 발행하려는 경우에는 채권의 발행총액, 발행방법, 발행조건, 상환방법에 대하여 행정안전부장관의 승인을 받아야 한다.

> [기출] 시·도지사는 도시개발채권을 발행하는 경우 채권의 발행총액에 대하여 국토교통부장관의 승인을 받아야 한다. 제29회 ( )
>
> ▶정답 ×
> 시·도지사가 도시개발채권을 발행하는 경우 채권의 발행총액에 대하여 행정안전부장관의 승인을 받아야 한다.

② 발행방법 등

(1) 발행방법

도시개발채권은 「주식·사채 등의 전자등록에 관한 법률」에 따라 전자등록하여 발행하거나 무기명으로 발행할 수 있으며, 발행방법에 필요한 세부적인 사항은 시·도의 조례로 정한다.

(2) 이 율

도시개발채권의 이율은 채권의 발행 당시의 국채공채 등의 금리와 특별회계의 상황 등을 고려하여 해당 시·도의 조례로 정한다.

(3) 상환기간

도시개발채권의 상환은 5년부터 10년까지의 범위에서 지방자치단체의 조례로 정한다.

▶ 기출) 도시개발채권의 상환은 2년부터 10년까지의 범위에서 지방자치단체의 조례로 정한다. 제28회 ( )

▶ 정답 ✕
도시개발채권의 상환은 5년부터 10년까지의 범위에서 지방자치단체의 조례로 정한다.

(4) 소멸시효

도시개발채권의 소멸시효는 상환일부터 기산하여 원금은 5년, 이자는 2년으로 한다.

③ 매입의무

(1) 매입의무자

다음에 해당하는 자는 도시개발채권을 매입하여야 한다.

① 수용 또는 사용방식으로 시행하는 도시개발사업의 경우 국가나 지방자치단체, 공공기관, 정부출연기관, 지방공사와 공사의 도급계약을 체결하는 자
② 국가나 지방자치단체, 공공기관, 정부출연기관, 지방공사 외에 도시개발사업을 시행하는 자
③ 「국토의 계획 및 이용에 관한 법률」에 따른 토지의 형질변경허가를 받은 자

▶ 기출) 수용 또는 사용방식으로 시행하는 도시개발사업의 경우 한국토지주택공사와 공사도급계약을 체결하는 자는 도시개발채권을 매입하여야 한다. 제28회 ( )

▶ 정답 ○

(2) 매입필증 보관기간

매입필증을 제출받은 자는 매입필증을 5년간 따로 보관하여야 한다.

4 중도상환

도시개발채권은 **다음의 어느 하나에 해당하는 경우에는 중도에 상환할 수 있다.**

① 도시개발채권의 매입사유가 된 허가 또는 인가가 매입자의 귀책사유 없이 취소된 경우
② 매입의무자가 아닌 자가 착오로 도시개발채권을 매입한 경우
③ 매입의무자가 매입하여야 할 금액을 초과하여 도시개발채권을 매입한 경우

예제

도시개발법령상 도시개발채권에 관한 설명으로 옳은 것은? 제36회

① 시·도지사가 도시개발채권을 발행하는 경우에는 국토교통부장관의 승인을 받아야 한다.
② 도시개발채권의 상환은 3년부터 10년까지의 범위에서 지방자치단체의 조례로 정한다.
③ 도시개발채권은 무기명으로 발행할 수 없다.
④ 도시개발채권의 소멸시효는 상환일부터 기산하여 원금은 3년, 이자는 1년으로 한다.
⑤ 도시개발채권 매입필증을 제출받는 자는 매입자로부터 제출받은 매입필증을 5년간 따로 보관하여야 한다.

해설 ① 시·도지사가 도시개발채권을 발행하는 경우에는 행정안전부장관의 승인을 받아야 한다.
② 도시개발채권의 상환은 5년부터 10년까지의 범위에서 지방자치단체의 조례로 정한다.
③ 도시개발채권은 무기명으로 발행할 수 있다.
④ 도시개발채권의 소멸시효는 상환일부터 기산하여 원금은 5년, 이자는 2년으로 한다. **정답** ⑤

PART

03

도시 및
주거환경정비법

제1장 총 칙
제2장 기본계획의 수립 및 정비구역의 지정
제3장 정비사업의 시행

총칙

제1절 용어의 정의 제27회, 제28회, 제29회, 제32회, 제34회, 제35회

이 법에서 사용하는 용어의 뜻은 다음과 같다.

(1) 정비구역
정비사업을 계획적으로 시행하기 위하여 지정·고시된 구역을 말한다.

(2) 정비사업
이 법에서 정한 절차에 따라 도시기능을 회복하기 위하여 정비구역에서 정비기반시설을 정비하거나 주택 등 건축물을 개량 또는 건설하는 다음의 사업을 말한다.

주거환경 개선사업	도시저소득 주민이 집단거주하는 지역으로서 정비기반시설이 극히 열악하고 노후·불량건축물이 과도하게 밀집한 지역의 주거환경을 개선하거나 단독주택 및 다세대주택이 밀집한 지역에서 정비기반시설과 공동이용시설 확충을 통하여 주거환경을 보전·정비·개량하기 위한 사업
재개발사업	정비기반시설이 열악하고 노후·불량건축물이 밀집한 지역에서 주거환경을 개선하거나 상업지역·공업지역 등에서 도시기능의 회복 및 상권활성화 등을 위하여 도시환경을 개선하기 위한 사업
공공재개발 사업	다음 요건을 모두 갖추어 시행하는 재개발사업을 '공공재개발사업'이라 한다. ① 특별자치시장, 특별자치도지사, 시장, 군수, 자치구의 구청장(이하 '시장·군수등'이라 한다) 또는 토지주택공사등(조합과 공동으로 시행하는 경우를 포함)이 주거환경개선사업의 시행자, 재개발사업의 시행자나 재개발사업의 대행자(이하 '공공재개발사업 시행자'라 한다)일 것 ② 건설·공급되는 주택의 전체 세대수 또는 전체 연면적 중 토지등소유자 대상 분양분(지분형 주택은 제외)을 제외한 나머지 주택의 세대수 또는 연면적의 100분의 20 이상 100분의 50 이하의 범위에서 시·도조례로 정하는 비율 이상을 지분형주택, 공공임대주택 또는 공공지원민간임대주택으로 건설·공급할 것
재건축사업	정비기반시설은 양호하나 노후·불량건축물에 해당하는 공동주택이 밀집한 지역에서 주거환경을 개선하기 위한 사업

기출 주거환경개선사업이라 함은 정비기반시설은 양호하나 노후·불량 건축물에 해당하는 공동주택이 밀집한 지역에서 주거환경을 개선하기 위하여 시행하는 사업을 말한다. 제32회 ( )

▶ 정답 ×
정비기반시설은 양호하나 노후·불량 건축물에 해당하는 공동주택이 밀집한 지역에서 주거환경을 개선하기 위한 사업은 재건축사업이다.

공공재건축 사업	다음 요건을 모두 갖추어 시행하는 재건축사업을 '공공재건축사업'이라 한다. ① 시장·군수등 또는 토지주택공사등(조합과 공동으로 시행하는 경우를 포함)이 재건축사업의 시행자나 재건축사업의 대행자(이하 '공공재건축사업 시행자'라 한다)일 것 ② 종전의 용적률, 토지면적, 기반시설 현황 등을 고려하여 공공재건축사업을 추진하는 단지의 종전 세대수의 100분의 160에 해당하는 세대수 이상을 건설·공급할 것. 다만, 정비구역의 지정권자가 「국토의 계획 및 이용에 관한 법률」에 따른 도시·군기본계획, 토지이용현황 등 대통령령으로 정하는 불가피한 사유로 해당하는 세대수를 충족할 수 없다고 인정하는 경우에는 그러하지 아니하다.

(3) 노후·불량건축물

다음의 어느 하나에 해당하는 건축물을 말한다.

① 건축물이 훼손되거나 일부가 멸실되어 붕괴, 그 밖의 안전사고의 우려가 있는 건축물을 말한다.

② 도시미관을 저해하거나 노후화된 건축물로서 대통령령으로 정하는 바에 따라 다음의 어느 하나에 해당하는 건축물을 말한다.

> ㉠ 준공된 후 20년 이상 30년 이하의 범위에서 조례로 정하는 기간이 지난 건축물
> ㉡ 「국토의 계획 및 이용에 관한 법률」 규정에 따른 도시·군기본계획의 경관에 관한 사항에 어긋나는 건축물

[기출] 건축물이 훼손되거나 일부가 멸실되어 붕괴, 그 밖의 안전사고의 우려가 있는 건축물은 노후·불량건축물에 해당한다. 제23회
( )

▶ 정답 ○

(4) 정비기반시설

도로·상하수도·구거(溝渠: 도랑)·공원·공용주차장·공동구(국토의 계획 및 이용에 관한 법률에 따른 공동구를 말한다. 이하 같다), 그 밖에 주민의 생활에 필요한 열·가스 등의 공급시설로서 대통령령으로 정하는 시설을 말한다.

(5) 공동이용시설

주민이 공동으로 사용하는 놀이터·마을회관·공동작업장, 그 밖에 대통령령으로 정하는 시설을 말한다.

(6) 대 지

정비사업으로 조성된 토지를 말한다.

[정리] 대통령령으로 정하는 시설
1. 정비기반시설: 녹지, 하천, 공공공지, 광장, 소방용수시설, 비상대피시설, 가스공급시설, 지역난방시설
2. 공동이용시설: 공동으로 사용하는 구판장·세탁장·화장실 및 수도, 탁아소·어린이집·경로당 등 노유자시설

(7) 주택단지

주택 및 부대시설·복리시설을 건설하거나 대지로 조성되는 일단의 토지로서 다음의 어느 하나에 해당하는 일단의 토지를 말한다.

> ① 「주택법」에 따른 사업계획승인을 받아 주택 및 부대시설·복리시설을 건설한 일단의 토지
> ② 위 ①에 따른 일단의 토지 중 도시·군계획시설인 도로나 그 밖에 이와 유사한 시설로 분리되어 따로 관리되고 있는 각각의 토지
> ③ 위 ①에 따른 일단의 토지 둘 이상이 공동으로 관리되고 있는 경우 그 전체 토지
> ④ 재건축사업의 범위에 따라 분할된 토지 또는 분할되어 나가는 토지
> ⑤ 「건축법」에 따라 건축허가를 받아 아파트 또는 연립주택을 건설한 일단의 토지

[기출] 「건축법」에 따라 건축허가를 받아 아파트 또는 연립주택을 건설한 일단의 토지는 주택단지에 해당한다. ( )
▶ 정답 ○

[보충+] **토지등소유자와 조합원**
정비사업의 조합원은 토지등소유자이므로, 토지등소유자에 포함되는 경우에는 정비사업의 조합원자격을 갖는다.

[보충+] **재건축사업**
재건축사업의 경우에 지상권자는 토지등소유자가 될 수 없다.

[기출] 재건축사업에 있어 토지등소유자는 정비구역에 위치한 토지 또는 건축물 소유자와 지상권자를 말한다. 제25회, 제35회 ( )
▶ 정답 ✕
재건축사업의 경우에 지상권자는 토지등소유자가 될 수 없다.

(8) 사업시행자

정비사업을 시행하는 자를 말한다.

(9) 토지등소유자

다음의 어느 하나에 해당하는 자를 말한다. 다만, 「자본시장과 금융투자업에 관한 법률」에 따른 신탁업자(이하 '신탁업자'라 한다)가 사업시행자로 지정된 경우 토지등소유자가 정비사업을 목적으로 신탁업자에게 신탁한 토지 또는 건축물에 대하여는 위탁자를 토지등소유자로 본다.

> ① 주거환경개선사업 및 재개발사업의 경우에는 정비구역에 위치한 토지 또는 건축물의 소유자 또는 그 지상권자
> ② 재건축사업의 경우에는 정비구역에 위치한 건축물 및 그 부속토지의 소유자

(10) 토지주택공사등

「한국토지주택공사법」에 따라 설립된 한국토지주택공사 또는 「지방공기업법」에 따라 주택사업을 수행하기 위하여 설립된 지방공사를 말한다.

(11) 정관 등

① 조합의 정관
② 사업시행자인 토지등소유자가 자치적으로 정한 규약
③ 시장·군수등, 토지주택공사등 또는 신탁업자가 작성한 시행규정

기본계획의 수립 및 정비구역의 지정

제1절 도시 및 주거환경정비 기본방침

국토교통부장관은 도시 및 주거환경을 개선하기 위하여 10년마다 다음의 사항을 포함한 기본방침을 정하고, 5년마다 타당성을 검토하여 그 결과를 기본방침에 반영하여야 한다.

① 도시 및 주거환경 정비를 위한 국가 정책 방향
② 도시·주거환경정비기본계획의 수립 방향
③ 노후·불량 주거지 조사 및 개선계획의 수립
④ 도시 및 주거환경 개선에 필요한 재정지원계획

제2절 도시·주거환경정비기본계획(기본계획) 제27회, 제29회, 제30회, 제36회

1 수립권자 및 타당성 검토

(1) 특별시장·광역시장·특별자치시장·특별자치도지사 또는 시장은 관할 구역에 대하여 도시·주거환경정비기본계획(이하 '기본계획'이라 한다)을 10년 단위로 수립하여야 한다. 다만, 도지사가 대도시가 아닌 시로서 기본계획을 수립할 필요가 없다고 인정하는 시에 대하여는 기본계획을 수립하지 아니할 수 있다.

(2) 특별시장·광역시장·특별자치시장·특별자치도지사 또는 시장(이하 '기본계획의 수립권자'라 한다)은 기본계획에 대하여 5년마다 타당성을 검토하여 그 결과를 기본계획에 반영하여야 한다.

> **보충⁺ 기본계획과 정비계획과의 관계**
> 기본계획은 정비계획 수립의 지침이 되는 계획이다.

> **기출** 도지사가 대도시가 아닌 시로서 기본계획을 수립할 필요가 없다고 인정하는 시에 대하여는 기본계획을 수립하지 아니할 수 있다. 제27회, 제29회 ( )
> ▶정답 ○

2 기본계획의 내용

(1) 기본계획에는 다음의 사항이 포함되어야 한다.

> ① 정비사업의 기본방향
> ② 정비사업의 계획기간
> ③ 인구·건축물·토지 이용·정비기반시설·지형 및 환경 등의 현황
> ④ 주거지 관리계획
> ⑤ 토지이용계획·정비기반시설계획·공동이용시설설치계획 및 교통계획
> ⑥ 녹지·조경·에너지공급·폐기물처리 등에 관한 환경계획
> ⑦ 사회복지시설 및 주민문화시설 등의 설치계획
> ⑧ 도시의 광역적 재정비를 위한 기본방향
> ⑨ 정비구역으로 지정할 예정인 구역(이하 '정비예정구역'이라 한다)의 개략적 범위
> ⑩ 단계별 정비사업 추진계획(정비예정구역별 정비계획의 수립시기를 포함)
> ⑪ 건폐율·용적률 등에 관한 건축물의 밀도계획
> ⑫ 세입자에 대한 주거안정대책
> ⑬ 그 밖에 주거환경 등을 개선하기 위하여 필요한 사항으로서 대통령령으로 정하는 사항

(2) 기본계획의 수립권자는 기본계획에 다음의 사항을 포함하는 경우에는 정비예정구역의 **개략적인 범위 및 단계별 정비사업 추진계획을 생략할 수 있다.**

> ① **생활권**의 설정, 생활권별 기반시설 설치계획 및 주택수급계획
> ② 생활권별 주거지의 정비·보전·관리의 방향

(3) 기본계획의 작성기준 및 작성방법은 국토교통부장관이 정하여 고시한다.

3 수립절차

(1) **주민 및 지방의회 의견청취**

① **공람**: 기본계획의 수립권자는 기본계획을 수립하거나 변경하려는 경우에는 **14일 이상 주민에게 공람**하여 의견을 들어야 하며, 제시된 의견이 타당하다고 인정되면 이를 기본계획에 반영하여야 한다.

[기출] 기본계획을 수립하고자 하는 때에는 14일 이상 주민에게 공람하고 지방의회의 의견을 들어야 한다. ( )

▶ 정답 ○

② **지방의회 의견청취** : 기본계획의 수립권자는 공람과 함께 지방의회의 의견을 들어야 한다. 이 경우 지방의회는 기본계획의 수립권자가 기본계획을 통지한 날부터 60일 이내에 의견을 제시하여야 하며, 의견제시 없이 60일이 지난 경우 이의가 없는 것으로 본다.

③ **경미한 변경** : 대통령령으로 정하는 경미한 사항을 변경하는 경우에는 주민공람과 지방의회의 의견청취 절차를 거치지 아니할 수 있다.

(2) 기본계획의 확정(승인) 및 고시

① **기본계획의 확정** : 기본계획의 수립권자(대도시의 시장이 아닌 시장은 제외)는 기본계획을 수립하거나 변경하려면 관계 행정기관의 장과 협의한 후 「국토의 계획 및 이용에 관한 법률」에 따른 지방도시계획위원회의 심의를 거쳐야 한다. 다만, 대통령령으로 정하는 경미한 사항을 변경하는 경우에는 관계 행정기관의 장과의 협의 및 지방도시계획위원회의 심의를 거치지 아니한다.

② **기본계획의 승인** : 대도시의 시장이 아닌 시장은 기본계획을 수립하거나 변경하려면 도지사의 승인을 받아야 하며, 도지사가 이를 승인하려면 관계 행정기관의 장과 협의한 후 지방도시계획위원회의 심의를 거쳐야 한다. 다만, 경미한 변경의 경우에는 도지사의 승인을 받지 아니할 수 있다.

③ **경미한 변경** : '대통령령으로 정하는 경미한 사항을 변경하는 경우'라 함은 다음의 경우를 말한다.

> ㉠ 정비기반시설(영 제3조 제9호에 해당하는 시설은 제외한다)의 규모를 확대하거나 그 면적을 10% 미만의 범위에서 축소하는 경우
> ㉡ 정비사업의 계획기간을 단축하는 경우
> ㉢ 공동이용시설에 대한 설치계획을 변경하는 경우
> ㉣ 사회복지시설 및 주민문화시설 등에 대한 설치계획을 변경하는 경우
> ㉤ 구체적으로 면적이 명시된 정비예정구역의 면적을 20% 미만의 범위에서 변경하는 경우
> ㉥ 단계별 정비사업 추진계획을 변경하는 경우
> ㉦ 건폐율 및 용적률을 각 20% 미만의 범위에서 변경하는 경우
> ㉧ 정비사업의 시행을 위하여 필요한 재원조달에 관한 사항을 변경하는 경우
> ㉨ 「국토의 계획 및 이용에 관한 법률」에 따른 도시·군기본계획의 변경에 따라 기본계획을 변경하는 경우

보충⁺ 기본계획의 승인

특별시장·광역시장·특별자치시장·특별자치도지사·시장이 수립
↓
시장(대도시 시장은 제외)만 도지사의 승인

> [기출] 기본계획을 수립한 때에는 지체 없이 해당 지방자치단체의 공보에 고시하여야 한다. ( )
>
> ▶ 정답 ○

④ **기본계획의 고시**: 기본계획의 수립권자는 기본계획을 수립하거나 변경한 때에는 지체 없이 이를 해당 지방자치단체의 공보에 고시하고 일반인이 열람할 수 있도록 하여야 한다.

⑤ **기본계획의 보고**: 기본계획의 수립권자는 기본계획을 고시한 때에는 국토교통부령으로 정하는 방법 및 절차에 따라 국토교통부장관에게 보고하여야 한다.

제3절 정비계획의 입안 및 정비구역의 지정

1 재건축사업의 재건축진단

(1) 재건축진단의 실시

① 시장·군수 등은 정비예정구역별 정비계획의 수립시기가 도래한 때부터 사업시행계획인가 전까지 재건축진단을 실시하여야 한다.

② 시장·군수 등은 위 ①에도 불구하고 다음의 어느 하나에 해당하는 경우에는 재건축진단을 실시하여야 한다. 이 경우 시장·군수 등은 재건축진단에 드는 비용을 해당 재건축진단의 실시를 요청하는 자에게 부담하게 할 수 있다.

> ㉠ 정비계획의 입안을 요청하려는 자가 입안을 요청하기 전에 해당 정비예정구역 또는 사업예정구역에 위치한 건축물 및 그 부속토지의 소유자 10분의 1 이상의 동의를 받아 재건축진단의 실시를 요청하는 경우
> ㉡ 정비계획의 입안을 제안하려는 자가 입안을 제안하기 전에 해당 정비예정구역에 위치한 건축물 및 그 부속토지의 소유자 10분의 1 이상의 동의를 받아 재건축진단의 실시를 요청하는 경우
> ㉢ 정비예정구역을 지정하지 아니한 지역에서 재건축사업을 하려는 자가 사업예정구역에 있는 건축물 및 그 부속토지의 소유자 10분의 1 이상의 동의를 받아 재건축진단의 실시를 요청하는 경우
> ㉣ 정비계획을 입안하여 주민에게 공람한 지역 또는 정비구역으로 지정된 지역에서 재건축사업을 시행하려는 자가 해당 구역에 있는 건축물 및 그 부속토지의 소유자 10분의 1 이상의 동의를 받아 재건축진단의 실시를 요청하는 경우
> ㉤ 시장·군수 등의 승인을 받은 추진위원회 또는 사업시행자가 재건축진단의 실시를 요청하는 경우

(2) 재건축진단의 대상

① 재건축사업의 재건축진단은 주택단지(연접한 단지를 포함한다)의 건축물을 대상으로 한다. 다만, 다음에 해당하는 주택단지 내 건축물의 경우에는 재건축진단 대상에서 제외할 수 있다.

> ㉠ 천재지변 등으로 주택이 붕괴되어 신속히 재건축을 추진할 필요가 있다고 시장·군수 등이 인정하는 것
> ㉡ 주택의 구조안전상 사용금지가 필요하다고 시장·군수 등이 인정하는 것
> ㉢ 노후·불량건축물 수에 관한 기준을 충족한 경우 잔여 건축물
> ㉣ 진입도로 등 기반시설 설치를 위하여 불가피하게 정비구역에 포함된 것으로 시장·군수 등이 인정하는 건축물
> ㉤ 「시설물의 안전 및 유지관리에 관한 특별법」의 시설물로서 같은 법 제16조에 따라 지정받은 안전등급이 D(미흡) 또는 E(불량)인 건축물

② 시장·군수 등은 다음에 해당하는 재건축진단기관에 의뢰하여 주거환경 적합성, 해당 건축물의 구조안전성, 건축마감, 설비노후도 등에 관한 재건축진단을 실시하여야 한다.

> ㉠ 「과학기술분야 정부출연연구기관 등의 설립·운영 및 육성에 관한 법률」에 따른 한국건설기술연구원
> ㉡ 「시설물의 안전 및 유지관리에 관한 특별법」에 따른 안전진단전문기관
> ㉢ 「국토안전관리원법」에 따른 국토안전관리원

(3) 사업시행계획인가 여부 결정

시장·군수 등은 재건축진단의 결과와 도시계획 및 지역여건 등을 종합적으로 검토하여 사업시행계획인가 여부를 결정하여야 한다.

(4) 시행결정 취소 등의 요청

① **결과보고서 제출**: 시장·군수등(특별자치시장 및 특별자치도지사는 제외한다. 이하 같다)은 재건축진단 결과보고서를 제출받은 경우에는 지체 없이 특별시장·광역시장·도지사에게 결정내용과 해당 재건축진단 결과보고서를 제출하여야 한다.

② **적정성 여부에 대한 검토**: 시·도지사는 필요한 경우 「국토안전관리원법」에 따른 국토안전관리원 또는 「과학기술분야 정부출연연구기관 등의 설립·운영 및 육성에 관한 법률」에 따른 한국건설기술연구원에 재건축진단 결과의 적정성 여부에 대한 검토를 의뢰할 수 있다.

> [기출] 시·도지사는 필요한 경우 국토안전관리원에 재건축진단 결과의 적정성 여부에 대한 검토를 의뢰할 수 있다. ( )
> ▶정답 ○

2 정비구역의 지정

(1) 지정권자

특별시장·광역시장·특별자치시장·특별자치도지사·시장 또는 군수(광역시의 군수는 제외)이다.

① **도시계획위원회의 심의**: 정비구역의 지정권자는 정비구역을 지정하거나 변경지정하려면 지방도시계획위원회의 심의를 거쳐야 한다. 다만, 경미한 사항을 변경하는 경우에는 지방도시계획위원회의 심의를 거치지 아니할 수 있다.

② **지정고시**: 정비구역의 지정권자는 정비구역을 지정(변경지정을 포함한다. 이하 같다)하거나 정비계획을 결정(변경결정을 포함한다. 이하 같다)한 때에는 정비계획을 포함한 정비구역 지정의 내용을 해당 지방자치단체의 공보에 고시하여야 한다.

③ **보고 및 열람**: 정비구역의 지정권자는 정비계획을 포함한 정비구역을 지정·고시한 때에는 국토교통부령으로 정하는 방법 및 절차에 따라 국토교통부장관에게 그 지정의 내용을 보고하여야 하며, 관계 서류를 일반인이 열람할 수 있도록 하여야 한다.

> **보충⁺ 지정권자**
> 국토교통부장관은 정비구역의 지정권자에 해당하지 않는다.

(2) 정비구역의 분할·통합 및 결합

① 정비구역의 지정권자는 정비사업의 효율적인 추진 또는 도시의 경관보호를 위하여 필요하다고 인정하는 경우에는 다음의 방법에 따라 정비구역을 지정할 수 있다.

> ㉠ 하나의 정비구역을 둘 이상의 정비구역으로 분할
> ㉡ 서로 연접한 정비구역을 하나의 정비구역으로 통합
> ㉢ 서로 연접하지 아니한 둘 이상의 구역(제8조 제1항에 따라 대통령령으로 정하는 요건에 해당하는 구역으로 한정) 또는 정비구역을 하나의 정비구역으로 결합

② 정비구역을 분할·통합하거나 서로 떨어진 구역을 하나의 정비구역으로 결합하여 지정하려는 경우 시행방법과 절차에 관한 세부사항은 시·도조례로 정한다.

제4절 정비구역에서의 행위제한 등 제28회, 제29회, 제30회, 제36회

1 허가대상 개발행위

(1) 허가대상

정비구역에서 다음의 어느 하나에 해당하는 행위를 하려는 자는 시장·군수등의 허가를 받아야 한다. 허가받은 사항을 변경하려는 때에도 또한 같다.

> ① 건축물의 건축 등:「건축법」에 따른 건축물(가설건축물을 포함)의 건축 또는 용도변경(대수선 ×)
> ② 공작물의 설치: 인공을 가하여 제작한 시설물(건축법에 따른 건축물은 제외)의 설치
> ③ 토지의 형질변경: 절토(땅깎기)·성토(흙쌓기)·정지(땅고르기)·포장 등의 방법으로 토지의 형상을 변경하는 행위, 토지의 굴착 또는 공유수면의 매립
> ④ 토석의 채취: 흙·모래·자갈·바위 등의 토석을 채취하는 행위(다만, 토지의 형질변경을 목적으로 하는 것은 위 ③에 따름)
> ⑤ 토지분할
> ⑥ 물건을 쌓아놓는 행위: 이동이 쉽지 아니한 물건을 1개월 이상 쌓아놓는 행위
> ⑦ 죽목의 벌채 및 식재

[기출] 이동이 쉽지 아니한 물건을 1개월 이상 쌓아놓는 행위는 시장·군수등의 허가를 받아야 한다. ( )

▶정답 ○

(2) 사업시행자의 의견청취

시장·군수등은 개발행위에 대한 허가를 하고자 하는 경우로서 사업시행자가 있는 경우에는 미리 그 사업시행자의 의견을 들어야 한다.

(3) 허용사항

다음의 어느 하나에 해당하는 행위는 허가를 받지 아니하고 할 수 있다.

① 재해복구 또는 재난수습에 필요한 응급조치를 위한 행위
② 기존 건축물의 붕괴 등 안전사고의 우려가 있는 경우 해당 건축물에 대한 안전조치를 위한 행위
③ 대통령령으로 정하는 다음의 어느 하나에 해당하는 행위로서「국토의 계획 및 이용에 관한 법률」에 따른 개발행위허가의 대상이 아닌 것을 말한다.

> ㉠ 농림수산물의 생산에 직접 이용되는 것으로서 국토교통부령이 정하는 간이 공작물의 설치(비닐하우스, 버섯재배사, 종묘배양장, 퇴비장 등)
> ㉡ 경작을 위한 토지의 형질변경

[기출] 농산물의 생산에 직접 이용되는 종묘배양장의 설치는 시장·군수등의 허가를 받지 아니하고 이를 할 수 있다. 제22회 ( )

▶정답 ○

ⓒ 정비구역의 개발에 지장을 주지 아니하고 자연경관을 손상하지 아니하는 범위에서의 토석의 채취
ⓔ 정비구역에 존치하기로 결정된 대지 안에서 물건을 쌓아놓는 행위
ⓜ 관상용 죽목의 임시식재(경작지에서의 임시식재는 제외)

2 기득권 보호 및 조치

(1) 기득권 보호

허가를 받아야 하는 행위로서 정비구역의 지정 및 고시 당시 이미 관계 법령에 따라 행위허가를 받았거나 허가를 받을 필요가 없는 행위에 관하여 그 공사 또는 사업에 착수한 자는 정비구역이 지정·고시된 날부터 30일 이내에 그 공사 또는 사업의 진행상황과 시행계획을 첨부하여 시장·군수등에게 신고한 후 이를 계속 시행할 수 있다.

(2) 위반자에 대한 조치

시장·군수등은 위반한 자에게 원상회복을 명할 수 있다. 이 경우 명령을 받은 자가 그 의무를 이행하지 아니하는 때에는 시장·군수등은 「행정대집행법」에 따라 대집행할 수 있다.

3 국토의 계획 및 이용에 관한 법률과의 관계

(1) 규정의 준용

허가에 관하여 이 법에 규정된 사항을 제외하고는 「국토의 계획 및 이용에 관한 법률」 개발행위허가의 절차, 개발행위허가의 기준 등, 개발행위에 대한 도시계획위원회의 심의, 개발행위허가의 이행보증 등 및 준공검사의 규정을 준용한다.

(2) 허가의 의제

정비구역에서 개발행위허가를 받은 경우에는 「국토의 계획 및 이용에 관한 법률」에 따라 개발행위허가를 받은 것으로 본다.

보충⁺ 기득권 보호
1. 「도시개발법」: 착수 + 30일 이내에 신고
2. 「도시 및 주거환경정비법」: 착수 + 30일 이내에 신고

[기출] 정비구역에서 허가를 받은 행위는 「국토의 계획 및 이용에 관한 법률」에 따른 개발행위허가를 받은 것으로 본다. 제22회
( )

▶정답 ○

4 개발행위의 소급제한 등

(1) 소급제한

국토교통부장관, 시·도지사, 시장, 군수 또는 구청장(자치구의 구청장을 말한다. 이하 같다)은 비경제적인 건축행위 및 투기 수요의 유입을 막기 위하여 기본계획을 공람 중인 정비예정구역 또는 정비계획을 수립 중인 지역에 대하여 3년 이내의 기간(1년의 범위에서 한 차례만 연장할 수 있다)을 정하여 대통령령으로 정하는 방법과 절차에 따라 다음의 행위를 제한할 수 있다.

> ① 건축물의 건축
> ② 토지의 분할
> ③ 「건축법」에 따른 건축물대장 중 일반건축물대장을 집합건축물대장으로 전환
> ④ 「건축법」에 따른 건축물대장 중 집합건축물대장의 전유부분 분할

(2) 조합원 모집제한

정비예정구역 또는 정비구역(이하 '정비구역등'이라 한다)에서는 「주택법」에 따른 지역주택조합의 조합원을 모집해서는 아니 된다.

예제

도시 및 주거환경정비법령상 정비구역에서의 행위 중 시장·군수등의 허가를 받아야 하는 것을 모두 고른 것은? (단, 재해복구 또는 재난수습과 관련 없는 행위임)

> ㉠ 가설건축물의 건축
> ㉡ 죽목의 벌채
> ㉢ 공유수면의 매립
> ㉣ 이동이 쉽지 아니한 물건을 1개월 이상 쌓아놓는 행위

① ㉠, ㉡ ② ㉢, ㉣
③ ㉠, ㉡, ㉢ ④ ㉡, ㉢, ㉣
⑤ ㉠, ㉡, ㉢, ㉣

해설 ⑤ 정비구역에서 가설건축물의 건축(㉠), 죽목의 벌채(㉡), 공유수면의 매립(㉢), 이동이 쉽지 아니한 물건을 1개월 이상 쌓아놓는 행위(㉣)는 시장·군수등에게 허가를 받아야 한다. **정답** ⑤

5 지정권자의 해제

(1) 해제사유

① 정비구역의 지정권자는 다음의 어느 하나에 해당하는 경우에는 정비구역등을 해제하여야 한다.

㉠ 정비예정구역에 대하여 기본계획에서 정한 정비구역 지정 예정일부터 **3년**이 되는 날까지 특별자치시장, 특별자치도지사, 시장 또는 군수가 정비구역을 지정하지 아니하거나 구청장등이 정비구역의 지정을 신청하지 아니하는 경우

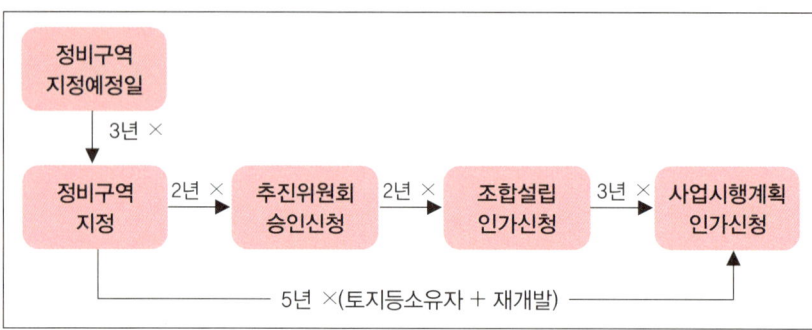

㉡ 재개발사업·재건축사업(조합이 시행하는 경우로 한정)이 다음의 어느 하나에 해당하는 경우

ⓐ 토지등소유자가 정비구역으로 지정·고시된 날부터 **2년**이 되는 날까지 추진위원회의 승인을 신청하지 아니하는 경우(정비구역 지정·고시 후에 추진위원회를 구성하는 경우로 한정한다)

ⓑ 토지등소유자가 정비구역으로 지정·고시된 날부터 **3년**이 되는 날까지 조합설립인가를 신청하지 아니하는 경우(추진위원회를 구성하지 아니하는 경우로 한정한다)

ⓒ 추진위원회가 추진위원회 승인일(정비구역 지정·고시 전에 추진위원회를 구성하는 경우에는 정비구역지정·고시일로 본다)부터 **2년**이 되는 날까지 조합설립인가를 신청하지 아니하는 경우

ⓓ 조합이 조합설립인가를 받은 날부터 3년이 되는 날까지 사업시행계획인가를 신청하지 아니하는 경우

㉢ 토지등소유자가 시행하는 재개발사업으로서 토지등소유자가 정비구역으로 지정·고시된 날부터 **5년**이 되는 날까지 사업시행계획인가를 신청하지 아니하는 경우

② 구청장등은 정비구역등의 해제사유에 해당하는 경우에는 특별시장·광역시장에게 정비구역등의 해제를 요청하여야 한다.

▶기출 정비구역의 지정권자는 조합이 조합설립인가를 받은 날부터 3년이 되는 날까지 사업시행계획인가를 신청하지 아니하는 경우에는 정비구역등을 해제하여야 한다. ( )

▶정답 ○

예제

도시 및 주거환경정비법령상 정비구역의 지정권자가 정비구역등을 해제하여야 하는 경우가 아닌 것은? (단, 추진위원회는 정비구역 지정·고시된 지역에서 구성하는 것을 전제로 한다)

① 정비예정구역에 대하여 기본계획에서 정한 정비구역 지정 예정일부터 3년이 되는 날까지 구청장등이 정비구역의 지정을 신청하지 아니하는 경우
② 조합에 의한 재건축사업에서 추진위원회가 추진위원회 승인일부터 2년이 되는 날까지 조합설립인가를 신청하지 아니하는 경우
③ 조합에 의한 재개발사업에서 토지등소유자가 정비구역으로 지정·고시된 날부터 2년이 되는 날까지 조합설립추진위원회의 승인을 신청하지 아니하는 경우
④ 조합에 의한 재건축사업에서 조합이 조합설립인가를 받은 날부터 3년이 되는 날까지 사업시행계획인가를 신청하지 아니하는 경우
⑤ 토지등소유자가 시행하는 재개발사업으로서 토지등소유자가 정비구역으로 지정·고시된 날부터 4년이 되는 날까지 사업시행계획인가를 신청하지 아니하는 경우

해설 ⑤ 토지등소유자가 시행하는 재개발사업으로서 토지등소유자가 정비구역으로 지정·고시된 날부터 5년이 되는 날까지 사업시행계획인가를 신청하지 아니하는 경우 정비구역등을 해제하여야 한다.

정답 ⑤

정비사업의 시행

제1절 정비사업의 시행방법 제35회

정비사업은 주거환경개선사업, 재개발사업, 재건축사업을 말하며, 각 정비사업의 시행방법은 다음과 같다.

주거환경 개선사업	주거환경개선사업은 다음에 해당하는 방법 또는 이를 **혼용하는** 방법으로 한다. ① 사업시행자가 정비구역에서 정비기반시설 및 공동이용시설을 새로 설치하거나 확대하고 토지등소유자가 스스로 주택을 보전·정비하거나 개량하는 방법(**현지개량방법**) ② 사업시행자가 정비구역의 전부 또는 일부를 수용하여 주택을 건설한 후 토지등소유자에게 우선 공급하거나 대지를 토지등소유자 또는 토지등소유자 외의 자에게 공급하는 방법(**수용방법**) ③ 사업시행자가 환지로 공급하는 방법(**환지방법**) ④ 사업시행자가 정비구역에서 인가받은 관리처분계획에 따라 주택 및 부대시설·복리시설을 건설하여 공급하는 방법(**관리처분방법**)
재개발사업	재개발사업은 정비구역에서 인가받은 **관리처분계획**에 따라 건축물을 건설하여 공급하거나 **환지**로 공급하는 방법으로 한다.
재건축사업	재건축사업은 정비구역에서 인가받은 **관리처분계획**에 따라 건축물을 건설하여 공급하는 방법으로 한다.

기출 주거환경개선사업은 인가받은 관리처분계획에 따라 주택 및 부대·복리시설을 건설하여 공급하는 방법으로 사업을 시행할 수 있다. 제35회 ( )

▶정답 ○

보충⁺ 공동주택 외 건축물 공급
재건축사업에 따라 **공동주택 외 건축물**을 건설하여 공급하는 경우에는 「국토의 계획 및 이용에 관한 법률」에 따른 **준주거지역 및 상업지역에서만** 건설할 수 있다. 이 경우 공동주택 외 건축물의 연면적은 전체 건축물 연면적의 **100분의 30 이하**이어야 한다.

제2절 정비사업의 시행자 제28회, 제30회, 제32회

1 주거환경개선사업의 시행자: 시장·군수등, 토지주택공사등, 공익법인

(1) **원칙**: 수용방법에 따라 시행하려는 경우에는 정비계획 입안을 위한 공람공고일 현재 해당 정비예정구역의 토지 또는 건축물의 소유자 또는 지상권자의 3분의 2 이상의 동의와 세입자(공람공고일 3개월 전부터 해당 정비예정구역에 3개월 이상 거주하고 있는 자를 말한다) 세대수의 과반수의 동의를 각각 받아야 한다. 다만, 세입자의 세대수가 토지등소유자의 2분의 1 이하인 경우 등 대통령령으로 정하는 사유가 있는 경우에는 세입자의 동의절차를 거치지 아니할 수 있다.

(2) **예외**: 시장·군수등은 천재지변, 그 밖의 불가피한 사유로 건축물이 붕괴할 우려가 있어 긴급히 정비사업을 시행할 필요가 있다고 인정하는 경우에는 토지등소유자 및 세입자의 동의 없이 자신이 직접 시행하거나 토지주택공사등을 사업시행자로 지정하여 시행하게 할 수 있다.

> **보충⁺ 정비사업의 시행자**
> 1. 주거환경개선사업: 시장·군수등, 토지주택공사등
> 2. 재개발사업: 조합 또는 토지등소유자(20인 미만)
> 3. 재건축사업: 조합

2 재개발사업의 시행자: 조합 또는 토지등소유자(20인 미만)

재개발사업은 다음의 어느 하나에 해당하는 방법으로 시행할 수 있다.

> ① 조합이 시행하거나 조합이 조합원의 과반수의 동의를 받아 시장·군수등, 토지주택공사등, 건설업자, 등록사업자 또는 대통령령으로 정하는 요건을 갖춘 자(신탁업자와 한국부동산원)와 공동으로 시행하는 방법
> ② 토지등소유자가 20인 미만인 경우에는 토지등소유자가 시행하거나 토지등소유자가 토지등소유자의 과반수의 동의를 받아 시장·군수등, 토지주택공사등, 건설업자, 등록사업자 또는 신탁업자와 한국부동산원과 공동으로 시행하는 방법

3 재건축사업의 시행자: 조합

재건축사업은 조합이 시행하거나 조합이 조합원의 과반수의 동의를 받아 시장·군수등, 토지주택공사등, 건설업자 또는 등록사업자와 공동으로 시행할 수 있다.

> **기출** 재건축사업은 조합을 설립하지 않고 토지등소유자가 직접 시행할 수 있다. 제26회 ( )
>
> ▶ **정답** ✕
> 재건축사업은 조합을 설립하지 않고 토지등소유자가 직접 시행할 수 없다.

4 재개발사업·재건축사업의 공공시행자

(1) 시장·군수등은 재개발사업 및 재건축사업이 다음의 어느 하나에 해당하는 때에는 직접 정비사업을 시행하거나 토지주택공사등(토지주택공사등이 건설업자 또는 등록사업자와 공동으로 시행하는 경우를 포함)을 사업시행자로 지정하여 정비사업을 시행하게 할 수 있다.

> ① 천재지변, 「재난 및 안전관리 기본법」 또는 「시설물의 안전 및 유지관리에 관한 특별법」에 따른 사용제한·사용금지, 그 밖의 불가피한 사유로 긴급하게 정비사업을 시행할 필요가 있다고 인정하는 때
> ② 정비계획에서 정한 정비사업시행 예정일부터 2년 이내에 사업시행계획인가를 신청하지 아니하거나 사업시행계획인가를 신청한 내용이 위법 또는 부당하다고 인정하는 때(재건축사업의 경우는 제외)
> ③ 추진위원회가 시장·군수등의 구성승인을 받은 날부터 3년 이내에 조합설립인가를 신청하지 아니하거나 조합이 조합설립인가를 받은 날부터 3년 이내에 사업시행계획인가를 신청하지 아니한 때
> ④ 지방자치단체의 장이 시행하는 「국토의 계획 및 이용에 관한 법률」에 따른 도시·군계획사업과 병행하여 정비사업을 시행할 필요가 있다고 인정하는 때
> ⑤ 순환정비방식으로 정비사업을 시행할 필요가 있다고 인정하는 때
> ⑥ 사업시행계획인가가 취소된 때
> ⑦ 해당 정비구역의 국·공유지 면적 또는 국·공유지와 토지주택공사등이 소유한 토지를 합한 면적이 전체 토지면적의 2분의 1 이상으로서 토지등소유자의 과반수가 시장·군수등 또는 토지주택공사등을 사업시행자로 지정하는 것에 동의하는 때
> ⑧ 해당 정비구역의 토지면적 2분의 1 이상의 토지소유자와 토지등소유자의 3분의 2 이상에 해당하는 자가 시장·군수등 또는 토지주택공사등을 사업시행자로 지정할 것을 요청하는 때

(2) **취소·고시**

시장·군수등이 직접 정비사업을 시행하거나 토지주택공사등을 사업시행자로 지정·고시한 때에는 그 고시일 다음 날에 추진위원회의 구성승인 또는 조합설립인가가 취소된 것으로 본다.

▶기출 재건축사업 추진위원회가 구성승인을 받은 날부터 2년이 되었음에도 조합설립인가를 신청하지 아니한 경우 시장·군수 등이 직접 정비사업을 시행할 수 있다. 제32회 ( )

▶정답 ×
2년이 아니라 3년이다.

도시 및 주거환경정비법령상 군수가 직접 재개발사업을 시행할 수 있는 사유에 해당하지 <u>않는</u> 것은?

① 해당 정비구역의 토지면적 2분의 1 이상의 토지소유자와 토지등소유자의 3분의 2 이상에 해당하는 자가 군수의 직접시행을 요청하는 때
② 해당 정비구역의 국·공유지 면적이 전체 토지면적의 3분의 1 이상으로서 토지등소유자의 과반수가 군수의 직접시행에 동의하는 때
③ 순환정비방식으로 정비사업을 시행할 필요가 있다고 인정하는 때
④ 천재지변으로 인하여 긴급히 정비사업을 시행할 필요가 있다고 인정하는 때
⑤ 고시된 정비계획에서 정한 정비사업 시행예정일부터 2년 이내에 사업시행계획인가를 신청하지 아니한 때

해설 ② 해당 정비구역의 국·공유지 면적이 전체 토지면적의 2분의 1 이상으로서 토지등소유자의 과반수가 시장·군수등 또는 토지주택공사등을 사업시행자로 지정하는 것에 동의하는 때에는 시장·군수등이 사업을 시행할 수 있다.

◆ **정답** ②

제3절 시공자 선정

시공자 선정의 체계

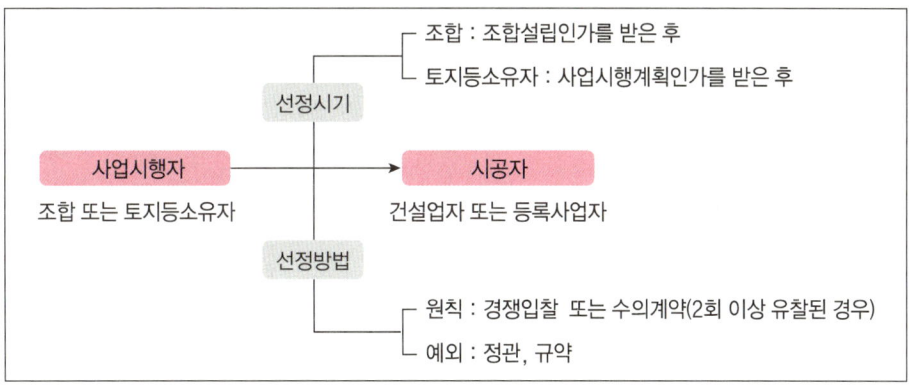

(1) 조합은 조합설립인가를 받은 후 조합총회에서 경쟁입찰 또는 수의계약(2회 이상 경쟁입찰이 유찰된 경우로 한정)의 방법으로 건설업자 또는 등록사업자를 시공자로 선정하여야 한다. 다만, <mark>조합원이 100인 이하인 정비사업은 조합총회에서 정관으로 정하는 바에 따라 선정할 수 있다.</mark>

(2) <mark>토지등소유자가 재개발사업을 시행하는 경우에는</mark> 사업시행계획인가를 받은 후 <mark>규약에 따라 건설업자 또는 등록사업자를 시공자로 선정하여야 한다.</mark>

기출 재개발사업을 토지등소유자가 시행하는 경우에는 경쟁입찰의 방법으로 시공자를 선정하여야 한다. 제26회 ( )

▶ **정답** ✕
재개발사업을 토지등소유자가 시행하는 경우에는 규약에 따라 시공자를 선정하여야 한다.

(3) 시장·군수등이 법 제26조 제1항 및 법 제27조 제1항(천재지변 등 불가피한 사유로 긴급하게 정비사업을 시행할 필요가 있다고 인정하는 때)에 따라 직접 정비사업을 시행하거나 토지주택공사등 또는 지정개발자를 사업시행자로 지정한 경우 사업시행자는 사업시행자 지정·고시 후 경쟁입찰 또는 수의계약의 방법으로 건설업자 또는 등록사업자를 시공자로 선정하여야 한다.

(4) 조합은 시공자 선정을 위한 입찰에 참여하는 건설업자 또는 등록사업자가 토지등소유자에게 시공에 관한 정보를 제공할 수 있도록 ==합동설명회를 2회 이상 개최하여야 한다.==

(5) 주민대표회의 또는 토지등소유자 전체회의가 시공자를 추천한 경우 사업시행자는 추천받은 자를 시공자로 선정하여야 한다. 이 경우 시공자와의 계약에 관해서는 「지방자치단체를 당사자로 하는 계약에 관한 법률」 또는 「공공기관의 운영에 관한 법률」을 적용하지 아니한다.

(6) 사업시행자는 선정된 시공자와 공사에 관한 계약을 체결할 때에는 기존 건축물의 ==철거 공사에 관한 사항을 포함시켜야 한다.==

> [기출] 사업시행자는 선정된 시공자와 공사에 관한 계약을 체결할 때에는 기존 건축물의 철거공사에 관한 사항을 포함하여야 한다. ( )
>
> ▶ 정답 ○

제4절 조합설립추진위원회 및 정비사업조합 제27회, 제29회, 제31회, 제32회, 제33회, 제35회, 제36회

🏠 **정비사업조합 설립절차**

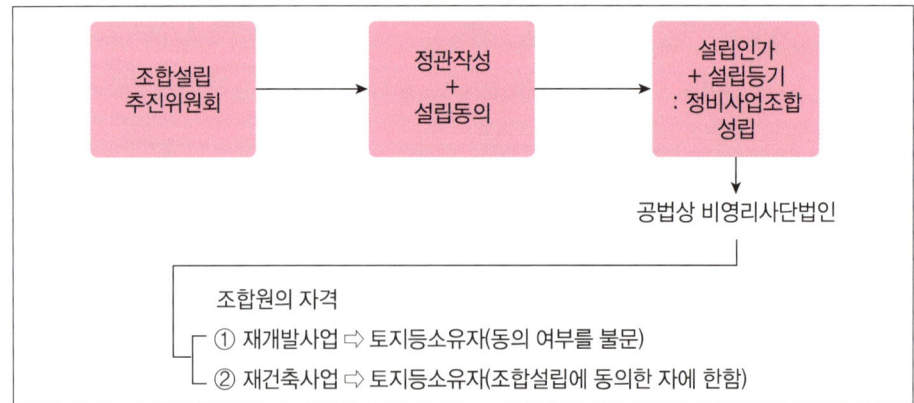

1 조합설립추진위원회

(1) 추진위원회의 구성

① 조합을 설립하려는 경우에는 다음의 사항에 대하여 토지등소유자 과반수의 동의를 받아 조합설립을 위한 추진위원회를 구성하여 시장·군수등의 승인을 받아야 한다.

> ㉠ 추진위원회 위원장(이하 '추진위원장'이라 한다)을 포함한 5명 이상의 추진위원회 위원(이하 '추진위원'이라 한다)
> ㉡ 운영규정

※참고 정비사업에 대하여 공공지원을 하려는 경우에는 추진위원회를 구성하지 아니할 수 있다.

② 추진위원회는 다음의 어느 하나에 해당하는 지역을 대상으로 구성한다.

> ㉠ 정비구역으로 지정·고시된 지역
> ㉡ 정비구역으로 지정·고시되지 아니한 지역으로서 다음의 하나에 해당하는 지역
>   ⓐ 기본계획을 수립하지 아니한 지역
>   ⓑ 정비예정구역이 설정된 지역
>   ⓒ 정비계획의 입안을 결정한 지역
>   ⓓ 정비계획의 입안을 위하여 주민에게 공람한 지역

(2) 조합설립 동의 의제

추진위원회의 구성에 동의한 토지등소유자(이하 '추진위원회 동의자'라 한다)는 조합의 설립에 동의한 것으로 본다. 다만, 조합설립인가를 신청하기 전에 시장·군수등 및 추진위원회에 조합설립에 대한 반대의 의사표시를 한 추진위원회 동의자의 경우에는 그러하지 아니하다.

2 추진위원회의 기능

(1) 추진위원회의 업무

추진위원회는 다음의 업무를 수행할 수 있다.

> ① 정비사업전문관리업자의 선정 및 변경
> ② 설계자의 선정 및 변경
> ③ 개략적인 정비사업 시행계획서의 작성
> ④ 조합설립인가를 받기 위한 준비업무
> ⑤ 그 밖에 조합설립을 추진하기 위하여 대통령령으로 정하는 업무

보충⁺ **대통령령으로 정하는 업무**
1. 추진위원회 운영규정의 작성
2. 토지등소유자의 동의서의 접수
3. 조합설립을 위한 창립총회의 개최
4. 조합정관의 초안 작성
5. 그 밖에 추진위원회 운영규정으로 정하는 업무

보충⁺ **정비사업전문관리업자의 선정**
추진위원회가 정비사업전문관리업자를 선정하려는 경우에는 추진위원회 승인을 받은 후 경쟁입찰 또는 수의계약(2회 이상 경쟁입찰이 유찰된 경우로 한정)의 방법으로 선정하여야 한다.

> **보충+ 창립총회의 개최시기**
> 추진위원회는 조합설립의 동의를 받은 후 조합설립의 인가신청 전에 조합설립을 위한 창립총회를 개최하여야 한다.

(2) 창립총회 개최의무

① **창립총회의 개최**: 추진위원회는 조합설립인가를 신청하기 전에 대통령령으로 정하는 방법 및 절차에 따라 조합설립을 위한 창립총회를 개최하여야 한다.

② **창립총회의 통지**: 추진위원회는 창립총회 14일 전까지 회의목적·안건·일시·장소·참석자격 및 구비사항 등을 인터넷 홈페이지를 통해 공개하고, 토지등소유자에게 등기우편으로 발송·통지하여야 한다.

③ **창립총회의 소집**: 창립총회는 추진위원회 위원장의 직권 또는 토지등소유자 5분의 1 이상의 요구로 추진위원회 위원장이 소집한다.

④ **창립총회의 업무**: 창립총회에서는 다음의 업무를 처리한다.

> ㉠ 조합정관의 확정
> ㉡ 조합임원의 선임
> ㉢ 대의원의 선임

⑤ **창립총회의 의사결정**: 창립총회의 의사결정은 토지등소유자의 과반수 출석과 출석한 토지등소유자 과반수 찬성으로 결의한다. 다만, 조합임원 및 대의원의 선임은 확정된 정관에서 정하는 바에 따라 선출한다.

3 추진위원회의 조직 및 운영

(1) 조직

추진위원회는 추진위원회를 대표하는 **추진위원장 1명과 감사**를 두어야 한다.

(2) 운영규정

국토교통부장관은 추진위원회의 공정한 운영을 위하여 다음의 사항을 포함한 추진위원회의 운영규정을 정하여 고시하여야 한다.

> ① 추진위원의 선임방법 및 변경
> ② 추진위원의 권리·의무
> ③ 추진위원회의 업무범위
> ④ 추진위원회의 운영방법
> ⑤ 토지등소유자의 운영경비 납부
> ⑥ 추진위원회 운영자금의 차입

(3) 경비의 납부

추진위원회는 운영규정에 따라 운영하여야 하며, 토지등소유자는 운영에 필요한 경비를 운영규정에 따라 납부하여야 한다.

(4) 포괄승계

추진위원회는 수행한 업무를 총회에 보고하여야 하며, 그 업무와 관련된 권리·의무는 조합이 포괄승계한다.

(5) 관련 서류의 인계

추진위원회는 사용경비를 기재한 회계장부 및 관계 서류를 조합설립인가일부터 30일 이내에 조합에 인계하여야 한다.

4 조합의 설립인가

(1) 조합설립의무

시장·군수등, 토지주택공사등 또는 지정개발자가 아닌 자가 정비사업을 시행하려는 경우에는 토지등소유자로 구성된 조합을 설립하여야 한다. 다만, 토지등소유자가 재개발사업을 시행하려는 경우에는 그러하지 아니하다.

(2) 재개발사업의 동의요건

재개발사업의 추진위원회(추진위원회를 구성하지 아니하는 경우에는 토지등소유자를 말한다)가 조합을 설립하려면 토지등소유자의 4분의 3 이상 및 토지면적의 2분의 1 이상의 토지소유자의 동의를 받아 정비구역 지정·고시 후 시장·군수등의 인가를 받아야 한다.

(3) 재건축사업의 동의요건

① 재건축사업의 추진위원회(추진위원회를 구성하지 아니하는 경우에는 토지등소유자를 말한다)가 조합을 설립하려는 때에는 주택단지의 공동주택의 각 동(복리시설의 경우에는 주택단지의 복리시설 전체를 하나의 동으로 본다)별 구분소유자의 과반수(복리시설로서 대통령령으로 정하는 경우에는 3분의 1 이상으로 한다) 동의(공동주택의 각 동별 구분소유자가 5 이하인 경우는 제외)와 주택단지의 전체 구분소유자의 100분의 70 이상 및 토지면적의 100분의 70 이상의 토지소유자의 동의를 받아 정관 등을 첨부하여 정비구역 지정·고시 후 시장·군수등의 인가를 받아야 한다.

② 주택단지가 아닌 지역이 정비구역에 포함된 때에는 주택단지가 아닌 지역의 토지 또는 건축물 소유자의 4분의 3 이상 및 토지면적의 3분의 2 이상의 토지소유자의 동의를 받아야 한다.

(4) 변경에 대한 동의요건

재개발사업과 주택단지에서 시행하는 재건축사업에 따라 설립된 조합이 인가받은 사항을 변경하고자 하는 때에는 총회에서 조합원의 3분의 2 이상의 찬성으로 의결하고, 정관 등을 첨부하여 시장·군수등의 인가를 받아야 한다. 다만, 대통령령으로 정하는 다음의 경미한 사항을 변경하려는 때에는 총회의 의결 없이 시장·군수등에게 신고하고 변경할 수 있다.

> ① 착오·오기 또는 누락임이 명백한 사항
> ② 조합의 명칭 및 주된 사무소의 소재지와 조합장의 성명 및 주소(조합장의 변경이 없는 경우로 한정한다)
> ③ 토지 또는 건축물의 매매 등으로 인하여 조합원의 권리가 이전된 경우의 조합원의 교체 또는 신규가입
> ④ 건설되는 건축물의 설계 개요의 변경
> ⑤ 정비사업비의 변경
> ⑥ 현금청산으로 인하여 정관에서 정하는 바에 따라 조합원이 변경되는 경우
> ⑦ 정비구역 또는 정비계획의 변경에 따라 변경되어야 하는 사항. 다만, 정비구역 면적이 10% 이상의 범위에서 변경되는 경우는 제외한다.

5 토지등소유자의 동의방법

(1) 동의방법

① 다음에 대한 동의(동의한 사항의 철회 또는 반대의 의사표시를 포함)는 서면동의서 또는 전자서면동의서를 제출하는 방법으로 한다. 이 경우 서면동의서는 토지등소유자가 성명을 적고 지장(指章)을 날인하는 방법으로 하며, 주민등록증, 여권 등 신원을 확인할 수 있는 신분증명서의 사본을 첨부하여야 한다.

> ㉠ 정비구역등 해제의 연장을 요청하는 경우
> ㉡ 정비구역의 해제에 동의하는 경우
> ㉢ 주거환경개선사업의 시행자를 토지주택공사등으로 지정하는 경우
> ㉣ 토지등소유자가 재개발사업을 시행하려는 경우 등

② 토지등소유자가 해외에 장기체류하거나 법인인 경우 등 불가피한 사유가 있다고 시장·군수등이 인정하는 경우에는 토지등소유자의 인감도장을 찍은 서면동의서에 해당 인감증명서를 첨부하는 방법으로 할 수 있다.

[보충] 신고수리기간
시장·군수등은 법 제35조 제5항 단서에 따른 신고를 받은 날부터 20일 이내에 신고수리 여부를 신고인에게 통지하여야 한다.

[기출] 조합설립추진위원회의 조합설립을 위한 토지등소유자의 동의는 구두로도 할 수 있다. 제24회
( )

▶ 정답 ×
조합설립추진위원회의 조합설립을 위한 토지등소유자의 동의는 구두로는 할 수 없고, 서면으로 하여야 한다.

(2) **산정방법**

토지등소유자의 동의는 다음의 기준에 따라 산정한다.

① 주거환경개선사업, 재개발사업의 경우에는 다음의 기준에 의할 것

> ㉠ 1필지의 토지 또는 하나의 건축물을 여럿이서 공유하는 경우에는 해당 토지 또는 건축물의 토지등소유자의 4분의 3 이상의 동의를 받아 이를 대표하는 1인을 토지등소유자로 산정할 것
> ㉡ 토지에 지상권이 설정되어 있는 경우 토지의 소유자와 해당 토지의 지상권자를 대표하는 1인을 토지등소유자로 산정할 것
> ㉢ 1인이 다수 필지의 토지 또는 다수의 건축물을 소유하고 있는 경우에는 필지나 건축물의 수에 관계없이 토지등소유자를 1인으로 산정할 것
> ㉣ 둘 이상의 토지 또는 건축물을 소유한 공유자가 동일한 경우에는 그 공유자 여럿을 대표하는 1인을 토지등소유자로 산정할 것

② 재건축사업의 경우에는 다음의 기준에 따를 것

> ㉠ 소유권 또는 구분소유권을 여럿이서 공유하는 경우에는 그 여럿을 대표하는 1인을 토지등소유자로 산정할 것
> ㉡ 1인이 둘 이상의 소유권 또는 구분소유권을 소유하고 있는 경우에는 소유권 또는 구분소유권의 수에 관계없이 토지등소유자를 1인으로 산정할 것
> ㉢ 둘 이상의 소유권 또는 구분소유권을 소유한 공유자가 동일한 경우에는 그 공유자 여럿을 대표하는 1인을 토지등소유자로 할 것

③ 추진위원회의 구성 또는 조합의 설립에 동의한 자로부터 토지 또는 건축물을 취득한 자는 추진위원회의 구성 또는 조합의 설립에 동의한 것으로 볼 것

④ 국·공유지에 대해서는 그 재산관리청 각각을 토지등소유자로 산정할 것. 이 경우 재산관리청은 동의 요청을 받은 30일 이내에 동의 여부를 표시하지 않으면 동의한 것으로 본다.

6 조합의 법인격 등

(1) **법적 성격**

조합은 법인으로 한다.

(2) **성립시기**

조합은 조합설립인가를 받은 날부터 30일 이내에 주된 사무소의 소재지에서 등기하는 때에 성립한다.

> **기출** 조합설립인가를 받은 경우에는 따로 등기를 하지 않아도 조합이 성립된다. 제26회 ( )
>
> ▶ 정답 ×
> 조합은 등기하는 때에 성립한다.

(3) 조합의 명칭

조합은 명칭에 '정비사업조합'이라는 문자를 사용하여야 한다.

(4) 민법의 준용

조합에 관하여는 이 법에 규정된 사항을 제외하고는 「민법」 중 사단법인에 관한 규정을 준용한다.

7 조합원의 자격 등

(1) 조합원의 자격

정비사업의 조합원(사업시행자가 신탁업자인 경우에는 위탁자를 말하며, 사업시행자가 토지주택공사 등인 경우에는 분양신청을 할 수 있는 자를 말한다)은 토지등소유자(재건축사업의 경우에는 재건축사업에 동의한 자만 해당)로 하되, 다음에 해당하는 때에는 그 여러 명을 대표하는 1명을 조합원으로 본다.

> ① 토지 또는 건축물의 소유권과 지상권이 여러 명의 공유에 속하는 때
> ② 조합설립인가(조합설립인가 전에 토지주택공사 등 또는 신탁업자를 사업시행자로 지정한 경우에는 사업시행자의 지정을 말한다) 후 1명의 토지등소유자로부터 토지 또는 건축물의 소유권이나 지상권을 양수하여 여러 명이 소유하게 된 때

(2) 조합원의 지위 양도

「주택법」에 따른 투기과열지구로 지정된 지역에서 재건축사업을 시행하는 경우 조합설립인가 후, 재개발사업을 시행하는 경우에는 관리처분계획의 인가 후 해당 정비사업의 건축물 또는 토지를 양수(매매·증여, 그 밖의 권리의 변동을 수반하는 모든 행위를 포함하되, 상속·이혼으로 인한 양도·양수의 경우는 제외)한 자는 조합원이 될 수 없다. 다만, 양도인이 다음의 어느 하나에 해당하는 경우 그 양도인으로부터 그 건축물 또는 토지를 양수한 자는 그러하지 아니하다.

> ① 세대원(세대주가 포함된 세대의 구성원을 말한다)의 근무상 또는 생업상의 사정이나 질병치료·취학·결혼으로 세대원이 모두 해당 사업구역에 위치하지 아니한 특별시·광역시·특별자치시·특별자치도·시 또는 군으로 이전하는 경우
> ② 상속으로 취득한 주택으로 세대원 모두 이전하는 경우
> ③ 세대원 모두 해외로 이주하거나 세대원 모두 2년 이상 해외에 체류하려는 경우

④ 1세대 1주택자로서 양도하는 주택에 대한 소유기간이 10년 이상 및 거주기간 5년 이상인 경우
⑤ 지분형주택을 공급받기 위하여 건축물 또는 토지를 토지주택공사등과 공유하려는 경우
⑥ 공공임대주택,「공공주택 특별법」에 따른 공공분양주택의 공급 및 대통령령으로 정하는 사업을 목적으로 건축물 또는 토지를 양수하려는 공공재개발사업 시행자에게 양도하려는 경우

(3) 손실보상

사업시행자는 조합원의 자격을 취득할 수 없는 경우 정비사업의 토지, 건축물 또는 그 밖의 권리를 취득한 자에게 손실보상을 하여야 한다.

8 정관의 작성 및 변경

(1) 정관의 기재사항

조합의 정관에는 다음의 사항이 포함되어야 한다.

① 조합의 명칭 및 사무소의 소재지
② 조합원의 자격
③ 조합원의 제명·탈퇴 및 교체
④ 정비구역의 위치 및 면적
⑤ 조합임원의 수 및 업무의 범위
⑥ 조합임원의 권리·의무·보수·선임방법·변경 및 해임
⑦ 대의원의 수, 선임방법, 선임절차 및 대의원회의 의결방법
⑧ 조합의 비용부담 및 조합의 회계
⑨ 정비사업의 시행연도 및 시행방법
⑩ 총회의 소집 절차·시기 및 의결방법
⑪ 총회의 개최 및 조합원의 총회소집 요구
⑫ 법 제73조 제3항(분양신청을 하지 아니한 자)에 따른 이자 지급
⑬ 정비사업비의 부담 시기 및 절차
⑭ 정비사업이 종결된 때의 청산절차
⑮ 청산금의 징수·지급의 방법 및 절차
⑯ 시공자·설계자의 선정 및 계약서에 포함될 내용
⑰ 정관의 변경절차

> **기출** 조합의 정관에는 정비구역의 위치 및 면적이 포함되어야 한다.
> 제35회 ( )
>
> ▶ 정답 ○

(2) 표준정관

시·도지사는 표준정관을 작성하여 보급할 수 있다.

(3) 정관의 변경

조합이 정관을 변경하려는 경우에는 총회를 개최하여 조합원 과반수의 찬성으로 시장·군수등의 인가를 받아야 한다. 다만, 조합원의 자격, 조합원의 제명·탈퇴 및 교체, 정비구역의 위치 및 면적, 조합의 비용부담 및 조합의 회계, 정비사업비의 부담 시기 및 절차 또는 시공자·설계자의 선정 및 계약서에 포함될 내용의 경우에는 조합원 3분의 2 이상의 찬성으로 한다.

예제

도시 및 주거환경정비법령상 조합의 정관을 변경하기 위하여 조합원 3분의 2 이상의 찬성이 필요한 사항이 <u>아닌</u> 것은?

① 대의원의 수 및 선임절차
② 조합원의 자격에 관한 사항
③ 정비구역의 위치 및 면적
④ 조합의 비용부담 및 조합의 회계
⑤ 시공자·설계자의 선정 및 계약서에 포함될 내용

해설 ① 조합이 대의원의 수 및 선임절차를 변경하려면 조합원 과반수의 찬성으로 한다. ◆ **정답** ①

---

9 조합의 임원

(1) 조합의 임원

조합은 조합원으로서 정비구역에 위치한 건축물 또는 토지(재건축사업의 경우에는 건축물과 그 부속토지를 말한다)를 소유한 자(하나의 건축물 또는 토지의 소유권을 다른 사람과 공유한 경우에는 가장 많은 지분을 소유한 경우로 한정한다) 중 다음의 어느 하나의 요건을 갖춘 조합장 1명과 이사, 감사를 임원으로 둔다. 이 경우 조합장은 선임일부터 관리처분계획인가를 받을 때까지는 해당 정비구역에서 거주(영업을 하는 자의 경우 영업을 말한다)하여야 한다.

> ① 정비구역에 위치한 건축물 또는 토지를 5년 이상 소유할 것
> ② 정비구역에서 거주하고 있는 자로서 선임일 직전 3년 동안 정비구역에서 1년 이상 거주할 것

(2) **조합임원의 수**

조합에 두는 이사의 수는 3명 이상으로 하고, 감사의 수는 1명 이상 3명 이하로 한다. 다만, 토지등소유자의 수가 100명을 초과하는 경우에는 이사의 수를 5명 이상으로 한다.

(3) **임원선출의 위탁**

조합은 총회 의결을 거쳐 조합임원의 선출에 관한 선거관리를 「선거관리위원회법」에 따라 선거관리위원회에 위탁할 수 있다.

(4) **조합임원의 임기**

조합임원의 임기는 3년 이하의 범위에서 정관으로 정하되, 연임할 수 있다.

(5) **조합임원의 선출방법**

조합임원의 선출방법 등은 정관으로 정한다. 다만, 시장·군수등은 다음의 어느 하나의 해당하는 경우 시·도조례로 정하는 바에 따라 변호사·회계사·기술사 등으로서 대통령령으로 정하는 요건을 갖춘 자를 전문조합관리인으로 선정하여 조합임원의 업무를 대행하게 할 수 있다.

> ① 조합임원이 사임, 해임, 임기만료, 그 밖에 불가피한 사유 등으로 직무를 수행할 수 없는 때부터 6개월 이상 선임되지 아니한 경우
> ② 총회에서 조합원 과반수의 출석과 출석 조합원 과반수의 동의로 전문조합관리인의 선정을 요청하는 경우

10 조합임원의 직무 등

(1) 조합장은 조합을 대표하고, 그 사무를 총괄하며, 총회 또는 대의원회의 의장이 된다.

(2) 조합장이 대의원회의 의장이 되는 경우에는 대의원으로 본다.

(3) 조합장 또는 이사가 자기를 위하여 조합과 계약이나 소송을 할 때에는 감사가 조합을 대표한다.

(4) 조합임원은 같은 목적의 정비사업을 하는 다른 조합의 임원 또는 직원을 겸할 수 없다.

[기출] 토지등소유자의 수가 100명 미만인 조합에는 감사를 두지 않을 수 있다. ( )

▶정답 ✕
토지등소유자의 수가 100명 미만인 경우라도 조합에는 감사를 두어야 한다.

※참고 **전문조합관리인**
1. 시장·군수등은 전문조합관리인의 선정이 필요하다고 인정하거나 조합원 3분의 1 이상이 전문조합관리인의 선정을 요청하면 공개모집을 통하여 전문조합관리인을 선정할 수 있다. 이 경우 조합 또는 추진위원회의 의견을 들어야 한다.
2. 전문조합관리인의 임기는 3년으로 한다.

[기출] 이사의 자기를 위한 조합과의 계약에 관하여는 감사가 조합을 대표한다. ( )

▶정답 ○

11 조합임원 또는 전문조합관리인의 결격사유 및 해임

(1) 조합임원 또는 전문조합관리인의 결격사유

다음의 어느 하나에 해당하는 자는 조합임원 또는 전문조합관리인이 될 수 없다.

> ① 미성년자·피성년후견인 또는 피한정후견인
> ② 파산선고를 받고 복권되지 아니한 자
> ③ 금고 이상의 실형을 선고받고 그 집행이 종료(종료된 것으로 보는 경우를 포함)되거나 집행이 면제된 날부터 2년이 지나지 아니한 자
> ④ 금고 이상의 형의 집행유예를 받고 그 유예기간 중에 있는 자
> ⑤ 이 법을 위반하여 벌금 100만원 이상의 형을 선고받고 10년이 지나지 아니한 자
> ⑥ 조합설립 인가권자에 해당하는 지방자치단체의 장, 지방의회의원 또는 그 배우자·직계존속·직계비속

(2) 임원의 퇴임

조합임원이 다음의 어느 하나에 해당하는 경우에는 당연 퇴임한다.

> ① 결격사유에 해당하게 되거나 선임 당시 그에 해당하는 자이었음이 밝혀진 경우
> ② 조합임원이 법 제41조 제1항에 따른 자격요건을 갖추지 못한 경우

(3) 퇴임 전 행위의 효력

퇴임된 임원이 **퇴임 전**에 관여한 행위는 그 **효력을 잃지 아니한다**.

(4) 조합임원의 해임

조합임원은 조합원 **10분의 1 이상**의 요구로 소집된 총회에서 조합원 **과반수의 출석**과 출석 조합원 **과반수의 동의**를 받아 해임할 수 있다.

(5) 전문조합관리인의 선정

시장·군수등이 전문조합관리인을 선정한 경우 전문조합관리인이 업무를 대행할 임원은 당연 퇴임한다.

기출 조합임원이 결격사유에 해당하여 퇴임한 경우 그 임원이 퇴임 전에 관여한 행위는 효력을 잃는다. 제24회 ( )

▶ 정답 ×
조합임원이 결격사유에 해당하여 퇴임하더라도 퇴임된 임원이 퇴임 전에 관여한 행위는 그 효력을 잃지 않는다.

12 총회개최 및 의결사항

(1) 총회
조합에는 조합원으로 구성되는 총회를 둔다.

(2) 총회의 소집
① 총회는 조합장이 직권으로 소집하거나 조합원 5분의 1(정관의 기재사항 중 조합임원의 권리·의무·보수·선임방법·변경 및 해임에 관한 사항을 변경하기 위한 총회의 경우는 10분의 1) 이상 또는 대의원 3분의 2 이상의 요구로 조합장이 소집한다.

② 조합임원의 사임, 해임 또는 임기만료 후 6개월 이상 조합임원이 선임되지 아니한 경우에는 시장·군수등이 조합임원 선출을 위한 총회를 소집할 수 있다.

(3) 총회의 의결사항
다음의 사항은 총회의 의결을 거쳐야 한다.

> ① 정관의 변경(경미한 사항의 변경은 이 법 또는 정관에서 총회 의결사항으로 정한 경우로 한정)
> ② 자금의 차입과 그 방법·이자율 및 상환방법
> ③ 정비사업비의 세부 항목별 사용계획이 포함된 예산안 및 예산의 사용내역
> ④ 예산으로 정한 사항 외에 조합원에게 부담이 되는 계약
> ⑤ 시공자·설계자 및 감정평가법인등(시장·군수등이 선정·계약하는 감정평가법인등은 제외)의 선정 및 변경. 다만, 감정평가법인등 선정 및 변경은 총회의 의결을 거쳐 시장·군수등에게 위탁할 수 있다.
> ⑥ 정비사업전문관리업자의 선정 및 변경
> ⑦ 조합임원의 선임 및 해임
> ⑧ 정비사업비의 조합원별 분담내역
> ⑨ 사업시행계획서의 작성 및 변경(정비사업의 중지 또는 폐지에 관한 사항을 포함하며, 같은 항 단서에 따른 경미한 변경은 제외)
> ⑩ 관리처분계획의 수립 및 변경(경미한 변경은 제외)
> ⑪ 조합의 해산과 조합 해산 시의 회계보고
> ⑫ 청산금의 징수·지급(분할징수·분할지급을 포함)
> ⑬ 시행자가 부과하는 부과금에 따른 비용의 금액 및 징수방법

> **참고) 사전통지**
> 총회를 소집하려는 자는 총회 개최 7일 전까지 회의목적·안건·일시 및 장소와 의결권의 행사기간 및 장소 등 의결권 행사에 필요한 사항을 정하여 조합원에게 통지하여야 한다.

(4) 총회의 의결정족수

① 총회의 의결은 이 법 또는 정관에 다른 규정이 없으면 조합원 과반수의 출석과 출석 조합원의 과반수 찬성으로 한다.

② 사업시행계획서의 작성 및 변경(경미한 변경은 제외) 및 관리처분계획의 수립 및 변경(경미한 변경은 제외)의 경우에는 조합원 과반수의 찬성으로 의결한다. 다만, 정비사업비가 100분의 10(생산자물가상승률분, 분양신청을 하지 아니한 자에 대한 손실보상 금액은 제외) 이상 늘어나는 경우에는 조합원 3분의 2 이상의 찬성으로 의결하여야 한다.

(5) 총회의 출석요건

총회의 의결은 조합원의 100분의 10 이상이 직접 출석하여야 한다. 다만, 시공자의 선정을 의결하는 총회의 경우에는 조합원의 과반수가 직접 출석하여야 하고, 창립총회, 시공자 선정 취소를 위한 총회, 사업시행계획서의 작성 및 변경, 관리처분계획의 수립 및 변경, 정비사업비의 사용 및 변경을 의결하는 총회의 경우에는 조합원의 100분의 20 이상이 직접 출석하여야 한다.

13 대의원회

(1) 대의원회 설치(필수기관)

조합원의 수가 100명 이상인 조합은 대의원회를 두어야 한다.

(2) 대의원의 수

대의원회는 조합원의 10분의 1 이상으로 구성한다. 다만, 조합원의 10분의 1이 100명을 넘는 경우에는 조합원의 10분의 1의 범위에서 100명 이상으로 구성할 수 있다.

(3) 대의원의 자격 및 권한

① 조합장이 아닌 조합임원은 대의원이 될 수 없다.

② 대의원회는 총회의 의결사항 중 대통령령으로 정하는 다음의 사항 외에는 총회의 권한을 대행할 수 있다.

  ㉠ 정관의 변경에 관한 사항
  ㉡ 자금의 차입과 그 방법·이자율 및 상환방법에 관한 사항
  ㉢ 예산으로 정한 사항 외에 조합원의 부담이 될 계약에 관한 사항

※참고 **전자적 방법의 우선 이용**
조합은 조합원의 참여를 확대하기 위하여 조합원이 전자적 방법을 우선적으로 이용하도록 노력하여야 한다.

보충⁺ **대의원의 수**
조합원이 3,000명인 경우 대의원의 수는 100명 이상 300명 이하이다.

보충⁺ **대의원의 자격**
조합장이 아닌 조합임원은 이사와 감사를 말한다.

② 시공자·설계자 또는 감정평가법인등의 선정 및 변경에 관한 사항(시장·군수등이 선정·계약하는 감정평가법인등은 제외)
⑩ 정비사업전문관리업자의 선정 및 변경에 관한 사항
⑪ 조합임원과 대의원의 선임 및 해임에 관한 사항. 다만, 정관이 정하는 바에 따라 임기 중 궐위된 자(조합장은 제외)를 보궐선임하는 경우는 제외한다.
⑧ 사업시행계획서의 작성 및 변경에 관한 사항(경미한 변경은 제외)
⑨ 관리처분계획의 수립 및 변경에 관한 사항(경미한 변경은 제외)
③ 총회에 상정하여야 하는 사항
③ 조합의 합병 또는 해산에 관한 사항. 다만, 사업완료로 인한 해산인 경우는 제외한다.
㉠ 건축물의 설계개요의 변경에 관한 사항
㉡ 정비사업비의 변경에 관한 사항

(4) 대의원회 소집 및 의결

① 대의원은 조합원 중에서 선출한다.
② 대의원회의 소집은 집회 7일 전까지 그 회의의 목적·안건·일시 및 장소를 기재한 서면을 대의원에게 통지하는 방법에 따른다. 이 경우 정관이 정하는 바에 따라 대의원회의 소집내용을 공고하여야 한다.
③ 대의원회는 재적대의원 과반수의 출석과 출석대의원 과반수의 찬성으로 의결한다. 다만, 그 이상의 범위에서 정관이 달리 정하는 경우에는 그에 따른다.
④ 특정한 대의원의 이해와 관련된 사항에 대해서는 그 대의원은 의결권을 행사할 수 없다.

> **보충⁺ 대의원회 소집**
> 다음의 어느 하나에 해당하는 때에는 조합장은 해당일부터 14일 이내에 대의원회를 소집하여야 한다.
> 1. 정관으로 정하는 바에 따라 소집청구가 있는 때
> 2. 대의원의 3분의 1 이상이 회의의 목적사항을 제시하여 청구하는 때

예제

도시 및 주거환경정비법령상 재개발사업조합에 관한 설명으로 옳은 것은?
① 재개발사업 추진위원회가 조합을 설립하려면 시·도지사의 인가를 받아야 한다.
② 조합원의 수가 50명 이상인 조합은 대의원회를 두어야 한다.
③ 조합원의 자격에 관한 사항에 대하여 정관을 변경하려는 경우에는 총회에서 조합원 3분의 2 이상의 찬성으로 한다.
④ 조합의 이사는 대의원회에서 해임될 수 있다.
⑤ 조합의 이사는 조합의 대의원을 겸할 수 있다.

해설 ① 재개발사업 추진위원회가 조합을 설립하려면 시장·군수등의 인가를 받아야 한다.
② 조합원의 수가 100명 이상인 조합은 대의원회를 두어야 한다.
④ 조합의 이사는 대의원회에서 해임될 수 없고, 총회의 의결을 거쳐야 한다.
⑤ 조합의 이사는 조합의 대의원을 겸할 수 없다.
◆ 정답 ③

14 주민대표회의

(1) 구성의무

토지등소유자가 시장·군수등 또는 토지주택공사등의 사업시행을 원하는 경우에는 정비구역 지정·고시 후 주민대표기구(이하 '주민대표회의'라 한다)를 구성하여야 한다. 다만, 협약 등이 체결된 경우에는 정비구역 지정·고시 이전에 주민대표회의를 구성할 수 있다.

(2) 구성원 및 동의

① 주민대표회의는 위원장을 포함하여 5명 이상 25명 이하로 구성한다.
② 주민대표회의에는 위원장과 부위원장 각 1명과, 1명 이상 3명 이하의 감사를 둔다.
③ 주민대표회의는 토지등소유자의 과반수의 동의를 받아 구성하며, 국토교통부령으로 정하는 방법 및 절차에 따라 시장·군수등의 승인을 받아야 한다.

(3) 의견제시

주민대표회의 또는 세입자(상가세입자를 포함)는 사업시행자가 다음의 사항에 관하여 시행규정을 정하는 때에 의견을 제시할 수 있다.

> ① 건축물의 철거
> ② 주민의 이주(세입자의 퇴거에 관한 사항을 포함)
> ③ 토지 및 건축물의 보상(세입자에 대한 주거이전비 등 보상에 관한 사항을 포함)
> ④ 정비사업비의 부담
> ⑤ 세입자에 대한 임대주택의 공급 및 입주자격

(4) 경비의 지원

시장·군수등 또는 토지주택공사등은 주민대표회의의 운영에 필요한 경비의 일부를 해당 정비사업비에서 지원할 수 있다.

보충⁺ 동의의 승계

주민대표회의의 구성에 동의한 자는 사업시행자의 지정에 동의한 것으로 본다. 다만, 사업시행자의 지정 요청 전에 시장·군수등 및 주민대표회의에 사업시행자의 지정에 대한 반대의 의사표시를 한 토지등소유자의 경우에는 그러하지 아니하다.

제 5 절 사업시행계획 등 제31회, 제35회

(1) 사업시행계획서의 작성

사업시행자는 정비계획에 따라 다음의 사항을 포함하는 사업시행계획서를 작성하여야 한다.

① 토지이용계획(건축물배치계획을 포함)
② 정비기반시설 및 공동이용시설의 설치계획
③ 임시거주시설을 포함한 주민이주대책
④ 세입자의 주거 및 이주 대책
⑤ 사업시행기간 동안의 정비구역 내 가로등 설치, 폐쇄회로 텔레비전 설치 등 범죄예방대책
⑥ 임대주택의 건설계획(재건축사업의 경우는 제외)
⑦ 국민주택규모 주택의 건설계획(주거환경개선사업의 경우는 제외)
⑧ 공공지원민간임대주택 또는 임대관리 위탁주택의 건설계획(필요한 경우로 한정)
⑨ 건축물의 높이 및 용적률 등에 관한 건축계획
⑩ 정비사업의 시행과정에서 발생하는 폐기물의 처리계획
⑪ 교육시설의 교육환경 보호에 관한 계획(정비구역부터 200m 이내에 교육시설이 설치되어 있는 경우로 한정)
⑫ 정비사업비

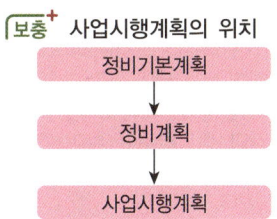

보충⁺ 사업시행계획의 위치
정비기본계획 → 정비계획 → 사업시행계획

기출 사업시행계획서에는 사업시행기간 동안의 정비구역 내 가로등 설치, 폐쇄회로 텔레비전 설치 등 범죄예방대책이 포함되어야 한다. 제25회 ( )

▶정답 ○

(2) 사업시행계획의 동의

① **토지등소유자인 시행자**: 토지등소유자가 재개발사업을 시행하려는 경우에는 사업시행계획인가를 신청하기 전에 사업시행계획서에 대하여 토지등소유자의 4분의 3 이상 및 토지면적의 2분의 1 이상의 토지소유자의 동의를 받아야 한다. 다만, 인가받은 사항을 변경하려는 경우에는 규약으로 정하는 바에 따라 토지등소유자의 과반수의 동의를 받아야 하며, 경미한 사항의 변경인 경우에는 토지등소유자의 동의를 필요로 하지 아니한다.

② **지정개발자인 시행자**: 지정개발자가 정비사업을 시행하려는 경우에는 사업시행계획인가를 신청하기 전에 토지등소유자의 과반수의 동의 및 토지면적의 2분의 1 이상의 토지소유자의 동의를 받아야 한다. 다만, 경미한 사항의 변경인 경우에는 토지등소유자의 동의를 필요로 하지 아니한다.

> **보충⁺ 교육감과의 협의**
> 시장·군수등은 사업시행계획인가 (시장·군수등이 사업시행계획서를 작성한 경우를 포함)를 하려는 경우 정비구역부터 200m 이내에 교육시설이 설치되어 있는 때에는 해당 지방자치단체의 교육감 또는 교육장과 협의하여야 하며, 인가받은 사항을 변경하는 경우에도 또한 같다.

(3) 사업시행계획의 인가

① **인가신청**: 사업시행자(공동시행의 경우를 포함하되, 사업시행자가 시장·군수등인 경우는 제외)는 정비사업을 시행하려는 경우에는 사업시행계획서에 정관 등과 그 밖에 국토교통부령으로 정하는 서류를 첨부하여 시장·군수등에게 제출하고 사업시행계획인가를 받아야 하고, 인가받은 사항을 변경하거나 정비사업을 중지 또는 폐지하려는 경우에도 또한 같다. 다만, 대통령령으로 정하는 다음의 경미한 사항을 변경하려는 때에는 시장·군수등에게 신고하여야 한다.

> ㉠ 건축물이 아닌 부대시설·복리시설의 설치규모를 확대하는 때(위치가 변경되는 경우는 제외)
> ㉡ 대지면적을 10%의 범위에서 변경하는 때
> ㉢ 세대수와 세대당 주거전용면적을 변경하지 않고 세대당 주거전용면적의 10%의 범위에서 내부구조의 위치 또는 면적을 변경하는 때
> ㉣ 내장재료 또는 외장재료를 변경하는 때
> ㉤ 사업시행계획인가의 조건으로 부과된 사항의 이행에 따라 변경하는 때
> ㉥ 건축물의 설계와 용도별 위치를 변경하지 아니하는 범위에서 건축물의 배치 및 주택단지 안의 도로선형을 변경하는 때
> ㉦ 사업시행자의 명칭 또는 사무소 소재지를 변경하는 때
> ㉧ 정비구역 또는 정비계획의 변경에 따라 사업시행계획서를 변경하는 때
> ㉨ 조합설립변경 인가에 따라 사업시행계획서를 변경하는 때

② **통보**: 시장·군수등은 특별한 사유가 없으면 사업시행계획서의 제출이 있은 날부터 60일 이내에 인가 여부를 결정하여 사업시행자에게 통보하여야 한다.

③ **정비사업비의 예치**
  ㉠ 지정개발자의 예치: 시장·군수등은 재개발사업의 사업시행계획인가를 하는 경우 해당 정비사업의 사업시행자가 지정개발자(지정개발자가 토지등소유자인 경우로 한정)인 때에는 정비사업비의 100분의 20의 범위에서 시·도조례로 정하는 금액을 예치하게 할 수 있다.
  ㉡ 예치금 반환: 예치금은 청산금의 지급이 완료된 때에 이를 반환한다.

④ **공람과 의견청취**
  ㉠ 공람: 시장·군수등은 사업시행계획인가를 하거나 사업시행계획서를 작성하려는 경우에는 대통령령으로 정하는 방법 및 절차에 따라 관계 서류의 사본을 14일 이상 일반인이 공람할 수 있게 하여야 한다. 다만, 경미한 사항을 변경하려는 경우에는 그러하지 아니하다.

> **보충⁺ 「도시 및 주거환경정비법」상 공람기간**
> 1. 기본계획의 공람: 14일 이상
> 2. 정비계획의 공람: 30일 이상
> 3. 사업시행계획의 공람: 14일 이상
> 4. 관리처분계획의 공람: 30일 이상

ⓒ **의견제출**: 토지등소유자 또는 조합원, 그 밖에 정비사업과 관련하여 이해관계를 가지는 자는 공람기간 이내에 시장·군수등에게 서면으로 의견을 제출할 수 있다.

ⓓ **고시**: 시장·군수등은 사업시행계획인가(시장·군수등이 사업시행계획서를 작성한 경우를 포함)를 하거나 정비사업을 변경·중지 또는 폐지하는 경우에는 그 내용을 해당 지방자치단체의 공보에 고시하여야 한다.

예제

도시 및 주거환경정비법령상 사업시행계획 등에 관한 설명으로 틀린 것은?

① 시장·군수등은 재개발사업의 사업시행계획인가를 하는 경우 해당 정비사업의 사업시행자가 지정개발자인 때에는 정비사업비의 100분의 30의 금액을 예치하게 할 수 있다.
② 사업시행계획서에는 사업시행기간 동안의 정비구역 내 가로등 설치, 폐쇄회로 텔레비전 설치 등 범죄예방대책이 포함되어야 한다.
③ 시장·군수등은 사업시행계획인가를 하려는 경우 정비구역으로부터 200m 이내에 교육시설이 설치되어 있는 때에는 해당 지방자치단체의 교육감 또는 교육장과 협의하여야 한다.
④ 사업시행자는 일부 건축물의 존치 또는 리모델링에 관한 내용이 포함된 사업시행계획서를 작성하여 사업시행계획인가를 신청할 수 있다.
⑤ 사업시행자가 사업시행계획인가를 받은 후 대지면적을 10%의 범위 안에서 변경하는 경우 시장·군수등에게 신고하여야 한다.

해설 ① 시장·군수등은 재개발사업의 사업시행계획인가를 하는 경우 해당 정비사업의 사업시행자가 지정개발자(지정개발자가 토지등소유자인 경우로 한정)인 때에는 정비사업비의 100분의 20의 범위에서 시·도조례로 정하는 금액을 예치하게 할 수 있다. **정답** ①

제6절 정비사업시행을 위한 조치 제28회

1 임시거주시설 설치

(1) 임시거주시설 설치의무

사업시행자는 <mark>주거환경개선사업 및 재개발사업</mark>의 시행으로 철거되는 주택의 소유자 또는 세입자에게 해당 정비구역 안과 밖에 위치한 임대주택 등의 시설에 임시로 거주하게 하거나 주택자금의 융자를 알선하는 등 <mark>임시거주에 상응하는 조치를 하여야 한다.</mark>

보충 임시거주시설을 위한 일시사용
1. 임시거주시설 설치의무
   ① 주거환경개선사업
   ② 재개발사업
2. 무상사용: 국가 또는 지방자치단체의 시설
3. 손실보상: 공공단체(지방자치단체는 제외) 또는 개인의 시설

> [기출] 사업시행으로 철거되는 주택의 소유자 또는 세입자를 위하여 사업시행자가 지방자치단체의 건축물을 임시거주시설로 사용하는 경우 사용료 또는 대부료는 면제된다. 제25회 ( )
>
> ▶ 정답 O

(2) 토지의 일시 사용

사업시행자는 임시거주시설의 설치 등을 위하여 필요한 때에는 국가·지방자치단체, 그 밖의 공공단체 또는 개인의 시설이나 토지를 일시 사용할 수 있다.

(3) 국·공유지의 무상사용

국가 또는 지방자치단체는 사업시행자로부터 임시거주시설에 필요한 건축물이나 토지의 사용신청을 받은 때에는 다음의 사유가 없으면 이를 거절하지 못한다. 이 경우 사용료 또는 대부료는 면제한다.

> ① 제3자와 이미 매매계약을 체결한 경우
> ② 사용신청 이전에 사용계획이 확정된 경우
> ③ 제3자에게 이미 사용허가를 한 경우

(4) 원상회복

사업시행자는 정비사업의 공사를 완료한 때에는 완료한 날부터 30일 이내에 임시거주시설을 철거하고, 사용한 건축물이나 토지를 원상회복하여야 한다.

(5) 손실보상

① **협의**: 사업시행자는 공공단체(지방자치단체는 제외) 또는 개인의 시설이나 토지를 일시 사용함으로써 손실을 입은 자가 있는 경우에는 손실을 보상하여야 하며, 손실을 보상하는 경우에는 손실을 입은 자와 협의하여야 한다.

② **재결신청**: 사업시행자 또는 손실을 입은 자는 손실보상에 관한 협의가 성립되지 아니하거나 협의할 수 없는 경우에는 「공익사업을 위한 토지 등의 취득 및 보상에 관한 법률」에 따라 설치되는 관할 토지수용위원회에 재결을 신청할 수 있다.

③ 「**공익사업을 위한 토지 등의 취득 및 보상에 관한 법률」 준용**: 손실보상은 이 법에 규정된 사항을 제외하고는 「공익사업을 위한 토지 등의 취득 및 보상에 관한 법률」을 준용한다.

2 임시상가의 설치

재개발사업의 사업시행자는 사업시행으로 이주하는 상가세입자가 사용할 수 있도록 정비구역 또는 정비구역 인근에 임시상가를 설치할 수 있다.

③ 주거환경개선사업의 특례

(1) 국민주택채권 매입의 면제

주거환경개선사업에 따른 건축허가를 받은 때와 부동산등기(소유권 보존등기 또는 이전등기로 한정)를 하는 때에는 「주택도시기금법」의 국민주택채권의 매입에 관한 규정을 적용하지 아니한다.

(2) 건축법 적용의 특례

사업시행자는 주거환경개선구역에서 다음의 어느 하나에 해당하는 사항은 시·도조례로 정하는 바에 따라 기준을 따로 정할 수 있다.

> ① 「건축법」에 따른 대지와 도로의 관계(소방활동에 지장이 없는 경우로 한정)
> ② 「건축법」에 따른 건축물의 높이 제한(사업시행자가 공동주택을 건설·공급하는 경우로 한정)

제7절 관리처분계획 등 제27회, 제28회, 제29회, 제30회, 제31회, 제32회, 제34회, 제35회

① 분양신청

(1) 분양통지 및 공고

① 사업시행자는 사업시행계획인가의 고시가 있는 날(사업시행계획인가 이후 시공자를 선정한 경우에는 시공자와 계약을 체결한 날)부터 **90일(1회에 한하여 30일의 범위에서 연장가능)** 이내에 다음의 사항을 토지등소유자에게 **통지**하고, 분양의 대상이 되는 대지 또는 건축물의 내역 등 대통령령으로 정하는 사항을 해당 지역에서 발간되는 일간신문에 **공고**하여야 한다.

> ㉠ 분양대상자별 **종전의 토지 또는 건축물의 명세** 및 사업시행계획인가의 고시가 있은 날을 기준으로 한 **가격**(사업시행계획인가 전에 철거된 건축물은 시장·군수등에게 허가를 받은 날을 기준으로 한 가격)
> ㉡ **분양대상자별 분담금의 추산액**
> ㉢ 분양신청기간
> ㉣ 그 밖에 대통령령으로 정하는 사항

보충⁺ 분양통지 및 공고의 기산점
분양통지 및 공고의 기산점은 원칙적으로 사업시행인가의 고시가 있은 날인데, 이는 분양대상자별 종전의 토지 또는 건축물의 가격평가의 기준시점이 되기도 한다.

보충⁺ 분양공고에 포함되어야 하는 사항
1. 사업시행인가의 내용
2. 정비사업의 종류·명칭 및 정비구역의 위치·면적
3. 분양신청기간 및 장소
4. 분양대상 대지 또는 건축물의 내역
5. 분양신청자격
6. 분양신청방법
7. 토지등소유자외의 권리자의 권리신고방법
8. 분양을 신청하지 아니한 자에 대한 조치

> **[기출]** 분양신청기간의 연장은 30일의 범위에서 한 차례만 할 수 있다. 제32회 ( )
>
> ▶ **정답** ✕
> 분양신청기간의 연장은 20일의 범위에서 한 차례만 연장할 수 있다.

② 분양신청기간은 통지한 날부터 30일 이상 60일 이내로 하여야 한다. 다만, 사업시행자는 관리처분계획의 수립에 지장이 없다고 판단하는 경우에는 분양신청기간을 20일의 범위에서 한 차례만 연장할 수 있다.

③ 대지 또는 건축물에 대한 분양을 받으려는 토지등소유자는 분양신청기간에 대통령령으로 정하는 방법 및 절차에 따라 사업시행자에게 대지 또는 건축물에 대한 분양신청을 하여야 한다.

(2) 손실보상에 관한 협의

① 사업시행자는 관리처분계획이 인가·고시된 다음 날부터 90일 이내에 다음에서 정하는 자와 토지, 건축물 또는 그 밖의 권리의 손실보상에 관한 협의를 하여야 한다. 다만, 사업시행자는 분양신청기간 종료일의 다음 날부터 협의를 시작할 수 있다.

> ㉠ 분양신청을 하지 아니한 자
> ㉡ 분양신청기간 종료 이전에 분양신청을 철회한 자
> ㉢ 분양신청을 할 수 없는 자
> ㉣ 인가된 관리처분계획에 따라 분양대상에서 제외된 자

② 사업시행자는 위 ①에 따른 협의가 성립되지 아니하면 그 기간의 만료일 다음 날부터 60일 이내에 수용재결을 신청하거나 매도청구소송을 제기하여야 한다.

2 관리처분계획의 수립

(1) 관리처분계획의 내용

사업시행자는 분양신청기간이 종료된 때에는 분양신청의 현황을 기초로 다음의 사항이 포함된 관리처분계획을 수립하여 시장·군수등의 인가를 받아야 하며, 관리처분계획을 변경·중지 또는 폐지하려는 경우에도 또한 같다. 다만, 대통령령으로 정하는 경미한 사항을 변경하려는 경우에는 시장·군수등에게 신고하여야 한다. 이 경우 시장·군수등은 신고를 받은 날부터 20일 이내에 신고수리 여부를 신고인에게 통지하여야 한다.

① 분양설계
② 분양대상자의 주소 및 성명
③ 분양대상자별 분양예정인 대지 또는 건축물의 추산액(임대관리 위탁주택에 관한 내용을 포함)

> **[보충]** 경미한 사항의 변경
> 1. 계산착오·오기·누락 등에 따른 조서의 단순정정인 때(불이익을 받는 자가 없는 경우에 한한다)
> 2. 정관 및 사업시행계획인가의 변경에 따라 관리처분계획을 변경하는 때
> 3. 매도청구에 대한 판결에 따라 관리처분계획을 변경하는 때
> 4. 사업시행자의 변동에 따른 권리·의무의 변동이 있는 경우로서 분양설계의 변경을 수반하지 아니하는 경우
> 5. 주택분양에 관한 권리를 포기하는 토지등소유자에 대한 임대주택의 공급에 따라 관리처분계획을 변경하는 때
> 6. 「민간임대주택에 관한 특별법」에 따른 임대사업자의 주소(법인인 경우에는 법인의 소재지와 대표자의 성명 및 주소)를 변경하는 경우

④ 다음에 해당하는 보류지 등의 명세와 추산액 및 처분방법. 다만, 아래 ⓒ의 경우에는 임대사업자의 성명 및 주소(법인인 경우에는 법인의 명칭 및 소재지와 대표자의 성명 및 주소)를 포함한다.

> ㉠ 일반 분양분
> ㉡ 공공지원민간임대주택
> ㉢ 임대주택

⑤ 분양대상자별 종전의 토지 또는 건축물 명세 및 사업시행계획인가 고시가 있은 날을 기준으로 한 가격(사업시행계획인가 전에 철거된 건축물은 시장·군수등에게 허가를 받은 날을 기준으로 한 가격)

⑥ 정비사업비의 추산액(**재건축사업의 경우에는 재건축초과이익 환수에 관한 법률에 따른 재건축부담금에 관한 사항을 포함**) 및 그에 따른 조합원 분담규모 및 분담시기

⑦ 분양대상자의 종전 토지 또는 건축물에 관한 소유권 외의 권리명세

⑧ 세입자별 손실보상을 위한 권리명세 및 그 평가액

⑨ 기존 건축물의 철거예정시기

(2) 관리처분계획 작성 시 재산평가방법

정비사업에서 분양대상자별 분양예정인 대지 또는 건축물의 추산액, 분양대상자별 종전의 토지 또는 건축물의 명세 및 사업시행계획인가의 고시가 있은 날을 기준으로 한 가격, 세입자별 손실보상을 위한 권리명세 및 그 평가액 등 재산 또는 권리를 평가할 때에는 다음의 방법에 따른다.

① 「감정평가 및 감정평가사에 관한 법률」에 따른 감정평가법인등 중 다음의 구분에 따른 감정평가법인등이 평가한 금액을 산술평균하여 산정한다. 다만, 관리처분계획을 변경·중지 또는 폐지하려는 경우 분양예정 대상인 대지 또는 건축물의 추산액과 종전의 토지 또는 건축물의 가격은 사업시행자 및 토지등소유자 전원이 합의하여 산정할 수 있다.

> ㉠ 주거환경개선사업 또는 재개발사업: 시장·군수등이 선정·계약한 2인 이상의 감정평가법인등
> ㉡ 재건축사업: 시장·군수등이 선정·계약한 1인 이상의 감정평가법인등과 조합총회의 의결로 선정·계약한 1인 이상의 감정평가법인등

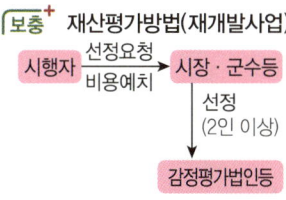

보충⁺ 재산평가방법(재개발사업)

② 사업시행자는 감정평가를 하려는 경우 시장·군수등에게 감정평가법인등의 선정·계약을 요청하고 감정평가에 필요한 비용을 미리 예치하여야 한다. 시장·군수등은 감정평가가 끝난 경우 예치된 금액에서 감정평가 비용을 직접 지급한 후 나머지 비용을 사업시행자와 정산하여야 한다.

(3) 관리처분계획의 수립기준

관리처분계획의 내용은 다음의 기준에 따른다.

① **작성기준**: 종전의 토지 또는 건축물의 면적·이용 상황·환경, 그 밖의 사항을 종합적으로 고려하여 대지 또는 건축물이 균형 있게 분양신청자에게 배분되고 합리적으로 이용되도록 한다.

② **증·감환지**: 지나치게 좁거나 넓은 토지 또는 건축물은 넓히거나 좁혀 대지 또는 건축물이 적정 규모가 되도록 한다.

③ **환지부지정**: 너무 좁은 토지 또는 건축물을 취득한 자나 정비구역 지정 후 분할된 토지 또는 집합건물의 구분소유권을 취득한 자에게는 현금으로 청산할 수 있다.

④ **위해방지를 위한 조치**: 재해 또는 위생상의 위해를 방지하기 위하여 토지의 규모를 조정할 특별한 필요가 있을 때에는 너무 좁은 토지를 넓혀 토지를 갈음하여 보상을 하거나 건축물의 일부와 그 건축물이 있는 대지의 공유지분을 교부할 수 있다.

⑤ **분양설계 작성기준**: 분양설계에 관한 계획은 분양신청기간이 만료하는 날을 기준으로 하여 수립한다.

⑥ **1주택 공급원칙**: 1세대 또는 1명이 하나 이상의 주택 또는 토지를 소유한 경우 1주택을 공급하고, 같은 세대에 속하지 아니하는 2명 이상이 1주택 또는 1토지를 공유한 경우에는 1주택만 공급한다. 다만, 다음의 경우에는 각 방법에 따라 주택을 공급할 수 있다.

> ㉠ 소유한 주택 수만큼 공급: 다음의 어느 하나에 해당하는 토지등소유자에게는 소유한 주택의 수만큼 공급할 수 있다.
> ⓐ 과밀억제권역에 위치하지 아니한 재건축사업의 토지등소유자. 다만, 투기과열지구 또는 「주택법」에 따라 지정된 조정대상지역에서 사업시행계획인가를 신청하는 재건축사업의 토지등소유자는 제외한다.
> ⓑ 근로자(공무원인 근로자를 포함) 숙소, 기숙사 용도로 주택을 소유하고 있는 토지등소유자
> ⓒ 국가, 지방자치단체 및 토지주택공사등

⊙ 2주택 공급: 분양대상자별 종전의 토지 또는 건축물 명세 및 사업시행계획인가 고시가 있은 날을 기준으로 한 가격의 범위 또는 종전 주택의 주거전용면적의 범위에서 2주택을 공급할 수 있고, 이 중 1주택은 주거전용면적을 $60m^2$ 이하로 한다. 다만, $60m^2$ 이하로 공급받은 1주택은 소유권 이전 고시일 다음 날부터 3년이 지나기 전에는 주택을 전매(매매·증여나 그 밖에 권리의 변동을 수반하는 모든 행위를 포함하되 상속의 경우는 제외)하거나 전매를 알선할 수 없다.
ⓒ 3주택 공급: 과밀억제권역에 위치한 재건축사업의 경우에는 토지등소유자가 소유한 주택 수의 범위에서 3주택까지 공급할 수 있다. 다만, 투기과열지구 또는 조정대상지역에서 사업시행계획인가를 신청하는 재건축사업의 경우에는 그러하지 아니하다.

③ 관리처분계획의 공람 및 인가

(1) 공람 및 의견청취

사업시행자는 관리처분계획인가를 신청하기 전에 관계 서류의 사본을 30일 이상 토지등소유자에게 공람하게 하고 의견을 들어야 한다. 다만, 대통령령으로 정하는 경미한 사항을 변경하려는 경우에는 토지등소유자의 공람 및 의견청취 절차를 거치지 아니할 수 있다.

(2) 인가 여부의 통보 및 고시

① **통보**: 시장·군수등은 사업시행자의 관리처분계획인가의 신청이 있은 날부터 30일 이내에 인가 여부를 결정하여 사업시행자에게 통보하여야 한다. 다만, 시장·군수등은 관리처분계획의 타당성 검증을 요청하는 경우에는 관리처분계획인가의 신청을 받은 날부터 60일 이내에 인가 여부를 결정하여 사업시행자에게 통지하여야 한다.

② **타당성 검증 요청**: 시장·군수등은 다음의 어느 하나에 해당하는 경우에는 대통령령으로 정하는 공공기관에 관리처분계획의 타당성 검증을 요청하여야 한다. 이 경우 시장·군수등은 타당성 검증 비용을 사업시행자에게 부담하게 할 수 있다.

⊙ 관리처분계획수립에 따른 정비사업비가 사업시행계획수립에 따른 정비사업비 기준으로 100분의 10 이상으로서 대통령령으로 정하는 비율 이상 늘어나는 경우

㉡ 관리처분계획수립에 따른 조합원 분담규모가 분양대상자별 분담금의 추산액 총액 기준으로 100분의 20 이상으로서 대통령령으로 정하는 비율 이상 늘어나는 경우

㉢ 조합원 5분의 1 이상이 관리처분계획인가 신청이 있은 날부터 15일 이내에 시장·군수등에게 타당성 검증을 요청한 경우

③ **고시**: 시장·군수등이 관리처분계획을 인가하는 때에는 그 내용을 해당 지방자치단체의 공보에 고시하여야 한다.

4 관리처분계획에 따른 처분 등

(1) 조성된 대지 등의 처분

① 정비사업의 시행으로 조성된 대지 및 건축물은 관리처분계획에 따라 처분 또는 관리하여야 한다.

② 사업시행자는 정비사업의 시행으로 건설된 건축물을 인가받은 관리처분계획에 따라 토지등소유자에게 공급하여야 한다.

(2) 입주자 모집조건 등

사업시행자는 정비구역에 주택을 건설하는 경우에는 입주자 모집조건·방법·절차, 입주금(계약금·중도금 및 잔금을 말한다)의 납부 방법·시기·절차, 주택공급 방법·절차 등에 관하여 「주택법」 제54조에도 불구하고 시장·군수등의 승인을 받아 따로 정할 수 있다.

(3) 잔여분에 대한 처리

사업시행자는 분양신청을 받은 후 잔여분이 있는 경우에는 정관 등 또는 사업시행계획으로 정하는 목적을 위하여 그 잔여분을 보류지(건축물을 포함)로 정하거나 조합원 또는 토지등소유자 이외의 자에게 분양할 수 있다.

(4) 임대주택 인수의무

국토교통부장관, 시·도지사, 시장, 군수, 구청장 또는 토지주택공사등은 조합이 요청하는 경우 재개발사업의 시행으로 건설된 임대주택을 인수하여야 한다.

[기출] 주거환경개선사업의 시행자는 정비사업의 시행으로 건설된 건축물을 인가된 사업시행계획에 따라 토지등소유자에게 공급하여야 한다. ( )

▶ **정답** ✕
사업시행자는 정비사업의 시행으로 건설된 건축물을 인가된 관리처분계획에 따라 토지등소유자에게 공급하여야 한다.

[보충⁺] 재개발사업의 임대주택 인수의무
조합이 재개발사업의 시행으로 건설된 임대주택의 인수를 요청하는 경우 시·도지사 또는 시장, 군수, 구청장이 우선하여 인수하여야 한다.

(5) 지분형주택의 공급

사업시행자가 토지주택공사등인 경우에는 분양대상자와 사업시행자가 공동소유하는 방식으로 주택(이하 '지분형주택'이라 한다)을 공급할 수 있다.

> ① 지분형주택의 규모는 주거전용면적 $60m^2$ 이하인 주택으로 한정한다.
> ② 지분형주택의 공동 소유기간은 소유권을 취득한 날부터 10년의 범위에서 사업시행자가 정하는 기간으로 한다.

(6) 토지임대부 분양주택의 전환

국토교통부장관, 시·도지사, 시장, 군수, 구청장 또는 토지주택공사등은 정비구역에 세입자와 면적이 $90m^2$ 미만의 토지를 소유한 자로서 건축물을 소유하지 아니한 자 또는 바닥면적이 $40m^2$ 미만의 사실상 주거를 위하여 사용하는 건축물을 소유한 자로서 토지를 소유하지 아니한 자의 요청이 있는 경우에는 인수한 임대주택의 일부를 「주택법」에 따른 토지임대부 분양주택으로 전환하여 공급하여야 한다.

5 관리처분계획 고시의 효과

(1) 사용·수익의 정지

종전의 토지 또는 건축물의 소유자·지상권자·전세권자·임차권자 등 권리자는 관리처분계획인가의 고시가 있은 때에는 소유권 이전고시가 있는 날까지 종전의 토지 또는 건축물을 사용하거나 수익할 수 없다. 다만, 다음의 어느 하나에 해당하는 경우에는 그러하지 아니하다.

> ① 사업시행자의 동의를 받은 경우
> ② 「공익사업을 위한 토지 등의 취득 및 보상에 관한 법률」에 따른 손실보상이 완료되지 아니한 경우

(2) 건축물의 철거

① **원칙**: 사업시행자는 관리처분계획의 인가를 받은 후 기존의 건축물을 철거하여야 한다.

② **예외**: 사업시행자는 다음의 어느 하나에 해당하는 경우에는 기존 건축물 소유자의 동의 및 시장·군수등의 허가를 받아 해당 건축물을 철거할 수 있다. 이 경우 건축물의 철거는 토지등소유자로서의 권리·의무에 영향을 주지 아니한다.

기출 관리처분계획의 인가·고시가 있을 때에는 종전 토지의 임차권자는 사업시행자의 동의를 받아도 종전의 토지를 사용할 수 없다. 제27회 ( )

▶ **정답** X
관리처분계획의 인가·고시가 있은 때에는 종전 토지의 임차권자는 종전 토지를 사용할 수 없지만, 사업시행자의 동의를 받은 경우에는 종전 토지를 사용할 수 있다.

> ㉠ 「재난 및 안전관리 기본법」, 「주택법」, 「건축법」 등 관계 법령에서 정하는 기존 건축물의 붕괴 등 안전사고의 우려가 있는 경우
> ㉡ 폐공가(廢空家)의 밀집으로 범죄발생의 우려가 있는 경우

③ **철거시기의 제한**: 시장·군수등은 사업시행자가 기존의 건축물을 철거하거나 철거를 위하여 점유자를 퇴거시키려는 경우 다음의 어느 하나에 해당하는 시기에는 건축물을 철거하거나 점유자를 퇴거시키는 것을 제한할 수 있다.

> ㉠ 일출 전과 일몰 후
> ㉡ 호우, 대설, 폭풍해일, 지진해일, 태풍, 강풍, 풍랑, 한파 등으로 해당 지역에 중대한 재해발생이 예상되어 기상청장이 「기상법」에 따라 특보를 발표한 때
> ㉢ 「재난 및 안전관리 기본법」에 따른 재난이 발생한 때

(3) 용익권자를 위한 조치

① **계약해지**: 정비사업의 시행으로 지상권·전세권 또는 임차권의 설정 목적을 달성할 수 없는 때에는 그 권리자는 계약을 해지할 수 있다.

② **금전반환청구권**: 계약을 해지할 수 있는 자가 가지는 전세금·보증금, 그 밖의 계약상의 금전의 반환청구권은 사업시행자에게 행사할 수 있다.

③ **구상권의 행사**: 금전의 반환청구권의 행사로 해당 금전을 지급한 사업시행자는 해당 토지등소유자에게 구상할 수 있다.

④ **건축물 등의 압류**: 사업시행자는 구상이 되지 아니하는 때에는 해당 토지등소유자에게 귀속될 대지 또는 건축물을 압류할 수 있다. 이 경우 압류한 권리는 저당권과 동일한 효력을 가진다.

⑤ **계약기간에 대한 특례**: 관리처분계획의 인가를 받은 경우 지상권·전세권 설정계약 또는 임대차계약의 계약기간은 「민법」 제280조·제281조 및 제312조 제2항, 「주택임대차보호법」 제4조 제1항, 「상가건물 임대차보호법」 제9조 제1항을 적용하지 아니한다.

예제

도시 및 주거환경정비법령상 사업시행자가 인가받은 관리처분계획을 변경하고자 할 때 시장·군수등에게 신고하여야 하는 경우가 아닌 것은?
① 사업시행자의 변동에 따른 권리·의무의 변동이 있는 경우로서 분양설계의 변경을 수반하지 아니하는 경우
② 재건축사업에서의 매도청구에 대한 판결에 따라 관리처분계획을 변경하는 경우
③ 주택분양에 관한 권리를 포기하는 토지등소유자에 대한 임대주택의 공급에 따라 관리처분계획을 변경하는 경우
④ 계산착오·오기·누락 등에 따른 조서의 단순정정인 경우로서 불이익을 받는 자가 있는 경우
⑤ 정관 및 사업시행계획인가의 변경에 따라 관리처분계획을 변경하는 경우

해설 ④ 계산착오·오기·누락 등에 따른 조서의 단순정정인 경우로서 불이익을 받는 자가 있는 경우에는 시장·군수등의 인가를 받아야 한다. **정답** ④

제8절 공사완료에 따른 조치 등 제29회, 제31회, 제33회

1 정비사업의 준공인가

(1) 시장·군수등의 준공인가

시장·군수등이 아닌 사업시행자가 정비사업 공사를 완료한 때에는 대통령령으로 정하는 방법 및 절차에 따라 시장·군수등의 준공인가를 받아야 한다. 다만, 사업시행자가 토지주택공사인 경우로서 「한국토지주택공사법」에 따라 준공인가 처리결과를 시장·군수등에게 통보한 경우에는 그러하지 아니하다.

(2) 준공검사 실시 및 의뢰

준공인가신청을 받은 시장·군수등은 지체 없이 준공검사를 실시하여야 한다. 이 경우 시장·군수등은 효율적인 준공검사를 위하여 필요한 때에는 관계 행정기관·공공기관·연구기관, 그 밖의 전문기관 또는 단체에게 준공검사의 실시를 의뢰할 수 있다.

> **보충** 시장·군수 등의 준공인가
> 사업시행자는 자체적으로 처리한 준공인가결과를 시장·군수등에게 통보한 때에는 그 사실을 분양대상자에게 지체 없이 통지하여야 한다.

(3) 준공인가 및 공사완료고시

① 시장·군수등은 준공검사를 실시한 결과 정비사업이 인가받은 사업시행계획대로 완료되었다고 인정되는 때에는 준공인가를 하고 공사의 완료를 해당 지방자치단체의 공보에 고시하여야 한다.

② 시장·군수등은 직접 시행하는 정비사업에 관한 공사가 완료된 때에는 그 완료를 해당 지방자치단체의 공보에 고시하여야 한다.

(4) 준공인가 전 사용허가

시장·군수등은 준공인가를 하기 전이라도 완공된 건축물이 사용에 지장이 없는 등 대통령령으로 정하는 기준에 적합한 경우에는 입주예정자가 완공된 건축물을 사용할 수 있도록 사업시행자에게 허가할 수 있다. 다만, 시장·군수등이 사업시행자인 경우에는 허가를 받지 아니하고 입주예정자가 완공된 건축물을 사용하게 할 수 있다.

> **보충⁺ 건축물의 사용허가**
> 시장·군수등은 사용허가를 하는 때에는 동별·세대별 또는 구획별로 사용허가를 할 수 있다.

(5) 준공인가에 따른 정비구역의 해제

① 정비구역의 지정은 준공인가의 고시가 있은 날(관리처분계획을 수립하는 경우에는 이전고시가 있은 때를 말한다)의 다음 날에 해제된 것으로 본다.

② 위 ①에 따른 정비구역의 해제는 조합의 존속에 영향을 주지 아니한다.

2 소유권이전고시 등

(1) 소유권 이전의 절차

사업시행자는 공사완료고시가 있은 때에는 지체 없이 대지확정측량을 하고 토지의 분할절차를 거쳐 관리처분계획에서 정한 사항을 분양받을 자에게 통지하고 대지 또는 건축물의 소유권을 이전하여야 한다. 다만, 정비사업의 효율적인 추진을 위하여 필요한 경우에는 해당 정비사업에 관한 공사가 전부 완료되기 전이라도 완공된 부분은 준공인가를 받아 대지 또는 건축물별로 분양받을 자에게 소유권을 이전할 수 있다.

(2) 이전고시와 소유권 취득

사업시행자는 대지 및 건축물의 소유권을 이전하려는 때에는 그 내용을 해당 지방자치단체의 공보에 고시한 후 시장·군수등에게 보고하여야 한다. 이 경우 대지 또는 건축물을 분양받을 자는 소유권이전고시가 있은 날의 다음 날에 그 대지 또는 건축물의 소유권을 취득한다.

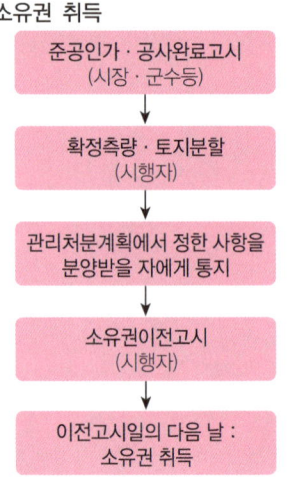

보충⁺ 분양받을 대지나 건축물의 소유권 취득

(3) 조합의 해산

① 조합장은 소유권 이전고시가 있은 날부터 1년 이내에 조합해산을 위한 총회를 소집하여야 한다.

② 조합장이 1년 이내에 총회를 소집하지 아니한 경우 조합원 5분의 1 이상의 요구로 소집된 총회에서 조합원 과반수의 출석과 출석 조합원 과반수의 동의를 받아 해산을 의결할 수 있다. 이 경우 요구자 대표로 선출된 자가 조합해산을 위한 총회의 소집 및 진행을 할 때에는 조합장의 권한을 대행한다.

③ 시장·군수등은 조합이 정당한 사유 없이 위 ① 또는 ②에 따라 해산을 의결하지 아니하는 경우에는 조합설립인가를 취소할 수 있다.

④ 해산하는 조합에 청산인이 될 자가 없는 경우에는 「민법」 제83조에도 불구하고 시장·군수등은 법원에 청산인의 선임을 청구할 수 있다.

3 대지 및 건축물에 대한 권리의 확정

(1) 지상권 등의 권리이전

대지 또는 건축물을 분양받을 자에게 소유권을 이전한 경우 종전의 토지 또는 건축물에 설정된 지상권·전세권·저당권·임차권·가등기담보권·가압류 등 등기된 권리 및 「주택임대차보호법」의 요건을 갖춘 임차권은 소유권을 이전받은 대지 또는 건축물에 설정된 것으로 본다.

(2) 환지 등의 의제

취득하는 대지 또는 건축물 중 토지등소유자에게 분양하는 대지 또는 건축물은 「도시개발법」에 따라 행하여진 환지로 본다.

4 이전등기 및 다른 등기의 제한

(1) 이전의 등기

사업시행자는 소유권이전고시가 있은 때에는 지체 없이 대지 및 건축물에 관한 등기를 지방법원지원 또는 등기소에 촉탁 또는 신청하여야 한다.

(2) 다른 등기의 제한

정비사업에 관하여 소유권이전고시가 있은 날부터 소유권이전등기가 있을 때까지는 저당권 등의 다른 등기를 하지 못한다.

> **보충⁺ 이전등기의 방식**
> 소유권이전등기는 소유권을 이전받은 토지등소유자의 신청이 아니라 사업시행자의 촉탁이나 신청에 의한 일괄 등기방식을 취하고 있다.

5 청산금

(1) 의 의

대지 또는 건축물을 분양받은 자가 종전에 소유하고 있던 토지 또는 건축물의 가격과 분양받은 대지 또는 건축물의 가격 사이에 차이가 있는 경우 사업시행자는 소유권이전고시가 있은 후에 그 차액에 상당하는 금액(이하 '청산금'이라 한다)을 분양받은 자로부터 징수하거나 분양받은 자에게 지급하여야 한다.

(2) 분할징수 및 지급

사업시행자는 정관등에서 분할징수 및 분할지급을 정하고 있거나 총회의 의결을 거쳐 따로 정한 경우에는 관리처분계획인가 후부터 소유권이전고시가 있은 날까지 일정 기간별로 분할징수하거나 분할지급할 수 있다.

(3) 청산금 산정기준

사업시행자는 종전에 소유하고 있던 토지 또는 건축물의 가격과 분양받은 대지 또는 건축물의 가격을 평가하는 경우 그 토지 또는 건축물의 규모·위치·용도·이용 상황·정비사업비 등을 참작하여 평가하여야 한다.

(4) 청산금의 징수방법

① **강제징수 및 징수위탁**: 시장·군수등인 사업시행자는 청산금을 납부할 자가 이를 납부하지 아니하는 경우 지방세 체납처분의 예에 따라 징수(분할징수를 포함)할 수 있으며, 시장·군수등이 아닌 사업시행자는 시장·군수등에게 청산금의 징수를 위탁할 수 있다. 이 경우 사업시행자는 징수한 금액의 100분의 4에 해당하는 금액을 해당 시장·군수등에게 교부하여야 한다.

② **청산금의 공탁**: 청산금을 지급받을 자가 받을 수 없거나 받기를 거부한 때에는 사업시행자는 그 청산금을 공탁할 수 있다.

③ **청산금의 소멸시효**: 청산금을 지급(분할지급을 포함)받을 권리 또는 이를 징수(분할징수를 포함)할 권리는 소유권이전고시일의 다음 날부터 5년간 행사하지 아니하면 소멸한다.

(5) 저당권자의 물상대위

정비구역에 있는 토지 또는 건축물에 저당권을 설정한 권리자는 사업시행자가 저당권이 설정된 토지 또는 건축물의 소유자에게 청산금을 지급하기 전에 압류절차를 거쳐 저당권을 행사할 수 있다.

[기출] 청산금을 납부할 자가 이를 납부하지 아니하는 경우 시장·군수등이 아닌 사업시행자는 지방세 체납처분의 예에 의하여 이를 징수할 수 있다. ( )

▶ 정답 ✕
시장·군수등이 아닌 사업시행자는 지방세 체납처분의 예에 따라 징수할 수 없고, 시장·군수등에게 청산금의 징수를 위탁할 수 있다.

🏠 **저당권자의 물상대위**

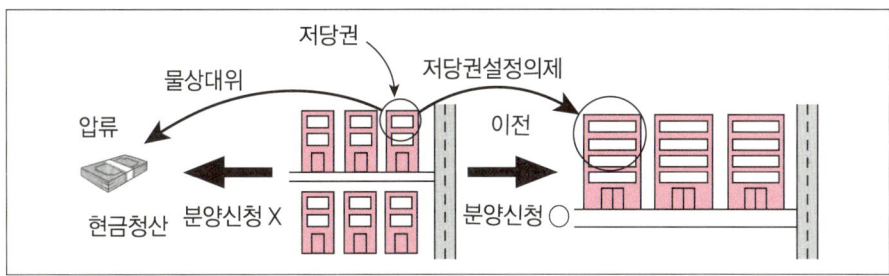

> 예제

도시 및 주거환경정비법령상 공사완료에 따른 조치 등에 관한 설명으로 틀린 것은?

① 사업시행자인 지방공사가 정비사업 공사를 완료한 때에는 시장·군수등의 준공인가를 받아야 한다.
② 시장·군수등은 준공인가 전 사용허가를 하는 때에는 동별·세대별 또는 구획별로 사용허가를 할 수 있다.
③ 관리처분계획을 수립하는 경우 정비구역의 지정은 이전고시가 있은 날의 다음 날에 해제된 것으로 본다.
④ 준공인가에 따른 정비구역의 해제가 있으면 조합은 해산된 것으로 본다.
⑤ 관리처분계획에 따라 소유권을 이전하는 경우 건축물을 분양받을 자는 이전고시가 있은 날의 다음 날에 그 건축물의 소유권을 취득한다.

해설 ④ 준공인가에 따른 정비구역의 해제는 조합의 존속에 영향을 주지 아니한다. ❶ 정답 ④

박문각 공인중개사

제1장 용어의 정의 및 적용대상물
제2장 건축법 적용대상 행위
제3장 건축허가 및 건축신고
제4장 대지와 도로
제5장 건축물의 구조 및 면적산정방법
제6장 건축물의 높이제한 및 건축협정 등

PART

04

건축법

용어의 정의 및 적용대상물

제1절 용어의 정의 제27회, 제28회, 제29회, 제31회, 제32회, 제36회

1 건축물

'건축물'이란 토지에 정착(定着)하는 공작물 중 지붕과 기둥 또는 벽이 있는 것과 이에 딸린 시설물, 지하나 고가(高架)의 공작물에 설치하는 사무소·공연장·점포·차고·창고를 말한다.

2 지하층

'지하층'이란 건축물의 바닥이 지표면 아래에 있는 층으로서 바닥에서 지표면까지 평균높이가 해당 층 높이의 2분의 1 이상인 것을 말한다.

3 주요구조부

'주요구조부'란 내력벽(耐力壁), 기둥, 바닥, 보, 지붕틀 및 주계단(主階段)을 말한다. 다만, 사이 기둥, 최하층 바닥, 작은 보, 차양, 옥외 계단, 그 밖에 이와 유사한 것으로 건축물의 구조상 중요하지 아니한 부분은 제외한다.

> **기출** 건축물의 주요구조부란 내력벽, 사이 기둥, 바닥, 보, 지붕틀 및 주계단을 말한다. 제27회 ( )
> ▶ 정답 ×
> 사이 기둥은 주요구조부에 해당하지 않는다.

4 리모델링

'리모델링'이란 건축물의 노후화를 억제하거나 기능 향상 등을 위하여 대수선하거나 일부 증축 또는 개축하는 행위를 말한다.

5 도 로

'도로'란 보행과 자동차 통행이 가능한 너비 4m 이상의 도로로서 다음의 어느 하나에 해당하는 도로나 그 예정도로를 말한다.

① 「국토의 계획 및 이용에 관한 법률」, 「도로법」, 「사도법」, 그 밖의 관계 법령에 따라 신설 또는 변경에 관한 고시가 된 도로
② 건축허가 또는 신고 시에 시·도지사 또는 시장·군수·구청장이 위치를 지정하여 공고하는 도로

> **보충 건축주**
> 건축주란 건축물의 건축·대수선·용도변경, 건축설비의 설치 또는 공작물의 축조에 관한 공사를 발주하거나 현장관리인을 두어 스스로 그 공사를 하는 자를 말한다.

6 고층건축물

'고층건축물'이란 층수가 30층 이상이거나 높이가 120m 이상인 건축물을 말한다.

7 초고층 건축물

'초고층 건축물'이란 층수가 50층 이상이거나 높이가 200m 이상인 건축물을 말한다.

8 다중이용 건축물

① 다음에 해당하는 용도로 쓰는 바닥면적의 합계가 5,000m² 이상인 건축물

> ㉠ 문화 및 집회시설(동물원·식물원은 제외)
> ㉡ 종교시설
> ㉢ 판매시설
> ㉣ 운수시설 중 여객용 시설
> ㉤ 의료시설 중 종합병원
> ㉥ 숙박시설 중 관광숙박시설

② 16층 이상인 건축물

9 준다중이용 건축물

'준다중이용 건축물'이란 다중이용 건축물 외의 건축물로서 다음의 어느 하나에 해당하는 용도로 쓰는 바닥면적의 합계가 1,000m² 이상인 건축물을 말한다.

> ① 문화 및 집회시설(동물원·식물원은 제외)
> ② 종교시설
> ③ 판매시설
> ④ 운수시설 중 여객용 시설
> ⑤ 의료시설 중 종합병원
> ⑥ 교육연구시설
> ⑦ 노유자시설
> ⑧ 운동시설
> ⑨ 숙박시설 중 관광숙박시설
> ⑩ 위락시설
> ⑪ 관광휴게시설
> ⑫ 장례시설

기출 고층건축물에 해당하려면 건축물의 층수가 30층 이상이고 높이가 120m 이상이어야 한다. 제31회 ( )

▶정답 ✕
고층건축물에 해당하려면 건축물의 층수가 30층 이상 또는 높이가 120m 이상이어야 한다.

기출 관광휴게시설로 사용하는 바닥면적의 합계가 5,000m² 이상인 건축물은 다중이용 건축물에 해당한다. 제29회 ( )

▶정답 ✕
관광휴게시설로 사용하는 바닥면적의 합계가 5,000m² 이상인 건축물은 다중이용 건축물에 해당하지 않는다.

추가 난연재료
불에 잘 타지 아니하는 성능을 가진 재료로서 국토교통부령으로 정하는 기준에 적합한 재료를 말한다.

추가 불연재료
불에 타지 아니하는 성능을 가진 재료로서 국토교통부령으로 정하는 기준에 적합한 재료를 말한다.

10 특수구조 건축물

'특수구조 건축물'이란 다음의 어느 하나에 해당하는 건축물을 말한다.

> ① 한쪽 끝은 고정되고 다른 끝은 지지(支持)되지 아니한 구조로 된 보·차양 등이 외벽의 중심선으로부터 3m 이상 돌출된 건축물
> ② 기둥과 기둥 사이의 거리가 20m 이상인 건축물
> ③ 무량판 구조를 가진 건축물로서 무량판 구조인 어느 하나의 층에 수직으로 배치된 주요구조부의 전체 단면적에서 보가 없이 배치된 기둥의 전체 단면적이 차지하는 비율이 4분의 1 이상인 건축물

기출 한쪽 끝은 고정되고 다른 끝은 지지되지 아니한 구조로 된 차양이 외벽(외벽이 없는 경우에는 외곽 기둥을 말함)의 중심선으로부터 3m 이상 돌출된 건축물은 특수구조 건축물에 해당한다. 제32회 ( )

▶정답 O

제 2 절 건축법 적용대상물 제27회, 제28회, 제29회, 제30회, 제31회, 제36회

1 건축물

'건축물'이란 토지에 정착하는 공작물 중 지붕과 기둥 또는 벽이 있는 것과 이에 딸린 시설물, 지하나 고가의 공작물에 설치하는 사무소·공연장·점포·차고·창고를 말한다.

핵심다지기

「건축법」의 적용대상에서 제외되는 건축물

1. 「문화유산의 보존 및 활용에 관한 법률」에 따른 지정문화유산이나 임시지정문화유산 또는 「자연유산의 보존 및 활용에 관한 법률」에 따라 지정된 천연기념물 등이나 임시지정천연기념물, 임시지정명승, 임시지정시·도자연유산, 임시자연유산자료
2. 철도나 궤도의 선로 부지에 있는 다음의 시설
   ① 운전보안시설
   ② 철도선로의 위나 아래를 가로지르는 보행시설
   ③ 플랫폼
   ④ 철도 또는 궤도사업용 급수·급탄 및 급유시설
3. 고속도로 통행료 징수시설
4. 컨테이너를 이용한 간이창고(공장의 용도로만 사용되는 건축물의 대지 안에 설치하는 것으로서 이동이 쉬운 것에 한함)
5. 「하천법」에 따른 하천구역 내의 수문조작실

기출 지정문화유산, 플랫폼, 운전보안시설, 철도선로의 위나 아래를 가로지르는 보행시설, 철도사업용 급수·급탄 및 급유시설, 고속도로 통행료 징수시설은 「건축법」의 적용을 받지 않는다. 제28회, 제30회 ( )

▶정답 O

기출 대지에 정착된 컨테이너를 이용한 주택은 「건축법」을 적용받는 건축물에 해당한다. 제28회 ( )

▶정답 O

2 대 지

'대지'란 「공간정보의 구축 및 관리 등에 관한 법률」에 따라 각 필지로 나눈 토지를 말한다. 다만, 다음 경우의 토지는 둘 이상의 필지를 하나의 대지로 하거나 하나 이상의 필지의 일부를 하나의 대지로 할 수 있다.

(1) 둘 이상의 필지를 하나의 대지로 보는 경우

① 하나의 건축물을 두 필지 이상에 걸쳐 건축하는 경우 ⇨ 그 건축물이 건축되는 각 필지의 토지를 합한 토지
② 「공간정보의 구축 및 관리 등에 관한 법률」에 따라 합병이 불가능한 경우 중 다음의 어느 하나에 해당하는 경우 ⇨ 그 합병이 불가능한 필지의 토지를 합한 토지. 다만, 토지의 소유자가 서로 다르거나 소유권 외의 권리관계가 서로 다른 경우는 제외한다.
　㉠ 각 필지의 지번부여지역이 서로 다른 경우
　㉡ 각 필지의 도면의 축척이 다른 경우
　㉢ 서로 인접하고 있는 필지로서 각 필지의 지반이 연속되지 아니한 경우
③ 「국토의 계획 및 이용에 관한 법률」에 따른 도시·군계획시설에 해당하는 건축물을 건축하는 경우 ⇨ 그 도시·군계획시설이 설치되는 일단의 토지
④ 「주택법」에 따른 사업계획승인을 받아 주택과 그 부대시설 및 복리시설을 건축하는 경우 ⇨ 주택단지
⑤ 도로의 지표 아래에 건축하는 건축물의 경우 ⇨ 특별시장·광역시장·특별자치시장·특별자치도지사·시장·군수 또는 구청장이 그 건축물이 건축되는 토지로 정하는 토지(지하상가)
⑥ 건축물에 따른 사용승인을 신청할 때, 둘 이상의 필지를 하나의 필지로 합칠 것을 조건으로 건축허가를 하는 경우 ⇨ 그 필지가 합쳐지는 토지. 다만, 토지의 소유자가 서로 다른 경우는 제외한다.

(2) 하나 이상의 필지의 일부를 하나의 대지로 할 수 있는 경우

① 하나 이상의 필지의 일부에 대하여 도시·군계획시설이 결정·고시된 경우 ⇨ 그 결정·고시된 부분의 토지
② 하나 이상의 필지의 일부에 대하여 「농지법」에 따른 농지전용허가를 받은 경우 ⇨ 그 허가받은 부분의 토지
③ 하나 이상의 필지의 일부에 대하여 「산지관리법」에 따른 산지전용허가를 받은 경우 ⇨ 그 허가받은 부분의 토지

④ 하나 이상의 필지의 일부에 대하여 「국토의 계획 및 이용에 관한 법률」에 따른 개발행위허가를 받은 경우 ⇨ 그 허가받은 부분의 토지
⑤ 「건축법」에 따른 사용승인을 신청할 때 필지를 나눌 것을 조건으로 건축허가를 하는 경우 ⇨ 그 필지가 나누어지는 토지

③ 신고대상 공작물

공작물을 축조(건축물과 분리하여 축조하는 것)할 때 특별자치시장·특별자치도지사 또는 시장·군수·구청장에게 신고해야 하는 공작물은 다음과 같다.

① 높이 2m를 넘는 옹벽 또는 담장
② 높이 4m를 넘는 장식탑, 기념탑, 첨탑, 광고탑, 광고판
③ 높이 6m를 넘는 굴뚝
④ 높이 6m를 넘는 골프연습장 등의 운동시설을 위한 철탑과 주거지역·상업지역에 설치하는 통신용 철탑
⑤ 높이 8m를 넘는 고가수조
⑥ 높이 8m(위험방지를 위한 난간의 높이는 제외) 이하의 기계식 주차장 및 철골 조립식 주차장으로서 외벽이 없는 것
⑦ 바닥면적 30m²를 넘는 지하대피호
⑧ 높이 5m를 넘는 태양에너지를 이용하는 발전설비

▶기출 높이 3m의 광고탑은 특별자치시장·특별자치도지사 또는 시장·군수·구청장에게 신고하고 축조하여야 하는 공작물에 해당한다. 제31회 ( )

▶정답 ✗
높이 4m를 넘는 광고탑은 특별자치시장·특별자치도지사 또는 시장·군수·구청장에게 신고하고 축조하여야 하는 공작물에 해당한다.

예제

건축법령상 용어에 관한 설명으로 틀린 것은?
① 내력벽을 수선하더라도 수선되는 벽면적의 합계가 30m² 미만인 경우에는 '대수선'에 포함되지 않는다.
② 지하의 공작물에 설치하는 점포는 '건축물'에 해당하지 않는다.
③ 구조 계산서와 시방서는 '설계도서'에 해당한다.
④ '막다른 도로'의 구조와 너비는 '막다른 도로'가 '도로'에 해당하는지 여부를 판단하는 기준이 된다.
⑤ '고층건축물'이란 층수가 30층 이상이거나 높이가 120m 이상인 건축물을 말한다.

해설 ② 건축물이란 토지에 정착(定着)하는 공작물 중 지붕과 기둥 또는 벽이 있는 것과 이에 딸린 시설물, 지하나 고가(高架)의 공작물에 설치하는 사무소·공연장·점포·차고·창고, 그 밖에 대통령령으로 정하는 것을 말한다. 따라서 지하의 공작물에 설치하는 점포는 건축물에 해당한다. **◆정답** ②

Chapter 02 건축법 적용대상 행위

제1절 건축 및 대수선 제31회, 제35회

1 건축

'건축'이란 건축물을 신축·증축·개축·재축(再築)하거나 건축물을 이전하는 것을 말한다.

신축	건축물이 없는 대지(기존 건축물이 해체되거나 멸실된 대지를 포함)에 새로 건축물을 축조(築造)하는 것[부속건축물만 있는 대지에 새로 주된 건축물을 축조하는 것을 포함하되, 개축(改築) 또는 재축(再築)하는 것은 제외]을 말한다.
증축	기존 건축물이 있는 대지에서 건축물의 건축면적, 연면적, 층수 또는 높이를 늘리는 것을 말한다.
개축	기존 건축물의 전부 또는 일부[내력벽·기둥·보·지붕틀(한옥의 경우에는 지붕틀의 범위에서 서까래는 제외) 중 셋 이상이 포함되는 경우를 말한다]를 해체하고 그 대지에 종전과 같은 규모의 범위에서 건축물을 다시 축조하는 것을 말한다.
재축	건축물이 천재지변이나 그 밖의 재해(災害)로 멸실된 경우 그 대지에 다음의 요건을 모두 갖추어 다시 축조하는 것을 말한다. ① 연면적 합계는 종전 규모 이하로 할 것 ② 동수, 층수 및 높이가 모두 종전 규모 이하일 것
이전	건축물의 주요구조부를 해체하지 아니하고 같은 대지의 다른 위치로 옮기는 것을 말한다.

> **기출** 건축물이 천재지변으로 멸실된 경우 그 대지에 종전 규모보다 연면적의 합계를 늘려 건축물을 다시 축조하는 것은 재축에 해당한다. 제31회 ( )
>
> ▶정답 ×
> 멸실된 경우 종전 규모보다 연면적의 합계를 늘려 건축물을 다시 축조하는 것은 신축에 해당한다.

> **기출** 건축물의 내력벽을 해체하여 같은 대지의 다른 위치로 옮기는 것은 이전에 해당한다. 제31회 ( )
>
> ▶정답 ×
> 건축물의 내력벽을 해체하지 아니하고 같은 대지의 다른 위치로 옮기는 것은 이전에 해당한다.

2 대수선

'대수선'이란 다음의 어느 하나에 해당하는 것으로서 증축·개축 또는 재축에 해당하지 아니하는 것을 말한다.

① 내력벽을 증설 또는 해체하거나 그 벽면적 30m² 이상을 수선 또는 변경하는 것
② 기둥을 증설 또는 해체하거나 세 개 이상 수선 또는 변경하는 것
③ 보를 증설 또는 해체하거나 세 개 이상 수선 또는 변경하는 것
④ 지붕틀(한옥의 경우에는 지붕틀의 범위에서 서까래는 제외)을 증설 또는 해체하거나 세 개 이상 수선 또는 변경하는 것

⑤ 방화벽 또는 방화구획을 위한 바닥 또는 벽을 증설 또는 해체하거나 수선 또는 변경하는 것
⑥ 주계단·피난계단 또는 특별피난계단을 증설 또는 해체하거나 수선 또는 변경하는 것
⑦ 다가구주택의 가구 간 경계벽 또는 다세대주택의 세대 간 경계벽을 증설 또는 해체하거나 수선 또는 변경하는 것
⑧ 건축물의 외벽에 사용하는 마감재료를 증설 또는 해체하거나 벽면적 30m² 이상 수선 또는 변경하는 것

[기출] 특별피난계단을 변경하는 것은 대수선에 해당한다. 제35회 ( )

▶ 정답 ○

제2절 건축물의 용도변경 제29회, 제31회, 제33회, 제34회

핵심 다지기

용도별 건축물의 종류

용 도	건축물의 종류
단독주택	① 단독주택 ② 다중주택[학생 또는 직장인이 장기간 거주할 수 있는 구조 + 독립된 주거의 형태를 갖추지 않은 것(취사시설은 설치하지 않는 것) + 660m² 이하이고 3개층 이하일 것] ③ 다가구주택(3개층 이하 + 660m² 이하 + 19세대 이하가 거주할 것) ④ 공관
공동주택	① 아파트: 주택으로 쓰는 층수가 5개 층 이상인 주택 ② 연립주택: 주택으로 쓰는 1개 동의 바닥면적의 합계가 660m²를 초과하고, 층수가 4개 층 이하인 주택 ③ 다세대주택: 주택으로 쓰는 1개 동의 바닥면적의 합계가 660m² 이하이고, 층수가 4개 층 이하인 주택 ④ 기숙사(임대형 기숙사, 일반기숙사)
제1종 근린생활시설	① 이용원, 미용원, 목욕장, 세탁소 ② 의원, 치과의원, 한의원, 침술원, 접골원(接骨院), 조산원, 안마원, 산후조리원 등 주민의 진료·치료 등을 위한 시설 ③ 탁구장, 체육도장으로서 같은 건축물에 해당 용도로 쓰는 바닥면적의 합계가 500m² 미만인 것 ④ 마을회관, 마을공동작업소, 마을공동구판장, 공중화장실, 대피소, 지역아동센터 등 주민이 공동으로 이용하는 시설

[기출] 산후조리원은 제1종 근린생활시설에 해당한다. 제33회 ( )

▶ 정답 ○

	⑤ 동물병원·동물미용실(바닥면적의 합계가 300m² 미만인 것) ⑥ 전기자동차 충전소(바닥면적의 합계가 1,000m² 미만인 것) ⑦ 휴게음식점, 제과점(바닥면적의 합계가 300m² 미만인 것)
제2종 근린생활시설	① 공연장(극장, 영화관, 연예장, 음악당, 서커스장, 비디오물감상실, 비디오물소극장)으로서 같은 건축물에 해당 용도로 쓰는 바닥면적의 합계가 500m² 미만인 것 ② 서점으로서 바닥면적의 합계가 1,000m² 이상인 것 ③ 총포판매소, 안마시술소, 노래연습장 ④ 사진관, 표구점, 일반음식점, 독서실, 기원, 장의사 ⑤ 동물병원·동물미용실(바닥면적의 합계가 300m² 이상인 것) ⑥ 자동차영업소(바닥면적의 합계가 1,000m² 미만인 것) ⑦ 다중생활시설(바닥면적 합계가 500m² 미만인 것) ⑧ 종교집회장(바닥면적의 합계가 500m² 미만인 것) ⑨ 휴게음식점, 제과점(바닥면적의 합계가 300m² 이상인 것) ⑩ 단란주점(바닥면적의 합계가 150m² 미만인 것)
문화 및 집회시설	① 공연장(바닥면적 합계가 500m² 이상인 것) ② 집회장(예식장, 회의장 등) ③ 관람장(경마장, 경륜장 등) ④ 전시장(박물관, 미술관 등) ⑤ 동물원, 식물원, 수족관
운수시설	① 여객자동차터미널 ② 철도시설 ③ 공항시설 ④ 항만시설 ⑤ 버티포트
의료시설	① 종합병원, 치과병원, 한방병원, 정신병원, 요양병원 ② 격리병원
교육연구시설	① 학교(유치원 포함) ② 도서관
노유자시설	① 어린이집 ② 노인복지시설
숙박시설	① 일반숙박시설 및 생활숙박시설 ② 관광숙박시설(관광호텔, 가족호텔, 의료관광호텔, 휴양 콘도미니엄 등) ③ 다중생활시설(바닥면적의 합계가 500m² 이상인 것)
위락시설	① 무도장, 무도학원 ② 카지노영업소
동물 및 식물관련 시설	① 도축장 ② 도계장 ③ 작물재배사 ④ 종묘배양시설

보충⁺ 창고시설
1. 하역장
2. 물류터미널
3. 집배송시설

보충⁺ 위험물저장 및 처리시설
1. 주유소 및 석유판매소
2. 액화석유가스 충전소·판매소·저장소

보충⁺ 자동차 관련 시설
1. 주차장
2. 세차장
3. 검사장
4. 정비공장

보충⁺ **묘지 관련 시설**
1. 화장시설
2. 봉안당
3. 동물화장시설, 동물 전용의 납골시설

방송통신시설	① 방송국 ② 전신전화국 ③ 촬영소 ④ 데이터센터
관광휴게시설	① 야외음악당 ② 야외극장 ③ 어린이회관 ④ 관망탑 ⑤ 휴게소
장례시설	① 장례식장 ② 동물 전용의 장례식장

핵심 다지기

건축물의 시설군과 세부 용도

시설군	세부 용도
자동차 관련 시설군	자동차 관련 시설
산업 등의 시설군	① 공장 ② 창고시설 ③ 위험물저장 및 처리시설 ④ 자원순환 관련 시설 ⑤ 운수시설 ⑥ 묘지 관련 시설 ⑦ 장례시설
전기통신시설군	① 방송통신시설 ② 발전시설
문화 및 집회시설군	① 문화 및 집회시설 ② 종교시설 ③ 위락시설 ④ 관광휴게시설
영업시설군	① 운동시설 ② 숙박시설 ③ 판매시설 ④ 제2종 근린생활시설 중 다중생활시설
교육 및 복지시설군	① 노유자시설 ② 교육연구시설 ③ 수련시설 ④ 야영장시설 ⑤ 의료시설

근린생활시설군	① 제1종 근린생활시설 ② 제2종 근린생활시설(다중생활시설은 제외)
주거업무시설군	① 단독주택 ② 공동주택 ③ 업무시설 ④ 교정시설 ⑤ 국방·군사시설
그 밖의 시설군	동물 및 식물 관련 시설

1 용도변경의 허가·신고

사용승인을 받은 건축물의 용도를 변경하려는 자는 다음의 구분에 따라 특별자치시장·특별자치도지사 또는 시장·군수·구청장의 허가를 받거나 신고를 하여야 한다.

허가대상	각 시설군에 속하는 건축물의 용도를 상위군에 해당하는 용도로 변경하는 경우
신고대상	각 시설군에 속하는 건축물의 용도를 하위군에 해당하는 용도로 변경하는 경우

> [기출] 숙박시설을 종교시설로 용도를 변경하려는 경우에는 용도변경 허가를 받아야 한다. 제31회 ( )
>
> ▶정답 ○

2 건축물대장 기재내용 변경신청

시설군 중 같은 시설군 안에서 용도를 변경하려는 자는 국토교통부령으로 정하는 바에 따라 특별자치시장·특별자치도지사 또는 시장·군수·구청장에게 건축물대장 기재내용의 변경을 신청하여야 한다. 다만, 다음에 해당하는 건축물 상호 간의 용도변경의 경우에는 그러하지 아니하다.

① 같은 호에 속하는 건축물 상호 간의 용도변경
② 「국토의 계획 및 이용에 관한 법률」이나 그 밖의 관계 법령에서 정하는 용도제한에 적합한 범위에서 제1종 근린생활시설과 제2종 근린생활시설 상호 간의 용도변경

> [기출] 단독주택을 다가구주택으로 변경하는 경우에는 건축물대장 기재내용의 변경을 신청하지 않아도 된다. 제24회 ( )
>
> ▶정답 ○

> **보충⁺ 복수용도의 인정**
> 1. 복수용도는 같은 시설군 내에서 허용할 수 있다.
> 2. 허가권자는 지방건축위원회의 심의를 거쳐 다른 시설군의 용도 간 복수용도를 허용할 수 있다.

3 규정의 준용

(1) 사용승인

허가나 신고대상인 경우로서 용도변경하려는 부분의 바닥면적의 합계가 100m² 이상인 경우의 사용승인에 관하여는 사용승인에 관한 규정을 준용한다. 다만, 용도변경하려는 부분의 바닥면적의 합계가 500m² 미만으로서 대수선에 해당되는 공사를 수반하지 아니하는 경우에는 그러하지 아니하다.

(2) 건축사 설계

허가대상인 경우로서 용도변경하려는 부분의 바닥면적의 합계가 500m² 이상인 용도변경(1층인 축사를 공장으로 용도변경하는 경우로서 증축·개축 또는 대수선이 수반되지 아니하고 구조 안전이나 피난 등에 지장이 없는 경우는 제외)의 설계에 관하여는 건축사 설계대상에 관한 규정을 준용한다.

> **보충⁺** 「건축법」 적용대상지역
> 1. 전면적 적용지역: 도시지역, 비도시지역 안의 지구단위계획구역, 동이나 읍
> 2. 전면적 적용지역 외의 지역: ① 대지와 도로의 관계, ② 도로의 지정·폐지 또는 변경, ③ 건축선의 지정, ④ 건축선에 따른 건축제한, ⑤ 방화지구 안의 건축물, ⑥ 대지의 분할제한에 관한 규정을 적용하지 아니한다.

보충⁺ 「건축법」의 전면적 적용지역

섬(인구 500명 이상)

예제

甲은 A도 B군에서 숙박시설로 사용승인을 받은 바닥면적의 합계가 3천m²인 건축물의 용도를 변경하려고 한다. 건축법령상 이에 관한 설명으로 틀린 것은?

① 의료시설로 용도를 변경하려는 경우에는 용도변경신고를 하여야 한다.
② 종교시설로 용도를 변경하려는 경우에는 용도변경허가를 받아야 한다.
③ 甲이 바닥면적의 합계 1천m²의 부분에 대해서만 업무시설로 용도를 변경하는 경우에는 사용승인을 받지 않아도 된다.
④ A도지사는 도시·군계획에 특히 필요하다고 인정하면 B군수의 용도변경허가를 제한할 수 있다.
⑤ B군수는 甲이 판매시설과 위락시설의 복수용도로 용도변경신청을 한 경우 지방건축위원회의 심의를 거쳐 이를 허용할 수 있다.

해설 ③ 甲이 바닥면적의 합계 1천m²의 부분에 대해서만 업무시설로 용도를 변경하는 경우에는 사용승인을 받아야 한다. 허가나 신고대상인 경우로서 용도변경을 하려는 부분의 바닥면적의 합계가 100m² 이상인 경우에는 사용승인에 관한 규정을 준용하기 때문이다. ◐ 정답 ③

Chapter 03 건축허가 및 건축신고

제1절 건축허가 제28회, 제29회, 제30회, 제31회, 제32회, 제33회, 제35회, 제36회

1 건축 관련 입지와 규모의 사전결정

(1) 사전결정의 신청

허가대상 건축물을 건축하려는 자는 건축허가를 신청하기 전에 허가권자에게 그 건축물을 해당 대지에 건축하는 것이 법이나 다른 법령에서 허용되는지에 대한 사전결정을 신청할 수 있다.

(2) 동시신청

사전결정을 신청하는 자는 건축위원회 심의와 「도시교통정비 촉진법」에 따른 교통영향평가서의 검토를 동시에 신청할 수 있다.

(3) 사전협의

허가권자는 사전결정이 신청된 건축물의 대지면적이 「환경영향평가법」에 따른 소규모 환경영향평가대상 사업인 경우 기후에너지환경부장관이나 지방환경관서의 장과 소규모 환경영향평가에 관한 협의를 하여야 한다.

(4) 결정의 통지 ⇨ 공고 ×

허가권자는 사전결정신청을 받으면 입지, 건축물의 규모, 용도 등을 사전결정한 후 사전결정신청자에게 알려야 한다.

(5) 통지의 효과

사전결정 통지를 받은 경우에는 다음의 허가를 받거나 신고 또는 협의를 한 것으로 본다.

> ① 「국토의 계획 및 이용에 관한 법률」에 따른 개발행위허가
> ② 「산지관리법」에 따른 산지전용허가와 산지전용신고, 산지일시사용허가·신고. 다만, 보전산지인 경우에는 도시지역만 해당된다.
> ③ 「농지법」에 따른 농지전용허가·신고 및 협의
> ④ 「하천법」에 따른 하천점용허가

보충⁺ 통지기간
허가권자는 사전결정을 한 후 사전결정서를 사전결정일부터 7일 이내에 사전결정을 신청한 자에게 송부하여야 한다.

추가 협의기간
허가권자는 사전결정을 하려면 미리 관계 행정기관의 장과 협의하여야 하며, 협의요청을 받은 관계 행정기관의 장은 15일 이내에 의견을 제출하여야 한다.

(6) 건축허가 신청의무

사전결정신청자는 사전결정을 통지받은 날부터 **2년** 이내에 **건축허가**를 신청하여야 하며, 이 기간에 건축허가를 신청하지 아니하면 사전결정의 효력이 상실된다.

> **보충** 대지의 소유권을 확보하지 않아도 되는 경우
> 1. 건축주가 대지의 소유권을 확보하지 못하였으나 그 대지를 사용할 수 있는 권원을 확보한 경우. 다만, **분양을 목적으로 하는 공동주택은 제외한다**.
> 2. 건축하려는 대지에 포함된 국유지 또는 공유지에 대하여 **허가권자**가 해당 토지의 관리청이 해당 토지를 건축주에게 매각하거나 양여할 것을 **확인**한 경우
> 3. 건축주가 집합건물의 공용부분을 변경하기 위하여 「집합건물의 소유 및 관리에 관한 법률」에 따른 **결의가 있었음을 증명한** 경우
> 4. 건축주가 집합건물을 재건축하기 위하여 「집합건물의 소유 및 관리에 관한 법률」에 따른 결의가 있었음을 증명한 경우

2 허가권자 등

(1) 허가권자

① **원칙**: 특별자치시장·특별자치도지사 또는 시장·군수·구청장
  건축물을 건축하거나 대수선하려는 자는 특별자치시장·특별자치도지사 또는 시장·군수·구청장의 허가를 받아야 한다.

② **예외**: 특별시장 또는 광역시장
  층수가 21층 이상이거나 연면적의 합계가 10만㎡ 이상인 건축물(연면적의 10분의 3 이상을 증축하여 층수가 21층 이상으로 되거나 연면적의 합계가 10만㎡ 이상으로 되는 경우를 포함)을 특별시나 광역시에 건축하려면 특별시장이나 광역시장의 허가를 받아야 한다. 다만, **다음의 어느 하나에 해당하는 건축물의 건축은 제외한다**.

> ㉠ 공장(특별시장·광역시장의 허가 ×)
> ㉡ 창고(특별시장·광역시장의 허가 ×)
> ㉢ 지방건축위원회의 심의를 거친 건축물(초고층 건축물은 특별시장·광역시장의 허가 ○)

기출 사전결정신청자는 사전결정을 통지받은 날부터 2년 이내에 착공신고를 하여야 하며, 이 기간에 착공신고를 하지 아니하면 사전결정의 효력이 상실된다. 제28회 ( )

▶ **정답** ×
사전결정신청자는 사전결정을 통지받은 날부터 2년 이내에 건축허가를 신청하여야 하며, 이 기간에 건축허가를 신청하지 아니하면 사전결정의 효력이 상실된다.

보충 안전영향평가대상
허가권자는 다음의 하나에 해당하는 건축물에 대하여 건축허가를 하기 전에 안전영향평가를 안전영향평가기관에 의뢰하여야 한다.
1. 초고층 건축물
2. 연면적이 10만㎡ 이상 + 16층 이상인 건축물

보충 안전영향평가 의제
안전영향평가를 실시하여야 하는 건축물이 다른 법률에 따라 구조안전과 인접 대지의 안전에 미치는 영향 등을 평가받은 경우에는 안전영향평가의 해당 항목을 평가받은 것으로 본다.

(2) 도지사의 사전승인

시장·군수는 다음에 해당하는 건축물의 건축을 허가하려면 미리 건축계획서와 기본설계도서를 첨부하여 **도지사의 승인**을 받아야 한다.

① **층수가 21층 이상이거나 연면적의 합계가 10만㎡ 이상인 건축물**(연면적의 10분의 3 이상을 증축하여 층수가 21층 이상으로 되거나 연면적의 합계가 10만㎡ 이상으로 되는 경우를 포함). 다만, **다음에 해당하는 건축물은 제외**한다.

> ㉠ 공장(도지사의 사전승인 ×)
> ㉡ 창고(도지사의 사전승인 ×)
> ㉢ 지방건축위원회의 심의를 거친 건축물(초고층 건축물은 도지사의 사전승인 ○)

② **자연환경이나 수질을 보호**하기 위하여 도지사가 지정·공고한 구역에 건축하는 **3층 이상 또는 연면적의 합계가 1,000㎡ 이상인 건축물**로서 다음의 건축물

> ㉠ 공동주택
> ㉡ 제2종 근린생활시설(**일반음식점**에 한함)
> ㉢ 업무시설(**일반업무시설**에 한함)
> ㉣ 숙박시설
> ㉤ 위락시설

③ **주거환경이나 교육환경** 등 주변 환경을 보호하기 위하여 필요하다고 인정하여 도지사가 지정·공고한 구역에 건축하는 **위락시설 및 숙박시설**에 해당하는 건축물

> 보충⁺ **통보기간**
> 도지사는 50일 이내에 승인 여부를 시장·군수에게 통보하여야 한다.

> ▶기출 연면적의 10분의 3을 증축하여 연면적의 합계가 10만㎡가 되는 창고를 광역시에 건축하고자 하는 자는 광역시장의 허가를 받아야 한다. 제25회 ( )
> ▶정답 ×
> 창고와 공장은 광역시장의 허가대상이 아니다.

3 건축허가의 거부

허가권자는 다음의 어느 하나에 해당하는 경우에는 「건축법」이나 다른 법률에도 불구하고 **건축위원회의 심의를 거쳐 건축허가를 하지 아니할 수 있다.**

> ① **위락시설이나 숙박시설**에 해당하는 건축물의 건축을 허가하는 경우 해당 대지에 건축하려는 건축물의 용도·규모·형태가 **주거환경이나 교육환경 등 주변 환경을 고려할 때 부적합**하다고 인정되는 경우
> ② 「국토의 계획 및 이용에 관한 법률」에 따른 방재지구 및 「자연재해대책법」에 따른 자연재해위험개선지구 등 상습적으로 침수되거나 침수가 우려되는 지역에 건축하려는 건축물에 대하여 지하층 등 일부 공간을 주거용으로 사용하거나 거실을 설치하는 것이 부적합하다고 인정되는 경우

4 건축허가 및 착공의 제한

(1) 제한권자

① **국토교통부장관의 제한**: 국토교통부장관은 국토관리를 위하여 특히 필요하다고 인정하거나 주무부장관이 국방, 국가유산의 보존, 환경보전 또는 국민경제를 위하여 특히 필요하다고 인정하여 요청하면 허가권자의 건축허가나 허가를 받은 건축물의 착공을 제한할 수 있다.

② **특별시장·광역시장·도지사의 제한**: 특별시장·광역시장·도지사는 지역계획이나 도시·군계획에 특히 필요하다고 인정하면 시장·군수·구청장의 건축허가나 허가를 받은 건축물의 착공을 제한할 수 있다. 특별시장·광역시장·도지사는 시장·군수·구청장의 건축허가나 건축물의 착공을 제한한 경우 즉시 국토교통부장관에게 보고하여야 하며, 보고를 받은 국토교통부장관은 제한내용이 지나치다고 인정하면 해제를 명할 수 있다.

(2) 제한절차

국토교통부장관이나 시·도지사는 건축허가나 건축허가를 받은 건축물의 착공을 제한하려는 경우에는 「토지이용규제 기본법」 제8조에 따라 주민의견을 청취한 후 건축위원회의 심의를 거쳐야 한다.

(3) 제한기간

건축허가나 건축물의 착공을 제한하는 경우 제한기간은 2년 이내로 한다. 다만, 1회에 한하여 1년 이내의 범위에서 제한기간을 연장할 수 있다.

(4) 통보 및 공고

국토교통부장관이나 특별시장·광역시장·도지사는 건축허가나 건축물의 착공을 제한하는 경우 제한 목적·기간, 대상 건축물의 용도와 대상 구역의 위치·면적·경계 등을 상세하게 정하여 허가권자에게 통보하여야 하며, 통보를 받은 허가권자는 지체 없이 이를 공고하여야 한다.

[기출] 교육감이 교육환경의 개선을 위하여 특히 필요하다고 인정하여 요청하면 국토교통부장관은 허가를 받은 건축물의 착공을 제한할 수 있다. 제26회 ( )

▶ 정답 ✕
교육감은 국토교통부장관에게 건축허가나 착공의 제한을 요청할 수 없다.

[기출] 건축허가를 제한하는 경우 건축허가 제한기간은 2년 이내로 하며, 1회에 한하여 1년 이내의 범위에서 제한기간을 연장할 수 있다. 제32회, 제35회 ( )

▶ 정답 ○

5 건축허가의 필수적 취소

허가권자는 허가를 받은 자가 다음의 어느 하나에 해당하면 허가를 취소하여야 한다.

> ① 허가를 받은 날부터 2년(「산업집적활성화 및 공장설립에 관한 법률」에 따라 공장의 신설·증설 또는 업종변경의 승인을 받은 공장은 3년) 이내에 공사에 착수하지 아니한 경우
> ② 착공기간 이내에 공사에 착수하였으나 공사의 완료가 불가능하다고 인정되는 경우
> ③ 착공신고 전에 경매 또는 공매 등으로 건축주가 대지의 소유권을 상실한 때부터 6개월이 지난 이후 공사의 착수가 불가능하다고 판단되는 경우

제2절 건축신고 제29회, 제32회

1 신고대상 건축물

허가대상 건축물이라 하더라도 다음에 해당하는 경우에는 미리 특별자치시장·특별자치도지사 또는 시장·군수·구청장에게 신고를 하면 건축허가를 받은 것으로 본다.

핵심 다지기

건축신고대상

1. 바닥면적의 합계가 85m² 이내의 증축·개축 또는 재축. 다만, 3층 이상 건축물인 경우에는 증축·개축 또는 재축하려는 부분의 바닥면적의 합계가 건축물 연면적의 10분의 1 이내인 경우로 한정한다.
2. 연면적이 200m² 미만이고 3층 미만인 건축물의 대수선
3. 주요구조부의 해체가 없는 등 대통령령으로 정하는 다음의 대수선
   ① 내력벽의 면적을 30m² 이상 수선하는 것
   ② 기둥, 보, 지붕틀을 세 개 이상 수선하는 것
   ③ 방화벽 또는 방화구획을 위한 바닥 또는 벽을 수선하는 것
   ④ 주계단·피난계단 또는 특별피난계단을 수선하는 것
4. 소규모 건축물로서 대통령령으로 정하는 다음의 건축물의 건축
   ① 연면적의 합계가 100m² 이하인 건축물
   ② 건축물의 높이를 3m 이하의 범위에서 증축하는 건축물
   ③ 「국토의 계획 및 이용에 관한 법률」에 따른 공업지역과 비도시지역 안의 지구단위계획구역 및 「산업입지 및 개발에 관한 법률」에 따른 산업단지에서 건축하는 2층 이하인 건축물로서 연면적의 합계가 500m² 이하인 공장

보충+ 건축주·설계자·공사시공자 또는 공사감리자를 변경하는 경우에는 신고하여야 한다.

기출 연면적이 180m²이고 2층인 건축물의 대수선은 건축신고의 대상이다. 제24회, 제29회 (   )

▶정답 ○

기출 연면적 150m²인 3층 건축물의 피난계단을 증설하는 경우에는 건축신고를 하면 건축허가를 받은 것으로 본다. 제29회 (   )

▶정답 ✕
연면적 150m²인 3층 건축물의 피난계단을 증설하는 경우에는 건축허가를 받아야 한다.

2 효력의 상실

건축신고를 한 자가 신고일부터 **1년** 이내에 공사에 **착수**하지 아니하면 그 **신고의 효력은 없어진다**. ⇨ 1년의 범위에서 착수기한을 연장할 수 있다.

3 공용건축물에 대한 특례

국가나 지방자치단체가 소유한 대지의 지상 또는 지하 여유공간에 **구분지상권을 설정**하여 다음의 시설을 설치하려는 경우 허가권자는 구분지상권자를 건축주로 보고 구분지상권이 설정된 부분을 대지로 보아 **건축허가를 할 수 있다**.

① 문화 및 집회시설(**공연장 및 전시장으로 한정한다**)
② 제2종 근린생활시설(총포판매소, 장의사, 다중생활시설, 제조업소, 단란주점, 안마시술소 및 노래연습장은 제외한다)
③ 업무시설(**오피스텔은 제외한다**)

제3절 허가(신고)에 따른 인·허가 등의 의제사항

건축허가를 받으면 다음의 허가 등을 받거나 신고를 한 것으로 보며, 공장건축물의 경우에는 「산업집적활성화 및 공장설립에 관한 법률」에 따라 관련 법률의 인·허가 등이나 허가 등을 받은 것으로 본다.

핵심 다지기

건축허가(신고)시 의제사항

1. **공사용 가설건축물의 축조신고**
2. **공작물의 축조신고**
3. 「국토의 계획 및 이용에 관한 법률」에 따른 개발행위허가
4. 「국토의 계획 및 이용에 관한 법률」에 따른 시행자의 지정과 실시계획의 인가
5. 「산지관리법」에 따른 산지전용허가와 산지전용신고, 산지일시사용허가·신고. 다만, 보전산지인 경우에는 도시지역만 해당된다.
6. 「하수도법」에 따른 배수설비의 설치신고
7. 「하천법」에 따른 하천점용 등의 허가
8. 「도로법」에 따른 도로점용허가
9. 「자연공원법」에 따른 행위허가
10. 「초지법」에 따른 초지전용의 허가 및 신고
11. 이하 생략

기출 건축신고를 한 자가 신고일부터 6개월 이내에 공사를 착수하지 아니하면 그 신고의 효력이 없어진다. 제32회 ( )

▶ 정답 ✕
건축신고를 한 자가 신고일부터 1년 이내에 공사를 착수하지 아니하면 그 신고의 효력이 없어진다.

기출 건축허가를 받은 경우에도 해당 대지를 조성하기 위해 높이 5m의 옹벽을 축조하려면 따로 공작물 축조신고를 하여야 한다. 제31회 ( )

▶ 정답 ✕
건축허가를 받은 경우에는 공작물 축조신고를 한 것으로 의제되기 때문에 별도로 공작물 축조신고를 하지 않아도 된다.

제4절 가설건축물 및 사용승인 제31회

1 가설건축물

(1) 가설건축물의 허가대상

① 도시·군계획시설 및 도시·군계획시설 예정지에서 가설건축물을 건축하려는 자는 특별자치시장·특별자치도지사 또는 시장·군수·구청장의 허가를 받아야 한다.

② 가설건축물의 허가요건은 다음과 같다.

> ㉠ 4층 이상인 경우가 아닐 것
> ㉡ 철근콘크리트조 또는 철골철근콘크리트조가 아닐 것
> ㉢ 존치기간은 3년 이내일 것. 다만, 도시·군계획사업이 시행될 때까지 그 기간을 연장할 수 있다.
> ㉣ 전기·수도·가스 등 새로운 간선 공급설비의 설치를 필요로 하지 아니할 것
> ㉤ 공동주택·판매시설·운수시설 등으로서 분양을 목적으로 건축하는 건축물이 아닐 것

(2) 가설건축물의 축조신고

① 허가대상 가설건축물 외에 재해복구, 흥행, 전람회, 공사용 가설건축물 등에 해당하는 용도의 가설건축물을 축조하려는 자는 특별자치시장·특별자치도지사 또는 시장·군수·구청장에게 신고한 후 착공하여야 한다.

② 신고하여야 하는 가설건축물의 존치기간은 3년 이내로 한다.

(3) 존치기간의 연장

① 특별자치시장·특별자치도지사 또는 시장·군수·구청장은 가설건축물의 존치기간 만료일 30일 전까지 해당 가설건축물의 건축주에게 존치기간 만료일, 존치기간 연장 가능 여부, 존치기간이 연장될 수 있다는 사실을 알려야 한다.

② 존치기간을 연장하려는 가설건축물의 건축주는 다음의 구분에 따라 특별자치시장·특별자치도지사 또는 시장·군수·구청장에게 허가를 신청하거나 신고하여야 한다.

> ㉠ 허가대상 가설건축물: 존치기간 만료일 14일 전까지 허가신청
> ㉡ 신고대상 가설건축물: 존치기간 만료일 7일 전까지 신고

정리 ▶ 신고대상 가설건축물

1. 신고대상: 조립식 구조로 된 경비용으로 쓰는 연면적이 $10m^2$ 이하인 것, 야외흡연실 용도로 쓰는 연면적이 $50m^2$ 이하인 것, 주거지역·상업지역 또는 공업지역에 설치하는 농업·어업용 비닐하우스로서 연면적이 $100m^2$ 이상인 것
2. 존치기간: 3년 이내
3. 연장: 기간만료 7일 전까지 신고

② 사용승인

(1) 사용승인신청

<mark>건축주</mark>가 허가를 받았거나 신고를 한 건축물의 <mark>건축공사를 완료</mark>[하나의 대지에 둘 이상의 건축물을 건축하는 경우 동(棟)별 공사를 완료한 경우를 포함]한 후 그 건축물을 사용하려면 공사감리자가 작성한 감리완료보고서와 공사완료도서를 첨부하여 <mark>허가권자에게 사용승인을 신청하여야 한다</mark>.

① 허가대상의 건축물
② 신고대상의 건축물
③ 허가대상의 가설건축물

> **보충⁺ 상세시공도면 작성요청**
> 연면적의 합계가 5,000m² 이상인 건축공사의 공사감리자는 필요하다고 인정하면 공사시공자에게 <mark>상세시공도면을 작성하도록 요청할 수 있다.</mark>

(2) 사용승인서의 교부

허가권자는 사용승인신청을 받은 경우에는 그 신청서를 받은 날부터 7일 이내에 검사를 실시하고, 검사에 합격된 건축물에 대하여는 사용승인서를 내주어야 한다. 다만, 해당 지방자치단체의 조례로 정하는 건축물은 사용승인을 위한 검사를 실시하지 아니하고 사용승인서를 내줄 수 있다.

(3) 건축물의 사용시기

건축주는 사용승인을 받은 후가 아니면 건축물을 사용하거나 사용하게 할 수 없다. 다만, <mark>다음의 어느 하나에 해당하는 경우에는 그러하지 아니하다.</mark>

① 허가권자가 사용승인서 <mark>교부기간 내에 사용승인서를 교부하지 아니한 경우</mark>
② 사용승인서를 교부받기 전에 공사가 완료된 부분이 건폐율, 용적률, 설비, 피난·방화 등 국토교통부령으로 정하는 기준에 적합한 경우로서 <mark>임시사용승인(2년 이내, 연장 가능)을 한 경우</mark>

(4) 준공검사 등의 의제

건축주가 사용승인을 받은 경우에는 다음에 따른 사용승인·준공검사 또는 등록신청 등을 받거나 한 것으로 본다.

① 「하수도법」에 따른 배수설비의 준공검사 및 개인하수처리시설의 준공검사
② 「승강기 안전관리법」에 따른 승강기 설치검사
③ 「전기안전관리법」에 따른 전기설비의 사용전검사
④ 「국토의 계획 및 이용에 관한 법률」에 따른 개발행위의 준공검사
⑤ 「대기환경보전법」에 따른 대기오염물질 배출시설의 가동개시의 신고

Chapter 04 대지와 도로

제1절 대 지 제27회, 제31회, 제34회, 제35회

1 대지의 안전 등

(1) 대지의 높이

대지는 인접한 도로면보다 낮아서는 아니 된다. 다만, 대지의 배수에 지장이 없거나 건축물의 용도상 방습(防濕)의 필요가 없는 경우에는 인접한 도로면보다 낮아도 된다.

(2) 습지·매립지

습한 토지, 물이 나올 우려가 많은 토지, 쓰레기, 그 밖에 이와 유사한 것으로 매립된 토지에 건축물을 건축하는 경우에는 성토(盛土), 지반 개량 등 필요한 조치를 하여야 한다.

> [기출] 쓰레기로 매립된 토지에 건축물을 건축하는 경우 성토, 지반 개량 등 필요한 조치를 하여야 한다. 제25회 ( )
> ▶정답 ○

(3) 배수시설의 설치

대지에는 빗물과 오수를 배출하거나 처리하기 위하여 필요한 하수관, 하수구, 저수탱크, 그 밖에 이와 유사한 시설을 하여야 한다.

(4) 옹벽의 설치

손궤(損潰: 무너져 내림)의 우려가 있는 토지에 대지를 조성하려면 옹벽을 설치하거나 그 밖에 필요한 조치를 하여야 한다.

> **보충⁺ 대지 안의 옹벽 설치**
> 1. 성토 또는 절토하는 부분의 경사도가 1 : 1.5 이상으로서 높이가 1m 이상인 부분에는 옹벽을 설치할 것
> 2. 옹벽의 높이가 2m 이상인 경우에는 이를 콘크리트구조로 할 것. 다만, 옹벽에 관한 기술적 기준에 적합한 경우에는 그러하지 아니하다.
> 3. 옹벽의 외벽면에는 이의 지지 또는 배수를 위한 시설 외의 구조물이 밖으로 튀어나오지 아니하게 할 것

보충⁺ 경사도 : 1 : 1.5

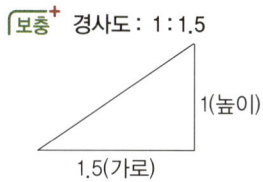

2 대지의 조경

(1) 원칙

면적이 200m² 이상인 대지에 건축을 하는 건축주는 용도지역 및 건축물의 규모에 따라 해당 지방자치단체의 조례로 정하는 기준에 따라 대지에 조경이나 그 밖에 필요한 조치를 하여야 한다.

(2) 예외

다음에 해당하는 건축물에 대하여는 조경 등의 조치를 하지 아니할 수 있다.

① 녹지지역에 건축하는 건축물
② 면적 5,000m² 미만인 대지에 건축하는 공장
③ 연면적의 합계가 1,500m² 미만인 공장
④ 「산업집적활성화 및 공장설립에 관한 법률」에 따른 산업단지의 공장
⑤ 축사
⑥ 도시·군계획시설 및 도시·군계획시설 예정지에서 건축하는 가설건축물
⑦ 연면적의 합계가 1,500m² 미만인 물류시설(주거지역 또는 상업지역에 건축하는 것은 제외)
⑧ 관리지역·농림지역 또는 자연환경보전지역(지구단위계획구역으로 지정된 지역은 제외) 안의 건축물

> [기출] 상업지역에 건축하는 물류시설에 대해서는 조경 등의 조치를 하여야 한다. 제31회, 제35회 ( )
> ▶ 정답 ○

3 공개공지 등의 확보

(1) 대상지역

다음의 어느 하나에 해당하는 지역의 환경을 쾌적하게 조성하기 위하여 일반이 사용할 수 있도록 대통령령으로 정하는 기준에 따라 소규모 휴식시설 등의 공개공지(空地: 공터) 또는 공개공간을 설치하여야 한다.

① 일반주거지역
② 준주거지역
③ 상업지역
④ 준공업지역
⑤ 특별자치시장·특별자치도지사 또는 시장·군수·구청장이 도시화의 가능성이 크거나 노후산업단지의 정비가 필요하다고 인정하여 지정·공고한 구역

> [기출] 일반주거지역, 준주거지역, 상업지역, 준공업지역에 해당하는 지역에 건축물을 건축하는 건축주는 공개공지 등을 설치하여야 한다. 제27회 ( )
> ▶ 정답 ○

(2) 대상 건축물

다음의 어느 하나에 해당하는 건축물의 대지에는 공개공지 또는 공개공간(이하 '공개공지 등'이라 한다)을 설치해야 한다. 이 경우 공개공지는 필로티 구조로 설치할 수 있다.

① 문화 및 집회시설, 종교시설, 판매시설(농수산물유통시설은 제외), 운수시설(여객용 시설만 해당), 업무시설 및 숙박시설로서 해당 용도로 쓰는 바닥면적의 합계가 5,000m² 이상인 건축물
② 그 밖에 다중이 이용하는 시설로서 건축조례로 정하는 건축물

(3) 확보면적

공개공지 등의 면적은 대지면적의 100분의 10 이하의 범위에서 건축조례로 정한다. 이 경우 조경면적과 매장유산의 현지보존 조치면적을 공개공지 등의 면적으로 할 수 있다.

> **기출** 공개공지 등의 면적은 대지면적의 100분의 10 이하의 범위에서 건축조례로 정한다. 제24회
> ( )
>
> ▶ 정답 ○

(4) 설치시설

공개공지 등을 설치할 때에는 모든 사람들이 환경친화적으로 편리하게 이용할 수 있도록 긴 의자 또는 조경시설 등 건축조례로 정하는 시설을 설치하여야 한다.

(5) 법률규정의 완화

건축물에 공개공지 등을 설치하는 경우에는 「건축법」 제43조 제2항(건폐율, 용적률, 건축물의 높이제한 완화)에 따라 다음의 범위에서 용적률 및 건축물의 높이제한을 완화하여 적용한다.

① 용적률은 해당 지역에 적용하는 용적률의 1.2배 이하
② 건축물의 높이제한은 해당 건축물에 적용하는 높이기준의 1.2배 이하

> **정리** 공개공지 확보와 완화규정
> 1. 「건축법」: 공개공지 등을 설치하는 경우에는 건폐율, 용적률, 건축물의 높이제한 규정을 완화하여 적용할 수 있다.
> 2. 시행령: 건축물에 공개공지 등을 설치하는 경우에는 용적률과 건축물의 높이제한 규정을 1.2배 범위에서 완화하여 적용한다.

(6) 공개공지 등의 활용

공개공지 등에는 연간 60일 이내의 기간 동안 건축조례로 정하는 바에 따라 주민들을 위한 문화행사를 열거나 판촉활동을 할 수 있다.

제2절 도 로 제34회

1 도로의 개념

(1) 통행도로

도로란 보행과 자동차 통행이 가능한 너비 4m 이상의 도로로서 다음의 어느 하나에 해당하는 도로나 그 예정도로를 말한다.

> ① 「국토의 계획 및 이용에 관한 법률」, 「도로법」, 「사도법」, 그 밖의 관계 법령에 따라 신설 또는 변경에 관한 고시가 된 도로
> ② 건축허가 또는 신고 시에 시·도지사 또는 시장·군수·구청장이 위치를 지정하여 공고한 도로

(2) 차량 통행이 불가능한 도로

특별자치시장·특별자치도지사 또는 시장·군수·구청장이 지형적 조건으로 인하여 차량 통행을 위한 도로의 설치가 곤란하다고 인정하여 그 위치를 지정·공고하는 구간의 너비 3m 이상(길이가 10m 미만인 막다른 도로인 경우에는 너비 2m 이상)인 도로를 말한다.

(3) 막다른 도로

막다른 도로로서 그 도로의 너비가 그 길이에 따라 각각 다음에서 정하는 기준 이상인 도로를 말한다.

막다른 도로의 길이	도로의 너비
10m 미만	2m 이상
10m 이상 35m 미만	3m 이상
35m 이상	6m (도시지역이 아닌 읍·면지역은 4m) 이상

2 도로의 지정, 폐지 및 변경

(1) 도로의 지정

허가권자는 도로의 위치를 지정·공고하려면 그 도로에 대한 이해관계인의 동의를 받아야 한다. 다만, 다음의 어느 하나에 해당하면 이해관계인의 동의를 받지 아니하고 건축위원회의 심의를 거쳐 도로를 지정할 수 있다.

① 허가권자가 이해관계인이 해외에 거주하는 등의 사유로 이해관계인의 동의를 받기가 곤란하다고 인정하는 경우
② 주민이 오랫동안 통행로로 이용하고 있는 사실상의 통로로서 해당 지방자치단체의 조례로 정하는 것인 경우

(2) 도로의 폐지·변경 → 예외규정 없음

허가권자는 지정한 도로를 폐지하거나 변경하려면 그 도로에 대한 이해관계인의 동의를 받아야 한다. 그 도로에 편입된 토지의 소유자, 건축주 등이 허가권자에게 지정된 도로의 폐지나 변경을 신청하는 경우에도 또한 같다.

3 대지와 도로의 관계 – 접도의무

(1) 원칙

건축물의 대지는 2m 이상이 도로(자동차만의 통행에 사용되는 도로는 제외)에 접하여야 한다.

(2) 예외

다음의 어느 하나에 해당하면 2m 이상 접하지 않아도 된다.

① 해당 건축물의 출입에 지장이 없다고 인정되는 경우
② 건축물의 주변에 광장, 공원, 유원지 등 허가권자가 인정한 공지가 있는 경우
③ 「농지법」에 따른 농막을 건축하는 경우

(3) 강화

연면적의 합계가 2,000m² (공장인 경우에는 3,000m²) 이상인 건축물(축사, 작물재배사는 제외)의 대지는 너비 6m 이상의 도로에 4m 이상 접하여야 한다.

기출 공장의 주변에 허가권자가 인정한 공지인 광장이 있는 경우 연면적의 합계가 1,000m²인 공장의 대지는 도로에 2m 이상 접하지 않아도 된다. 제25회 ( )

▶정답 ○

기출 연면적의 합계가 2천m²인 공장의 대지는 너비 6m 이상의 도로에 4m 이상 접하여야 한다. 제25회 ( )

▶정답 ✕
연면적의 합계가 3천m²인 공장의 대지는 너비 6m 이상의 도로에 4m 이상 접하여야 한다.

4 건축선

(1) 원칙

도로와 접한 부분에 건축물을 건축할 수 있는 선[이하 '건축선(建築線)'이라 한다]은 대지와 도로의 경계선으로 한다.

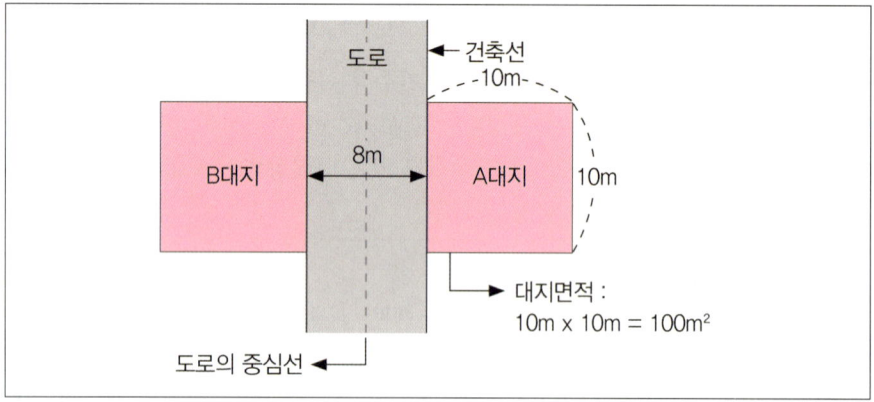

(2) 예외

① 소요너비에 미달하는 도로에서의 건축선

㉠ 도로 양쪽에 대지가 존재하는 경우: 소요너비에 못 미치는 너비의 도로인 경우에는 그 중심선으로부터 그 소요너비의 2분의 1의 수평거리만큼 물러난 선을 건축선으로 한다.

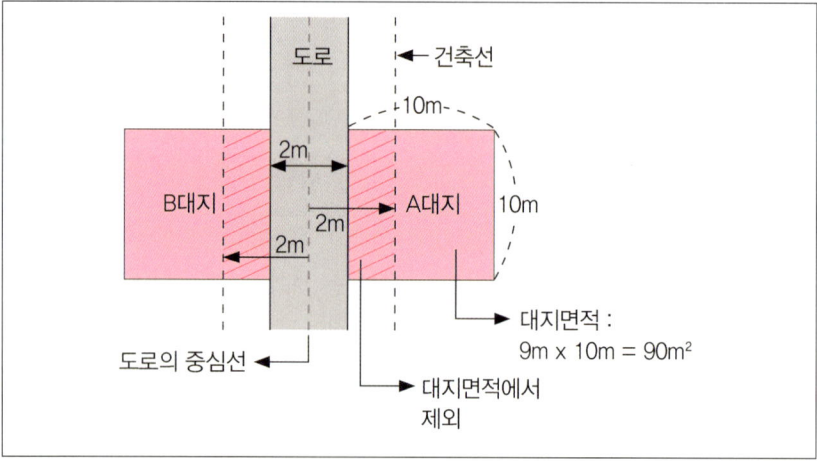

ⓒ 도로의 반대쪽에 경사지 등이 존재하는 경우: 그 도로의 반대쪽에 경사지, 하천, 철도, 선로부지 등이 있는 경우에는 그 경사지 등이 있는 쪽의 도로경계선에서 소요너비에 해당하는 수평거리의 선을 건축선으로 한다.

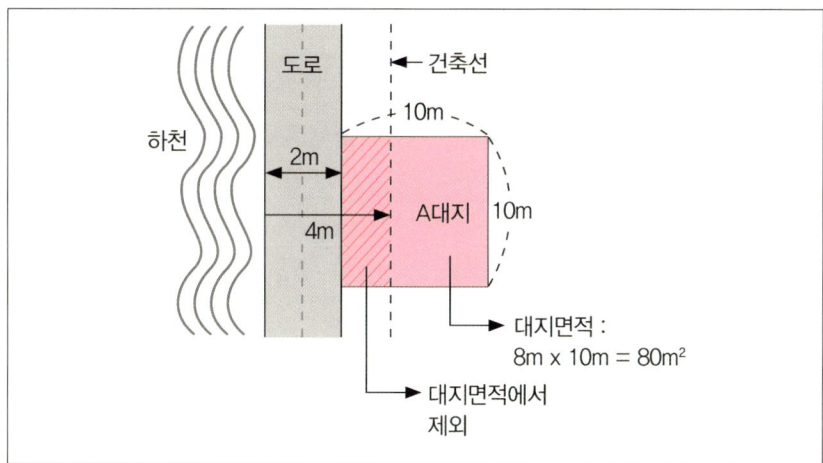

② **지정건축선**: 특별자치시장·특별자치도지사 또는 시장·군수·구청장은 시가지 안에서 건축물의 위치나 환경을 정비하기 위하여 필요하다고 인정하면 도시지역에는 4m 이하의 범위에서 건축선을 따로 지정할 수 있다.

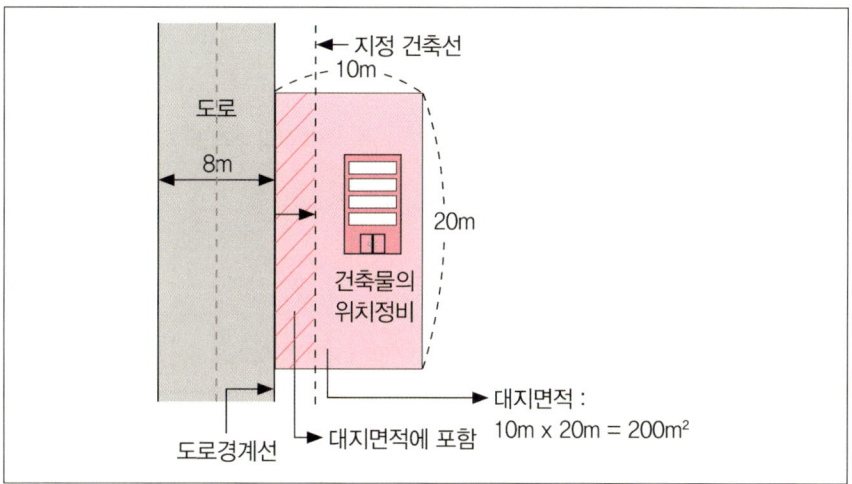

③ **도로모퉁이에서의 건축선**(가각전제) : 너비 8m 미만인 도로의 모퉁이에 위치한 대지의 도로모퉁이 부분의 건축선은 그 대지에 접한 도로경계선의 교차점으로부터 도로경계선에 따라 다음에 따른 거리를 각각 후퇴한 두 점을 연결한 선으로 한다.

도로의 교차각	해당 도로의 너비		교차되는 도로의 너비
	6m 이상 8m 미만	4m 이상 6m 미만	
90° 미만	4m	3m	6m 이상 8m 미만
	3m	2m	4m 이상 6m 미만
90° 이상 120° 미만	3m	2m	6m 이상 8m 미만
	2m	2m	4m 이상 6m 미만

5 건축선에 따른 건축제한

(1) 건축물과 담장은 건축선의 수직면(垂直面)을 넘어서는 아니 된다. 다만, 지표아래 부분은 건축선의 수직면을 넘을 수 있다.

[기출] 건축물과 담장은 건축선의 수직면을 넘어서는 아니 된다. 다만, 지표 아래 부분은 건축선의 수직면을 넘을 수 있다. 제25회 (   )

▶ 정답 ○

(2) 도로면으로부터 높이 4.5m 이하에 있는 출입구, 창문, 그 밖에 이와 유사한 구조물은 열고 닫을 때 건축선의 수직면을 넘지 아니하는 구조로 하여야 한다.

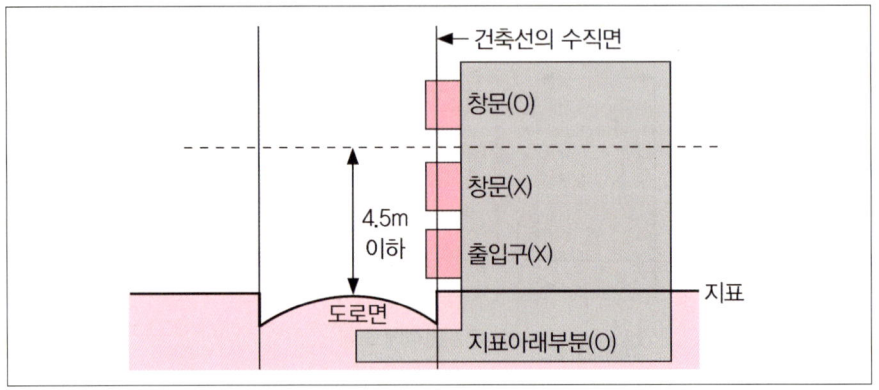

Chapter 05 건축물의 구조 및 면적산정방법

제1절 건축물의 구조 제27회, 제29회, 제34회, 제35회, 제36회

1 구조안전 확인서류의 제출(내진능력공개 대상)

다음에 해당하는 건축물의 건축주는 해당 건축물의 설계자로부터 구조안전의 확인서류를 받아 착공신고를 하는 때에 그 확인서류를 허가권자에게 제출하여야 한다. 다만, 표준설계도서에 따라 건축하는 건축물은 제외한다.

① 층수가 2층(목구조 건축물의 경우에는 3층) 이상인 건축물
② 연면적이 200m²(목구조 건축물의 경우에는 500m²) 이상인 건축물. 다만, 창고, 축사, 작물 재배사는 제외한다.
③ 높이가 13m 이상인 건축물
④ 처마높이가 9m 이상인 건축물
⑤ 기둥과 기둥 사이의 거리가 10m 이상인 건축물
⑥ 단독주택 및 공동주택
⑦ 국가적 문화유산으로 보존할 가치가 있는 것으로서 국토교통부령으로 정하는 건축물

> **보충⁺ 구조안전 확인서류 제출**
> 1. 건축물의 용도 및 규모를 고려한 중요도가 높은 건축물로서 국토교통부령으로 정하는 건축물
> 2. 한쪽 끝은 고정되고 다른 끝은 지지(支持)되지 아니한 구조로 된 보·차양 등이 외벽의 중심선으로부터 3m 이상 돌출된 건축물
> 3. 특수한 설계·시공·공법 등이 필요한 건축물로서 국토교통부장관이 정하여 고시하는 구조로 된 건축물

2 직통계단의 설치

(1) 직통계단의 위치(30m 이하)

건축물의 피난층(직접 지상으로 통하는 출입구가 있는 층 및 피난안전구역을 말한다) 외의 층에서는 피난층 또는 지상으로 통하는 직통계단(경사로를 포함)을 거실의 각 부분으로부터 계단(거실로부터 가장 가까운 거리에 있는 계단을 말한다)에 이르는 보행거리가 30m 이하가 되도록 설치하여야 한다.

(2) 피난안전구역

초고층 건축물(50층 이상이거나 높이 200m 이상)에는 피난층 또는 지상으로 통하는 직통계단과 직접 연결되는 피난안전구역을 지상층으로부터 최대 30개 층마다 1개소 이상 설치하여야 한다.

> **기출** 층수가 63층이고 높이가 190m인 초고층 건축물에는 피난층 또는 지상으로 통하는 직통계단과 직접 연결되는 피난안전구역을 지상층으로부터 최대 30개 층마다 1개소 이상 설치하여야 한다. 제27회
> ( )
>
> ▶정답 ○

(3) 옥외피난계단 설치

건축물의 **3층 이상인 층**(피난층은 제외)으로서 다음의 어느 하나에 해당하는 용도로 쓰는 층에는 직통계단 외에 그 층으로부터 지상으로 통하는 옥외피난계단을 따로 설치하여야 한다.

① 문화 및 집회시설 중 **공연장**이나 위락시설 중 **주점영업**의 용도로 쓰는 층으로서 그 층 거실의 바닥면적의 합계가 **300m² 이상인 것**
② 문화 및 집회시설 중 **집회장**의 용도로 쓰는 층으로서 그 층 거실의 바닥면적의 합계가 **1,000m² 이상인 것**

(4) 개방공간의 설치

바닥면적의 합계가 **3,000m² 이상인 공연장·집회장·관람장 또는 전시장을 지하층에 설치하는 경우**에는 각 실에 있는 자가 지하층 각 층에서 건축물 밖으로 피난하여 옥외계단 또는 경사로 등을 이용하여 피난층으로 대피할 수 있도록 **천장이 개방된 외부공간을 설치하여야 한다.**

3 옥상광장 등의 설치

(1) 난간설치

옥상광장 또는 2층 이상인 층에 있는 노대등[노대(露臺)나 그 밖에 이와 비슷한 것을 말한다]의 주위에는 **높이 1.2m 이상의 난간을 설치하여야 한다.** 다만, 그 노대등에 출입할 수 없는 구조인 경우에는 그러하지 아니하다.

(2) 옥상광장

5층 이상인 층이 제2종 근린생활시설 중 공연장·종교집회장·인터넷컴퓨터게임시설제공업소(해당 용도로 쓰는 바닥면적의 합계가 각각 300m² 이상인 경우만 해당), 문화 및 집회시설(**전시장 및 동·식물원은 제외**), 종교시설, 판매시설, 위락시설 중 주점영업 또는 장례시설의 용도로 쓰는 경우에는 피난 용도로 쓸 수 있는 광장을 옥상에 설치하여야 한다.

(3) 헬리포트

층수가 11층 이상인 건축물로서 11층 이상인 층의 바닥면적의 합계가 1만m² 이상인 건축물의 옥상에는 다음의 구분에 따른 공간을 확보하여야 한다.

① 건축물의 지붕을 평지붕으로 하는 경우: 헬리포트를 설치하거나 헬리콥터를 통하여 인명 등을 구조할 수 있는 공간
② 건축물의 지붕을 경사지붕으로 하는 경우: 경사지붕 아래에 설치하는 대피공간

(4) **소음방지를 위한 경계벽**

다음의 어느 하나에 해당하는 건축물의 경계벽은 국토교통부령으로 정하는 기준에 따라 설치해야 한다.

① 단독주택 중 다가구주택의 각 가구 간 또는 공동주택(기숙사는 제외)의 각 세대 간 경계벽(거실·침실 등의 용도로 쓰지 아니하는 발코니 부분은 제외)
② 공동주택 중 기숙사의 침실, 의료시설의 병실, 교육연구시설 중 학교의 교실 또는 숙박시설의 객실 간 경계벽
③ 제1종 근린생활시설 중 산후조리원의 다음의 어느 하나에 해당하는 경계벽
  ㉠ 임산부실 간 경계벽
  ㉡ 신생아실 간 경계벽
  ㉢ 임산부실과 신생아실 간 경계벽
④ 제2종 근린생활시설 중 다중생활시설의 호실 간 경계벽
⑤ 노유자시설 중 「노인복지법」에 따른 노인복지주택의 각 세대 간 경계벽
⑥ 노유자시설 중 노인요양시설의 호실 간 경계벽

(5) **소음방지를 위한 층간바닥**

다음의 어느 하나에 해당하는 건축물의 층간바닥(화장실의 바닥은 제외)은 국토교통부령으로 정하는 기준에 따라 설치해야 한다.

① 단독주택 중 다가구주택
② 공동주택(「주택법」 제15조에 따른 주택건설사업계획승인대상은 제외)
③ 업무시설 중 오피스텔
④ 제2종 근린생활시설 중 다중생활시설
⑤ 숙박시설 중 다중생활시설

> **기출** 판매시설 중 상점은 건축물의 가구·세대 등 간 소음방지를 위한 경계벽을 설치하여야 하는 건축물에 해당한다. 제26회 ( )
>
> ▶ **정답** ✗
> 판매시설 중 상점은 건축물의 가구·세대 등 간 소음방지를 위한 경계벽을 설치하여야 하는 건축물에 해당하지 않는다.

(6) 범죄예방기준

국토교통부장관이 정하여 고시하는 범죄예방기준에 따라 건축하여야 하는 건축물은 다음과 같다.

① 다가구주택, 아파트, 연립주택 및 다세대주택 → 기숙사(×)
② 제1종 근린생활시설 중 일용품을 판매하는 소매점
③ 제2종 근린생활시설 중 다중생활시설
④ 문화 및 집회시설(동·식물원은 제외)
⑤ 교육연구시설(연구소 및 도서관은 제외)
⑥ 노유자시설
⑦ 수련시설
⑧ 업무시설 중 오피스텔
⑨ 숙박시설 중 다중생활시설

기출 공동주택 중 기숙사는 국토교통부장관이 정하여 고시하는 건축물, 건축설비 및 대지에 관한 범죄예방기준에 따라 건축하여야 하는 건축물에 해당한다. 제29회
( )

▶ **정답** ×
공동주택 중 기숙사는 국토교통부장관이 정하여 고시하는 건축물, 건축설비 및 대지에 관한 범죄예방기준에 따라 건축하여야 하는 건축물에 해당하지 않는다.

제2절 대지가 지역·지구 또는 구역에 걸치는 경우

1 원칙

대지가 이 법이나 다른 법률에 따른 지역·지구(녹지지역과 방화지구는 제외) 또는 구역에 걸치는 경우에는 대통령령으로 정하는 바에 따라 그 건축물과 대지의 전부에 대하여 대지의 과반(過半)이 속하는 지역·지구 또는 구역 안의 건축물 및 대지 등에 관한 이 법의 규정을 적용한다.

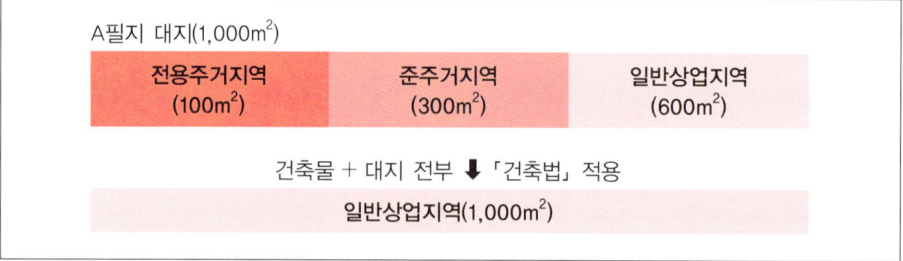

2 예 외

(1) 건축물이 방화지구에 걸치는 경우

하나의 건축물이 방화지구와 그 밖의 구역에 걸치는 경우에는 그 전부에 대하여 방화지구 안의 건축물에 관한 「건축법」의 규정을 적용한다. 다만, 건축물의 방화지구에 속한 부분과 그 밖의 구역에 속한 부분의 경계가 방화벽으로 구획되는 경우 그 밖의 구역에 있는 부분에 대하여는 그러하지 아니하다.

(2) 대지가 녹지지역과 그 밖의 지역 등에 걸치는 경우

대지가 녹지지역과 그 밖의 지역·지구 또는 구역에 걸치는 경우에는 각 지역·지구 또는 구역 안의 건축물과 대지에 관한 이 법의 규정을 적용한다. 다만, 녹지지역 안의 건축물이 방화지구에 걸치는 경우에는 위 (1)의 규정에 따른다.

제3절 건폐율·용적률

1 건폐율

대지면적에 대한 건축면적(대지에 건축물이 둘 이상 있는 경우에는 이들 건축면적의 합계로 한다)의 비율(이하 '건폐율'이라 한다)의 최대한도는 「국토의 계획 및 이용에 관한 법률」에 따른 건폐율의 기준에 따른다. 다만, 「건축법」에서 기준을 완화하거나 강화하여 적용하도록 규정한 경우에는 그에 따른다.

$$건폐율 = \frac{건축면적}{대지면적} \times 100$$

> [기출] 건축법의 규정을 통하여 국토의 계획 및 이용에 관한 법률상 건폐율의 최대한도를 강화하여 적용할 수 있으나, 이를 완화하여 적용할 수는 없다. 제23회 ( )
>
> ▶정답 ×
> 건축법의 규정을 통하여 국토의 계획 및 이용에 관한 법률상 건폐율의 최대한도를 강화하여 적용하거나 완화하여 적용할 수 있다.

2 용적률

대지면적에 대한 연면적(대지에 건축물이 둘 이상 있는 경우에는 이들 연면적의 합계로 한다)의 비율(이하 '용적률'이라 한다)의 최대한도는 「국토의 계획 및 이용에 관한 법률」에 따른 용적률의 기준에 따른다. 다만, 「건축법」에서 기준을 완화하거나 강화하여 적용하도록 규정한 경우에는 그에 따른다.

$$용적률 = \frac{연면적}{대지면적} \times 100$$

> ※참고 용적률을 산정할 때에는 지하층의 면적, 지상층의 주차용(해당 건축물의 부속 용도인 경우만 해당)으로 쓰는 면적, 초고층 건축물과 준초고층 건축물에 설치하는 피난안전구역의 면적, 건축물의 경사지붕 아래에 설치하는 대피공간의 면적은 연면적에서 제외한다.

> [!NOTE] 보충⁺ 분할제한 기준
> 건축물이 있는 대지는 대지와 도로의 관계, 건폐율, 용적률, 대지의 공지, 건축물의 높이제한, 일조등의 확보를 위한 높이제한 규정에 미달되게 분할할 수 없다.

> [!NOTE] 보충⁺ 대지의 분할제한
> 건축물이 있는 대지는 다음에 해당하는 규모 이상의 범위에서 해당 지방자치단체의 조례로 정하는 면적에 못 미치게 분할할 수 없다.
> 1. 주거지역: 60m²
> 2. 상업지역: 150m²
> 3. 공업지역: 150m²
> 4. 녹지지역: 200m²
> 5. 기타지역: 60m²

제 4 절 건축물의 면적 및 높이 등의 산정방법 제27회, 제29회, 제31회, 제33회

1 대지면적

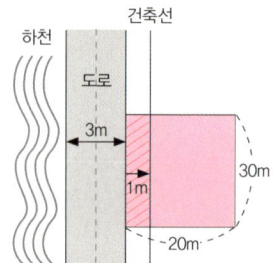

보충⁺ 대지면적의 산정방법
대지면적: 19m x 30m = 570m²

대지면적은 대지의 수평투영면적으로 한다. 다만, 다음의 어느 하나에 해당하는 면적은 제외한다.

① 대지에 건축선이 정하여진 경우: 그 건축선과 도로 사이의 대지면적
② 대지에 도시·군계획시설인 도로·공원 등이 있는 경우: 그 도시·군계획시설에 포함되는 대지면적

2 건축면적

> [!NOTE] 보충⁺ 외벽의 중심선으로부터 1m 이상 돌출된 부분이 있는 건축물의 건축면적은 그 돌출된 끝부분으로부터 다음의 수평거리를 후퇴한 선으로 산정한다.
> 1. 전통사찰: 4m 이하
> 2. 한옥: 2m 이하

건축면적은 건축물의 외벽(외벽이 없는 경우에는 외곽 부분의 기둥을 말한다)의 중심선으로 둘러싸인 부분의 수평투영면적으로 한다. 다만, 다음의 경우에는 건축면적에 산입하지 않는다.

① 건축물 지상층에 일반인이나 차량이 통행할 수 있도록 설치한 보행통로나 차량통로
② 지하주차장의 경사로
③ 생활폐기물 보관시설(음식물쓰레기, 의류 등의 수거시설을 말한다)
④ 지표면으로부터 1m 이하에 있는 부분(창고 중 물품을 입출고하기 위하여 차량을 접안시키는 부분의 경우에는 1.5m 이하에 있는 부분)

3 바닥면적

바닥면적은 건축물의 각 층 또는 그 일부로서 벽, 기둥, 그 밖에 이와 비슷한 구획의 중심선으로 둘러싸인 부분의 수평투영면적으로 한다. 다만, 다음의 어느 하나에 해당하는 경우에는 다음에서 정하는 바에 따른다.

① 벽·기둥의 구획이 없는 건축물은 그 지붕 끝부분으로부터 수평거리 1m를 후퇴한 선으로 둘러싸인 수평투영면적으로 한다.
② 건축물의 노대 등의 바닥은 난간 등의 설치 여부에 관계없이 노대 등의 면적(외벽의 중심선으로부터 노대 등의 끝부분까지의 면적을 말한다)에서 노대 등이 접한 가장 긴 외벽에 접한 길이에 1.5m를 곱한 값을 뺀 면적을 바닥면적에 산입한다.
③ 필로티나 그 밖에 이와 비슷한 구조(벽면적의 2분의 1 이상이 그 층의 바닥면에서 위층 바닥 아랫면까지 공간으로 된 것만 해당)의 부분은 그 부분이 공중의 통행이나 차량의 통행 또는 주차에 전용되는 경우와 공동주택의 경우에는 바닥면적에 산입하지 아니한다.
④ 승강기탑, 계단탑, 장식탑, 다락[층고(層高)가 1.5m(경사진 형태의 지붕인 경우에는 1.8m) 이하인 것만 해당], 건축물의 내부에 설치하는 냉방설비 배기장치 전용 설치공간, 건축물의 외부 또는 내부에 설치하는 굴뚝, 더스트슈트, 설비덕트와 옥상·옥외 또는 지하에 설치하는 물탱크, 기름탱크, 냉각탑, 정화조, 도시가스 정압기를 설치하기 위한 구조물은 바닥면적에 산입하지 아니한다.
⑤ 공동주택으로서 지상층에 설치한 기계실, 전기실, 어린이놀이터, 조경시설 및 생활폐기물 보관시설의 면적은 바닥면적에 산입하지 아니한다.
⑥ 건축물을 리모델링하는 경우로서 미관 향상, 열의 손실 방지 등을 위하여 외벽에 부가하여 마감재 등을 설치하는 부분은 바닥면적에 산입하지 아니한다.
⑦ 「매장유산 보호 및 조사에 관한 법률」에 따른 현지보존 및 이전보존을 위하여 매장유산 보호 및 전시에 전용되는 부분은 바닥면적에 산입하지 아니한다.

4 연면적

연면적은 하나의 건축물 각 층의 바닥면적의 합계로 하되, 용적률을 산정할 때에는 다음에 해당하는 면적은 연면적에서 제외한다.

① 지하층의 면적
② 지상층의 주차용(해당 건축물의 부속용도인 경우만 해당)으로 쓰는 면적
③ 초고층 건축물과 준초고층 건축물에 설치하는 피난안전구역의 면적
④ 건축물의 경사지붕 아래에 설치하는 대피공간의 면적

▶기출 벽·기둥의 구획이 없는 건축물의 바닥면적은 그 지붕 끝부분으로부터 수평거리 1.5m를 후퇴한 선으로 둘러싸인 수평투영면적으로 한다. 제24회, 제29회 ( )

▶정답 ×
벽·기둥의 구획이 없는 건축물의 바닥면적은 그 지붕 끝부분으로부터 수평거리 1m를 후퇴한 선으로 둘러싸인 수평투영면적으로 한다.

▶기출 건축물의 노대 등의 바닥은 전체가 바닥면적에 산입된다. 제21회, 제29회 ( )

▶정답 ×
건축물의 노대 등의 바닥은 난간 등의 설치 여부에 관계없이 노대의 면적에서 노대가 접한 가장 긴 외벽에 접한 길이에 1.5m를 곱한 값을 뺀 면적을 바닥면적에 산입한다.

▶기출 용적률을 산정할 때에는 지하층의 면적은 연면적에 산입하지 않는다. 제33회 ( )

▶정답 ○

5 건축물의 높이

지표면으로부터 그 건축물의 상단까지의 높이[건축물의 **1층 전체에 필로티**(건축물을 사용하기 위한 경비실, 계단실, 승강기실, 그 밖에 이와 비슷한 것을 포함)가 설치되어 있는 경우에는 건축물의 높이제한 규정을 적용할 때 **필로티의 층고를 제외한 높이**]로 한다. 다만, 다음의 어느 하나에 해당하는 경우에는 다음의 규정에서 정하는 바에 따른다.

> ① 건축물의 옥상에 설치되는 승강기탑·계단탑·망루·장식탑·옥탑 등으로서 그 수평투영면적의 합계가 해당 건축물 건축면적의 8분의 1(「주택법」에 따른 사업계획승인대상인 공동주택 중 세대별 전용면적이 85m² 이하인 경우에는 6분의 1) 이하인 경우로서 그 부분의 높이가 12m를 넘는 경우에는 그 넘는 부분만 해당 건축물의 높이에 산입한다.
> ② 지붕마루장식·굴뚝·방화벽의 옥상돌출부나 그 밖에 이와 비슷한 옥상돌출물과 난간벽(그 벽면적의 2분의 1 이상이 공간으로 되어 있는 것만 해당)은 그 건축물의 높이에 산입하지 아니한다.

> **기출** 「건축법」상 건축물의 높이 제한 규정을 적용할 때, 건축물의 1층 전체에 필로티가 설치되어 있는 경우 건축물의 높이는 필로티의 층고를 제외하고 산정한다. 제31회 ( )
>
> ▶ 정답 ○

6 층 고

층고는 방의 바닥구조체 **윗면**으로부터 위층 바닥구조체의 **윗면**까지의 높이로 한다. 다만, 한 방에서 층의 높이가 다른 부분이 있는 경우에는 그 각 부분 높이에 따른 면적에 따라 가중평균한 높이로 한다.

7 층 수

(1) 승강기탑, 계단탑, 망루, 장식탑, 옥탑, 그 밖에 이와 비슷한 건축물의 옥상 부분으로서 그 수평투영면적의 합계가 해당 건축물 건축면적의 8분의 1(「주택법」에 따른 사업계획승인대상인 공동주택 중 세대별 전용면적이 85m² 이하인 경우에는 6분의 1) 이하인 것은 층수에 산입하지 아니한다.

(2) **지하층은 건축물의 층수에 산입하지 아니한다.**

(3) 층의 구분이 명확하지 아니한 건축물은 그 건축물의 높이를 **4m마다 하나의 층으로 산정한다.**

(4) 건축물이 부분에 따라 그 층수가 다른 경우에는 그중 **가장 많은 층수를 그 건축물의 층수로 본다.**

> **기출** 건축물의 부분에 따라 층수가 다른 경우에는 그중 가장 많은 층수를 그 건축물의 층수로 본다. 제24회 ( )
>
> ▶ 정답 ○

Chapter 06 건축물의 높이제한 및 건축협정 등

제1절 건축물의 높이제한

1 가로구역에서의 높이제한

(1) 지정권자

허가권자는 가로구역(도로로 둘러싸인 일단의 지역을 말한다)을 단위로 하여 건축물의 높이를 지정·공고할 수 있다. 다만, 특별자치시장·특별자치도지사 또는 시장·군수·구청장은 가로구역의 높이를 완화하여 적용할 필요가 있다고 판단되는 대지에 대하여는 건축위원회의 심의를 거쳐 높이를 완화하여 적용할 수 있다.

(2) 지정방법

허가권자는 같은 가로구역에서 건축물의 용도 및 형태에 따라 건축물의 높이를 다르게 정할 수 있다.

(3) 조례로 정하는 경우

특별시장이나 광역시장은 도시의 관리를 위하여 필요하면 가로구역별 건축물의 높이를 특별시나 광역시의 조례로 정할 수 있다.

2 일조 등의 확보를 위한 높이제한

(1) 전용주거지역·일반주거지역

전용주거지역과 일반주거지역 안에서 건축하는 건축물의 높이는 일조 등의 확보를 위하여 정북방향의 인접대지경계선으로부터 다음의 범위에서 건축조례로 정하는 거리 이상을 띄어 건축하여야 한다.

① 높이 10m 이하인 부분: 인접대지경계선으로부터 1.5m 이상
② 높이 10m를 초과하는 부분: 인접대지경계선으로부터 해당 건축물 각 부분의 높이의 2분의 1 이상

[기출] 상업지역에서 건축물을 건축하는 경우에는 일조의 확보를 위하여 건축물을 인접대지경계선으로부터 1.5m 이상 띄어 건축하여야 한다. 제26회 ( )

▶ 정답 ✕
일조 등의 확보를 위한 높이제한이 적용되는 지역은 전용주거지역과 일반주거지역이다.

보충+ 정북방향으로의 높이 제한

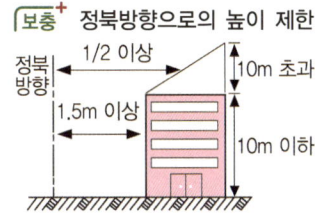

(2) 공동주택

인접 대지경계선 등의 방향으로 채광을 위한 창문 등을 두는 경우와 하나의 대지에 두 동(棟) 이상을 건축하는 경우 중 어느 하나에 해당하는 공동주택(일반상업지역과 중심상업지역에 건축하는 것은 제외)은 채광(採光) 등의 확보를 위하여 대통령령으로 정하는 높이 이하로 하여야 한다.

(3) 적용의 제외

2층 이하로서 높이가 8m 이하인 건축물에는 해당 지방자치단체의 조례로 정하는 바에 따라 일조 등의 확보를 위한 건축물의 높이제한을 적용하지 아니할 수 있다.

> [기출] 일반상업지역에 건축하는 공동주택으로서 하나의 대지에 두 동(棟) 이상을 건축하는 경우에는 채광의 확보를 위한 높이제한이 적용된다. 제25회 ( )
>
> ▶정답 ×
> 일반상업지역과 중심상업지역에 건축하는 공동주택은 일조 등의 확보를 위한 높이제한을 적용하지 아니한다.

제2절 특별건축구역 제32회, 제33회

1 특별건축구역의 의의

특별건축구역이란 조화롭고 창의적인 건축물의 건축을 통하여 도시경관의 창출, 건설기술 수준향상 및 건축 관련 제도개선을 도모하기 위하여 이 법 또는 관계 법령에 따라 일부 규정을 적용하지 아니하거나 완화 또는 통합하여 적용할 수 있도록 특별히 지정하는 구역을 말한다.

2 특별건축구역의 지정

(1) 지정대상지역

① 국토교통부장관 또는 시·도지사는 다음의 구분에 따라 도시나 지역의 일부가 특별건축구역으로 특례 적용이 필요하다고 인정하는 경우에는 특별건축구역을 지정할 수 있다.

🔲 국토교통부장관이 지정하는 경우

> ㉠ 국가가 국제행사 등을 개최하는 도시 또는 지역의 사업구역
> ㉡ 「경제자유구역의 지정 및 운영에 관한 특별법」에 따라 지정된 경제자유구역
> ㉢ 「택지개발촉진법」에 따른 택지개발사업구역
> ㉣ 「공공주택 특별법」에 따른 공공주택지구
> ㉤ 「도시개발법」에 따른 도시개발구역

> [정리] 시·도지사가 지정하는 경우
> 1. 지방자치단체가 국제행사 등을 개최하는 도시 또는 지역의 사업구역
> 2. 국토교통부장관이 지정하는 경우 중 ㉡부터 ㉤까지

② 다음의 어느 하나에 해당하는 지역·구역 등에 대하여는 **특별건축구역으로 지정할 수 없다**.

> ㉠ 「개발제한구역의 지정 및 관리에 관한 특별조치법」에 따른 **개발제한구역**
> ㉡ 「자연공원법」에 따른 **자연공원**
> ㉢ 「도로법」에 따른 **접도구역**
> ㉣ 「산지관리법」에 따른 **보전산지**

> [기출] 군사기지 및 군사시설보호구역은 특별건축구역으로 지정될 수 없다. ( )
>
> ▶ 정답 ✕
> 군사기지 및 군사시설보호구역은 특별건축구역으로 지정될 수 있다.

(2) 특별건축구역의 건축물

특별건축구역에서 건축기준 등의 특례사항을 적용하여 건축할 수 있는 건축물은 다음의 어느 하나에 해당되어야 한다.

> ㉠ 국가 또는 지방자치단체가 건축하는 건축물
> ㉡ 한국토지주택공사 등이 건축하는 건축물
> ㉢ 국가철도공단이 건축하는 건축물

(3) 지정절차 및 해제사유

① **건축위원회의 심의**: 국토교통부장관 또는 특별시장·광역시장·도지사는 지정신청이 접수된 경우에는 지정신청을 받은 날부터 30일 이내에 국토교통부장관이 지정신청을 받은 경우에는 국토교통부장관이 두는 건축위원회(이하 '중앙건축위원회'라고 한다), 특별시장·광역시장·도지사가 지정신청을 받은 경우에는 각각 특별시장·광역시장·도지사가 두는 건축위원회의 심의를 거쳐야 한다.

② **해제사유**: 국토교통부장관 또는 시·도지사는 다음의 어느 하나에 해당하는 경우에는 특별건축구역의 전부 또는 일부에 대하여 지정을 해제할 수 있다.

> ㉠ 지정신청기관의 요청이 있는 경우
> ㉡ 거짓이나 그 밖의 부정한 방법으로 지정을 받은 경우
> ㉢ 특별건축구역 지정일부터 **5년 이내**에 특별건축구역 지정목적에 부합하는 건축물의 **착공이 이루어지지 아니하는 경우**
> ㉣ 특별건축구역 지정요건 등을 위반하였으나 시정이 불가능한 경우

> **보충⁺ 지정신청**
> 1. 중앙행정기관의 장, 시·도지사는 국토교통부장관에게 특별건축구역의 지정을 신청할 수 있다.
> 2. 시장·군수·구청장은 특별시장·광역시장·도지사에게 특별건축구역의 지정을 신청할 수 있다.

> **보충⁺ 지정제안**
> 지정신청기관 외의 자는 사업구역을 관할하는 시·도지사에게 특별건축구역의 지정을 제안할 수 있다.

> **기출** 특별건축구역을 지정한 경우에는 「국토의 계획 및 이용에 관한 법률」에 따른 용도지역·지구·구역의 지정이 있는 것으로 본다. 제32회 ( )
>
> ▶ 정답 ✕
> 특별건축구역을 지정한 경우에는 「국토의 계획 및 이용에 관한 법률」에 따른 용도지역·지구·구역의 지정이 있는 것으로 보지 않는다.

(4) 지정의 효과

특별건축구역을 지정하거나 변경한 경우에는 「국토의 계획 및 이용에 관한 법률」에 따른 도시·군관리계획의 결정(용도지역·지구·구역의 지정 및 변경은 제외)이 있는 것으로 본다.

(5) 관계 법령의 적용 특례

① **적용의 배제**: 특별건축구역에서 건축하는 건축물에 대하여는 다음의 규정을 적용하지 아니할 수 있다.

> ㉠ 대지 안의 조경
> ㉡ 건축물의 건폐율
> ㉢ 건축물의 용적률
> ㉣ 대지 안의 공지
> ㉤ 건축물의 높이제한
> ㉥ 일조 등의 확보를 위한 건축물의 높이제한

② **통합 적용**: 특별건축구역에서는 다음의 관계 법령의 규정에 대하여는 개별 건축물마다 적용하지 아니하고 특별건축구역 전부 또는 일부를 대상으로 통합하여 적용할 수 있다.

> ㉠ 「문화예술진흥법」에 따른 건축물에 대한 미술작품의 설치
> ㉡ 「주차장법」에 따른 부설주차장의 설치
> ㉢ 「도시공원 및 녹지 등에 관한 법률」에 따른 공원의 설치

> **기출** 특별건축구역에서는 「주차장법」에 따른 부설주차장의 설치에 관한 규정은 개별 건축물마다 적용하여야 한다. 제32회 ( )
>
> ▶ 정답 ✕
> 특별건축구역에서는 「주차장법」에 따른 부설주차장의 설치에 관한 규정을 개별 건축물마다 적용하지 아니하고 통합하여 적용할 수 있다.

제 3 절 건축협정 제27회, 제28회, 제29회, 제31회, 제34회

1 건축협정의 체결

토지 또는 건축물의 소유자, 지상권자 등은 전원의 합의로 다음의 어느 하나에 해당하는 지역 또는 구역에서 건축물의 건축·대수선 또는 리모델링에 관한 협정(건축협정)을 체결할 수 있다.

① 「국토의 계획 및 이용에 관한 법률」에 따라 지정된 지구단위계획구역
② 「도시 및 주거환경정비법」에 따른 주거환경개선사업을 시행하기 위하여 지정·고시된 정비구역
③ 「도시재정비 촉진을 위한 특별법」에 따른 존치지역
④ 「도시재생 활성화 및 지원에 관한 특별법」에 따른 도시재생활성화지역

2 건축협정운영회의 설립

(1) 협정체결자는 건축협정서 작성 및 건축협정 관리 등을 위하여 필요한 경우 협정체결자 간의 자율적 기구로서 운영회(이하 '건축협정운영회'라 한다)를 설립할 수 있다.

(2) 건축협정운영회를 설립하려면 협정체결자 과반수의 동의를 받아 건축협정운영회의 대표자를 선임하고, 건축협정인가권자에게 신고하여야 한다.

3 건축협정의 인가 및 변경

(1) 협정체결자 또는 건축협정운영회의 대표자는 건축협정서를 작성하여 해당 건축협정인가권자의 인가를 받아야 한다.

(2) 건축협정 체결대상 토지가 둘 이상의 특별자치시 또는 시·군·구에 걸치는 경우 건축협정 체결대상 토지면적의 과반(過半)이 속하는 건축협정인가권자에게 인가를 신청할 수 있다.

(3) 협정체결자 또는 건축협정운영회의 대표자는 인가받은 사항을 변경하려면 국토교통부령으로 정하는 바에 따라 변경인가를 받아야 한다.

(4) 협정체결자 또는 건축협정운영회의 대표자는 건축협정을 폐지하려는 경우에는 협정체결자 과반수의 동의를 받아 국토교통부령으로 정하는 바에 따라 건축협정인가권자에게 인가를 받아야 한다.

> **기출** 건축협정 체결대상 토지가 둘 이상의 특별자치시 또는 시·군·구에 걸치는 경우 건축협정 체결대상 토지면적의 과반이 속하는 건축협정인가권자에게 인가를 신청할 수 있다. 제27회 ( )
>
> ▶정답 ○

> **기출** 건축협정을 폐지하려면 협정체결자 전원의 동의를 받아 건축협정인가권자의 인가를 받아야 한다. 제31회 ( )
>
> ▶정답 ✕
> 건축협정을 폐지하려면 협정체결자 과반수의 동의를 받아 건축협정인가권자의 인가를 받아야 한다.

4 건축협정의 효력 및 승계

(1) 건축협정구역에서 건축물의 건축·대수선 또는 리모델링을 하거나 그 밖에 대통령령으로 정하는 행위를 하려는 소유자 등은 인가·변경인가된 건축협정에 따라야 한다.

(2) 건축협정이 공고된 후 건축협정구역에 있는 토지나 건축물 등에 관한 권리를 협정체결자인 소유자 등으로부터 이전받거나 설정받은 자는 협정체결자로서의 지위를 승계한다. 다만, 건축협정에서 달리 정한 경우에는 그에 따른다.

5 건축협정에 따른 특례

(1) 건축협정을 체결하여 둘 이상의 건축물 벽을 맞벽으로 하여 건축하려는 경우 맞벽으로 건축하려는 자는 공동으로 건축허가를 신청할 수 있다.

(2) 건축협정의 인가를 받은 건축협정구역에서 연접한 대지에 대하여 다음의 관계 법령의 규정을 개별 건축물마다 적용하지 아니하고 건축협정구역의 전부 또는 일부를 대상으로 통합하여 적용할 수 있다.

> ① 대지의 조경
> ② 대지와 도로와의 관계
> ③ 지하층의 설치
> ④ 건폐율
> ⑤ 「주차장법」에 따른 부설주차장의 설치
> ⑥ 「하수도법」에 따른 개인하수처리시설의 설치

암기TIP 건조한 부대지개!

[기출] 건축협정의 인가를 받은 건축협정구역에서 계단의 설치에 관한 규정은 연접한 대지에 대하여 관계 법령의 규정을 개별 건축물마다 적용하지 아니하고 건축협정구역을 대상으로 통합하여 적용할 수 있다. 제28회 ( )

▶ 정답 ✕
계단의 설치에 관한 규정은 건축협정구역에서 통합하여 적용할 수 없다.

(3) 건축협정에 따른 특례를 적용하여 착공신고를 한 경우에는 착공신고를 한 날부터 20년이 지난 후에 건축협정의 폐지인가를 신청할 수 있다.

제4절 결합건축 제30회, 제33회

1 결합건축 대상지역

다음의 어느 하나에 해당하는 지역에서 **대지 간의 최단거리가 100m 이내의 범위**에서 2개의 대지의 건축주가 서로 합의한 경우 2개의 대지를 대상으로 결합건축을 할 수 있다.

① 상업지역
② 역세권개발구역
③ 주거환경개선사업의 시행을 위한 구역
④ 건축협정구역, **특별건축구역**, 리모델링활성화구역
⑤ 도시재생활성화지역, 건축자산 진흥구역

> **기출** 특별가로구역은 결합건축을 할 수 있는 구역에 해당한다. 제33회 ( )
>
> ▶ 정답 ✕
> 특별가로구역은 결합건축을 할 수 있는 구역에 해당하지 않는다.

2 결합건축협정서 명시사항

① 용도지역
② 자연인인 경우 성명, 주소 및 생년월일
③ 법인, 법인 아닌 사단이나 재단 및 외국인인 경우 등록번호
④ 대지별 용적률
⑤ 건축계획서

> **기출** 결합건축협정서를 체결하는 자가 법인인 경우 지방세 납세증명서는 결합건축협정서에 명시하여야 하는 사항이다. 제30회 ( )
>
> ▶ 정답 ✕
> 결합건축협정서를 체결하는 자가 법인인 경우 지방세 납세증명서는 결합건축협정서에 명시하여야 하는 사항이 아니다.

3 결합건축의 절차

허가권자는 「국토의 계획 및 이용에 관한 법률」에 따른 도시·군계획사업에 편입된 대지가 있는 경우 결합건축을 포함한 건축허가를 아니할 수 있다.

4 결합건축의 관리

(1) **협정체결 유지기간**

최소 30년으로 한다. 다만, 용적률 기준을 종전대로 환원하여 신축·개축·재축하는 경우에는 그러하지 아니하다.

(2) 결합건축협정서 폐지

전원의 동의 + 허가권자에게 신고하여야 한다.

(3) 둘 이상의 대지에 걸치는 경우

토지면적의 과반이 속하는 허가권자에게 건축허가를 신청할 수 있다.

제 5 절 이행강제금 제29회

1 이행강제금의 부과

(1) 부과금액

허가권자는 시정명령을 받은 후 시정기간 내에 시정명령을 이행하지 아니한 건축주 등에 대하여는 그 시정명령의 이행에 필요한 상당한 이행기한을 정하여 그 기한까지 시정명령을 이행하지 아니하면 다음의 이행강제금을 부과한다. 다만, 연면적이 60㎡ 이하인 주거용 건축물과 아래 ② 중 주거용건축물로서 사용승인 위반, 조경의무면적 위반, 건축물의 높이제한, 일조등의 확보를 위한 높이제한을 위반한 경우에는 다음의 어느 하나에 해당하는 금액의 2분의 1의 범위에서 해당 지방자치단체의 조례로 정하는 금액을 부과한다.

> ① 건축물이 **건폐율이나 용적률을 초과**하여 건축된 경우 또는 **허가를 받지 아니하거나 신고를 하지 아니하고 건축된** 경우에는 「지방세법」에 따라 해당 건축물에 적용되는 1㎡의 시가표준액의 100분의 50에 해당하는 금액에 **위반면적을 곱한 금액** 이하의 범위에서 대통령령으로 정하는 비율(**건폐율 초과 : 100분의 80, 용적률 초과 : 100분의 90, 무허가 : 100분의 100, 무신고 : 100분의 70**)을 곱한 금액
> ② 건축물이 위 ① 외의 위반 건축물에 해당하는 경우에는 「지방세법」에 따라 그 건축물에 적용되는 시가표준액에 해당하는 금액의 100분의 10의 범위에서 위반내용에 따라 대통령령으로 정하는 금액

▶기출 용적률을 초과하여 건축한 경우에는 1㎡의 시가표준액의 100분의 50에 해당하는 금액에 위반면적을 곱한 금액 이하의 범위에서 100분의 90을 곱한 금액으로 이행강제금을 부과한다. 제29회 ( )

▶정답 ○

(2) **부과절차**

① **가중부과**: 허가권자는 영리목적을 위한 위반이나 상습적 위반 등 대통령령으로 정하는 경우에 부과금액을 100분의 100의 범위에서 해당 지방자치단체의 조례로 정하는 바에 따라 가중하여야 한다.

② **사전계고**: 허가권자는 이행강제금을 부과하기 전에 이행강제금을 부과·징수한다는 뜻을 미리 문서로써 계고(戒告)하여야 한다.

③ **요식행위**: 허가권자는 이행강제금을 부과하는 경우 금액, 부과 사유, 납부기한, 수납기관, 이의제기 방법 및 이의제기 기관 등을 구체적으로 밝힌 문서로 하여야 한다.

④ **부과횟수**: 허가권자는 최초의 시정명령이 있었던 날을 기준으로 하여 1년에 2회 이내의 범위에서 해당 지방자치단체의 조례로 정하는 횟수만큼 그 시정명령이 이행될 때까지 반복하여 이행강제금을 부과·징수할 수 있다.

⑤ **부과의 중지**: 허가권자는 시정명령을 받은 자가 이를 이행하면 새로운 이행강제금의 부과를 즉시 중지하되, 이미 부과된 이행강제금은 징수하여야 한다.

⑥ **미납자에 대한 징수**: 허가권자는 이행강제금 부과처분을 받은 자가 이행강제금을 납부기한까지 내지 아니하면 「지방행정제재·부과금의 징수 등에 관한 법률」에 따라 징수한다.

⑦ **부과절차**: 이행강제금의 부과 및 징수절차는 국고금관리법 시행규칙을 준용한다.

> **보충⁺ 가중부과 사유**
> 1. 임대 등 영리를 목적으로 법 제19조를 위반하여 용도변경을 한 경우(위반면적이 50m²를 초과하는 경우로 한정한다)
> 2. 임대 등 영리를 목적으로 허가나 신고 없이 신축 또는 증축한 경우(위반면적이 50m²를 초과하는 경우로 한정한다)
> 3. 임대 등 영리를 목적으로 허가나 신고 없이 다세대주택의 세대수 또는 다가구주택의 가구수를 증가시킨 경우(5세대 또는 5가구 이상 증가시킨 경우로 한정한다)
> 4. 동일인이 최근 3년 내에 2회 이상 법 또는 법에 따른 명령이나 처분을 위반한 경우

2 이행강제금의 부과 특례

(1) **부과의 특례**

허가권자는 이행강제금을 다음에서 정하는 바에 따라 감경할 수 있다. 다만, 지방자치단체의 조례로 정하는 기간까지 위반내용을 시정하지 아니한 경우는 제외한다.

> ⊙ 축사 등 농업용·어업용 시설로서 500m²(수도권정비계획법에 따른 수도권 외의 지역에서는 1,000m²) 이하인 경우는 5분의 1을 감경
> ⓒ 그 밖에 위반 동기, 위반 범위 및 위반 시기 등을 고려하여 대통령령으로 정하는 경우(가중 부과하는 경우는 제외)에는 100분의 75의 범위에서 대통령령으로 정하는 비율을 감경

(2) 주거용 건축물의 감경

허가권자는 「건축법」 개정 법률의 시행일(1992년 6월 1일을 말한다) 이전에 이 법 또는 이 법에 따른 명령이나 처분을 위반한 주거용 건축물에 관하여는 대통령령으로 정하는 바에 따라 이행강제금을 감경할 수 있다.

> 보충⁺ 대통령령으로 정하는 비율(연면적 85m² 이하 주거용 건축물은 100분의 80, 연면적 85m² 초과 주거용 건축물은 100분의 60)에 따라 이행강제금을 감경할 수 있다.

제6절 건축분쟁전문위원회(분쟁위원회)

1 조정 및 재정대상

건축등과 관련된 다음의 분쟁의 조정(調停) 및 재정(裁定)을 하기 위하여 국토교통부에 건축분쟁전문위원회(이하 "분쟁위원회"라 한다)를 둔다.

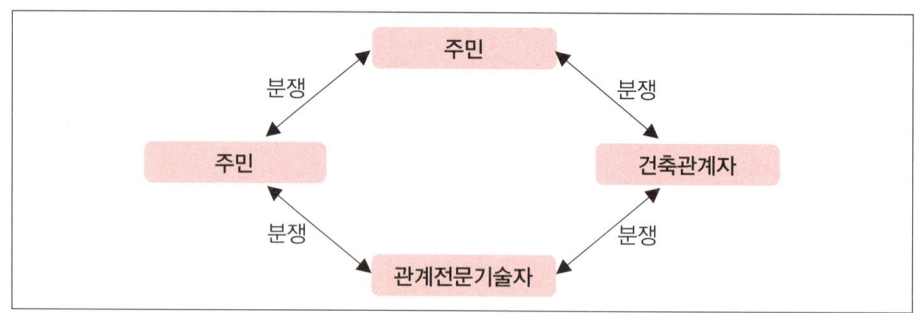

> 보충⁺ 건축관계자
> 건축관계자란 건축주, 설계자, 공사시공자, 공사감리자를 말한다.

> 보충⁺ 관계전문기술자
> 관계전문기술자란 건축물의 구조·설비 등 건축물과 관련된 전문기술자격을 보유하고 설계와 공사감리에 참여하여 설계자 및 공사감리자와 협력하는 자를 말한다.

2 구성

분쟁위원회는 위원장과 부위원장 각 1명을 포함한 15명 이내의 위원으로 구성한다.

3 위촉

분쟁위원회의 위원장과 부위원장은 위원 중에서 국토교통부장관이 위촉한다.

4 의결

분쟁위원회의 회의는 재적위원 과반수의 출석으로 열고 출석위원 과반수의 찬성으로 의결한다.

> 보충⁺ 절차의 비공개
> 분쟁위원회가 행하는 조정 등의 절차는 법 또는 이 영에 특별한 규정이 있는 경우를 제외하고는 공개하지 아니한다.

5 임기

공무원이 아닌 위원의 임기는 3년으로 하되 연임할 수 있다.

6 조정 및 재정

구 분	조 정	재 정
신청자	당사자 중 1명 이상	당사자 간의 합의
처리기간	60일 이내 절차 완료	120일 이내 절차 완료
위원회	3명 위원	5명 위원
효력	① 15일 이내에 수락 여부를 조정위원회에 알려야 한다. ② 조정서 기명날인 → 조정내용은 재판상 화해와 동일한 효력을 갖는다.	재정문서 정본 송달된 날부터 60일 이내에 소송이 제기되지 아니하거나 철회 → 재정내용은 재판상 화해와 동일한 효력을 갖는다.
의결	전원 출석 + 과반수 찬성	
공사의 중지	시·도지사 또는 시장·군수·구청장은 위해 방지를 위하여 긴급한 상황이거나 그 밖에 특별한 사유가 없으면 조정 등의 신청이 있다는 이유만으로 해당 공사를 중지하게 하여서는 아니 된다.	
비용부담	분쟁의 조정 등을 위한 감정·진단·시험에 드는 비용은 당사자 간의 합의로 정하는 비율에 따라 당사자가 부담하여야 한다. 다만, 당사자 간에 협의가 되지 아니하면 조정위원회나 재정위원회에서 부담비율을 정한다.	

> **보충⁺ 직권조정**
> 분쟁위원회는 재정신청이 된 사건을 조정에 회부하는 것이 적합하다고 인정하면 직권으로 직접 조정할 수 있다.

7 선정대표자

① 여러 사람이 공동으로 조정 등의 당사자가 될 때에는 그중에서 3명 이하의 대표자를 선정할 수 있다.

② 분쟁위원회는 당사자가 대표자를 선정하지 아니하는 경우 당사자에게 대표자를 선정할 것을 권고할 수 있다.

③ 선정대표자는 다른 신청인 또는 피선청인을 위하여 그 사건의 조정 등에 관한 모든 행위를 할 수 있다. 다만, 신청을 철회하거나 조정안을 수락하려는 경우에는 서면으로 다른 신청인 또는 피신청인의 동의를 받아야 한다.

④ 대표자가 선정된 경우에는 다른 신청인 또는 피신청인은 그 선정대표자를 통해서만 그 사건에 관한 행위를 할 수 있다.

⑤ 대표자를 선정한 당사자는 필요하다고 인정되면 선정대표자를 해임하거나 변경할 수 있다.

박문각 공인중개사

제1장 용어의 정의
제2장 사업주체
제3장 주택건설자금
제4장 사업계획승인 및 매도청구
제5장 주택의 공급 및 분양가상한제
제6장 투기과열지구 및 전매제한
제7장 공급질서 교란금지 및 리모델링

PART

05

주택법

Chapter 01 용어의 정의

제1절 주 택 제27회, 제28회, 제29회, 제30회, 제31회, 제32회, 제33회, 제34회

1 주택의 정의

'주택'이란 세대의 구성원이 장기간 독립된 주거생활을 할 수 있는 구조로 된 건축물의 전부 또는 일부 및 그 부속토지를 말한다.

2 주택의 종류

(1) 단독주택

1세대가 하나의 건축물 안에서 독립된 주거생활을 할 수 있는 구조로 된 주택을 말하며, 그 종류에는 단독주택, 다중주택, 다가구주택이 있다. → 공관(×)

(2) 공동주택

공동주택이란 건축물의 벽·복도·계단이나 그 밖의 설비 등의 전부 또는 일부를 공동으로 사용하는 각 세대가 하나의 건축물 안에서 각각 독립된 주거생활을 할 수 있는 구조로 된 주택을 말하며, 그 종류에는 아파트, 연립주택, 다세대주택이 있다. ← 기숙사(×)

(3) 세대구분형 공동주택(사업계획승인을 받아 건설한 경우)

세대구분형 공동주택이란 공동주택의 주택 내부 공간의 일부를 세대별로 구분하여 생활이 가능한 구조로 하되, 그 구분된 공간 일부에 대하여 구분소유를 할 수 없는 주택으로서 다음의 기준에 적합한 주택을 말한다.

① 세대별로 구분된 각각의 공간마다 별도의 욕실, 부엌과 현관을 설치할 것
② 하나의 세대가 통합하여 사용할 수 있도록 세대 간에 연결문 또는 경량구조의 경계벽 등을 설치할 것
③ 세대구분형 공동주택의 세대수가 해당 주택단지 안의 공동주택 전체 세대수의 3분의 1을 넘지 아니할 것
④ 세대별로 구분된 각각의 공간의 주거전용면적 합계가 주택단지 전체 주거전용면적 합계의 3분의 1을 넘지 아니할 것

[기출] 주택법령상 단독주택에는 「건축법 시행령」에 따른 다가구주택이 포함되지 않는다. 제30회 ( )

▶ **정답** ×
주택법령상 단독주택에는 「건축법 시행령」에 따른 다가구주택이 포함된다.

[보충+] 세대수 산정
세대구분형 공동주택의 세대수는 그 구분된 공간의 세대에 관계없이 하나의 세대로 산정한다.

> **정리** 「공동주택관리법」에 따라 허가를 받거나 신고하고 설치하는 경우
> 1. 구분된 공간의 세대수는 기존 세대를 포함하여 2세대 이하일 것
> 2. 세대별로 구분된 각각의 공간마다 별도의 욕실, 부엌과 구분 출입문을 설치할 것
> 3. 세대구분형 공동주택의 세대수가 해당 주택단지 안의 공동주택 전체 세대수의 10분의 1과 해당 동의 전체 세대수의 3분의 1을 각각 넘지 않을 것
> 4. 구조, 화재, 소방 및 피난안전 등 관계 법령에서 정하는 안전기준을 충족할 것

(4) **건설자금에 따른 분류**

① **국민주택**: 다음의 하나에 해당하는 주택을 말한다.

> ㉠ 국가, 지방자치단체, 한국토지주택공사, 지방공사가 건설하는 주택으로서 주거전용면적이 1호(戶) 또는 1세대당 85m^2(수도권을 제외한 도시지역이 아닌 읍 또는 면 지역은 100m^2) 이하인 주택
> ㉡ 국가, 지방자치단체의 재정 또는 「주택도시기금법」에 따른 주택도시기금으로부터 자금을 지원받아 건설되거나 개량되는 주택으로서 주거전용면적이 1호(戶) 또는 1세대당 85m^2(수도권을 제외한 도시지역이 아닌 읍 또는 면 지역은 100m^2) 이하인 주택

② **민영주택**: 국민주택을 제외한 주택을 말한다.

▶ **기출** 한국토지주택공사가 수도권에 건설한 주거전용면적이 1세대당 80m^2인 아파트는 국민주택에 해당한다. 제30회 ( )

▶ 정답 ○

3 도시형 생활주택

(1) **도시형 생활주택의 종류**

도시형 생활주택이란 300세대 미만의 국민주택규모에 해당하는 주택으로서 대통령령으로 정하는 지역(도시지역)에 건설하는 다음의 주택을 말한다.

① **아파트형 주택**: 다음의 요건을 모두 갖춘 아파트

> ㉠ 세대별로 독립된 주거가 가능하도록 욕실 및 부엌을 설치할 것
> ㉡ 지하층에는 세대를 설치하지 아니할 것

② **단지형 연립주택**: 연립주택. 다만, 건축위원회의 심의를 받은 경우에는 주택으로 쓰는 층수를 5개 층까지 건축할 수 있다.

③ **단지형 다세대주택**: 다세대주택. 다만, 건축위원회의 심의를 받은 경우에는 주택으로 쓰는 층수를 5개 층까지 건축할 수 있다.

(2) 공동건축의 제한

하나의 건축물에는 도시형 생활주택과 그 밖의 주택을 함께 건축할 수 없다. 다만, 다음의 어느 하나에 해당하는 경우는 예외로 한다.

> ① 도시형 생활주택과 주거전용면적이 85m²를 초과하는 주택 1세대를 함께 건축하는 경우
> ② 「국토의 계획 및 이용에 관한 법률 시행령」에 따른 준주거지역 또는 상업지역에서 아파트형 주택과 도시형 생활주택 외의 주택을 함께 건축하는 경우

> [보충] **공동건축의 제한**
> 하나의 건축물에는 단지형 연립주택 또는 단지형 다세대주택과 아파트형 주택을 함께 건축할 수 없다.

4 준주택 암기TIP 오노기다

'준주택'이란 주택 외의 건축물과 그 부속토지로서 주거시설로 이용 가능한 시설 등을 말하며, 그 범위와 종류는 다음과 같다.

> ① 「건축법 시행령」에 따른 기숙사(학생복지주택을 포함)
> ② 「건축법 시행령」에 따른 다중생활시설
> ③ 「건축법 시행령」에 따른 노인복지시설 중 「노인복지법」의 노인복지주택
> ④ 「건축법 시행령」에 따른 오피스텔

> [기출] 「건축법 시행령」에 따른 다중생활시설은 준주택에 해당하지 않는다. 제31회 ( )
> ▶ 정답 ✕
> 다중생활시설은 준주택에 해당한다.

제2절 부대시설 등, 공공택지·주택단지 제28회, 제30회, 제31회, 제35회

1 부대시설

'부대시설'이란 주택에 딸린 다음의 시설 또는 설비를 말한다.

> ① 주차장, 관리사무소, 담장 및 주택단지 안의 도로, 경비실, 자전거보관소, 방범설비, 소방시설, 조경시설, 냉난방공급시설(지역난방공급시설은 제외)
> ② 「건축법」에 따른 건축설비

> [기출] 방범설비는 복리시설에 해당한다. 제31회 ( )
> ▶ 정답 ✕
> 방범설비는 부대시설에 해당한다.

2 복리시설

'복리시설'이란 주택단지의 입주자 등의 생활복리를 위한 다음의 공동시설을 말한다.

> ① 어린이놀이터, 근린생활시설, 유치원, 주민운동시설 및 경로당
> ② 종교시설, 주민공동시설, 소매시장 및 상점, 교육연구시설, 노유자시설, 수련시설

3 간선시설

'간선시설'이란 도로·상하수도·전기시설·가스시설·통신시설 및 지역난방시설 등 주택단지 안의 기간시설을 그 주택단지 밖에 있는 같은 종류의 기간시설에 연결시키는 시설을 말한다. 다만, 가스시설·통신시설 및 지역난방시설의 경우에는 주택단지 안의 기간시설을 포함한다.

> **보충⁺ 기간시설**
> 기간시설이란 도로·상하수도·전기시설·가스시설·통신시설·지역난방시설 등을 말한다.

4 공공택지

'공공택지'란 다음의 어느 하나에 해당하는 공공사업에 의하여 개발·조성되는 공동주택이 건설되는 용지를 말한다.

① 「혁신도시 조성 및 발전에 관한 특별법」에 따른 혁신도시개발사업
② 「산업입지 및 개발에 관한 법률」에 따른 산업단지개발사업
③ 「공공주택 특별법」에 따른 공공주택지구조성사업
④ 「도시개발법」에 따른 도시개발사업(공공사업시행자가 수용 또는 사용의 방식이 적용되는 구역에서 시행하는 사업만 해당)
⑤ 「경제자유구역의 지정 및 운영에 관한 특별법」에 따른 경제자유구역개발사업(수용 또는 사용의 방식으로 시행하는 사업만 해당)

5 주택단지

다음의 시설로 분리된 토지는 각각 별개의 주택단지로 본다.

① 철도·고속도로·자동차전용도로
② 폭 20m 이상인 일반도로
③ 폭 8m 이상인 도시계획예정도로
④ 「도로법」에 따른 일반국도·특별시도·광역시도 또는 지방도

> **기출** 폭 10m의 도시계획예정도로와 폭 25m의 일반도로로 분리된 주택단지는 하나의 주택단지로 본다. 제28회, 제30회 (　)
>
> ▶ **정답** ✕
> 폭 20m 이상인 일반도로와 폭 8m 이상의 도시계획예정도로로 분리된 토지는 각각 별개의 주택단지로 본다.

제3절 리모델링 및 공구 제33회, 제35회

1 리모델링

'리모델링'이란 건축물의 노후화 억제 또는 기능 향상 등을 위한 다음의 어느 하나에 해당하는 행위를 말한다.

(1) 대수선(大修繕)

(2) 사용검사일 또는 사용승인일부터 15년이 경과된 공동주택을 각 세대의 주거전용면적의 30% 이내(세대의 주거전용면적이 85m^2 미만인 경우에는 40% 이내)에서 증축하는 행위

(3) 위 (2)에 따른 각 세대의 증축 가능 면적을 합산한 면적의 범위에서 기존 세대수의 15% 이내에서 세대수를 증가하는 증축행위. 다만, 수직으로 증축하는 행위는 다음의 요건을 모두 충족하는 경우로 한정한다.

> ① 수직으로 증축하는 행위의 대상이 되는 기존 건축물의 층수가 14층 이하인 경우에는 2개 층이고 15층 이상인 경우에는 3개 층을 말한다.
> ② 리모델링대상 건축물의 구조도 보유 등 대통령령으로 정하는 요건을 갖출 것

> [기출] 대수선은 리모델링에 포함되지 않는다. 제33회 ( )
> ▶ 정답 ×
> 대수선은 리모델링에 포함된다.

2 공구

'공구'란 하나의 주택단지에서 대통령령으로 정하는 기준에 따라 둘 이상으로 구분되는 일단의 구역으로, 착공신고 및 사용검사를 별도로 수행할 수 있는 구역을 말한다.

> ① 주택단지 안의 도로 등을 설치하여 6m 이상의 너비로 공구 간 경계를 설정할 것
> ② 공구별 세대수는 300세대 이상으로 할 것

> [기출] 공구란 하나의 주택단지에서 둘 이상으로 구분되는 일단의 구역으로서 공구별 세대수는 200세대 이상으로 해야 한다. 제28회 ( )
> ▶ 정답 ×
> 공구별 세대수는 300세대 이상으로 해야 한다.

Chapter 02 사업주체

제1절 사업주체의 종류

'사업주체'란 주택건설사업계획 또는 대지조성사업계획의 승인을 받아 그 사업을 시행하는 다음의 자를 말한다.

공공사업주체	① 국가 ② 지방자치단체 ③ 한국토지주택공사 ④ 지방공사
민간사업주체	⑤ 등록사업자 ⑥ 주택건설사업을 목적으로 설립된 공익법인 ⑦ 주택조합 ⑧ 고용자 ⑨ 토지소유자

제2절 등록사업자 제31회

1 등록대상

다음의 하나에 해당하는 자는 국토교통부장관에게 등록하여야 한다.

① 연간 **단독주택**의 경우 **20호 이상** 주택건설사업을 시행하려는 자
② 연간 **공동주택**의 경우 20세대(도시형 생활주택의 경우에는 30세대) 이상의 주택건설사업을 시행하려는 자
③ 연간 **1만㎡ 이상**의 대지조성사업을 시행하려는 자

> **기출** 연간 20호 이상의 단독주택 건설사업을 시행하려는 자 또는 연간 1만㎡ 이상의 대지조성사업을 시행하려는 자는 국토교통부장관에게 등록하여야 한다. 제26회 ( )
>
> ▶정답 ○

2 비등록사업자

다음의 사업주체의 경우에는 국토교통부장관에게 등록하지 않아도 된다.

① 국가·지방자치단체
② 한국토지주택공사, 지방공사
③ 공익법인
④ 주택조합(등록사업자와 공동으로 주택건설사업을 하는 주택조합만 해당)
⑤ 고용자(등록사업자와 공동으로 주택건설사업을 하는 고용자만 해당)

> 기출) 한국토지주택공사가 연간 10만m² 이상의 대지조성사업을 시행하려는 경우에는 대지조성사업의 등록을 하여야 한다. 제31회 ( )
>
> ▶ 정답 ✕
> 한국토지주택공사는 등록하지 않아도 된다.

3 등록사업자의 결격사유

다음의 어느 하나에 해당하는 자는 주택건설사업 등의 등록을 할 수 없다.

① 미성년자·피성년후견인 또는 피한정후견인
② 파산선고를 받은 자로서 복권되지 아니한 자
③ 「부정수표 단속법」 또는 「주택법」을 위반하여 금고 이상의 실형을 선고받고 그 집행이 끝나거나 집행이 면제된 날부터 2년이 지나지 아니한 자
④ 「부정수표 단속법」 또는 「주택법」을 위반하여 금고 이상의 형의 집행유예를 선고받고 그 유예기간 중에 있는 자
⑤ 등록이 말소된 후 2년이 지나지 아니한 자

> 보충+ 등록사업자의 시공능력
> 1. 자본금 5억원(개인인 경우에는 자산평가액 10억원) 이상일 것
> 2. 건축분야 및 토목분야기술인 3명 이상을 보유하고 있을 것
> 3. 최근 5년간의 주택건설실적이 100호 또는 100세대 이상일 것

4 등록사업자의 주택건설 규모

주택으로 쓰는 층수가 6개 층 이상인 아파트를 건설한 실적이 있는 자 또는 최근 3년간 300세대 이상의 공동주택을 건설한 실적이 있는 자는 주택으로 쓰는 층수가 6개 층 이상인 주택을 건설할 수 있다.

> 기출) 주택건설공사를 시공할 수 있는 등록사업자가 최근 3년간 300세대 이상의 공동주택을 건설한 실적이 있는 경우에는 주택으로 쓰는 층수가 7개 층인 주택을 건설할 수 있다. 제31회 ( )
>
> ▶ 정답 ○

5 등록말소 등을 받은 자의 사업수행

등록말소 또는 영업정지처분을 받은 등록사업자는 그 처분 전에 사업계획승인을 받은 사업은 계속 수행할 수 있다. 다만, 등록말소처분을 받은 등록사업자가 그 사업을 계속 수행할 수 없는 중대하고 명백한 사유가 있을 경우에는 그러하지 아니하다.

제3절 공동사업주체 제31회

1 주택조합 + 등록사업자(임의적)

주택조합(세대수를 증가하지 아니하는 리모델링주택조합은 제외)이 그 구성원의 주택을 건설하는 경우에는 등록사업자(지방자치단체·한국토지주택공사 및 지방공사를 포함)와 공동으로 사업을 시행할 수 있다.

> **기출** 세대수를 증가하는 리모델링주택조합이 그 구성원의 주택을 건설하는 경우에는 등록사업자와 공동으로 사업을 시행할 수 없다. 제31회 ( )
>
> ▶정답 ✕
> 세대수를 증가하는 리모델링주택조합이 그 구성원의 주택을 건설하는 경우에는 등록사업자와 공동으로 사업을 시행할 수 있다.

2 고용자 + 등록사업자(필수적)

고용자가 그 근로자의 주택을 건설하는 경우에는 등록사업자와 공동으로 사업을 시행하여야 한다. 이 경우 고용자와 등록사업자를 공동사업주체로 본다.

제4절 주택조합 제27회, 제28회, 제29회, 제30회, 제31회, 제33회, 제36회

1 주택조합의 의의

'주택조합'이란 많은 수의 구성원이 주택을 마련하거나 리모델링하기 위하여 결성하는 다음의 조합을 말한다.

지역주택조합	같은 지역에 거주하는 주민이 주택을 마련하기 위하여 설립한 조합
직장주택조합	같은 직장의 근로자가 주택을 마련하기 위하여 설립한 조합
리모델링주택조합	공동주택의 소유자가 그 주택을 리모델링하기 위하여 설립한 조합

2 주택조합의 설립절차

(1) **조합설립의 인가**

많은 수의 구성원이 주택을 마련하거나 리모델링하기 위하여 주택조합을 설립하려는 경우에는 관할 특별자치시장, 특별자치도지사, 시장·군수·구청장의 인가를 받아야 한다. 인가받은 내용을 변경하거나 주택조합을 해산하려는 경우에도 또한 인가를 받아야 한다.

(2) 지역·직장주택조합

주택조합설립인가를 받으려는 자는 다음의 요건을 모두 갖추어야 한다. 다만, 인가받은 내용을 변경 또는 해산하려는 경우에는 그러하지 아니하다.

> ① 해당 주택건설대지의 80% 이상에 해당하는 토지의 사용권원을 확보할 것
> ② 해당 주택건설대지의 15% 이상에 해당하는 토지의 소유권을 확보할 것

핵심다지기

리모델링주택조합의 경우

1. 다음의 결의를 증명하는 서류
   ① 주택단지 전체를 리모델링하고자 하는 경우에는 주택단지 전체의 구분소유자와 의결권의 각 3분의 2 이상의 결의 및 각 동의 구분소유자와 의결권의 각 과반수의 결의
   ② 동을 리모델링하고자 하는 경우에는 그 동의 구분소유자 및 의결권의 각 3분의 2 이상의 결의
2. 해당 주택이 사용검사를 받은 후 대수선의 경우 10년(증축에 해당하는 경우에는 15년) 이상의 기간이 경과하였음을 증명하는 서류

(3) 조합설립의 신고

국민주택을 공급받기 위하여 직장주택조합을 설립하려는 자는 관할 시장·군수·구청장에게 신고하여야 한다. 신고한 내용을 변경하거나 직장주택조합을 해산하려는 경우에도 또한 같다.

(4) 주택의 우선공급

주택조합(리모델링주택조합은 제외)은 그 구성원을 위하여 건설하는 주택을 그 조합원에게 우선공급할 수 있으며, 신고하고 설립한 직장주택조합에 대하여는 사업주체가 국민주택을 그 직장주택조합원에게 우선공급할 수 있다.

(5) 조합원 출석요건

총회의 의결을 하는 경우에는 조합원의 100분의 10 이상이 직접 출석하여야 한다. 다만, 창립총회 또는 다음의 사항을 의결하는 총회의 경우에는 조합원의 100분의 20 이상이 직접 출석하여야 한다.

> ① 자금의 차입과 그 방법·이자율 및 상환방법
> ② 예산으로 정한 사항 외에 조합원에게 부담이 될 계약의 체결
> ③ 업무대행자의 선정·변경 및 업무대행계약의 체결
> ④ 시공자의 선정·변경 및 공사계약의 체결

[기출] 주택단지 전체를 리모델링하고자 주택조합을 설립하기 위해서는 주택단지 전체의 구분소유자와 의결권의 각 과반수의 결의가 필요하다. 제33회 ( )

▶ 정답 ✕
전체 구분소유자와 의결권의 각 3분의 2 이상의 결의 및 각 동의 구분소유자와 의결권의 각 과반수의 결의가 필요하다.

[기출] 조합임원의 선임을 의결하는 총회의 경우에는 조합원의 100분의 20 이상이 직접 출석하여야 한다. 제29회 ( )

▶ 정답 ◯

⑤ 조합임원의 선임 및 해임
⑥ 사업비의 조합원별 분담명세 확정 및 변경
⑦ 조합해산의 결의 및 해산시의 회계 보고

(6) 조합원의 탈퇴

조합원은 조합규약으로 정하는 바에 따라 조합에 탈퇴 의사를 알리고 탈퇴할 수 있다.

(7) 환급청구

탈퇴한 조합원(제명된 조합원을 포함)은 조합규약으로 정하는 바에 따라 부담한 비용의 환급을 청구할 수 있다.

> 기출 주택조합설립에 동의한 조합원은 조합설립인가가 있은 이후에는 자신의 의사에 의해 조합을 탈퇴할 수 없다. 제29회 ( )
>
> ▶정답 ×
> 조합설립에 동의한 조합원은 조합설립인가가 있은 이후에도 조합을 탈퇴할 수 있다.

3 조합원의 수 등

(1) 조합원의 수

주택조합(리모델링주택조합은 제외)은 주택조합설립인가를 받는 날부터 사용검사를 받는 날까지 계속하여 다음의 요건을 모두 충족하여야 한다.

① 주택건설예정세대수(임대주택으로 건설·공급하는 세대수는 제외)의 50% 이상의 조합원으로 구성할 것
② 조합원은 20명 이상일 것

> 기출 주택조합은 주택건설 예정 세대수의 50% 이상의 조합원으로 구성하되, 조합원은 10명 이상이어야 한다. 제28회 ( )
>
> ▶정답 ×
> 조합원은 20명 이상이어야 한다.

(2) 동의의 승계

리모델링주택조합의 설립에 동의한 자로부터 건축물을 취득한 자는 조합의 설립에 동의한 것으로 본다.

4 조합원의 자격

(1) 지역주택조합: 다음의 요건을 모두 갖춘 사람

① 조합설립인가신청일(해당 주택건설대지가 투기과열지구 안에 있는 경우에는 조합설립인가신청일 1년 전의 날을 말한다)부터 해당 조합주택의 입주가능일까지 세대주를 포함한 세대원 전원이 주택을 소유하지 아니하거나 세대주를 포함한 세대원 중 1명에 한정하여 주거전용면적 85m^2 이하의 주택 1채를 소유한 세대주인 자일 것

> 보충⁺ 조합원의 자격특례
> 조합원의 사망으로 그 지위를 상속받는 자는 조합원이 될 수 있다.

| 정리 | 조합원의 자격
1. 지역주택조합 : 무주택세대주 또는 85m² 이하의 주택 1채를 소유한 세대주
2. 직장주택조합 : 무주택세대주 또는 85m² 이하의 주택 1채를 소유한 세대주. 다만, 국민주택을 공급받기 위한 경우에는 무주택자
3. 리모델링주택조합 : 공동주택의 소유자

② 조합설립인가신청일 현재 지역주택조합의 지역에 6개월 이상 계속하여 거주하여 온 자일 것
③ 본인 또는 본인과 같은 세대별 주민등록표에 등재되어 있지 않은 배우자가 같은 또는 다른 지역주택조합의 조합원이거나 직장주택조합의 조합원이 아닐 것

(2) **직장주택조합** : 다음의 요건을 모두 갖춘 사람

① 조합설립인가신청일(해당 주택건설대지가 투기과열지구 안에 있는 경우에는 조합설립인가신청일 1년 전의 날을 말한다)부터 해당 조합주택의 입주가능일까지 세대주를 포함한 세대원 전원이 주택을 소유하지 아니하거나 세대주를 포함한 세대원 중 1명에 한정하여 주거전용면적 85m² 이하의 주택 1채를 소유한 세대주인 자일 것 ⇨ 다만, 국민주택을 공급받기 위한 직장주택조합의 설립신고의 경우에는 무주택자에 한한다.
② 조합설립인가신청일 현재 동일한 특별시·광역시·특별자치시·특별자치도·시 또는 군(광역시의 관할 구역에 있는 군은 제외) 안에 소재하는 동일한 국가기관·지방자치단체·법인에 근무하는 자일 것
③ 본인 또는 본인과 같은 세대별 주민등록표에 등재되어 있지 않은 배우자가 같은 또는 다른 직장주택조합의 조합원이거나 지역주택조합의 조합원이 아닐 것

| 보충⁺ | 세대주 자격의 일시상실
주택조합의 조합원이 근무·질병치료·유학·결혼 등 부득이한 사유로 세대주 자격을 일시적으로 상실한 경우로서 시장·군수·구청장이 인정하는 경우에는 조합원 자격이 있는 것으로 본다.

(3) **리모델링주택조합**

다음의 어느 하나에 해당하는 사람. 이 경우 해당 공동주택, 복리시설 또는 다음의 ③에 따른 공동주택 외의 시설의 소유권이 여러 명의 공유에 속할 때에는 그 여러 명을 대표하는 1명을 조합원으로 본다.

① 사업계획승인을 받아 건설한 공동주택의 소유자
② 복리시설을 함께 리모델링하는 경우에는 해당 복리시설의 소유자
③ 「건축법」에 따른 건축허가를 받아 분양을 목적으로 건설한 공동주택의 소유자

5 조합원의 모집신고 및 공개모집

(1) 원 칙

지역주택조합 또는 직장주택조합의 설립인가를 받기 위하여 조합원을 모집하려는 자는 해당 주택건설대지의 50% 이상에 해당하는 토지의 사용권원을 확보하여 관할 시장·군수·구청장에게 신고하고, 공개모집의 방법으로 조합원을 모집하여야 한다. 조합설립인가를 받기 전에 신고한 내용을 변경하는 경우에도 또한 같다.

(2) 예 외

공개모집 이후 조합원의 사망·자격상실·탈퇴 등으로 인한 결원을 충원하거나 미달된 조합원을 재모집하는 경우에는 신고하지 아니하고 선착순의 방법으로 조합원을 모집할 수 있다.

> **기출** 조합원을 공개모집한 이후 조합원의 자격상실로 인한 결원을 충원하려면 시장·군수·구청장에게 신고하고 공개모집의 방법으로 조합원을 충원하여야 한다. 제29회 ( )
>
> ▶정답 ✕
> 신고하지 아니하고 선착순의 방법으로 조합원을 충원할 수 있다.

6 조합원의 교체 등

(1) 원 칙

지역주택조합 또는 직장주택조합은 그 설립인가를 받은 후에는 해당 조합원을 교체하거나 신규로 가입하게 할 수 없다.

(2) 예 외

시장·군수 또는 구청장으로부터 조합원 추가모집의 승인을 받은 경우와 다음의 어느 하나에 해당하는 사유로 결원이 발생한 범위에서 충원하는 경우에는 그러하지 아니하다.

> ① 조합원의 사망
> ② 사업계획승인 이후[지역주택조합 또는 직장주택조합이 해당 주택건설대지 전부의 소유권을 확보하지 아니하고 사업계획승인을 받은 경우에는 해당 주택건설대지 전부의 소유권(해당 주택건설대지가 저당권 등의 목적으로 되어 있는 경우에는 그 저당권 등의 말소를 포함)을 확보한 이후를 말한다]에 입주자로 선정된 지위(해당 주택에 입주할 수 있는 권리·자격 또는 지위 등을 말한다)가 양도·증여 또는 판결 등으로 변경된 경우. 다만, 전매가 금지되는 경우는 제외한다.
> ③ 조합원의 탈퇴 등으로 조합원 수가 주택건설예정세대수의 50% 미만이 되는 경우

> **기출** 조합원의 탈퇴 등으로 조합원 수가 주택건설 예정 세대 수의 60%가 된 경우에는 충원할 수 있다. 제31회 ( )
>
> ▶정답 ✕
> 조합원의 탈퇴 등으로 조합원 수가 주택건설 예정 세대 수의 60%가 된 경우에는 충원할 수 없다.

④ 조합원이 무자격자로 판명되어 자격을 상실하는 경우
⑤ 사업계획승인 등의 과정에서 주택건설예정세대수가 변경되어 조합원 수가 변경된 세대수의 50% 미만이 되는 경우

(3) 추가모집시 자격요건

조합원으로 추가모집되는 자와 충원되는 자에 대한 조합원 자격요건 충족 여부의 판단은 해당 조합설립인가신청일을 기준으로 한다.

(4) 변경인가신청

조합원 추가모집승인과 조합원 추가모집에 따른 주택조합의 변경인가신청은 사업계획승인신청일까지 하여야 한다.

(5) 조합임원의 결격사유

다음의 어느 하나에 해당하는 사람은 주택조합의 발기인 또는 임원이 될 수 없다.

① 미성년자·피성년후견인 또는 피한정후견인
② 파산선고를 받은 사람으로서 복권되지 아니한 사람
③ 금고 이상의 실형을 선고받고 그 집행이 종료(종료된 것으로 보는 경우를 포함)되거나 집행이 면제된 날부터 2년이 경과되지 아니한 사람
④ 금고 이상의 형의 집행유예를 선고받고 그 유예기간 중에 있는 사람
⑤ 금고 이상의 형의 선고유예를 받고 그 선고유예기간 중에 있는 사람
⑥ 법원의 판결 또는 다른 법률에 따라 자격이 상실 또는 정지된 사람
⑦ 해당 주택조합의 공동사업주체인 등록사업자 또는 업무대행사의 임직원

(6) 퇴임 전 행위의 효력

지위가 상실된 발기인 또는 퇴직된 임원이 지위상실이나 퇴직 전에 관여한 행위는 그 효력을 상실하지 아니한다.

(7) 겸직 금지

주택조합의 임원은 다른 주택조합의 임원, 직원 또는 발기인을 겸할 수 없다.

(8) 사업계획승인신청

주택조합은 설립인가를 받은 날부터 2년 이내에 사업계획승인(사업계획승인 대상이 아닌 리모델링의 경우에는 허가를 말한다)을 신청하여야 한다.

[기출] 지역주택조합설립인가 후에 조합원으로 추가모집되는 자가 조합원 자격요건을 갖추었는지를 판단할 때에는 추가모집 공고일을 기준으로 한다. 제28회 ( )

▶정답 ✕
추가모집 공고일이 아니라 조합설립인가신청일을 기준으로 한다.

보충⁺ 표준업무대행계약서
국토교통부장관은 주택조합의 원활한 사업추진 및 조합원의 권리보호를 위하여 공정거래위원회 위원장과 협의를 거쳐 표준업무대행계약서를 작성·보급할 수 있다.

보충⁺ 조합설립인가의 취소
시장·군수·구청장은 주택조합 또는 그 조합의 구성원이 거짓이나 그 밖의 부정한 방법으로 설립인가를 받은 경우 또는 「주택법」에 따른 명령이나 처분을 위반한 경우에는 주택조합의 설립인가를 취소할 수 있다.

7 조합 가입 철회 및 가입비 반환

(1) 모집주체는 주택조합의 가입을 신청한 자가 주택조합 가입을 신청하는 때에 가입비 등을 예치기관에 예치하도록 하여야 한다.

(2) 주택조합의 가입을 신청한 자는 가입비 등을 예치한 날부터 30일 이내에 주택조합 가입에 관한 청약을 철회할 수 있다.

(3) 청약 철회를 서면으로 하는 경우에는 청약 철회의 의사를 표시한 서면을 발송한 날에 그 효력이 발생한다.

(4) 모집주체는 주택조합의 가입을 신청한 자가 청약 철회를 한 경우 청약 철회 의사가 도달한 날부터 7일 이내에 예치기관의 장에게 가입비 등의 반환을 요청하여야 한다.

(5) 예치기관의 장은 가입비 등의 반환요청을 받은 경우 요청일부터 10일 이내에 그 가입비 등을 예치한 자에게 반환하여야 한다.

(6) 모집주체는 주택조합의 가입을 신청한 자에게 청약 철회를 이유로 위약금 또는 손해배상을 청구할 수 없다.

8 주택조합의 해산 및 종결

(1) **종결 여부 결정**

주택조합의 발기인은 조합원 모집신고가 수리된 날부터 2년이 되는 날까지 주택조합설립인가를 받지 못하는 경우 대통령령으로 정하는 바에 따라 주택조합 가입신청자 전원으로 구성되는 총회 의결을 거쳐 주택조합사업의 종결 여부를 결정하도록 하여야 한다.

(2) **해산 여부 결정**

주택조합은 주택조합의 설립인가를 받은 날부터 3년이 되는 날까지 사업계획승인을 받지 못하는 경우 대통령령으로 정하는 바에 따라 총회의 의결을 거쳐 해산 여부를 결정하여야 한다.

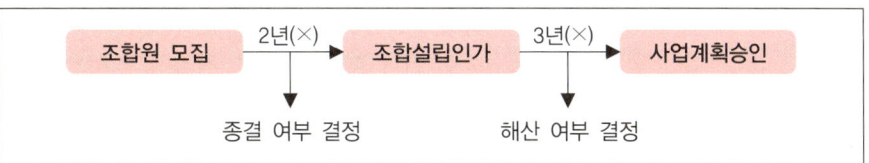

Chapter 03 주택건설자금

제1절 주택상환사채 제27회, 제31회, 제32회, 제33회, 제36회

1 발행권자

한국토지주택공사와 등록사업자는 주택으로 상환하는 사채(이하 '주택상환사채'라 한다)를 발행할 수 있다. 이 경우 등록사업자는 금융기관 또는 주택도시보증공사의 보증을 받은 경우에만 주택상환사채를 발행할 수 있다.

> **보충+ 등록사업자의 발행요건**
> 1. 법인으로서 자본금이 5억원 이상일 것
> 2. 「건설산업기본법」에 따라 건설업 등록을 한 자일 것
> 3. 최근 3년간 연평균 주택건설 실적이 300호 이상일 것
>   🔔 등록사업자가 발행할 수 있는 주택상환사채의 규모는 최근 3년간의 연평균 주택건설 호수 이내로 한다.

> **기출** 등록사업자와 한국토지주택공사는 주택상환사채를 발행할 수 있다. 제27회, 제31회 ( )
> ▶ 정답 ○

2 발행계획의 승인

주택상환사채를 발행하려는 자는 대통령령으로 정하는 바에 따라 주택상환사채발행계획을 수립하여 국토교통부장관의 승인을 받아야 한다.

> **보충+ 발행계획서 기재사항**
> 1. 발행자의 명칭
> 2. 회사의 자본금 총액
> 3. 발행할 주택상환사채의 총액
> 4. 발행조건과 방법
> 5. 분납발행일 때에는 분납금액과 시기
> 6. 상환 절차와 시기

3 발행방법

(1) 주택상환사채는 기명증권(記名證券)으로 하고, 사채권자의 명의변경은 취득자의 성명과 주소를 사채원부에 기록하는 방법으로 하며, 취득자의 성명을 채권에 기록하지 아니하면 사채발행자 및 제3자에게 대항할 수 없다.

(2) 주택상환사채는 액면 또는 할인의 방법으로 발행한다.

4 상환기간 및 양도

(1) 주택상환사채를 발행한 자는 발행조건에 따라 주택을 건설하여 사채권자에게 상환하여야 한다.

> **보충+ 납입금의 사용**
> 1. 택지의 구입 및 조성
> 2. 주택건설자재의 구입
> 3. 건설공사비에의 충당
> 4. 그 밖에 주택상환을 위하여 필요한 비용으로서 국토교통부장관의 승인을 받은 비용에의 충당

(2) 주택상환사채의 상환기간은 3년을 초과할 수 없다. 이 경우 상환기간은 주택상환사채발행일부터 주택의 공급계약체결일까지의 기간으로 한다.

(3) 주택상환사채는 이를 양도하거나 중도에 해약할 수 없다. 다만, 다음의 경우에는 양도하거나 중도에 해약할 수 있다.

> ① 세대원의 근무 또는 생업상의 사정이나 질병치료·취학·결혼으로 인하여 세대원 전원이 다른 행정구역으로 이전하는 경우
> ② 세대원 전원이 상속에 의하여 취득한 주택으로 이전하는 경우
> ③ 세대원 전원이 해외로 이주하거나 2년 이상 해외에 체류하고자 하는 경우

(4) 주택상환사채를 상환함에 있어 주택상환사채권자가 원하는 경우에는 주택상환사채의 원리금을 현금으로 상환할 수 있다.

5 효력

등록사업자의 등록이 말소된 경우에도 등록사업자가 발행한 주택상환사채의 효력에는 영향을 미치지 아니한다.

> **기출** 등록사업자의 등록이 말소된 경우 그가 발행한 주택상환사채는 효력을 상실한다. 제27회, 제31회 ( )
>
> ▶ 정답 ×
> 등록사업자의 등록이 말소된 경우에도 효력에는 영향을 미치지 않는다.

제2절 국민주택사업특별회계

(1) **지방자치단체의 설치 의무**

지방자치단체는 국민주택사업을 시행하기 위하여 국민주택사업특별회계를 설치·운용하여야 한다.

(2) **특별회계의 재원**

국민주택사업특별회계의 자금은 다음의 재원으로 조성한다.

> ① 자체 부담금
> ② 주택도시기금으로부터의 차입금
> ③ 정부로부터의 보조금
> ④ 농협은행으로부터의 차입금
> ⑤ 외국으로부터의 차입금

Chapter 04 사업계획승인 및 매도청구

제1절 사업계획승인 제27회, 제28회, 제29회, 제30회, 제31회, 제32회, 제35회, 제36회

1 사업계획의 승인

(1) 사업계획승인대상

다음의 주택건설사업을 시행하려는 자 또는 다음의 면적 이상의 대지조성사업을 시행하려는 자는 사업계획승인을 받아야 한다.

① 단독주택의 경우에는 30호. 다만, 다음에 해당하는 주택의 경우에는 **50호로 한다**.

> ㉠ 공공사업에 따라 조성된 용지를 개별필지로 구분하지 아니하고 일단의 토지로 공급받아 해당 토지에 건설하는 단독주택
> ㉡ 「건축법 시행령」에 따른 **한옥**

>[기출] 주거전용 단독주택인 건축법령상의 한옥 50호 이상의 건설사업을 시행하려는 자는 사업계획승인을 받아야 한다. 제28회 ( )
>
>▶정답 ○

② 공동주택의 경우에는 30세대(리모델링의 경우에는 증가하는 세대수가 30세대인 경우를 말한다). 다만, 다음의 어느 하나에 해당하는 주택인 경우에는 50세대로 한다.

> 다음의 요건을 모두 갖춘 단지형 연립주택 또는 단지형 다세대주택
> ㉠ 세대별 주거전용 면적이 $30m^2$ 이상일 것
> ㉡ 해당 주택단지 진입도로의 폭이 6m 이상일 것

③ **1만m^2** 이상의 대지조성사업

(2) 사업계획승인권자

사업계획승인은 사업계획승인신청서에 주택과 그 부대시설 및 복리시설의 **배치도**, 대지조성공사 **설계도서** 등을 첨부하여 다음의 **사업계획승인권자에게 제출하고 사업계획승인을 받아야** 한다.

> ① 대지면적이 10만m^2 이상인 경우: 시·도지사 또는 대도시의 시장
> ② 해당 대지면적이 10만m^2 미만인 경우: 특별시장·광역시장·특별자치시장·특별자치도지사 또는 시장·군수   → 구청장(×)

③ 국가 및 한국토지주택공사가 시행하는 경우: 국토교통부장관
④ 330만m² 이상의 규모로 택지개발사업 또는 도시개발사업을 추진하는 지역 중 국토교통부장관이 지정·고시하는 지역에서 주택건설사업을 시행하는 경우: 국토교통부장관
⑤ 수도권 또는 광역시 지역의 긴급한 주택난 해소가 필요하거나 지역균형개발 또는 광역적 차원의 조정이 필요하여 국토교통부장관이 지정·고시하는 지역에서 주택건설사업을 시행하는 경우: 국토교통부장관
⑥ 국가, 지방자치단체, 한국토지주택공사, 지방공사가 단독 또는 공동으로 총지분의 50%를 초과하여 출자한 위탁관리 부동산투자회사(해당 부동산투자회사의 자산관리회사가 한국토지주택공사인 경우만 해당)가 공공주택건설사업을 시행하는 경우: 국토교통부장관

※참고 표본설계도서
한국토지주택공사, 지방공사 또는 등록사업자는 동일한 규모의 주택을 대량으로 건설하려는 경우에는 국토교통부령으로 정하는 바에 따라 국토교통부장관에게 주택의 형별(型別)로 표본설계도서를 작성·제출하여 승인을 받을 수 있다.

(3) 공구별 분할건설·공급

주택건설사업을 시행하려는 자는 해당 주택단지를 공구별로 분할하여 주택을 건설·공급할 수 있다. 이 경우 전체 세대수가 600세대 이상인 주택단지는 공구별로 분할하여 주택을 건설·공급할 수 있다.

(4) 주택건설대지의 소유권 확보

주택건설사업계획의 승인을 받으려는 자는 해당 주택건설대지의 소유권을 확보하여야 한다. 다만, 다음의 어느 하나에 해당하는 경우에는 그러하지 아니하다.

① 지구단위계획의 결정이 필요한 주택건설사업의 해당 대지면적의 80% 이상을 사용할 수 있는 권원[등록사업자와 공동으로 사업을 시행하는 주택조합(리모델링주택조합은 제외)의 경우에는 95% 이상의 소유권을 말한다]을 확보하고, 확보하지 못한 대지가 매도청구대상이 되는 대지에 해당하는 경우
② 사업주체가 주택건설대지의 소유권을 확보하지 못하였으나 그 대지를 사용할 수 있는 권원을 확보한 경우
③ 국가·지방자치단체·한국토지주택공사 또는 지방공사가 주택건설사업을 하는 경우
④ 리모델링 결의를 한 리모델링주택조합이 매도청구를 하는 경우

기출 한국토지주택공사가 서울특별시 A구역에서 대지면적 10만 제곱미터에 50호의 한옥 건설사업을 시행하려는 경우 국토교통부장관으로부터 사업계획승인을 받아야 한다. 제26회 ( )

▶ 정답 ○

기출 등록사업자는 동일한 규모의 주택을 대량으로 건설하려는 경우에는 시·도지사에게 주택의 형별로 표본설계도서를 작성·제출하여 승인을 받을 수 있다. 제31회 ( )

▶ 정답 ✕
등록사업자는 동일한 규모의 주택을 대량으로 건설하려는 경우에는 국토교통부장관에게 주택의 형별로 표본설계도서를 작성·제출하여 승인을 받을 수 있다.

(5) 승인 여부의 통보

사업계획승인권자는 사업계획승인의 신청을 받은 때에는 정당한 사유가 없는 한 그 신청을 받은 날부터 60일 이내에 사업주체에게 승인 여부를 통보하여야 한다.

(6) 사업계획의 변경승인

승인받은 사업계획을 변경하려면 변경승인을 받아야 한다. 다만, 다음의 경미한 사항을 변경하는 경우에는 변경승인을 받지 않아도 된다.

> 사업주체가 국가, 지방자치단체, 한국토지주택공사 또는 지방공사인 경우로 한정한다.
> ① 총사업비의 20%의 범위에서의 사업비가 증감하는 경우
> ② 대지면적의 20%의 범위에서의 면적이 증감하는 경우
> ③ 건축물의 설계와 용도별 위치를 변경하지 아니하는 범위에서의 건축물의 배치조정 및 주택단지 안 도로의 선형변경

2 공사착수

(1) 착수기간

사업계획승인을 받은 사업주체는 승인받은 사업계획대로 사업을 시행하여야 하고, 다음의 구분에 따라 공사를 시작하여야 한다.

> ① 사업계획승인을 받은 경우: 승인받은 날부터 5년 이내 ⇨ 1년의 범위에서 연장할 수 있다.
> ② 공구별로 분할하여 시행하는 경우
>   ㉠ 최초로 공사를 진행하는 공구: 승인받은 날부터 5년 이내 ⇨ 1년의 범위에서 연장할 수 있다.
>   ㉡ 최초로 공사를 진행하는 공구 외의 공구: 주택단지에 대한 최초 착공신고일부터 2년 이내 → 2년 이내 착수하지 않아도 취소할 수 없다.

[기출] 사업계획승인권자는 사업계획승인의 신청을 받았을 때에는 정당한 사유가 없으면 신청받은 날부터 60일 이내에 사업주체에게 승인 여부를 통보하여야 한다. 제28회, 제30회 ( )

▶ 정답 ○

[기출] 주택조합이 승인받은 총사업비의 10%를 감액하는 사업계획을 변경하려면 변경승인을 받아야 한다. 제29회 ( )

▶ 정답 ○

[기출] 사업주체는 사업계획의 승인을 받은 날부터 1년 이내에 공사를 시작하여야 한다. 제32회 ( )

▶ 정답 ✕
사업주체는 사업계획의 승인을 받은 날부터 5년 이내에 공사를 시작하여야 한다.

※참고 착수기간 연장 가능사유
1. 「매장유산 보호 및 조사에 관한 법률」에 따라 국가유산청장의 매장유산 발굴 허가를 받은 경우
2. 해당 사업시행지에 대한 소유권 분쟁(소송절차가 진행 중인 경우만 해당)으로 인하여 공사착수가 지연되는 경우
3. 사업계획승인의 조건으로 부과된 사항을 이행함에 따라 공사착수가 지연되는 경우
4. 천재지변 또는 사업주체에게 책임이 없는 불가항력적인 사유로 인하여 공사착수가 지연되는 경우
5. 공공택지의 개발·조성을 위한 계획에 포함된 기반시설의 설치 지연으로 공사착수가 지연되는 경우

(2) **착공신고**
① 사업계획승인을 받은 사업주체가 공사를 시작하려는 경우에는 국토교통부령으로 정하는 바에 따라 사업계획승인권자에게 신고하여야 한다.
② 사업계획승인권자는 착공신고를 받은 날부터 20일 이내에 신고수리 여부를 신고인에게 통지하여야 한다.

3 사업계획승인의 취소

사업계획승인권자는 다음에 해당하는 경우 그 사업계획의 승인을 취소할 수 있다.

① 사업주체가 착공의무(최초로 공사를 진행하는 공구 외의 공구는 제외)를 위반하여 공사를 시작하지 아니하는 경우
② 사업주체가 경매 등으로 인하여 대지소유권을 상실한 경우(주택분양보증이 된 사업은 제외)
③ 사업주체의 부도·파산 등으로 공사의 완료가 불가능한 경우(주택분양보증이 된 사업은 제외)

▶ 기출 사업계획승인권자는 해당 사업시행지에 대한 소유권 분쟁을 사업주체가 소송 외의 방법으로 해결하는 과정에서 공사 착수가 지연되는 경우에는 공사의 착수기간을 연장할 수 있다. 제30회 ( )

▶ 정답 ✗
사업계획승인권자는 해당 사업시행지에 대한 소유권 분쟁을 사업주체가 소송 외의 방법으로 해결하는 과정에서 공사 착수가 지연되는 경우에는 공사의 착수기간을 연장할 수 없다.

▶ 기출 사업계획승인권자는 사업주체가 경매로 인하여 대지의 소유권을 상실한 경우에는 그 사업계획승인을 취소하여야 한다. 제29회 ( )

▶ 정답 ✗
주택분양보증을 받지 않은 사업주체가 경매로 인하여 대지의 소유권을 상실한 경우에는 사업계획승인을 취소할 수 있다.

제2절 매도청구 제27회, 제28회, 제29회, 제30회

1 매도청구

(1) **사업주체의 매도청구**

사업계획승인을 받은 사업주체는 다음에 따라 해당 주택건설대지 중 사용할 수 있는 권원을 확보하지 못한 대지(건축물을 포함)의 소유자에게 그 대지를 시가(市價)로 매도할 것을 청구할 수 있다. 이 경우 매도청구대상이 되는 대지의 소유자와 매도청구를 하기 전에 3개월 이상 협의를 하여야 한다.

① 주택건설대지면적 중 95% 이상에 대하여 사용권원을 확보한 경우: 사용권원을 확보하지 못한 대지의 모든 소유자에게 매도청구 가능
② 주택건설대지면적 중 95% 미만에 대하여 사용권원을 확보한 경우: 사용권원을 확보하지 못한 대지의 소유자 중 지구단위계획구역의 결정고시일 10년 이전에 해당 대지의 소유권을 취득하여 계속 보유하고 있는 자(대지의 소유기간을 산정할 때 대지소유자가 직계존속·직계비속 및 배우자로부터 상속받아 소유권을 취득한 경우에는 피상속인의 소유기간을 합산)를 제외한 소유자에게 매도청구 가능

> **기출** 주택건설대지에 사용권원을 확보하지 못한 건축물이 있는 경우 그 건축물은 매도청구의 대상이 되지 않는다. 제26회 ( )
> ▶ 정답 ✕
> 매도청구대상에는 건축물도 포함된다.

(2) **리모델링주택조합의 매도청구**

리모델링의 허가를 신청하기 위한 동의율을 확보한 경우 리모델링 결의를 한 리모델링주택조합은 그 리모델링 결의에 찬성하지 아니하는 자의 주택 및 토지에 대하여 매도청구를 할 수 있다.

2 사용검사 후 매도청구 등

(1) **주택소유자의 매도청구**

주택(복리시설을 포함)의 소유자들은 주택단지 전체 대지에 속하는 일부의 토지에 대한 소유권이전등기 말소소송 등에 따라 사용검사(동별 사용검사를 포함)를 받은 이후에 해당 토지의 소유권을 회복한 자(이하 '실소유자'라 한다)에게 해당 토지를 시가(市價)로 매도할 것을 청구할 수 있다.

(2) **대표자의 선정요건**

주택의 소유자들은 대표자를 선정하여 매도청구에 관한 소송을 제기할 수 있다. 이 경우 대표자는 주택의 소유자 전체의 4분의 3 이상의 동의를 받아 선정한다.

> **기출** 주택의 사용검사 후 대표자를 선정하여 매도청구에 관한 소송을 하는 경우 대표자는 복리시설을 포함하여 주택의 소유자 전체의 4분의 3 이상의 동의를 받아 선정한다. 제29회, 제30회 ( )
> ▶ 정답 ○

(3) 판결의 효력
매도청구에 관한 소송에 대한 판결은 주택의 소유자 전체에 대하여 효력이 있다.

(4) 매도청구의 요건
매도청구를 하려는 경우에는 해당 토지의 면적이 주택단지 전체 대지면적의 5% 미만이어야 한다.

(5) 송달기간
매도청구의 의사표시는 실소유자가 해당 토지소유권을 회복한 날부터 2년 이내에 해당 실소유자에게 송달되어야 한다.

(6) 구상권 행사
주택의 소유자들은 매도청구로 인하여 발생한 비용의 전부를 사업주체에게 구상(求償)할 수 있다.

> **보충⁺ 임대주택 건설 및 용적률 완화**
> 1. 용적률 완화대상: 사업계획승인대상 이상의 주택과 주택 외의 건축물로 건축하는 계획 및 임대주택 건설·공급에 관한 계획
> 2. 임대주택 건설비율: 완화된 용적률의 30% 이상 60% 이하
> 3. 임대주택 인수자: 국토교통부장관, 시·도지사, 한국토지주택공사 또는 지방공사 ⇨ 시·도지사가 우선 인수할 수 있다.
> 4. 임대주택 공급가격: 건축비로 하고, 부속토지는 인수자에게 기부채납한 것으로 본다.
> 5. 임대주택 선정방법: 공개추첨의 방법에 의하여 임대주택을 선정하여야 한다.

> **보충⁺ 토지임대부 분양주택**
> 1. 임대차기간: 40년 이내로 한다. 75% 이상이 갱신을 청구하는 경우 40년의 범위에서 갱신할 수 있다.
> 2. 토지임대료: 토지임대부 분양주택의 토지임대료는 월별 임대료를 원칙으로 하되, 토지소유자와 주택을 공급 받은 자가 합의한 경우 임대료를 선납하거나 보증금으로 전환하여 납부할 수 있다.
> 3. 토지임대료의 증액: 토지소유자는 토지임대주택을 분양받은 자와 토지임대료 약정을 체결한 후 2년이 지나기 전에는 토지임대료의 증액을 청구할 수 없다.
> 4. 보증금으로의 전환: 토지임대료를 보증금으로 전환하려는 경우 그 보증금을 산정할 때 적용되는 이자율은 「은행법」에 따른 은행의 3년 만기 정기예금 평균이자율 이상이어야 한다.
> 5. 법률의 적용: 토지임대부 분양주택에 관하여 「주택법」에서 정하지 아니한 사항은 「집합건물의 소유 및 관리에 관한 법률」, 「민법」 순으로 적용한다.

▶ **기출** 주택의 사용검사 후 주택단지 내 일부의 토지의 소유권을 회복한 자에게 주택소유자들이 매도청구를 하려면 해당 토지의 면적이 주택단지 전체 대지면적의 5% 미만이어야 한다. 제27회, 제29회, 제30회 ( )

▶ 정답 ○

▶ **기출** 토지임대부 분양주택의 토지에 대한 임대차기간은 50년 이내로 한다. 제33회 ( )

▶ 정답 ✕
임대차기간은 40년 이내로 한다.

> **보충⁺ 매입신청**
> 토지임대부 분양주택을 공급받은 자는 전매제한기간이 지나기 전에 한국토지주택공사에 해당 주택의 매입을 신청할 수 있다.

보충⁺ 감리자의 업무
1. 감리자는 업무를 수행하면서 위반사항을 발견하면 7일 이내에 사업계획승인권자에게 보고하여야 한다.
2. 사업계획승인권자는 감리자가 업무수행 중 위반사항을 알고도 이를 묵인한 경우에는 1년의 범위에서 감리자 지정업무를 제한할 수 있다.

> **※ 참고** 사용검사
> 1. 사용검사권자: 시장·군수·구청장(국가 또는 한국토지주택공사가 사업주체인 경우에는 국토교통부장관)
> 2. 동별 사용검사: **사업계획승인조건의 미이행** 등의 경우에는 공사가 완료된 주택에 대하여 **동별로 사용검사를 받을 수 있다.**
> 3. 시공보증자 등의 사용검사신청: **사업주체가 파산**한 경우 ⇨ 시공을 **보증한 자** 또는 **입주예정자대표회의**가 신청
> 4. 사용검사기간: 사용검사는 그 신청일부터 **15일 이내**에 하여야 한다.
> 5. 임시사용승인: 주택은 동별로 공사가 완료된 때, 대지는 구획별로 공사가 완료된 때 임시사용승인을 받아 사용할 수 있다. 이 경우 임시사용승인의 대상이 **공동주택**인 경우에는 **세대별로 임시사용승인을 할 수 있다.**

예제

주택법령상 주택건설사업에 대한 사업계획의 승인에 관한 설명으로 틀린 것은? 제29회

① 지역주택조합은 설립인가를 받은 날부터 2년 이내에 사업계획승인을 신청하여야 한다.
② 사업주체가 승인받은 사업계획에 따라 공사를 시작하려는 경우 사업계획승인권자에게 신고하여야 한다.
③ 사업계획승인권자는 사업주체가 경매로 인하여 대지소유권을 상실한 경우에는 그 사업계획의 승인을 취소하여야 한다.
④ 사업주체가 주택건설대지를 사용할 수 있는 권원을 확보한 경우에는 그 대지의 소유권을 확보하지 못한 경우에도 사업계획의 승인을 받을 수 있다.
⑤ 주택조합이 승인받은 총사업비의 10%를 감액하는 변경을 하려면 변경승인을 받아야 한다.

해설 ③ 사업계획승인권자는 사업주체가 경매로 인하여 대지의 소유권을 상실한 경우에는 그 사업계획의 승인을 취소할 수 있다. ◐ 정답 ③

Chapter 05 주택의 공급 및 분양가상한제

제1절 주택의 공급요건 제27회, 제28회, 제29회

1 주택의 공급

(1) 입주자 모집공고의 승인

사업주체(공공주택사업자는 제외)가 입주자를 모집하려는 경우에는 국토교통부령으로 정하는 바에 따라 시장·군수·구청장의 승인(복리시설의 경우에는 신고)을 받아야 한다.

(2) 마감자재 목록표의 제출

사업주체가 시장·군수·구청장의 승인을 받으려는 경우(사업주체가 국가·지방자치단체·한국토지주택공사 및 지방공사인 경우에는 견본주택을 건설하는 경우를 말한다)에는 견본주택에 사용되는 마감자재의 규격·성능 및 재질을 적은 목록표(이하 '마감자재 목록표'라 한다)와 견본주택의 각 실의 내부를 촬영한 영상물 등을 제작하여 승인권자에게 제출하여야 한다.

(3) 마감자재 목록표의 보관기간

시장·군수·구청장은 마감자재 목록표와 영상물 등을 사용검사가 있은 날부터 2년 이상 보관하여야 하며, 입주자가 열람을 요구하는 경우에는 이를 공개하여야 한다.

(4) 마감자재 목록표의 설치기준

사업주체가 마감자재 생산업체의 부도 등으로 인한 제품의 품귀 등 부득이한 사유로 인하여 사업계획승인 또는 마감자재 목록표의 마감자재와 다르게 마감자재를 시공·설치하려는 경우에는 당초의 마감자재와 같은 질 이상으로 설치하여야 한다.

기출 한국토지주택공사가 사업주체로서 복리시설의 입주자를 모집하려는 경우 시장·군수·구청장에게 신고하여야 한다. 제26회 ( )

▶정답 ✕
한국토지주택공사가 사업주체로서 복리시설의 입주자를 모집하려는 경우에는 시장·군수·구청장에게 신고하지 않아도 된다.

기출 사업주체가 부득이한 사유로 인하여 사업계획승인의 마감자재와 다르게 시공·설치하려는 경우에는 당초의 마감자재와 같은 질 이하의 자재로 설치할 수 있다. 제28회 ( )

▶정답 ✕
사업주체가 부득이한 사유로 인하여 사업계획승인의 마감자재와 다르게 시공·설치하려는 경우에는 당초의 마감자재와 같은 질 이상의 자재로 설치하여야 한다.

2 저당권설정 등의 제한

(1) 원 칙

사업주체는 사업계획승인을 받아 시행하는 주택건설사업에 의하여 건설된 주택 및 대지에 대하여는 입주자 모집공고 승인신청일(주택조합의 경우에는 사업계획승인신청일) 이후부터 입주예정자가 그 주택 및 대지의 소유권이전등기를 신청할 수 있는 날(사업주체가 입주예정자에게 통보한 입주가능일) 이후 60일까지의 기간 동안 입주예정자의 동의 없이 다음의 어느 하나에 해당하는 행위를 하여서는 아니 된다.

> ① 해당 주택 및 대지에 저당권 또는 가등기담보권 등 담보물권을 설정하는 행위
> ② 해당 주택 및 대지에 전세권·지상권 또는 등기되는 부동산임차권을 설정하는 행위
> ③ 해당 주택 및 대지를 매매 또는 증여 등의 방법으로 처분하는 행위

(2) 예 외

주택의 건설을 촉진하기 위하여 다음에 해당하는 경우에는 그러하지 아니하다.

> ① 해당 주택의 입주자에게 주택구입자금의 일부를 융자하여 줄 목적으로 주택도시기금이나 금융기관으로부터 주택건설자금의 융자를 받는 경우
> ② 해당 주택의 입주자에게 주택구입자금의 일부를 융자하여 줄 목적으로 금융기관으로부터 주택구입자금의 융자를 받는 경우
> ③ 사업주체가 파산(채무자 회생 및 파산에 관한 법률 등에 따른 법원의 결정·인가를 포함한다)·합병·분할·등록말소·영업정지 등의 사유로 사업을 시행할 수 없게 되어 사업주체가 변경되는 경우

(3) 부기등기의무 ⇨ 위반시 무효

부기등기는 주택건설대지에 대하여는 입주자 모집공고 승인신청(주택건설대지 중 주택조합이 사업계획승인신청일까지 소유권을 확보하지 못한 부분이 있는 경우에는 그 부분에 대한 소유권이전등기를 말한다)과 동시에 하여야 하고, 건설된 주택에 대하여는 소유권보존등기와 동시에 하여야 한다.

제 2 절 주택의 분양가격제한 제27회, 제28회, 제32회, 제33회, 제36회

1 분양가상한제 적용주택

(1) 적용주택

사업주체가 일반인에게 공급하는 공동주택 중 다음의 어느 하나에 해당하는 지역에서 공급하는 주택의 경우에는 분양가격 이하로 공급(이하 '분양가상한제 적용주택'이라 한다)하여야 한다.

> ① 공공택지
> ② 공공택지 외의 택지로서 다음의 어느 하나에 해당하는 지역
>   주택가격 상승 우려가 있어 국토교통부장관이 주거정책심의위원회의 심의를 거쳐 지정하는 지역

(2) 적용 제외

다음에 해당하는 경우에는 분양가상한제를 적용하지 아니한다.

> ① 도시형 생활주택
> ② 경제자유구역에서 건설·공급하는 공동주택(경제자유구역위원회에서 의결한 경우)
> ③ 관광특구에서 건설·공급하는 50층 이상이거나 높이 150m 이상인 공동주택
> ④ 「도시 및 주거환경정비법」에 따른 주거환경개선사업 및 공공재개발사업에서 건설·공급하는 주택
> ⑤ 「도시재생 활성화 및 지원에 관한 특별법」에 따른 주거재생혁신지구에서 시행하는 혁신지구재생사업에서 건설·공급하는 주택
> ⑥ 「공공주택 특별법」에 따른 도심 공공주택 복합사업에서 건설·공급하는 주택

(3) 분양가격

분양가격은 택지비와 건축비로 구성(토지임대부 분양주택의 경우에는 건축비만 해당한다)되며, 구체적인 명세, 산정방식, 감정평가기관 선정방법 등은 국토교통부령으로 정한다.

[기출] 「관광진흥법」에 따라 지정된 관광특구에서 건설·공급하는 50층 이상이거나 높이가 150m 이상인 공동주택은 분양가상한제의 적용을 받지 않는다.
제26회, 제27회 ( )

▶ 정답 ○

[보충+] 건축비 산정방법
분양가격 구성항목 중 건축비는 기본형 건축비에 국토교통부령으로 정하는 금액을 더한 금액으로 한다.

(4) 분양가 공시주체

① **공공택지**(공급가격 + 가산금액): 사업주체는 분양가상한제 적용주택으로서 공공택지에서 공급하는 주택에 대하여 입주자 모집승인을 받았을 때에는 입주자 모집공고에 분양가격을 공시(택지비 + 공사비 + 간접비)하여야 한다.

② **공공택지 외의 택지**(감정가격 + 가산금액): 시장·군수·구청장이 공공택지 외의 택지에서 공급되는 분양가상한제 적용주택 중 분양가 상승 우려가 큰 지역으로서 대통령령으로 정하는 기준에 해당되는 지역에서 공급되는 주택의 입주자 모집승인을 하는 경우에는 분양가격을 공시하여야 한다.

2 분양가상한제 적용지역의 지정 및 해제

(1) 지정대상지역

국토교통부장관은 투기과열지구 중 다음의 어느 하나에 해당하는 지역에 대하여 주거정책심의위원회 심의를 거쳐 분양가상한제 적용지역으로 지정할 수 있다.

> ① 분양가상한제 적용 직전월부터 소급하여 12개월간의 아파트 분양가격상승률이 물가상승률의 2배를 초과한 지역
> ② 분양가상한제 적용 직전월부터 소급하여 3개월간의 주택매매거래량이 전년 동기 대비 20% 이상 증가한 지역
> ③ 분양가상한제 적용 직전월부터 소급하여 주택공급이 있었던 2개월 동안 해당 지역에서 공급되는 주택의 월평균 청약경쟁률이 모두 5대 1을 초과하였거나 해당 지역에서 공급되는 국민주택규모 주택의 월평균 청약경쟁률이 모두 10대 1을 초과한 지역

기출 시·도지사는 주택가격상승률이 물가상승률보다 현저히 높은 지역으로서 주택가격의 급등이 우려되는 지역에 대해서 분양가상한제 적용지역으로 지정할 수 있다. 제27회 ( )

▶ 정답 ✕
분양가상한제 적용지역은 국토교통부장관이 지정한다.

(2) 지정절차

국토교통부장관이 분양가상한제 적용지역을 지정하는 경우에는 미리 시·도지사의 의견을 들어야 한다.

(3) 지정해제

국토교통부장관은 분양가상한제 적용지역으로 계속 지정할 필요가 없다고 인정하는 경우에는 주거정책심의위원회 심의를 거쳐 분양가상한제 적용지역의 지정을 해제하여야 한다.

(4) 해제요청

분양가상한제 적용지역으로 지정된 지역의 시·도지사, 시장, 군수 또는 구청장은 분양가상한제 적용지역의 지정 후 해당 지역의 주택가격이 안정되는 등 분양가상한제 적용지역으로 계속 지정할 필요가 없다고 인정하는 경우에는 국토교통부장관에게 그 지정의 해제를 요청할 수 있다.

(5) 해제 여부 결정

국토교통부장관은 분양가상한제 적용지역 지정의 해제를 요청받은 경우에는 주거정책심의위원회의 심의를 거쳐 요청받은 날부터 40일 이내에 해제 여부를 결정하고, 그 결과를 시·도지사, 시장, 군수 또는 구청장에게 통보하여야 한다.

3 분양가심사위원회

(1) 설치·운영

시장·군수·구청장은 분양가격의 제한과 분양가격의 공시에 관한 사항을 심의하기 위하여 사업계획승인신청이 있는 날부터 20일 이내에 분양가심사위원회를 설치·운영하여야 한다.

(2) 분양가심사위원회의 구속력

시장·군수·구청장은 입주자 모집승인을 할 때에는 분양가심사위원회의 심사결과에 따라 승인 여부를 결정하여야 한다.

> **기출** 시·도지사는 사업계획승인신청이 있는 날부터 30일 이내에 분양가심사위원회를 설치·운영하여야 한다. 제26회 ( )
>
> ▶정답 ×
> 시장·군수·구청장은 20일 이내에 분양가심사위원회를 설치·운영하여야 한다.

Chapter 06 투기과열지구 및 전매제한

제1절 투기과열지구 등 제27회, 제28회, 제29회, 제30회, 제32회, 제34회

1 투기과열지구의 지정

(1) 지정권자

국토교통부장관 또는 시·도지사는 주택가격의 안정을 위하여 필요한 경우에는 주거정책심의위원회의 심의를 거쳐 일정한 지역을 투기과열지구로 지정하거나 이를 해제할 수 있다.

(2) 지정대상지역

투기과열지구는 해당 지역의 주택가격상승률이 물가상승률보다 현저히 높은 지역으로서 그 지역의 청약경쟁률·주택가격·주택보급률 및 주택공급계획 등과 지역 주택시장 여건 등을 고려하였을 때 주택에 대한 투기가 성행하고 있거나 성행할 우려가 있는 지역 중 다음의 어느 하나에 해당하는 곳이어야 한다.

① 투기과열지구 지정 직전월부터 소급하여 주택공급이 있었던 2개월 동안 해당 지역에서 공급되는 주택의 월평균 청약경쟁률이 모두 5대 1을 초과하였거나 국민주택규모 주택의 월평균 청약경쟁률이 모두 10대 1을 초과한 곳
② 투기과열지구 지정 직전월의 주택분양실적이 전달보다 30% 이상 감소하여 주택공급이 위축될 우려가 있는 곳
③ 해당 지역이 속하는 시·도의 주택보급률이 전국 평균 이하인 곳
④ 해당 지역이 속하는 시·도의 자가주택비율이 전국 평균 이하인 곳

(3) 지정절차

국토교통부장관이 투기과열지구를 지정하거나 해제할 경우에는 미리 시·도지사의 의견을 듣고 그 의견에 대한 검토의견을 회신하여야 하며, 시·도지사가 투기과열지구를 지정하거나 해제할 경우에는 국토교통부장관과 협의하여야 한다.

보충+ 지정 단위

투기과열지구는 그 지정목적을 달성할 수 있는 최소한의 범위에서 시·군·구 또는 읍·면·동의 지역 단위로 지정하되, 택지개발지구 등 해당 지역 여건을 고려하여 지정 단위를 조정할 수 있다.

기출 국토교통부장관은 해당 지역이 속하는 시·도의 주택보급률이 전국 평균을 초과하는 지역을 투기과열지구로 지정할 수 있다. 제28회 (　)

▶정답 ×
국토교통부장관은 해당 지역이 속하는 시·도의 주택보급률 또는 자가주택비율이 전국 평균 이하인 지역을 투기과열지구로 지정할 수 있다.

(4) 지정의 재검토

국토교통부장관(시·도지사 ×)은 반기마다 주거정책심의위원회의 회의를 소집하여 투기과열지구로 지정된 지역별로 해당 지역의 주택가격 안정 여건의 변화 등을 고려하여 투기과열지구 지정의 유지 여부를 재검토하여야 한다.

2 조정대상지역의 지정

(1) 지정권자

국토교통부장관은 다음의 어느 하나에 해당하는 지역으로서 대통령령으로 정하는 기준을 충족하는 지역을 주거정책심의위원회의 심의를 거쳐 조정대상지역으로 지정할 수 있다. 이 경우 조정대상지역은 그 지정목적을 달성할 수 있는 최소한의 범위에서 시·군·구 또는 읍·면·동의 지역 단위로 지정하되, 택지개발지구 등 해당 지역 여건을 고려하여 지정 단위를 조정할 수 있다.

> ① 주택가격, 청약경쟁률, 분양권 전매량 및 주택보급률 등을 고려하였을 때 주택분양 등이 과열되어 있거나 과열될 우려가 있는 지역(과열지역)
> ② 주택가격, 주택거래량, 미분양주택의 수 및 주택보급률 등을 고려하여 주택의 분양·매매 등 거래가 위축되어 있거나 위축될 우려가 있는 지역(위축지역)

> **기출** 시·도지사는 주택의 분양·매매 등 거래가 위축될 우려가 있는 지역을 시·도 주거정책심의위원회의 심의를 거쳐 조정대상지역으로 지정할 수 있다. 제29회 ( )
>
> ▶ **정답** ×
> 국토교통부장관은 주택의 분양·매매 등 거래가 위축될 우려가 있는 지역을 주거정책심의위원회의 심의를 거쳐 조정대상지역으로 지정할 수 있다.

(2) 지정대상지역

① **과열지역**: 조정대상지역 지정 직전월부터 소급하여 3개월간의 해당 지역 주택가격상승률이 해당 지역이 포함된 시·도 소비자물가상승률의 1.3배를 초과한 지역으로서 다음의 어느 하나에 해당하는 지역을 말한다.

> ㉠ 조정대상지역 지정 직전월부터 소급하여 주택공급이 있었던 2개월 동안 해당 지역에서 공급되는 주택의 월평균 청약경쟁률이 모두 5대 1을 초과하였거나 국민주택규모 주택의 월평균 청약경쟁률이 모두 10대 1을 초과한 지역
> ㉡ 조정대상지역 지정 직전월부터 소급하여 3개월간의 분양권(주택의 입주자로 선정된 지위를 말한다) 전매거래량이 전년 동기 대비 30% 이상 증가한 지역
> ㉢ 해당 지역이 속하는 시·도의 주택보급률 또는 자가주택비율이 전국 평균 이하인 지역

② **위축지역**: 조정대상지역 지정 직전월부터 소급하여 6개월간의 평균 주택가격상승률이 마이너스 1.0% 이하인 지역으로서 다음의 어느 하나에 해당하는 지역을 말한다.

> ㉠ 조정대상지역 지정 직전월부터 소급하여 3개월 연속 주택매매거래량이 전년 동기 대비 20% 이상 감소한 지역
> ㉡ 조정대상지역 지정 직전월부터 소급하여 3개월간의 평균 미분양주택의 수가 전년 동기 대비 2배 이상인 지역
> ㉢ 해당 지역이 속하는 시·도의 주택보급률 또는 자가주택비율이 전국 평균을 초과하는 지역

(3) **지정해제**

① **직권해제**: 국토교통부장관은 조정대상지역으로 유지할 필요가 없다고 판단되는 경우에는 주거정책심의위원회의 심의를 거쳐 조정대상지역의 지정을 해제하여야 한다.

② **해제요청**: 조정대상지역으로 지정된 지역의 시·도지사, 시장·군수 또는 구청장은 조정대상지역 지정 후 해당 지역의 주택가격이 안정되는 등 조정대상지역으로 유지할 필요가 없다고 판단되는 경우에는 국토교통부장관에게 그 지정의 해제를 요청할 수 있다.

제 2 절 전매제한 제27회, 제28회, 제29회

1 전매제한대상

사업주체가 건설·공급하는 주택[해당 주택의 입주자로 선정된 지위(입주자로 선정되어 그 주택에 입주할 수 있는 권리·자격·지위 등)를 포함]으로서 다음의 어느 하나에 해당하는 경우에는 10년 이내의 범위에서 대통령령으로 정하는 기간이 지나기 전에는 그 주택을 전매(매매·증여나 그 밖에 권리의 변동을 수반하는 모든 행위를 포함하되, 상속의 경우는 제외)하거나 이의 전매를 알선할 수 없다. 이 경우 전매제한기간은 주택의 수급 상황 및 투기 우려 등을 고려하여 대통령령으로 정하는 바에 따라 지역별로 달리 정할 수 있다.

① 투기과열지구에서 건설·공급되는 주택
② 조정대상지역에서 건설·공급되는 주택. 다만, 조정대상지역 중 주택의 수급 상황 등을 고려하여 대통령령으로 정하는 지역에서 건설·공급되는 주택은 제외한다.
③ 분양가상한제 적용주택. 다만, 수도권 외의 지역 중 주택의 수급 상황 및 투기 우려 등을 고려하여 대통령령으로 정하는 지역으로서 투기과열지구가 지정되지 아니하거나 지정 해제된 지역 중 공공택지 외의 택지에서 건설·공급되는 분양가상한제 적용주택은 제외한다.
④ 공공택지 외의 택지에서 건설·공급되는 주택. 다만, 분양가상한제 적용대상에서 제외되는 주택 및 수도권 외의 지역 중 주택의 수급 상황 및 투기 우려 등을 고려하여 대통령령으로 정하는 지역으로서 공공택지 외의 택지에서 건설·공급되는 주택은 제외한다.
⑤ 「도시 및 주거환경정비법」에 따른 공공재개발사업(분양가상한제가 적용되는 지역에 한정한다)에서 건설·공급하는 주택
⑥ 토지임대부 분양주택

🔔 투기과열지구에서 전매제한기간 : 입주자로 선정된 날부터 수도권은 3년, 수도권 외의 지역은 1년이다.

추가 전매제한기간
토지임대부 분양주택의 전매제한 기간은 10년이다.

2 전매제한의 특례와 우선매입

(1) 전매제한의 특례

다음의 경우로서 한국토지주택공사(사업주체가 공공주택사업자인 경우에는 공공주택사업자를 말한다)의 동의를 받은 경우에는 전매제한 규정을 적용하지 아니한다.

① 세대원(전매제한대상 주택을 공급받은 사람이 포함된 세대의 구성원)이 근무 또는 생업상의 사정이나 질병치료·취학·결혼으로 인하여 세대원 전원이 다른 광역시, 특별자치시, 특별자치도, 시 또는 군(광역시의 관할 구역에 있는 군은 제외)으로 이전하는 경우. 다만, 수도권 안에서 이전하는 경우는 제외한다.
② 상속에 따라 취득한 주택으로 세대원 전원이 이전하는 경우
③ 세대원 전원이 해외로 이주하거나 2년 이상의 기간 동안 해외에 체류하고자 하는 경우
④ 이혼으로 인하여 입주자로 선정된 지위 또는 주택을 그 배우자에게 이전하는 경우

기출 세대원 전원이 해외로 이주하거나 1년간 해외에 체류하고자 하는 경우에는 한국토지주택공사(사업주체가 공공주택사업자인 경우에는 공공주택사업자를 말한다)의 동의를 받으면 전매제한을 적용하지 아니한다. 제27회 ( )

▶ 정답 ✕
체류기간은 1년이 아니라 2년 이상이다.

⑤ 「공익사업을 위한 토지 등의 취득 및 보상에 관한 법률」에 따라 공익사업의 시행으로 주거용 건축물을 제공한 자가 사업시행자로부터 이주대책용 주택을 공급받은 경우로서 시장·군수·구청장이 확인하는 경우
⑥ 분양가상한제 적용주택 또는 공공택지 외의 택지에서 건설·공급되는 주택의 소유자가 국가·지방자치단체 및 금융기관에 대한 채무를 이행하지 못하여 경매 또는 공매가 시행되는 경우
⑦ 입주자로 선정된 지위 또는 주택의 일부를 배우자에게 증여하는 경우
⑧ 실직·파산 또는 신용불량으로 경제적 어려움이 발생한 경우

(2) 주택의 우선매입

분양가상한제 적용주택을 공급받은 자가 전매하는 경우에는 한국토지주택공사가 그 주택을 우선 매입할 수 있다.

(3) 부기등기의무

사업주체가 전매행위가 제한되는 분양가상한제 적용주택, 공공택지 외의 택지에서 건설·공급되는 주택 및 토지임대부 분양주택을 공급하는 경우에는 그 주택의 소유권을 제3자에게 이전할 수 없음을 소유권에 관한 등기에 부기등기하여야 한다.

> **기출** 사업주체가 공공택지 외의 택지에서 건설·공급하는 주택을 공급하는 경우에는 그 주택의 소유권을 제3자에게 이전할 수 없음을 소유권에 관한 등기에 부기등기하여야 한다. 제24회, 제27회 ( )
>
> ▶ 정답 ○

3 전매제한 위반의 효과

(1) 사업주체의 환매

전매제한 규정을 위반하여 주택의 입주자로 선정된 지위의 전매가 이루어진 경우, 사업주체가 이미 납부된 입주금에 대하여 은행의 1년 만기 정기예금 평균이자율을 합산한 금액(매입비용)을 그 매수인에게 지급한 경우에는 그 지급한 날에 사업주체가 해당 입주자로 선정된 지위를 취득한 것으로 보며, 한국토지주택공사가 분양가상한제 적용주택을 우선 매입하는 경우의 매입비용에 관하여도 이를 준용한다.

(2) 행정형벌

전매제한 규정을 위반하여 입주자로 선정된 지위 또는 주택을 전매하거나 이의 전매를 알선한 자는 3년 이하의 징역 또는 3천만원 이하의 벌금형에 처한다. 다만, 그 위반행위로 얻은 이익의 3배에 해당하는 금액이 3천만원을 초과하는 자는 3년 이하의 징역 또는 그 이익의 3배에 해당하는 금액 이하의 벌금에 처한다.

Chapter 07 공급질서 교란금지 및 리모델링

제1절 공급질서 교란금지 제32회

1 공급질서 교란행위

누구든지 「주택법」에 따라 건설·공급되는 주택을 공급받거나 공급받게 하기 위하여 다음의 어느 하나에 해당하는 증서 또는 지위를 양도·양수(매매·증여나 그 밖에 권리 변동을 수반하는 모든 행위를 포함하되, 상속·저당의 경우는 제외) 또는 이를 알선하거나 양도·양수 또는 이를 알선할 목적으로 하는 광고를 하여서는 아니 된다.

① 주택을 공급받을 수 있는 조합원의 지위
② 주택상환사채
③ 입주자저축증서
④ 시장·군수 또는 구청장이 발행한 무허가건물확인서·건물철거예정증명서 또는 건물철거확인서
⑤ 공공사업의 시행으로 인한 이주대책에 의하여 주택을 공급받을 수 있는 지위 또는 이주대책대상자 확인서

> **기출** 입주자저축증서의 저당은 공급질서 교란행위에 해당한다. 제25회 ( )
> ▶ 정답 ×
> 입주자저축증서의 저당은 공급질서 교란행위에 해당하지 않는다.
>
> **기출** 주택상환사채 매매의 알선은 공급질서 교란행위에 해당한다. 제24회 ( )
> ▶ 정답 ○

2 위반의 효과

(1) **지위의 무효 또는 계약의 취소**

국토교통부장관 또는 사업주체는 다음의 어느 하나에 해당하는 자에 대하여는 그 주택 공급을 신청할 수 있는 지위를 무효로 하거나 이미 체결된 주택의 공급계약을 취소하여야 한다.

① 공급질서 교란금지를 위반하여 증서 또는 지위를 양도하거나 양수한 자
② 공급질서 교란금지를 위반하여 거짓이나 그 밖의 부정한 방법으로 증서나 지위 또는 주택을 공급받은 자

(2) 환 매

사업주체가 공급질서 교란금지를 위반한 자에게 대통령령으로 정하는 바에 따라 산정한 주택가격에 해당하는 금액을 지급한 경우에는 그 지급한 날에 그 주택을 취득한 것으로 본다.

(3) 퇴거명령

사업주체가 매수인에게 주택가격을 지급하거나, 매수인을 알 수 없어 주택가격의 수령 통지를 할 수 없는 경우 등 대통령령으로 정하는 사유에 해당하는 경우로서 주택가격을 그 주택이 있는 지역을 관할하는 법원에 공탁한 경우에는 그 주택에 입주한 자에 대하여 기간을 정하여 퇴거를 명할 수 있다.

(4) 입주자자격제한

국토교통부장관은 공급질서 교란금지를 위반한 자에 대하여 10년 이내의 범위에서 국토교통부령으로 정하는 바에 따라 주택의 입주자자격을 제한할 수 있다.

(5) 행정형벌

공급질서 교란금지 규정을 위반한 자는 3년 이하의 징역 또는 3,000만원 이하의 벌금에 처한다. 다만, 그 위반행위로 얻은 이익의 3배에 해당하는 금액이 3,000만원을 초과하는 자는 3년 이하의 징역 또는 그 이익의 3배에 해당하는 금액 이하의 벌금에 처한다.

제 2 절 주택의 리모델링 제27회, 제28회, 제31회, 제33회, 제36회

1 리모델링의 허가기준

(1) 입주자·사용자·관리주체

공동주택의 입주자·사용자 또는 관리주체가 공동주택을 리모델링하려는 경우에는 입주자 전체의 동의를 받아 시장·군수·구청장의 허가를 받아야 한다.

(2) 리모델링주택조합 또는 입주자대표회의

리모델링 결의를 한 리모델링주택조합이나 소유자 전원의 동의를 받은 입주자대표회의가 시장·군수·구청장의 허가를 받아 리모델링을 할 수 있다.

[기출] 공동주택 리모델링의 허가는 시·도지사가 한다. 제33회 ( )

▶ 정답 ×
공동주택 리모델링의 허가는 시장·군수·구청장이 한다.

① 리모델링주택조합: 주택단지 **전체를 리모델링하는 경우**에는 주택단지 **전체 구분소유자 및 의결권의 각 75% 이상의 동의**와 각 **동별 구분소유자 및 의결권의 각 50% 이상의 동의**를 받아야 하며(리모델링을 하지 않는 별동의 건축물로 입주자 공유가 아닌 복리시설 등의 소유자는 권리변동이 없는 경우에 한정하여 동의 비율 산정에서 제외), 동을 리모델링하는 경우에는 그 동의 구분소유자 및 의결권의 각 75% 이상의 동의를 받아야 한다.
② 입주자대표회의: 주택단지의 **소유자 전원의 동의**를 받아야 한다.

> **[비교]** 리모델링 조합설립인가를 받기 위한 결의요건
> 1. 주택단지 전체를 리모델링하고자 하는 경우: 전체 구분소유자와 의결권의 3분의 2 이상의 결의 및 각 동의 구분소유자와 의결권의 각 과반수의 결의
> 2. 동을 리모델링하고자 하는 경우: 동의 구분소유자 및 의결권의 각 3분의 2 이상의 결의

[기출] 입주자대표회의가 리모델링하려는 경우에는 리모델링 설계개요, 공사비, 소유자의 비용분담명세가 적혀 있는 결의서에 주택단지 소유자 전원의 동의를 받아야 한다. 제31회 ( )

▶ 정답 ○

(3) 시공자 선정

시공자를 선정하는 경우에는 국토교통부장관이 정하는 **경쟁입찰의 방법**으로 하여야 한다. 다만, 경쟁입찰의 방법으로 시공자를 선정하는 것이 곤란하다고 인정되는 경우 등 대통령령으로 정하는 경우에는 그러하지 아니하다.

(4) 권리변동계획의 수립

세대수가 증가되는 리모델링을 하는 경우에는 ① 리모델링 전후의 대지 및 건축물의 **권리변동명세**, ② **조합원의 비용분담**, ③ **사업비**, ④ **조합원 외의 자에 대한 분양계획**에 대한 계획을 수립하여 사업계획승인 또는 행위허가를 받아야 한다.

[기출] 사업비에 관한 사항은 세대수가 증가되는 리모델링을 하는 경우 수립하여야 하는 권리변동계획에 포함되지 않는다. 제31회 ( )

▶ 정답 ×
사업비에 관한 사항은 세대수가 증가되는 리모델링을 하는 경우 수립하여야 하는 권리변동계획에 포함된다.

(5) 안전진단

증축형 리모델링을 하려는 자는 시장·군수·구청장에게 **안전진단을 요청**하여야 하며, 안전진단을 요청받은 시장·군수·구청장은 해당 건축물의 증축 가능 여부의 확인 등을 위하여 안전진단을 실시하여야 한다.

2 리모델링 기본계획의 수립 및 고시

(1) 수립권자

① **특별시장·광역시장 및 대도시의 시장**은 관할 구역에 대하여 리모델링 기본계획을 **10년 단위**로 수립하여야 한다.

② **대도시의 시장**은 리모델링 기본계획을 수립하거나 변경하려면 **도지사의 승인**을 받아야 하며 도지사는 리모델링 기본계획을 승인하려면 시·도 도시계획위원회의 심의를 거쳐야 한다.

(2) 수립절차(공람 + 지방의회 의견청취 + 협의 + 심의)

특별시장·광역시장 및 대도시의 시장은 리모델링 기본계획을 수립하거나 변경하려면 **14일 이상 주민에게 공람**하고, 지방의회의 의견을 들어야 한다. 이 경우 **지방의회**는 의견제시를 요청받은 날부터 **30일 이내에 의견을 제시**하여야 하며, 30일 이내에 의견을 제시하지 아니하는 경우에는 이의가 없는 것으로 본다.

(3) 타당성검토

특별시장·광역시장 및 대도시의 시장은 **5년**마다 리모델링 기본계획의 타당성 여부를 검토하여 그 결과를 리모델링 기본계획에 반영하여야 한다.

> **보충⁺ 리모델링 지원센터**
> 시장·군수·구청장은 리모델링의 원활한 추진을 지원하기 위하여 리모델링 지원센터를 설치하여 운영할 수 있다.

예제

주택법령상 공동주택의 리모델링에 관한 설명으로 틀린 것은? (단, 조례는 고려하지 않음)

제31회

① 입주자대표회의가 리모델링하려는 경우에는 리모델링 설계개요, 공사비, 소유자의 비용분담명세가 적혀 있는 결의서에 주택단지 소유자 전원의 동의를 받아야 한다.
② 공동주택의 입주자가 공동주택을 리모델링하려고 하는 경우에는 시장·군수·구청장의 허가를 받아야 한다.
③ 사업비에 관한 사항은 세대수가 증가되는 리모델링을 하는 경우 수립하여야 하는 권리변동계획에 포함되지 않는다.
④ 증축형 리모델링을 하려는 자는 시장·군수·구청장에게 안전진단을 요청하여야 한다.
⑤ 수직증축형 리모델링의 대상이 되는 기존 건축물의 층수가 12층인 경우에는 2개 층까지 증축할 수 있다.

해설 ③ 사업비에 관한 사항은 세대수가 증가되는 리모델링을 하는 경우 수립하여야 하는 권리변동계획에 포함된다.

◆ 정답 ③

PART

06

농지법

제1장 총칙 및 농지의 소유
제2장 농지의 이용
제3장 농지의 보전

Chapter 01 총칙 및 농지의 소유

제1절 용어의 정의 제27회, 제28회, 제30회, 제35회

1 농지

(1) 농지의 개념

'농지'란 다음의 어느 하나에 해당하는 토지를 말한다.

① 전·답, 과수원, 그 밖에 법적 지목(地目)을 불문하고 실제로 농작물 경작지 또는 다음의 어느 하나에 해당하는 다년생식물 재배지로 이용되는 토지

> ㉠ 목초·종묘·인삼·약초·잔디 및 조림용 묘목
> ㉡ 과수·뽕나무·유실수 그 밖의 생육기간이 2년 이상인 식물
> ㉢ 조경 또는 관상용 수목과 그 묘목(조경목적으로 식재한 것은 제외)

② 농작물의 경작지 또는 다년생식물 재배지로 이용하고 있는 토지의 개량시설로서 유지, 양·배수시설, 수로, 농로, 제방에 해당하는 시설

③ 농작물의 경작지 또는 다년생식물 재배지에 설치한 다음의 농축산물 생산시설로서 다음의 어느 하나에 해당하는 시설

> ㉠ 고정식온실·버섯재배사 및 비닐하우스와 그 부속시설
> ㉡ 축사·곤충사육사와 그 부속시설
> ㉢ 간이퇴비장

기출 관상용 수목의 묘목을 조경목적으로 식재한 재배지로 실제로 이용되는 토지는 농지에 해당한다. 제30회 (   )

▶정답 ✕
관상용 수목의 묘목을 조경목적으로 식재한 재배지로 실제로 이용되는 토지는 농지에 해당하지 않는다.

(2) 농지의 제외

다음의 각 토지는 농지에서 제외된다.

① 「공간정보의 구축 및 관리 등에 관한 법률」에 따른 지목이 전·답, 과수원이 아닌 토지(지목이 임야인 토지는 제외)로서 농작물 경작지 또는 다년생식물 재배지로 계속하여 이용되는 기간이 3년 미만인 토지
② 「공간정보의 구축 및 관리 등에 관한 법률」에 따른 지목이 임야인 토지로서 「산지관리법」에 따른 산지전용허가(다른 법률에 따라 산지전용허가가 의제되는 인가·허가·승인 등을 포함)를 거치지 아니하고 농작물의 경작 또는 다년생식물의 재배에 이용되는 토지
③ 「초지법」에 따라 조성된 초지

2 농업인

농업에 종사하는 개인으로서 다음에 해당하는 자를 말한다.

① 1,000m² 이상의 농지에서 농작물 또는 다년생식물을 경작 또는 재배하거나 1년 중 90일 이상 농업에 종사하는 자
② 농지에 330m² 이상의 고정식온실·버섯재배사·비닐하우스, 그 밖의 농림축산식품부령으로 정하는 농업생산에 필요한 시설을 설치하여 농작물 또는 다년생식물을 경작 또는 재배하는 자
③ 대가축 2두, 중가축 10두, 소가축 100두, 가금 1천수 또는 꿀벌 10군 이상을 사육하거나 1년 중 120일 이상 축산업에 종사하는 자
④ 농업경영을 통한 농산물의 연간 판매액이 120만원 이상인 자

> **기출** 가금 500수를 사육하는 자는 농업인에 해당한다. 제28회 ( )
>
> ▶정답 ×
> 가금 1천수 이상 사육하는 자가 농업인에 해당한다.

3 농업법인

'농업법인'이란 「농어업경영체 육성 및 지원에 관한 법률」에 따라 설립된 영농조합법인과 같은 법에 따라 설립되고 업무집행권을 가진 자 중 3분의 1 이상이 농업인인 농업회사법인을 말한다.

4 자 경

'자경'이란 농업인이 그 소유 농지에서 농작물 경작 또는 다년생식물 재배에 상시 종사하거나 농작업의 2분의 1 이상을 자기의 노동력으로 경작 또는 재배하는 것과 농업법인이 그 소유 농지에서 농작물을 경작하거나 다년생식물을 재배하는 것을 말한다.

5 위탁경영

'위탁경영'이란 농지 소유자가 타인에게 일정한 보수를 지급하기로 약정하고 농작업의 전부 또는 일부를 위탁하여 행하는 농업경영을 말한다.

6 농지의 전용

'농지의 전용(轉用)'이란 농지를 농작물의 경작이나 다년생식물의 재배 등 농업생산 또는 농지개량 외의 용도로 사용하는 것을 말한다. 다만, 농지개량시설의 부지와 농축산물 생산시설의 부지의 용도로 사용하는 경우에는 전용으로 보지 아니한다.

> **추가** 농지개량
> 농지의 개량이란 농지의 생산성을 높이기 위하여 농지의 형질을 변경하는 다음의 어느 하나에 해당하는 행위를 말한다.
> 1. 농지의 이용가치를 높이기 위하여 농지의 구획을 정리하거나 개량시설을 설치하는 행위
> 2. 농지의 토양개량이나 관개, 배수, 농업기계 이용의 개선을 위하여 해당 농지에서 객토·성토 또는 절토하거나 암석을 채굴하는 행위

7 주말·체험영농

주말·체험영농이란 농업인이 아닌 개인이 주말 등을 이용하여 취미생활이나 여가활동으로 농작물을 경작하거나 다년생식물을 재배하는 것을 말한다.

제2절 농지의 소유 제33회

1 경자유전의 원칙

농지는 자기의 농업경영에 이용하거나 이용할 자가 아니면 소유하지 못한다.

2 경자유전의 예외

(1) 경자유전의 예외 규정

경자유전의 원칙에도 불구하고 다음의 어느 하나에 해당하는 경우에는 농지를 소유할 수 있다. 다만, ②와 ③을 제외한 소유 농지는 농업경영에 이용되도록 하여야 한다.

① 국가나 지방자치단체가 농지를 소유하는 경우
② 학교, 공공단체·농업연구기관·농업생산자단체 또는 종묘나 그 밖의 농업기자재 생산자가 그 목적사업을 수행하기 위하여 필요한 시험지·연구지·실습지·종묘생산지로 쓰기 위하여 농림축산식품부령으로 정하는 바에 따라 농지를 취득하여 소유하는 경우
③ 주말·체험영농을 하려고 농업진흥지역 외의 농지를 소유하는 경우
④ 상속[상속인에게 한 유증(遺贈)을 포함]으로 농지를 취득하여 소유하는 경우
⑤ 8년 이상 농업경영을 하던 사람이 이농(離農)한 후에도 이농 당시 소유하고 있던 농지를 계속 소유하는 경우
⑥ 담보농지를 취득하여 소유하는 경우
⑦ 농지전용허가를 받거나 농지전용신고를 한 자가 그 농지를 소유하는 경우
⑧ 농지전용협의를 마친 농지를 소유하는 경우
⑨ 「공유수면 관리 및 매립에 관한 법률」에 따라 매립농지를 취득하여 소유하는 경우
⑩ 토지수용으로 농지를 취득하여 소유하는 경우

> **기출** 주말·체험영농을 하려고 농업진흥지역 내의 농지를 소유하는 경우에는 자기의 농업경영에 이용하지 아니하는 경우에도 농지를 소유할 수 있다. 제33회 ( )
>
> ▶ **정답** ✕
> 주말·체험영농을 하려고 농업진흥지역 외의 농지를 소유하는 경우에 자기의 농업경영에 이용하지 아니하는 경우에도 농지를 소유할 수 있다.

(2) 임대차·무상사용기간 중의 특례

농지를 임대하거나 무상사용하게 하는 경우에는 임대하거나 무상사용하게 하는 기간 동안 농지를 계속 소유할 수 있다.

(3) 특례의 제한

「농지법」에서 허용된 경우 외에는 농지소유에 관한 특례를 정할 수 없다.

제3절 농지의 소유상한

1 상속농지

상속으로 농지를 취득한 사람으로서 농업경영을 하지 아니하는 사람은 그 상속 농지 중에서 총 1만m^2까지만 소유할 수 있다.

2 이농농지

8년 이상 농업경영을 한 후 이농한 사람은 이농 당시 소유 농지 중에서 총 1만m^2까지만 소유할 수 있다.

3 주말·체험영농농지

주말·체험영농을 하려는 사람은 총 1,000m^2 미만의 농지를 소유할 수 있다. 이 경우 면적 계산은 그 세대원 전부가 소유하는 총면적으로 한다.

제4절 농지취득자격증명 등 제29회, 제30회, 제32회, 제36회

1 발급대상

(1) **원칙**

농지를 취득하려는 자는 농지 소재지를 관할하는 시장, 구청장, 읍장 또는 면장에게서 농지취득자격증명을 발급받아야 한다.

(2) **예외**

다음의 어느 하나에 해당하면 농지취득자격증명을 발급받지 아니하고 농지를 취득할 수 있다.

> ① 국가나 지방자치단체가 농지를 소유하는 경우
> ② 상속으로 농지를 취득하여 소유하는 경우
> ③ 담보농지를 취득하여 소유하는 경우
> ④ 농지전용협의를 마친 농지를 소유하는 경우
> ⑤ 다음의 어느 하나에 해당하는 경우
>   ㉠ 한국농어촌공사가 농지를 취득하여 소유하는 경우
>   ㉡ 「농어촌정비법」에 따라 농지를 취득하여 소유하는 경우
>   ㉢ 「공유수면 관리 및 매립에 관한 법률」에 따라 매립농지를 취득하여 소유하는 경우
>   ㉣ 토지수용으로 농지를 취득하여 소유하는 경우
> ⑥ 농업법인의 합병으로 농지를 취득하는 경우
> ⑦ 공유농지의 분할로 농지를 취득하는 경우
> ⑧ 시효의 완성으로 농지를 취득하는 경우

> [기출] 농업법인의 합병으로 농지를 취득하는 경우에는 농지취득자격증명을 발급받지 아니하고 농지를 취득할 수 있다. 제32회 ( )
>
> ▶정답 ○

2 농업경영계획서의 작성

(1) **원칙**

농지취득자격증명을 발급받으려는 자는 다음의 사항이 모두 포함된 농업경영계획서 또는 주말·체험영농계획서를 작성하여 농지 소재지를 관할하는 시·구·읍·면의 장에게 발급신청을 하여야 한다.

① 취득대상 농지의 면적(공유로 취득하려는 경우 공유 지분의 비율 및 각자가 취득하려는 농지의 위치도 함께 표시)
② 취득대상 농지에서 농업경영을 하는 데에 필요한 노동력 및 농업 기계·장비·시설의 확보 방안
③ 소유 농지의 이용 실태(농지 소유자에게만 해당)
④ 농지취득자격증명을 발급받으려는 자의 직업·영농경력·영농거리

> **보충** 농업경영계획서의 보존기간
> 시·구·읍·면의 장은 농업경영계획서 또는 주말·체험영농계획서를 10년간 보존하여야 한다.

(2) 예외(작성의 면제)

다음에 따라 농지를 취득하는 자는 농업경영계획서 또는 주말·체험영농계획서 작성하지 아니하고 그 발급을 신청할 수 있다.

① 학교, 공공단체·농업연구기관·농업생산자단체 또는 종묘나 그 밖의 농업기자재 생산자가 그 목적사업을 수행하기 위하여 필요한 시험지·연구지·실습지 또는 종묘생산지 또는 과수인공수분용 꽃가루 생산지로 쓰기 위하여 농지를 취득하여 소유하는 경우
② 농지전용허가를 받거나 농지전용신고를 한 자가 그 농지를 소유하는 경우

(3) 발급기간

시·구·읍·면의 장은 농지취득자격증명의 발급신청을 받은 때에는 그 신청을 받은 날부터 7일(농업경영계획서 또는 주말·체험영농계획서를 작성하지 아니하고 농지취득자격증명의 발급신청을 할 수 있는 경우에는 4일, 농지위원회의 심의대상의 경우에는 14일) 이내에 법령에서 정한 요건에 적합한지의 여부를 확인하여 이에 적합한 경우에는 신청인에게 농지취득자격증명을 발급하여야 한다.

> **보충** 이전등기시 첨부
> 농지취득자격증명을 발급받아 농지를 취득하는 자가 그 소유권에 관한 등기를 신청할 때에는 농지취득자격증명을 첨부하여야 한다.

3 농지의 위탁경영사유

농지의 소유자는 다음의 하나에 해당하는 경우 외에는 소유농지를 위탁경영할 수 없다.

① 「병역법」에 따라 징집 또는 소집된 경우
② 3개월 이상 국외 여행 중인 경우
③ 농업법인이 청산 중인 경우
④ 질병, 취학, 선거에 따른 공직 취임, 부상으로 3월 이상 치료가 필요한 경우, 교도소·구치소 또는 보호감호시설에 수용 중인 경우, 임신 중이거나 분만 후 6개월 미만인 경우로 자경할 수 없는 경우
⑤ 농지이용증진사업 시행계획에 따라 위탁경영하는 경우
⑥ 농업인이 자기 노동력이 부족하여 농작업의 일부를 위탁하는 경우

> **기출** 농지의 소유자가 교통사고로 2개월간 치료가 필요한 경우에는 소유농지를 위탁경영할 수 있다. 제29회 ( )
>
> ▶ 정답 ✕
> 교통사고로 3개월 이상 치료가 필요한 경우에 소유농지를 위탁경영할 수 있다.

제 5 절 농업경영에 이용하지 아니하는 농지의 처분 제28회

1 농지의 처분의무

(1) **농지의 처분사유**

농지 소유자는 다음의 어느 하나에 해당하게 되면 그 사유가 발생한 날부터 1년 이내에 해당 농지를 그 처분사유가 발생한 날 당시 세대를 같이 하는 세대원이 아닌 자에게 처분하여야 한다.

① 소유 농지를 자연재해·농지개량·질병 등 대통령령으로 정하는 정당한 사유(징집, 질병, 취학, 공직 취임) 없이 자기의 농업경영에 이용하지 아니하거나 이용하지 아니하게 되었다고 시장·군수 또는 구청장이 인정한 경우
② 농지를 소유하고 있는 농업회사법인이 요건에 맞지 아니하게 된 후 3개월이 지난 경우
③ 농지전용허가를 받거나 농지전용신고를 하고 농지를 취득한 자가 취득한 날부터 2년 이내에 그 목적사업에 착수하지 아니한 경우
④ 농지를 취득한 자가 자연재해·농지개량·질병 등 대통령령으로 정하는 정당한 사유(징집, 질병, 취학, 공직취임) 없이 그 농지를 주말·체험영농에 이용하지 아니하게 되었다고 시장·군수 또는 구청장이 인정한 경우
⑤ 농지 소유상한을 초과하여 농지를 소유한 것이 판명된 경우(초과하는 면적만 처분)

> **기출** 농지전용신고를 하고 그 농지를 취득한 자가 질병으로 인하여 취득한 날부터 2년이 초과하도록 그 목적사업에 착수하지 아니한 경우에는 농지처분의무가 면제된다. 제25회 ( )
>
> ▶ **정답** ×
> 농지전용신고를 하고 그 농지를 취득한 자가 취득한 날부터 2년 이내에 그 목적사업에 착수하지 아니한 경우에는 해당 농지를 처분하여야 한다.

(2) **농지의 처분 통지**

시장·군수 또는 구청장은 농지의 처분의무가 생긴 농지의 소유자에게 농림축산식품부령으로 정하는 바에 따라 처분대상 농지, 처분의무기간 등을 구체적으로 밝혀 그 농지를 처분하여야 함을 알려야 한다.

2 처분명령 및 매수청구

(1) **처분명령**

시장·군수 또는 구청장은 처분의무기간에 처분대상 농지를 처분하지 아니한 농지 소유자에게 6개월 이내에 그 농지를 처분할 것을 명할 수 있다.

(2) 처분명령의 유예

① 시장·군수 또는 구청장은 처분의무기간에 처분대상 농지를 처분하지 아니한 농지 소유자가 다음의 어느 하나에 해당하면 처분의무기간이 지난 날부터 **3년간** 처분명령을 직권으로 유예할 수 있다.

> ㉠ 해당 농지를 자기의 농업경영에 이용하는 경우
> ㉡ 한국농어촌공사와 해당 농지의 매도위탁계약을 체결한 경우

② 시장·군수 또는 구청장은 처분명령을 유예받은 농지 소유자가 처분명령 유예 기간에 처분명령의 유예사유에 해당하지 아니하게 되면 지체 없이 그 유예한 처분명령을 하여야 한다.

(3) 매수청구 등

① **매수청구**: 농지 소유자는 처분명령을 받으면 「한국농어촌공사 및 농지관리기금법」에 따른 **한국농어촌공사**에 그 농지의 매수를 청구할 수 있다.

② **매수가격**: 한국농어촌공사는 매수청구를 받으면 「부동산 가격공시에 관한 법률」에 따른 **공시지가**(해당 토지의 공시지가가 없으면 개별토지가격)를 기준으로 해당 농지를 매수할 수 있다. 이 경우 인근지역의 실제거래가격이 공시지가보다 낮으면 실제거래가격을 기준으로 매수할 수 있다.

(4) 이행강제금 부과

① **부과금액**: 시장·군수 또는 구청장은 다음의 어느 하나에 해당하는 자에게 감정가격 또는 개별공시지가 중 더 높은 가액의 **100분의 25**에 해당하는 이행강제금을 부과한다.

> ㉠ 처분명령을 받은 후 매수를 청구하여 협의 중인 경우 등 대통령령으로 정하는 정당한 사유 없이 지정기간까지 그 처분명령을 이행하지 아니한 자
> ㉡ 원상회복명령을 받은 후 그 기간 내에 원상회복명령을 이행하지 아니하여 시장·군수·구청장이 그 원상회복명령의 이행에 필요한 상당한 기간을 정하였음에도 그 기한까지 원상회복을 아니한 자
> ㉢ 시정명령을 받은 후 그 기간 내에 시정명령을 이행하지 아니하여 시장·군수·구청장이 그 시정명령의 이행에 필요한 상당한 기간을 정하였음에도 그 기한까지 시정을 하지 아니한 자

② **부과횟수**: 시장·군수·구청장은 처분명령·원상회복 명령 또는 시정명령 이행기간이 만료한 다음 날을 기준으로 하여 처분명령·원상회복명령 또는 시정명령이 이행될 때까지 이행강제금을 매년 1회 부과·징수할 수 있다.

[기출] 농지 소유자가 시장·군수 또는 구청장으로부터 농지처분명령을 받은 경우 한국토지주택공사에 그 농지의 매수를 청구할 수 있다. 제25회 ( )

▶ **정답** ×
농지 소유자가 시장·군수 또는 구청장으로부터 농지처분명령을 받은 경우 한국농어촌공사에 그 농지의 매수를 청구할 수 있다.

Chapter 02 농지의 이용

> 제1절 **농지의 대리경작** 제28회, 제32회

🏠 **농지의 대리경작의 체계**

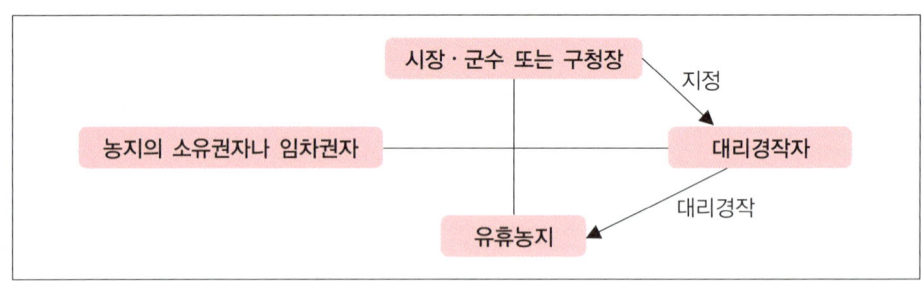

1 대리경작자의 지정

시장·군수 또는 구청장은 유휴농지에 대하여 대통령령으로 정하는 바에 따라 그 농지의 소유권자나 임차권자를 대신하여 농작물을 경작할 자를 직권으로 지정하거나 유휴농지를 경작하려는 자의 신청을 받아 대리경작자를 지정할 수 있다.

핵심 다지기

유휴농지의 범위에서 제외되는 농지

1. 지력의 증진이나 토양의 개량·보전을 위하여 필요한 기간 동안 휴경하는 농지
2. 연작으로 인하여 피해가 예상되는 재배작물의 경작 또는 재배 전후에 지력의 증진 또는 회복을 위하여 필요한 기간 동안 휴경하는 농지
3. 농지전용허가를 받거나 농지전용협의(다른 법률에 따라 농지전용허가가 의제되는 협의를 포함)를 거친 농지
4. 농지전용신고를 한 농지
5. 농지의 타용도 일시사용허가를 받거나 협의를 거친 농지
6. 농지의 타용도 일시사용신고를 하거나 협의를 거친 농지

▶ 기출 지력의 증진이나 토양의 개량·보전을 위하여 필요한 기간 동안 휴경하는 농지에 대해서도 대리경작자를 지정할 수 있다. 제32회 (   )

▶ 정답 X
지력의 증진 등으로 필요한 기간 동안 휴경하는 농지에 대해서는 대리경작자를 지정할 수 없다.

2 지정절차

(1) 지정의 예고

시장·군수 또는 구청장은 대리경작자를 지정하려면 그 농지의 소유권자 또는 임차권자에게 예고하여야 하며, 대리경작자를 지정하면 그 농지의 대리경작자와 소유권자 또는 임차권자에게 지정통지서를 보내야 한다.

(2) 이의신청

① 대리경작자의 지정예고에 대하여 이의가 있는 농지의 소유권자나 임차권자는 지정예고를 받은 날부터 10일 이내에 시장·군수 또는 구청장에게 이의를 신청할 수 있다.
② 시장·군수 또는 구청장은 이의신청을 받은 날부터 7일 이내에 이를 심사하여 그 결과를 신청인에게 알려야 한다.

3 대리경작기간

대리경작기간은 따로 정하지 아니하면 3년으로 한다.

> **기출** 대리경작기간은 3년이고, 이와 다른 기간을 따로 정할 수 없다. 제32회 ( )
> ▶ 정답 ✕
> 대리경작기간은 따로 정하지 않으면 3년으로 한다.

4 대리경작자의 의무

대리경작자는 수확량의 100분의 10을 대리경작 농지에서 경작한 농작물의 수확일부터 2월 이내에 토지사용료를 해당 농지의 소유권 또는 임차권을 가진 자에게 지급하여야 한다. 이 경우 수령을 거부하거나 지급이 곤란한 경우에는 토지사용료를 공탁할 수 있다.

5 지정의 해지

시장·군수 또는 구청장은 다음의 어느 하나에 해당하면 대리경작기간이 끝나기 전이라도 대리경작자 지정을 해지할 수 있다.

① 대리경작 농지의 소유권자나 임차권자가 정당한 사유를 밝히고 지정해지신청을 하는 경우
② 대리경작자가 경작을 게을리하는 경우
③ 대리경작자로 지정된 자가 토지사용료를 지급 또는 공탁하지 아니하는 경우
④ 대리경작자로 지정된 자가 대리경작자의 지정해지를 신청하는 경우

> **기출** 대리경작자가 경작을 게을리하는 경우에는 대리경작 기간이 끝나기 전이라도 대리경작자 지정을 해지할 수 있다. 제32회 ( )
> ▶ 정답 ○

제 2 절 농지의 임대차 제31회, 제35회

1 농지의 임대차·사용대차

(1) 임대차·사용대차 사유

다음에 해당하는 경우에는 농지를 임대하거나 무상사용하게 할 수 있다.

> ① 국가 또는 지방자치단체가 농지를 임대하거나 무상사용하게 하는 경우
> ② 상속에 의하여 취득한 농지를 임대하거나 무상사용하게 하는 경우
> ③ 8년 이상 농업경영을 하던 사람이 이농하는 경우 이농 당시 소유하고 있던 농지를 임대하거나 무상사용하게 하는 경우
> ④ 60세 이상인 사람으로서 자기의 농업경영에 이용한 기간이 5년이 넘은 농지를 임대하거나 무상사용하게 하는 경우
> ⑤ 개인이 소유하고 있는 농지 중 3년 이상 소유한 농지를 주말·체험영농을 하려는 자에게 임대하거나 무상사용하게 하는 경우 또는 주말·체험영농을 하려는 자에게 임대하는 것을 업(業)으로 하는 자에게 임대하거나 무상사용하게 하는 경우
> ⑥ 자경농지를 농림축산식품부장관이 정하는 이모작을 위하여 8개월 이내로 임대하거나 무상사용하게 하는 경우

[기출] 60세 이상 농업인은 자신이 거주하는 시·군에 있는 소유농지 중에서 자기의 농업경영에 이용하는 기간이 5년이 넘는 농지를 임대할 수 있다. 제31회 ( )

▶ 정답 ○

(2) 임대차·사용대차의 종료

농지를 임차하거나 사용대차한 임차인 또는 사용대차인이 그 농지를 정당한 사유 없이 농업경영에 사용하지 아니할 때에는 시장·군수·구청장이 임대차 또는 사용대차의 종료를 명할 수 있다.

[기출] 농지를 임차한 임차인이 그 농지를 정당한 사유 없이 농업경영에 사용하지 아니할 때에는 시장·군수·구청장은 임대차의 종료를 명할 수 있다. 제31회 ( )

▶ 정답 ○

2 임대차계약방법

(1) 서면계약

임대차계약(농업경영을 하려는 자에게 임대하는 경우만 해당한다)과 사용대차계약(농업경영을 하려는 자에게 무상사용하게 하는 경우만 해당한다)은 서면계약을 원칙으로 한다.

(2) 대항력

임대차계약은 그 등기가 없는 경우에도 임차인이 농지소재지를 관할하는 시·구·읍·면의 장의 확인을 받고, 해당 농지를 인도받은 경우에는 그 다음 날부터 제3자에 대하여 효력이 생긴다.

3 임대차기간

(1) 임대차기간은 3년 이상(이모작을 위하여 8개월 이내로 임대하거나 무상사용하게 하는 경우는 제외)으로 하여야 한다. 다만, 다음의 농지의 경우에는 5년 이상으로 하여야 한다.

> ① 농지의 임차인이 다년생식물의 재배지로 이용하는 농지
> ② 농지의 임차인이 농작물의 재배시설로서 고정식온실 또는 비닐하우스를 설치한 농지

기출 농지의 임차인이 농작물의 재배시설로서 비닐하우스를 설치한 농지의 임대차기간은 10년 이상으로 하여야 한다. 제31회 ( )

▶ 정답 X
농작물의 재배시설로서 비닐하우스를 설치한 농지의 임대차기간은 5년 이상으로 하여야 한다.

(2) 임대차기간을 정하지 아니하거나 위 (1)에 따른 기간 미만으로 정한 경우에는 위 (1)에 따른 기간으로 약정된 것으로 본다. 다만, 임차인은 위 (1)에 따른 기간 미만으로 정한 임대차기간이 유효함을 주장할 수 있다.

(3) 임대인은 질병, 징집 등 대통령령으로 정하는 불가피한 사유가 있는 경우에는 임대차기간을 위 (1)에 따른 기간 미만으로 정할 수 있다.

(4) 임대차기간은 임대차계약을 연장 또는 갱신하거나 재계약을 체결하는 경우에도 동일하게 적용한다.

4 임대인의 지위승계

(1) 농지의 양수인은 이 법에 따른 임대인의 지위를 승계한 것으로 본다.

(2) 「농지법」에 위반된 약정으로서 임차인에게 불리한 것은 그 효력이 없다.

5 임대차 특례

국유재산과 공유재산인 농지에 대하여는 임대차계약방법·임대차기간 및 임대인의 지위승계의 규정을 적용하지 아니한다.

Chapter 03 농지의 보전

제1절 농업진흥지역 제31회

1 농업진흥지역의 지정

(1) 지정권자

시·도지사는 농지를 효율적으로 이용하고 보전하기 위하여 농업진흥지역을 지정한다.

(2) 농업진흥지역의 구분

① **농업진흥구역**: 농업의 진흥을 도모하여야 하는 지역으로서 농림축산식품부장관이 정하는 규모로 농지가 집단화되어 농업 목적으로 이용할 필요가 있는 지역

> ㉠ 농지조성사업 또는 농업기반정비사업이 시행되었거나 시행 중인 지역으로서 농업용으로 이용하고 있거나 이용할 토지가 집단화되어 있는 지역
> ㉡ 위 ㉠에 해당하는 지역 외의 지역으로서 농업용으로 이용하고 있는 토지가 집단화되어 있는 지역

② **농업보호구역**: 농업진흥구역의 용수원 확보, 수질 보전 등 농업 환경을 보호하기 위하여 필요한 지역

(3) 지정대상지역

농업진흥지역의 지정은「국토의 계획 및 이용에 관한 법률」에 따른 녹지지역·관리지역·농림지역 및 자연환경보전지역을 대상으로 한다. 다만, 특별시의 녹지지역은 제외한다.

(4) 지정절차

① **심의·승인**: 시·도지사는「농업·농촌 및 식품산업 기본법」에 따른 시·도 농업·농촌및식품산업정책심의회의 심의를 거쳐 농림축산식품부장관의 승인을 받아 농업진흥지역을 지정한다.

② **협의**: 농림축산식품부장관은 녹지지역이나 계획관리지역이 농업진흥지역에 포함되면 농업진흥지역 지정을 승인하기 전에 국토교통부장관과 협의하여야 한다.

[기출] 농업보호구역의 용수원 확보, 수질보전 등 농업 환경을 보호하기 위하여 필요한 지역을 농업진흥구역으로 지정할 수 있다.
제22회 ( )

▶ 정답 ✕
농업진흥구역의 용수원 확보, 수질보전 등 농업 환경을 보호하기 위하여 필요한 지역을 농업보호구역으로 지정할 수 있다.

[기출] 특별시의 녹지지역은 농업진흥지역으로 지정할 수 없다.
제31회 ( )

▶ 정답 ○

2 행위제한

(1) 농업진흥구역 안에서의 행위제한

농업진흥구역에서는 다음의 토지이용행위를 할 수 있다.

① 농산물·임산물·축산물·수산물의 가공·처리시설의 설치 및 농수산업 관련 시험·연구시설의 설치
② 어린이놀이터, 마을회관, 그 밖에 대통령령으로 정하는 농업인의 공동생활에 필요한 편의시설 및 이용시설의 설치
③ 농업인 주택, 어업인 주택, 농업용 시설, 축산업용 시설 또는 어업용 시설의 설치
④ 국방·군사시설의 설치
⑤ 하천, 제방, 그 밖에 이에 준하는 국토보존시설의 설치
⑥ 「국가유산기본법」에 따른 국가유산의 보수·복원·이전, 매장 유산의 발굴, 비석이나 기념탑, 그 밖에 이와 비슷한 공작물의 설치
⑦ 도로, 철도, 그 밖에 대통령령으로 정하는 공공시설의 설치
⑧ 지하자원 개발을 위한 탐사 또는 지하광물 채광과 광석의 선별 및 적치를 위한 장소로 사용하는 행위

(2) 농업보호구역 안에서의 행위제한

농업보호구역에서는 다음의 토지이용행위를 할 수 있다.

① 농업진흥구역에서 허용되는 행위
② 관광농원사업으로 설치하는 시설로서 농업보호구역 안의 부지면적이 3만m^2 미만인 것
③ 주말농원사업으로 설치하는 시설로서 농업보호구역 안의 부지면적이 3,000m^2 미만인 것
④ 태양에너지 발전설비로서 농업보호구역 안의 부지면적이 1만m^2 미만인 것
⑤ 단독주택으로서 부지면적이 1,000m^2 미만인 것
⑥ 제1종 근린생활시설 중 양수장·정수장 등으로서 면적이 3,000m^2 미만인 것

> **보충⁺ 매수청구**
> 1. 농업진흥지역의 농지를 소유하고 있는 농업인 또는 농업법인은 「한국농어촌공사 및 농지관리기금법」에 따른 한국농어촌공사에 그 농지의 매수를 청구할 수 있다.
> 2. 한국농어촌공사는 매수청구를 받으면 「감정평가 및 감정평가사에 관한 법률」에 따른 감정평가법인등이 평가한 금액을 기준으로 해당 농지를 매수할 수 있다.

제2절 농지의 전용 제29회

1 농지전용허가의 대상

농지를 전용하려는 자는 다음의 하나에 해당하는 경우 외에는 농림축산식품부장관의 허가를 받아야 한다.

> ① 「국토의 계획 및 이용에 관한 법률」에 따른 도시지역 또는 계획관리지역에 있는 농지로서 협의를 거친 농지나 협의대상에서 제외되는 농지를 전용하는 경우
> ② 농지전용신고를 하고 농지를 전용하는 경우
> ③ 「산지관리법」에 따른 산지전용허가를 받지 아니하거나 산지전용신고를 하지 아니하고 불법으로 개간한 농지를 산림으로 복구하는 경우

기출 산지전용허가를 받지 아니하고 불법으로 개간된 농지라도 이를 다시 산림으로 복구하려면 농지전용허가를 받아야 한다. 제29회 ( )

▶ 정답 ×
불법으로 개간된 농지를 산림으로 복구하는 경우에는 산지전용허가를 받지 않아도 된다.

기출 농지를 농업인 주택의 부지로 전용하려는 경우에는 농림축산식품부장관에게 농지전용신고를 하여야 한다. 제29회 ( )

▶ 정답 ×
농지를 농업인 주택의 부지로 전용하려는 경우에는 시장·군수·구청장에게 농지전용신고를 하여야 한다.

2 농지전용신고의 대상

농지를 다음에 해당하는 시설의 부지로 전용하려는 자는 대통령령으로 정하는 바에 따라 시장·군수 또는 자치구구청장에게 신고하여야 한다.

> ① 농업인 주택, 어업인 주택, 농축산업용 시설(농지의 개량시설과 농축산물 생산시설은 제외), 농수산물 유통·가공시설
> ② 어린이놀이터·마을회관 등 농업인의 공동생활 편의시설
> ③ 농수산 관련 연구시설과 양어장·양식장 등 어업용 시설

3 타용도 일시사용허가 등

(1) 타용도 일시사용허가

농지를 다음의 어느 하나에 해당하는 용도로 일시사용하려는 자는 일정 기간 사용한 후 농지로 복구한다는 조건으로 시장·군수 또는 자치구구청장의 허가를 받아야 한다.

> ① 「건축법」에 따른 건축허가 또는 건축신고대상 시설이 아닌 농수산물의 간이 처리시설을 설치하는 경우 ⇨ 7년 이내
> ② 주(主)목적사업(해당 농지에서 허용되는 사업만 해당한다)을 위하여 현장 사무소나 부대시설, 그 밖에 이에 준하는 시설을 설치하거나 물건을 적치하거나 매설하는 경우 ⇨ 그 주목적사업의 시행에 필요한 기간 이내

③ 토석과 광물을 채굴하는 경우 ⇨ 5년 이내
④ 「전기사업법」상 전기사업을 영위하기 위한 목적으로 태양에너지 발전설비를 설치하는 경우 ⇨ 5년 이내

(2) 타용도 일시사용신고

농지를 다음의 어느 하나에 해당하는 용도로 일시사용하려는 자는 지력을 훼손하지 아니하는 범위에서 일정기간 사용한 후 농지로 원상복구한다는 조건으로 시장·군수 또는 자치구구청장에게 신고하여야 한다.

① 썰매장, 지역축제장 등으로 일시적으로 사용하는 경우 ⇨ 6개월 이내
② 건축허가 또는 건축신고대상 시설이 아닌 간이농수축산업용 시설과 농수산물의 간이처리시설을 설치하는 경우 ⇨ 6개월 이내
③ 주(主)목적사업(해당 농지에서 허용되는 사업만 해당한다)을 위하여 현장사무소나 부대시설, 그 밖에 이에 준하는 시설을 설치하거나 물건을 적치하거나 매설하는 행위 ⇨ 6개월 이내

4 농지전용허가 등의 취소

농림축산식품부장관, 시장·군수 또는 구청장은 농지전용허가 또는 농지의 타용도 일시사용허가를 받았거나 농지전용신고 또는 농지의 타용도 일시사용신고를 한 자가 다음의 어느 하나에 해당하면 허가를 취소하거나 관계 공사의 중지, 조업의 정지, 사업규모의 축소 또는 사업계획의 변경, 그 밖에 필요한 조치를 명할 수 있다. 다만, 다음의 ④에 해당하면 그 허가를 취소하여야 한다.

① 거짓이나 그 밖의 부정한 방법으로 허가를 받거나 신고한 것이 판명된 경우
② 허가목적이나 허가조건을 위반하는 경우
③ 농지보전부담금을 내지 아니한 경우
④ 허가를 받은 자가 관계 공사의 중지, 조업의 정지 등 조치명령을 위반한 경우(필수적 취소)

기출 농지전용허가를 받은 자가 조업의 정지명령을 위반한 경우에는 그 허가를 취소하여야 한다. 제24회 ( )

▶정답 ○

MEMO

제37회 공인중개사 시험대비 **전면개정**

2026 박문각 공인중개사
김희상 필수서 2차 부동산공법

초판인쇄 | 2025. 11. 25. **초판발행** | 2025. 11. 30. **편저** | 김희상 편저
발행인 | 박 용 **발행처** | (주)박문각출판 **등록** | 2015년 4월 29일 제2019-000137호
주소 | 06654 서울시 서초구 효령로 283 서경 B/D 4층 **팩스** | (02)584-2927
전화 | 교재 주문 (02)6466-7202, 동영상문의 (02)6466-7201

저자와의
협의하에
인지생략

이 책의 무단 전재 또는 복제 행위는 저작권법 제136조에 의거, 5년 이하의 징역 또는 5,000만원 이하의 벌금에 처하거나 이를 병과할 수 있습니다.

정가 28,000원
ISBN 979-11-7519-473-1

매년 출제되는 부동산 공법 핵심 논점 40제 총정리

국토의 계획 및 이용에 관한 법률(목표 8문제)

핵심논점 1 광역계획권과 광역도시계획

1. 광역계획권 지정권자
   ① 둘 이상의 시·도에 걸쳐 있는 경우: 국장
   ② 같은 도에 속하여 있는 경우: 도지사가 광역계획권을 지정할 수 있다.
2. 광역도시계획 수립권자
   ① 광역계획권이 둘 이상의 시·도에 걸치는 경우: 시·도지사(공동 수립)
   ② 광역계획권이 같은 도에 속하여 있는 경우: 시장 또는 군수(공동 수립)
   ③ 3년이 지날 때까지 시·도지사로부터 승인 신청이 없는 경우: 국장(수립)
   ④ 3년이 지날 때까지 시장 또는 군수로부터 승인 신청이 없는 경우: 도지사(수립)
   ⑤ 시·도지사가 요청: 국장 + 시·도지사(공동 수립)
   ⑥ 시장·군수가 요청: 도지사 + 시장·군수(공동 수립) ⇨ 국장의 승인(×)
   ⑦ 시장·군수가 협의하여 요청: 도지사 단독 수립 ⇨ 국장의 승인(×)
3. 광역도시계획: 기초조사정보체계(5년마다 반영),
   공청회 개최○(생략×), 타당성 검토(×)
4. 시·도지사가 협의가 성립하지 않으면 국장에게 단독이나 공동으로 광역도시계획의 조정신청 가능(국장이 중앙도시계획위원회의 심의를 거쳐 조정), 재협의 권고 (단독○, 공동×)
5. 광역도시계획 수립기준: 국장이 정한다.

핵심논점 2 도시·군기본계획

1. 기초조사의 내용에 토지적성평가 + 재해취약성분석 포함 ⇨ 5년 이내 실시한 경우에는 생략할 수 있다.
2. 공청회 생략×
3. 특별시장, 광역시장, 특별자치시장, 특별자치도지사: 국장의 승인×(확정), 시장 또는 군수: 도지사(승인)

4. 수도권에 속하지 아니하고 광역시와 경계를 같이하지 아니하는 인구 10만 이하인 시 또는 군은 도시·군기본계획을 수립하지 아니할 수 있다.
5. 연계수립 ⇨ 인접한 관할구역의 전부 또는 일부 포함하여 도시·군기본계획을 수립할 수 있다.
6. 5년마다 타당성 검토
7. 광역도시계획의 내용이 도시·군기본계획의 내용과 다른 경우에는 광역도시계획의 내용이 우선한다.

핵심논점 3 \ 도시·군관리계획

1. 도시지역 축소: 주민 및 지방의회 의견청취 생략할 수 있다.
2. 기초조사의 내용에 환경성 검토 + 토지적성평가 + 재해취약성분석을 포함하여야 한다.
3. 주민의 입안제안[기반시설의 설치·정비·개량(국공유지 제외한 면적의 5분의 4 이상의 동의), 지구단위계획구역 + 지구단위계획(국공유지 제외한 면적의 3분의 2 이상의 동의), 산업·유통개발진흥지구(국공유지 제외한 면적의 3분의 2 이상의 동의), 용도지구 중 용도지구에서의 건축제한 등을 지구단위계획으로 대체하기 위한 용도지구(국공유지 제외한 면적의 3분의 2 이상의 동의), 도시·군계획시설입체복합구역의 지정 및 변경과 도시·군계획시설입체복합구역의 건축제한·건폐율·용적률·높이 등에 관한 사항(국공유지 제외한 면적의 5분의 4 이상 동의)] ⇨ 45일 이내에 반영여부 통보(1회 + 30일 연장 가능, 비용: 부담시킬 수 있다.)
4. 국장이 결정하는 경우: ① 국장이 입안한 도시·군관리계획, ② 개발제한구역의 지정 및 변경, ③ 국가계획과 연계하여 지정할 필요가 있는 시가화조정구역
5. 동시입안: 도시·군관리계획은 광역도시계획이나 도시·군기본계획과 함께 입안할 수 있다.
6. 5년마다 타당성 검토
7. 지형도면을 고시한 날부터 효력 발생한다.
8. 시가화조정구역: 착수 + 신고(3월 이내)

핵심논점 4 \ 기초조사 등의 생략가능 사유

1. 환경성 검토, 토지적성평가, 재해취약성분석을 생략할 수 있는 사유
    ① 지구단위계획구역이 도심지(상업지역과 상업지역에 연접한 지역)에 위치하는 경우
    ② 지구단위계획구역 안의 나대지 면적이 구역 면적의 2%에 미달하는 경우

③ 해당 지구단위계획구역 또는 도시·군계획시설부지가 다른 법률에 따라 개발계획이 수립된 경우
④ 지구단위계획의 내용에 너비 12m 이상 도로의 설치계획이 없는 경우
⑤ 도시·군계획시설의 결정을 해제하려는 경우

2. 토지적성평가를 생략할 수 있는 사유
① 5년 이내에 토지적성평가를 실시한 경우
② 주거지역, 상업지역, 공업지역에 도시·군관리계획을 입안하는 경우
③ 개발제한구역에 기반시설을 설치하는 경우
④ 지구단위계획구역 또는 도시·군계획시설부지에서 입안하는 경우
⑤ 도시개발법에 따른 도시개발사업의 경우

핵심논점 5 용도지역

1. 용도지역 + 용도지역 : 중복지정×
2. 공유수면 + 같으면 : 이웃하고 있는 용도지역으로 지정된 것으로 본다.
3. 공유수면 + 다른 경우, 걸쳐 있거나 이웃하고 있는 경우 : 도시·군관리계획 결정으로 지정하여야 한다.
4. 항만구역, 어항구역 + 도시지역에 연접한 공유수면 : 도시지역으로 결정·고시(의제○)
5. 택지개발지구 : 도시지역으로 결정·고시(의제○)
6. 농공단지, 수력발전소 : 도시지역으로 의제×
7. 전용주거지역 : 1종(단독주택), 2종(공동주택)
8. 일반주거지역 : 1종(저층), 2종(중층) 3종(중 + 고층)
9. 아파트 건축 가능 지역 : 2종 전용주거지역, 2종 일반주거지역, 3종 일반주거지역, 준주거지역
10. 건폐율 : 주거(556657), 상업(9887), 공업(777), 녹, 관, 농, 자(2), 계획관리(4)
11. 용적률 : 주거(100, 150, 200, 250, 300, 500) / 상업(1,500, 1,300, 1,100, 900) / 공업(300, 350, 400) / 녹, 관, 농, 자(80), 자연녹지, 생산녹지, 계획관리(100)
12. 건폐율 특례 : 도시지역 외의 지역에 지정된 개발진흥지구: 40%, 자연녹지지역에 지정된 개발진흥지구: 30%, 수산자원보호구역: 40%, 자연공원: 60%, 농공단지: 70%, 공업지역에 있는 국가산업단지: 80%
13. 용도지역 미지정 : 자연환경보전지역 적용
14. 용도지역 미세분 : 도시지역은 보전녹지지역, 관리지역은 보전관리지역 적용

핵심논점 6 용도지구

1. 용도지구의 세분
   ① 경관지구: 자연, 시가지, 특화
   ② 보호지구: 역사문화, 중요시설물, 생태계
   ③ 개발진흥지구: 주거, 산업, 관광, 복합, 특정
   ④ 취락지구: 자연(녹, 관, 농, 자 + 취락정비), 보호(녹, 관, 농, 자 + 주거기능 보호) 집단(개발제한구역)
   ⑤ 방재지구: 시가지, 자연
2. 복합용도지구에서의 건축제한
   ① 일반주거지역: 안마시술소, 관람장, 동물 및 식물관련시설, 공장, 장례시설, 위험물 저장 및 처리시설은 건축할 수 없다.
   ② 일반공업지역: 노유자시설, 단란주점, 아파트, 안마시술소는 건축할 수 없다.
   ③ 계획관리지역: 판매시설과 테마파크업은 건축할 수 있다.
3. 고도지구에서 건축제한: 도시·군관리계획
4. 개발진흥지구에서 건축제한: 지구단위계획 또는 개발계획 ⇨ 지구단위계획 또는 개발계획이 수립되지 아니한 경우에는 해당 용도지역에서 허용되는 건축물을 건축할 수 있다.
5. 자연취락지구에서 건축할 수 있는 건축물(4층 이하)
   ① 단독주택, 제1종 근린생활시설
   ② 제2종 근린생활시설(휴게음식점, 제과점, 일반음식점, 단란주점, 안마시술소는 건축할 수 없다) → 보호취락지구: 200m² 이하
   ③ 운동시설, 창고(농업·임업·축산업·수산업용만 가능)
   ④ 동물 및 식물 관련시설(도축장, 도계장, 작물재배사 등)
   ⑤ 교정시설, 국방·군사시설 → 보호취락지구×
   ⑥ 방송통신시설, 발전시설
   ⑦ 관광휴게시설×, 단란주점×, 정신병원×
6. 집단취락지구: 개발제한구역(개특법)

핵심논점 7 용도구역

1. 개발제한구역: 국장 + 보안
2. 도시자연공원구역: 시·도지사, 대도시 시장 + 산지
3. 시가화조정구역: 시·도지사(국가계획과 연계하여 지정할 필요가 있는 경우에는 국장) + 무질서한 시가화 방지 + 유보기간(5년 이상 20년 이내) + 유보기간이 끝나는 날의 다음 날 실효

4. 수산자원보호구역: 해장 + 공유수면
5. 도시혁신구역: 공간재구조화계획 결정권자가 지정
   ① 지정대상: 도심・부도심 또는 생활권 중심지역, 지역거점 역할을 수행할 수 있는 지역, 유휴토지 또는 대규모시설 이전 부지
   ② 협의기간: 10일 이내 의견제시
   ③ 지정제한: 다른 법률에서 도시혁신구역과 도시혁신계획을 결정할 수 없다.
   ④ 개별적용: 주택의 배치, 부대시설・복리시설의 설치기준 및 대지조성기준, 부설주차장 설치, 건축물에 대한 미술작품의 설치, 공개공지 등의 확보, 도시공원 또는 녹지 확보기준, 학교용지의 조성・개발 기준을 도시혁신계획으로 따로 정할 수 있다.
   ⑤ 지정의제: 도시혁신구역으로 지정된 지역은 특별건축구역으로 지정된 것으로 본다.

핵심논점 8 | 도시・군계획시설사업

1. 기반시설의 종류
   ① 공간시설: 광장, 공원, 녹지, 유원지, 공공공지
   ② 방재시설: 하천, 유수지, 저수지
   ③ 보건위생시설: 장사시설, 도축장, 종합의료시설
   ④ 환경기초시설: 하수도, 폐기물처리 및 재활용시설, 빗물저장 및 이용시설, 수질오염방지시설, 폐차장
2. 공동구
   ① 설치의무자: 다음에 해당하는 지역 등이 200만m²를 초과하는 경우 해당 지역의 사업시행자가 공동구를 설치하여야 한다.

㉠ 도시개발구역	㉡ 택지개발지구
㉢ 경제자유구역	㉣ 정비구역
㉤ 도청이전신도시	㉥ 공공주택지구

   ② 안전 및 유지관리계획: 5년마다 수립・시행하여야 한다.
   ③ 분할납부: 연 2회 분할하여 납부하게 하여야 한다.
   ④ 납부시기: 부담금의 납부통지를 받은 공동구 점용예정자는 공동구 설치공사가 착수되기 전에 부담액의 3분의 1 이상을 납부하여야 한다.
   ⑤ 공동구협의회 심의사항: 가스관, 하수도관
3. 시행자: 국가계획(국장), 광역도시계획(도지사)
4. 비행정청(지정받은 자): 공공(한국토지주택공사, 지방공사 등)은 지정요건(동의)×

5. 실시계획고시: 사업인정 및 고시(의제)
6. 필요한 토지: 수용가능
   인접한 토지: 일시사용(수용×) 가능
7. 행정심판: 비행정청의 경우에는 시행자를 지정한 자

핵심논점 9 │ 도시·군계획시설부지에서의 매수청구

1. 매수청구: 10년 이내 미집행 + 지목이 대(垈)인 토지
2. 실시계획인가가 진행된 경우: 매수청구×
3. 매수여부결정: 6개월
   매수기한: 2년
4. 매수가격: 공·취·법 준용
5. 매수대금
   ① 매수의무자가 지방자치단체 + 토지소유자가 원하는 경우
   ② 매수의무자가 지방자치단체 + 비업무용 토지 + 매수대금이 3천만원 초과하는 경우: 초과하는 금액에 대하여 채권발행 가능
6. 채권의 상환기간: 10년 이내
7. 매수 거부: [3층 이하 + 단독주택, 1종 근린생활시설, 2종 근린생활시설(단란주점, 안마시술소, 노래연습장, 다중생활시설×)], 공작물을 설치할 수 있다.
8. 실효: 20년 + 다음 날
9. 지방의회 해제권고
   90일 이내에 해제권고 + 해제권고를 받은 지자체 장(6명)은 1년 이내에 해제 결정 또는 6개월 이내에 소명 ⇨ 해제권고를 받은 시장, 군수는 도지사에게 해제 결정을 신청하여야 한다.
10. 비용부담에 대하여 협의(×): 행정안전부장관이 결정한다.

핵심논점 10 │ 지구단위계획구역 및 지구단위계획

1. 용도지구, 도시개발구역, 정비구역, 택지개발지구, 대지조성사업지구, 산업단지, 관광특구의 전부 또는 일부: 지구단위계획구역으로 지정할 수 있다.
2. 개발제한구역, 도시자연공원구역, 시가화조정구역, 공원에서 해제되는 구역: 지구단위계획구역으로 지정할 수 있다.
3. 정비구역 및 택지개발지구에서 사업이 끝난 후 10년이 지난 지역은 지구단위계획구역으로 지정하여야 한다.

4. 녹지지역에서 주거, 상업, 공업지역으로 변경 + 30만m^2 이상 : 지구단위계획구역으로 지정하여야 한다.
5. 주거개발진흥지구, 특정개발진흥지구 : 계획관리지역
6. 산업·유통개발진흥지구 : 계획관리, 생산관리, 농림지역
7. 관광·휴양개발진흥지구 : 관리, 농림, 자연환경보전지역
8. 도시지역 외의 지역 : 용도지구를 폐지하고 용도지구에서의 행위제한 등을 지구단위계획으로 대체하려는 지역은 지구단위계획구역으로 지정할 수 있다.
9. 지구단위계획의 수립기준 : 국장이 정한다.
10. 건축물의 용도제한, 건폐율, 용적률, 건축물 높이의 최고한도 또는 최저한도 + 기반시설의 배치와 규모 : 지구단위계획에 포함되어야 한다.
11. 도시지역 내의 지구단위계획구역
  건축제한(건축물의 용도·종류·규모), 건폐율 150%, 용적률 200%, 건축물의 높이제한 120% 이내, 주차장 설치기준 100%, 채광 등의 확보를 위한 높이제한 200% 이내에서 완화하여 적용할 수 있다.
12. 도시지역 외의 지구단위계획구역
  건축제한(건축물의 용도·종류·규모), 건폐율 150%, 용적률 200% 이내에서 완화하여 적용할 수 있다.

핵심논점 11 개발행위허가 등

1. 도시·군계획사업, 경작을 위한 형질변경, 응급조치(1개월 이내 신고) : 허가대상×
2. 사업기간을 단축 + 부지면적 5% 범위 안에서 축소 : 허가×
3. 사업기간 연장 + 부지면적 확장 : 변경허가를 받아야 한다.
4. 준공검사 대상이 아닌 것 : 토지분할, 물건 쌓기
5. 허가권자는 조건부(기, 위, 환, 경, 조)허가를 할 수 있다.
6. 허가대상 토지가 2 이상 걸치는 경우 : 각각 적용한다.
7. 개발행위허가의 규모 : 공업지역, 관리지역, 농림지역 3만m^2 미만
8. 개발행위허가 기준을 강화 또는 완화(유보용도) : 계획관리, 생산관리, 자연녹지지역
9. 개발행위허가 제한 : 도시·군기본계획이나 도시·군관리계획을 수립하고 있는 지역, 지구단위계획구역, 기반시설부담구역은 최장 5년간 허가를 제한할 수 있다.
10. 새로 설치한 공공시설 : 관리청에 무상귀속○

11. 종래의 공공시설
    ① 행정청인 경우 전부 무상귀속○
    ② 비행정청인 경우 새로 설치한 비용의 범위에서 무상 양도○

핵심논점 12 성장관리계획구역(계획)

1. 지정권자: 특별시장·광역시장·특별자치시장·특별자치도지사·시장 또는 군수(승인×)
2. 지정대상: 녹지지역, 관리지역, 농림지역, 자연환경보전지역
3. 수립절차: 주민의견청취[공람(14일 이상)] + 지방의회 의견청취(60일 이내 의견제시) + 협의 + 심의
4. 건폐율 완화: 계획관리지역(50% 이하), 생산관리지역·농림지역 및 자연녹지지역·생산녹지지역(30% 이하)
5. 용적률 완화: 계획관리지역(125% 이하)
6. 타당성 검토: 성장관리계획(5년)

핵심논점 12-1 개발밀도관리구역 및 기반시설부담구역

1. 지정권자: 특별시장·광역시장·특별자치시장·특별자치도지사·시장 또는 군수(승인×)
2. 개발밀도관리구역과 기반시설부담구역은 중복지정×
3. 개발밀도관리구역: 기반시설 설치가 곤란 + 건폐율 또는 용적률(50%)을 강화하여 적용한다.
4. 기반시설부담구역: 완화 + 20% 이상 증가 + 주민의 의견청취 + 10만m^2 이상 + 1년(다음 날 해제). 대학은 제외
5. 기반시설설치계획: 기반시설부담구역이 지정되면 대통령령으로 정하는 바에 따라 기반시설설치계획을 수립하여야 하며, 이를 도시·군관리계획에 반영하여야 한다.
6. 기반시설유발계수: 위락시설(2.1), 관광휴게시설(1.9), 제2종 근린생활시설(1.6), 종교시설·운수시설·문화 및 집회시설·자원순환관련시설(1.4), 제1종 근린생활시설·판매시설(1.3), 숙박시설(1.0), 의료시설(0.9), 방송통신시설(0.8)
7. 기반시설설치비용 부과대상: 단독주택, 숙박시설 + 200m^2 초과 + 신축, 증축 ⇨ 토지로 납부(물납)가능
8. 기반시설설치비용
    ① 부과시기: 2개월 이내
    ② 납부시기: 사용승인 신청시까지

도시개발법(목표 5문제)

핵심논점 13 개발계획

1. 도시개발구역 지정 후 개발계획 수립할 수 있는 경우: 개발계획공모, 자연녹지지역, 생산녹지지역, 도시지역 외의 지역, 국장이 지역균형발전을 위하여 지정하려는 지역(자연환경보전지역은 제외), 주거지역·상업지역·공업지역 + 전체면적의 100분의 30 이하인 지역
2. 개발계획 + 환지방식: 면적 2/3 이상 + 총수 1/2 이상 동의(시행자가 국가 또는 지방자치단체 ⇨ 동의×)
3. 도시개발구역 지정 후 개발계획에 포함: 도시개발구역 밖에 기반시설 설치, 세부목록, 임대주택건설, 순환개발
4. 국·공유지: 포함
   철회: 제외, 구분소유자: 각각
   변경: 기존 토지소유자(변경 전) 동의를 기준으로 한다.
5. 개발계획: 광역도시계획이나 도시·군기본계획에 부합

핵심논점 14 도시개발구역

1. 중앙행정기관의 장이 요청: 국장이 도시개발구역을 지정
2. 공공기관의 장(한국~공사), 정부출연기관의 장 + 30만m^2 이상 + 국가계획 + 제안: 국장이 도시개발구역을 지정
3. 도시개발구역을 분할: 분할 후 각각 1만m^2 이상
4. 도시개발구역 지정규모
   ① 공업지역: 3만m^2 이상
   ② 주거지역, 상업지역, 자연녹지, 생산녹지: 1만m^2 이상
5. 도시개발구역 지정·고시의 효과: 취락지구는 의제×
6. 허가대상: 가설건축물의 건축, 대수선, 용도변경, 공유수면 매립, 토지분할, 토석채취, 물건을 쌓아놓는 행위(1개월 이상), 죽목의 벌채 및 식재
7. 허용사항: 비닐하우스 설치, 경작 + 형질변경, 관상용 죽목의 임시식재(경작지에서의 임시식재는 허가를 요한다)
8. 도시개발구역 지정해제: 다음 날
   ① 도시개발구역이 지정·고시된 날부터 3년이 되는 날까지 실시계획의 인가를 신청하지 아니하는 경우에는 그 3년이 되는 날
   ② 도시개발사업의 공사완료(환지방식에 따른 사업인 경우에는 그 환지처분)의 공고일

9. 공사완료로 해제된 경우: 종전의 용도지역으로 환원×
10. 기득권 보호: 착수 + 신고(30일 이내)

핵심논점 15 │ 대의원회

1. 의결권을 가진 조합원의 수가 50인 이상인 조합은 대의원회를 둘 수 있다. ⇨ 조합원 총수의 100분의 10 이상으로 한다.
2. 정관의 변경은 대행×
3. 개발계획의 수립 및 변경(경미한 변경은 제외)은 대행×
4. 환지계획의 작성(경미한 변경은 제외)은 대행×
5. 조합 임원의 선임은 대행×
6. 조합의 합병 및 해산(청산금 징수·교부를 완료한 후 해산하는 경우는 제외)은 대행×

핵심논점 15-1 │ 도시개발조합

1. 전부환지방식: 토지소유자 또는 조합을 시행자로 지정한다.
2. 전부환지방식의 시행자: 1년 이내에 실시계획의 인가를 신청하지 않으면 시행자를 변경할 수 있다.
3. 실시계획인가를 받은 후 2년 이내에 착수(×): 시행자를 변경할 수 있다.
4. 도시개발조합: 토지소유자 7명 이상 + 지정권자(인가)
5. 변경신고: ① 주된 사무소의 소재지를 변경, ② 공고방법을 변경하려는 경우에는 신고하여야 한다.
6. 조합설립인가(동의): 면적(국공유지 포함) 2/3 이상 + 총수 1/2 이상
7. 조합원: 토지소유자만(동의 여부 불문)(결격사유 없음)
8. 조합원의 권리: 면적과 관계 없는 평등한 의결권
9. 조합임원의 선임: 의결권을 가진 조합원
10. 조합의 임원은 다른 조합의 임원이나 직원을 겸할 수 없다.
11. 임원의 결격사유(조합원×): 파산선고를 받고 복권되지 아니한 자(다음 날 임원의 자격상실)
12. 계약이나 소송: 감사가 조합을 대표한다.
13. 성립시기: 30일 이내 등기를 하면 성립한다.

핵심논점 16 \ 실시계획

1. 실시계획은 개발계획에 맞게 작성되어야 하고, 지구단위계획이 포함되어야 한다. 협의기간은 20일 이내
2. 실시계획을 고시: 도시·군관리계획으로 결정·고시된 것으로 본다.
3. 종전에 도시·군관리계획으로 결정된 사항 중 고시된 내용에 저촉되는 사항: 고시된 내용으로 변경된 것으로 본다.
4. 국장이 인가: 시·도지사 또는 대도시 시장의 의견청취
5. 시·도지사가 인가: 시장·군수·구청장의 의견청취
6. 경미한 변경(인가×): 면적 100분의 10의 범위에서 감소, 사업비 100분의 10의 범위에서 증감
7. 협의에 의한 인·허가 등의 의제: 옳은 내용이다.

핵심논점 17 \ 수용방식

1. 시행자는 필요한 토지 등을 수용할 수 있다. 공공사업시행자는 면적 2/3 이상 소유× + 총수 1/2 이상 동의×
2. 토지상환채권은 매수대금의 일부(전부×) + 시행자 발행
3. 공공사업시행자: 지급보증×
4. 토지상환채권의 발행규모: 1/2 초과할 수 없다.
5. 토지상환채권의 이율: 발행자
6. 토지상환채권: 기명식 증권(양도 가능), 질권목적 가능
7. 원형지: 도시개발구역 전체 면적의 1/3 이내로 한정한다.
8. 원형지 매각금지: 10년의 범위에서 대통령령으로 정하는 기간(공급계약일부터 10년 또는 공사완료 공고일부터 5년 중 먼저 끝나는 기간) 안에는 원형지를 매각할 수 없다. 다만, 국가 및 지자체는 매각할 수 있다.
9. 원형지 공급방법: 원형지개발자의 선정은 수의계약의 방법으로 한다. 다만, 학교용지 또는 공장용지에 해당하는 원형지개발자의 선정은 경쟁입찰의 방식으로 하며, 경쟁입찰이 2회 이상 유찰된 경우에는 수의계약의 방법으로 할 수 있다.
10. 원형지 공급가격: 감정가격 + 기반시설 설치비용(공사비) ⇨ 시행자와 원형지개발자가 협의하여 정한다.
11. 조성토지 공급가격: 감정가격(학교, 폐기물처리시설, 공공청사, 유료를 제외한 사회복지시설, 임대주택은 감정가격 이하로 정할 수 있다)
12. 조성토지 공급방법: 추첨방법(국민주택규모 이하의 주택건설용지, 공공택지, 330m^2 이하의 단독주택, 공장용지), 수의계약(학교, 공공청사용지 등 공공용지, 토지상환채권으로 상환하는 경우)

핵심논점 18 환지방식

1. 환지계획의 내용: 환지설계, 환지명세, 청산대상토지명세, 체비지, 보류지 명세, 입체환지명세
2. 경미한 변경(인가×): ① 종전 토지의 합필 또는 분필, ② 환지로 지정된 토지나 건축물을 금전 청산하는 경우
3. 토지소유자의 신청에 의한 부지정: 임차권자의 동의(○)
4. 면적이 작은 토지: 증환지 또는 환지부지정할 수 있다.
5. 면적이 넓은 토지: 감환지를 할 수 있다.
6. 환지예정지: 지정할 수 있다. 사용·수익권이 종전 토지에서 환지예정지로 이전한다. 따라서 종전 토지는 사용하거나 수익할 수 없다.
7. 체비지: 환지예정지(처분 가능). 이미 처분된 체비지는 매입한 자가 소유권 이전등기를 마친 때 소유권 취득한다.
8. 환지처분시기: 시행자는 지정권자에 의한 준공검사를 받은 경우에는 60일 이내에 환지처분을 하여야 한다.
9. 환지처분공고일 다음 날: 종전의 토지로 본다.
10. 체비지: 시행자가 취득(환지처분 공고일 다음 날), 보류지: 환지계획에서 정한 자가 취득(환지처분 공고일 다음 날)
11. 종전 권리의 소멸: 환지처분 공고일이 끝나는 때 소멸
12. 청산금: 환지처분 하는 때 결정, 다음 날 확정
13. 청산금 소멸시효: 5년

핵심논점 18-1 도시개발채권

1. 발행권자: 시·도지사(자금조달 목적)
2. 승인권자: 행정안전부장관
3. 발행방법: 무기명 또는 전자등록
4. 이율: 조례로 정한다.
5. 상환기간: 5년부터 10년까지의 범위에서 조례로 정한다.
6. 소멸시효: 상환일부터 원금은 5년, 이자는 2년
7. 매입의무: 수용방식 + 국가, 지자체, 공공기관, 지방공사와 도급계약을 체결하는 자, 토지의 형질변경허가를 받은 자
8. 매입필증 보관기간: 5년
9. 중도상환 가능: 착오로 매입한 경우, 초과 매입한 경우

도시 및 주거환경정비법(목표 3~4문제)

핵심논점 19 \ 용어정의

1. 토지등소유자
   ① 주거환경개선사업과 재개발사업: 토지 또는 건축물 소유자 또는 그 지상권자
   ② 재건축사업: 건축물 및 그 부속토지의 소유자
2. 정비기반시설: 도로, 상하수도, 구거(溝渠), 공원, 공용주차장, 공동구, 광장, 지역난방시설
3. 공동이용시설: 놀이터, 마을회관, 공동작업장, 탁아소 등 노유자 시설, 공동으로 사용하는 구판장 등

핵심논점 20 \ 기본계획

1. 수립권자: 특별시장·광역시장·자치시장·자치도지사 또는 시장 + 10년 단위 + 5년마다 타당성 검토
2. 도지사가 수립할 필요가 없다고 인정하는 대도시가 아닌 시는 기본계획을 수립하지 아니할 수 있다.
3. 수립절차: 공람(14일 이상)
4. 대도시가 아닌 시장 ⇨ 도지사(승인)
5. 경미한 변경(공람, 지방의회 의견청취, 협의, 심의 승인×): ① 정비사업의 계획기간을 단축하는 경우, ② 정비예정구역 면적을 20% 미만 변경, ③ 건폐율 및 용적률을 20% 미만 변경, ④ 공동이용시설, 사회복지시설 및 주민문화시설 변경

핵심논점 20-1 \ 정비구역

1. 허가대상: 가설건축물의 건축, 용도변경, 공유수면 매립, 토지분할, 토석채취, 물건을 쌓아놓는 행위(1개월 이상), 죽목의 벌채 및 식재
2. 허용사항: 비닐하우스 설치, 경작 + 형질변경, 관상용 죽목의 임시식재(경작지에서의 임시식재는 허가를 요한다)
3. 기득권 보호: 착수 + 신고(30일 이내)
4. 정비구역의 의무적 해제사유: 정비구역 지정 예정일(3년), 추진위원회(2년), 조합(3년), 재개발사업을 토지등소유자가 시행하는 경우(5년)

핵심논점 21 정비사업조합

1. 조합원: 토지등소유자(재건축사업은 조합설립에 동의한 자만 조합원이 될 수 있다). 공유: 1인을 조합원으로 본다.
2. 조합설립인가 동의요건
   ① 재개발사업: 토지등소유자 4분의 3 이상 + 토지면적 2분의 1 이상
   ② 주택단지에서 시행하는 재건축사업: 동별 과반수 동의 + 전체 구분소유자 100분의 70 이상 및 토지면적 100분의 70 이상
   ③ 주택단지가 아닌 지역에서 시행하는 재건축사업: 토지 또는 건축물 소유자의 4분의 3 이상 및 토지면적의 3분의 2 이상의 토지소유자의 동의
3. 조합임원(선임일 직전 3년 동안 거주기간이 1년 이상 또는 5년 이상 소유): 조합장, 이사(토지등소유자의 수가 100명을 초과하면 5명 이상), 감사(1명 이상 3명 이하)
4. 조합임원의 임기: 3년 이하 + 연임할 수 있다.
5. 계약이나 소송: 감사가 조합을 대표한다.
6. 조합원의 수가 100명 이상: 대의원회를 두어야 한다.
7. 조합장이 아닌 이사와 감사는 대의원이 될 수 없다.
8. 퇴임 전 행위의 효력: 퇴임된 임원이 퇴임 전에 관여한 행위는 효력을 잃지 아니한다.
9. 시공자 선정을 의결하는 총회: 조합원 과반수가 직접 출석하여야 한다.
10. 창립총회, 시공자 선정 취소를 위한 총회, 사업시행계획서의 작성 및 변경, 관리처분계획의 수립 및 변경, 정비사업비의 사용 및 변경을 의결하는 총회: 조합원 100분의 20 이상이 직접 출석하여야 한다.
11. 정관의 변경: ① 조합원 자격, ② 조합원의 제명·탈퇴 및 교체, ③ 정비구역의 위치 및 면적, ④ 조합의 비용부담 및 조합의 회계, ⑤ 정비사업비의 부담시기, ⑥ 시공자·설계자 선정 및 변경은 조합원 3분의 2 이상의 찬성으로 한다.
12. 대의원회에서 대행할 수 없는 사항
    ① 정관의 변경, ② 자금의 차입, ③ 예산으로 정한 사항 외에 조합원에게 부담이 될 계약, ④ 정비사업비의 변경, ⑤ 시공자·설계자 선정 및 변경, ⑥ 정비사업전문관리업자의 선정 및 변경, ⑦ 조합임원의 선임(이사와 감사의 보궐선임은 제외) 및 해임, ⑧ 조합의 합병 또는 해산(사업 완료로 인한 해산은 제외)

핵심논점 21-1 \ 정비사업조합의 해산

1. 조합장은 이전고시일부터 1년 이내에 총회를 소집○
2. 조합장이 총회를 소집하지 아니한 경우: 조합원 5분의 1 이상의 요구로 소집된 총회에서 과반수 출석 + 출석조합원 과반수 동의로 해산을 의결할 수 있다.
3. 시장·군수 등은 조합이 정당한 사유 없이 해산을 의결하지 아니하는 경우에는 조합설립인가를 취소할 수 있다.

핵심논점 22 \ 정비사업 시행방법

1. 주거환경개선사업(혼용방법○): ① 토지등소유자가 스스로 주택을 보전·정비·개량하는 방법, ② 수용방법, ③ 환지방법, ④ 관리처분계획으로 공급하는 방법[주택, 부대시설 및 복리시설을 제외한 건축물(이하 '공동주택 외 건축물'이라 한다)×]
2. 재개발사업: ① 환지방법, ② 관리처분계획으로 공급
3. 재건축사업: 관리처분계획으로 공급하는 방법(준주거지역 및 상업지역에서만 전체 건축물 연면적의 100분의 30 이하로 공동주택 외 건축물을 건설할 수 있다)

핵심논점 23 \ 사업시행계획

1. 사업시행계획의 내용: 임대주택건설계획(재건축사업은 제외), 국민주택규모 주택의 건설계획(주거환경개선사업은 제외), 14일 이상 공람. 60일 이내에 인가 여부를 통보
2. 지정개발자인 시행자: 토지등소유자 과반수 + 토지면적의 2분의 1 이상의 동의
3. 인가받은 사항을 중지 또는 폐지: 인가를 받아야 한다.
4. 교육감과 협의: 200m 이내에 교육시설이 설치되어 있는 때
5. 정비사업비의 예치: 재개발사업 + 지정개발자 + 100분의 20 이내
6. 경미한 변경: 신고(대지면적을 10% 범위 안에서 변경, 위치가 변경되지 않는 범위에서 부대·복리시설의 설치규모를 확대하는 때)
7. 임시거주시설 설치의무: 주거환경개선사업, 재개발사업
8. 주거환경개선사업: 국민주택채권매입에 관한 규정을 적용하지 아니한다.

핵심논점 24. 관리처분계획

1. 분양통지 및 공고 : 사업시행계획인가의 고시일부터 90일(1회에 한하여 30일의 범위에서 연장가능) 이내에 토지등소유자에게 통지 + 일간신문에 공고
2. 분양신청기간 : 통지한 날부터 30일 이상 60일 이내
   분양신청기간은 20일의 범위에서 연장할 수 있다.
3. 위해방지 : 건축물의 일부와 대지의 공유지분 교부○
4. 정비구역 지정 후 분할된 토지를 취득한 자 : 현금청산○
5. 분양설계 : 분양신청기간이 만료되는 날
6. 공유 : 1주택 공급
7. 근로자 숙소, 기숙사 용도, 국가, 지방자치단체, 토지주택공사등 : 소유한 주택 수만큼 공급할 수 있다.
8. 공람 : 30일 이상 + 중지·폐지도 인가
9. 경미한 변경(신고)
   ① 계산착오 등에 따른 조서의 단순정정인 때(불이익을 받는 자가 없는 경우에 한함)
   ② 시행자의 변동에 따른 권리의무의 변동이 있는 경우로서 분양설계의 변동을 수반하지 아니하는 경우
10. 시행자의 동의를 받은 경우와 손실보상이 완료되지 아니한 경우에는 종전의 토지 또는 건축물을 사용하거나 수익할 수 있다.
11. 임대주택 인수의무 : 국장, 시·도지사, 시장·군수·구청장 또는 토지주택공사 등은 조합이 요청하면 재개발사업의 시행으로 건설된 임대주택을 인수하여야 한다. ⇨ 시·도지사, 시장·군수·구청장이 우선 인수하여야 한다.
12. 지분형주택 : ㉠ $60m^2$ 이하인 주택으로 한정한다. ㉡ 공동소유기간은 10년의 범위에서 시행자가 정한다.
13. 토지임대부 분양주택으로 전환 : $90m^2$ 미만의 토지만 소유한 자 또는 $40m^2$ 미만의 건축물만 소유한 자가 요청
14. 청산금 소멸시효 : 이전고시일 다음 날 + 5년
15. 시장·군수가 아닌 시행자 : 강제징수 위탁(4/100)
16. 청산금의 물상대위 : 청산금에 대하여 저당권을 행사할 수 있다.

핵심논점 24-1 \ 주민대표회의

1. 토지등소유자가 시장·군수등 또는 토지주택공사 등의 사업시행을 원하는 경우에는 정비구역 지정·고시 후 주민대표회의를 구성하여야 한다.
2. 주민대표회의는 위원장을 포함하여 5명 이상 25명 이하로 구성한다.
3. 주민대표회의에는 위원장과 부위원장 각 1명과, 1명 이상 3명 이하의 감사를 둔다.
4. 주민대표회의는 토지등소유자의 과반수의 동의를 받아 구성하며, 시장·군수 등의 승인을 받아야 한다.
5. 주민대표회의 또는 세입자(상가세입자를 포함)는 사업시행자가 건축물의 철거, 주민의 이주, 보상, 정비사업비 부담, 세입자에 대한 임대주택의 공급 및 입주자격에 관하여 시행규정을 정하는 때에 의견을 제시할 수 있다.

건축법(목표 5문제)

핵심논점 25 \ 용어정의

1. 주요구조부: 내력벽, 기둥, 바닥, 보, 지붕틀, 주계단
2. 지하층: 바닥에서 지표면까지의 평균높이가 해당 층 높이의 2분의 1 이상인 것
3. 고층건축물: 30층 이상 또는 120m 이상인 건축물
4. 초고층건축물: 50층 이상 또는 200m 이상인 건축물
5. 다중이용건축물: 16층 이상 또는 바닥면적의 합계가 5천m^2 이상인 문화 및 집회시설(동물원 및 식물원은 제외), 종교시설, 판매시설, 여객용 시설, 종합병원, 관광숙박시설
6. 준다중이용건축물: 바닥면적의 합계가 1천m^2 이상인 건축물(동물원, 식물원, 업무시설, 수련시설, 제1종, 제2종 근린생활시설은 제외)
7. 특수구조건축물
   ① 한쪽 끝은 고정되고 다른 끝은 지지되지 아니한 구조로 된 보·차양 등이 외벽의 중심선으로부터 3m 이상 돌출된 건축물
   ② 기둥과 기둥 사이의 거리가 20m 이상인 건축물

핵심논점 25-1 건축법 적용대상

1. 건축법을 적용하지 아니하는 건축물
   ① 지정문화유산이나 임시지정문화유산 또는 「자연유산의 보존 및 활용에 관한 법률」에 따라 지정된 천연기념물 등이나 임시지정천연기념물, 임시지정명승, 임시지정시·도자연유산, 임시자연유산자료
   ② 운전보안시설, 철도 선로의 위나 아래를 가로지르는 보행시설, 플랫폼, 철도 또는 궤도사업용 급수·급탄 및 급유시설
   ③ 고속도로 통행료징수시설
   ④ 컨테이너를 이용한 간이창고(공장의 용도 + 이동이 쉬운 것)
   ⑤ 하천구역 내의 수문조작실
2. 전면적 적용대상지역: 도시지역, 비도시지역의 지구단위계획구역, 동 또는 읍
3. 전면적 적용대상지역 외의 지역에서 적용하지 않는 규정: 대지와 도로의 관계, 도로의 지정·폐지·변경, 건축선의 지정, 건축선에 따른 건축제한, 방화지구, 분할제한

핵심논점 26 건축물의 건축과 대수선

1. 신축: 건축물이 없는 대지에 새로 건축물을 축조하는 것
2. 증축: 기존 건축물이 있는 대지에서 건축면적, 연면적, 층수 또는 높이를 늘리는 것
3. 개축: 해체 + 종전과 같은 규모의 범위에서 다시 축조
4. 재축: 멸실 + 종전 규모 이하로 다시 축조
5. 이전: 주요구조부를 해체(×) + 같은 대지의 다른 위치로 옮기는 것
6. 대수선
   ① 내력벽을 증설 또는 해체하거나 그 벽면적을 $30m^2$ 이상 수선 또는 변경
   ② 기둥, 보, 지붕틀을 증설·해체하거나 3개 이상 수선 또는 변경
   ③ 방화벽 또는 방화구획을 위한 바닥 또는 벽을 증설 또는 해체하거나 수선 또는 변경
   ④ 주계단, 피난계단 또는 특별피난계단을 증설 또는 해체하거나 수선 또는 변경
   ⑤ 건축물의 외벽에 설치하는 마감재료를 증설 또는 해체하거나 $30m^2$ 이상 수선 또는 변경

핵심논점 27 │ 건축물의 용도변경

1. 용도변경: 시장·군수·구청장(특별시장·광역시장×)
2. 시설군 및 용도
   ① 자: 자동차 관련 시설
   ② 산: 공장, 창고, 자원순환관련시설, 위험물저장 및 처리시설, 운수시설, 묘지 관련 시설, 장례시설
   ③ 전: 방송통신시설, 발전시설
   ④ 문: 종교, 관광휴게, 위락시설, 문화 및 집회시설
   ⑤ 영: 운동시설, 숙박, 판매, 2종 근생 중 다중생활시설
   ⑥ 교: 노유자, 교육연구, 수련, 야영장, 의료시설
   ⑦ 근: 1종 근생, 2종 근생(다중생활시설은 제외)
   ⑧ 주: 단독주택, 공동주택, 업무, 교정, 국방·군사시설
   ⑨ 기: 동물 및 식물 관련 시설
3. 상위군: 허가대상, 하위군: 신고대상
4. 같은 시설군 안에서 용도변경: 건축물대장 기재변경신청
5. 같은 호에서의 용도변경은 건축물대장 기재변경 신청×
6. 허가대상, 신고대상 + 100m² 이상(500m² 미만은 대수선을 수반하는 경우에 한함): 사용승인 대상
7. 허가대상 + 500m² 이상: 건축사 설계 대상
8. 복수용도의 인정: 허가권자는 지방건축위원회의 심의를 거쳐 다른 시설군의 용도 간 복수용도를 허용할 수 있다.

핵심논점 28 │ 건축허가 및 건축신고

1. 사전결정 통지의 효과: 개발행위허가, 산지전용허가(보전산지는 도시지역만 의제), 농지전용허가, 하천점용허가를 한 것으로 본다.
2. 건축허가 신청의무: 통지받은 날부터 2년 이내
3. 허가권자
   ① 원칙: 특별자치시장, 특별자치도지사, 시장, 군수, 구청장
   ② 예외: 특별시장, 광역시장[21층 이상 또는 연면적 합계가 10만m² 이상인 건축물(공장, 창고는 제외)]
4. 도지사 사전승인
   ① 21층 이상 또는 연면적 합계가 10만m² 이상인 건축물(공장, 창고는 제외)
   ② 자연환경, 수질보호 + 3층 이상 또는 연면적 합계가 1,000m²이상 + 위락시설, 숙박시설, 공동주택, 일반음식점, 일반업무시설
   ③ 주거환경, 교육환경 + 위락시설, 숙박시설

5. 건축신고대상: 바닥면적의 합계가 $85m^2$ 이내의 증축·개축·재축, 연면적이 $200m^2$ 미만이고 3층 미만인 건축물의 대수선, 연면적 합계가 $100m^2$ 이하인 건축물의 건축, 높이 3m 이내의 증축, 2층 이하 + $500m^2$ 이하인 공장
6. 건축신고: 1년 이내 착수×: 효력 상실
7. 건축허가 제한권자: 국장(국토관리, 주무부장관이 국방, 국가유산의 보존, 환경보전, 국민경제상 요청), 특별시장, 광역시장, 도지사(지역계획, 도시·군계획)
   ⇨ 즉시 국장에게 보고하여야 하며, 보고를 받은 국장은 해제를 명할 수 있다.
8. 제한기간: 2년 이내. 1회에 한하여 1년의 범위에서 연장할 수 있다.
9. 공고: 허가권자

핵심논점 29 대지와 도로

1. 옹벽의 외벽면: 지지 또는 배수를 위한 시설 외의 구조물이 밖으로 튀어나오지 아니하게 할 것
2. 대지의 조경 제외: 녹지지역에 건축하는 건축물, 공장, 축사, 도시·군계획시설에 건축하는 가설건축물, 연면적의 합계가 $1,500m^2$ 미만인 물류시설(주거지역 또는 상업지역에 건축하는 경우에는 조경의무가 있다).
3. 공개공지 설치대상: 일반주거지역, 준주거지역, 상업지역, 준공업지역 + $5,000m^2$ 이상 + 문화 및 집회시설, 종교시설, 판매시설(농수산물유통시설은 제외), 운수시설(여객용 시설), 업무시설, 숙박시설
4. 공개공지 확보면적: 대지면적의 100분의 10 이하(조례)
5. 공개공지 설치시 완화규정: 용적률(1.2배 이하), 건축물의 높이제한(1.2배 이하)
6. 공개공지 활용: 연간 60일 이내의 기간 동안 주민들을 위한 문화행사를 열거나 판촉활동을 할 수 있다.
7. 건축선에 따른 건축제한
   ① 건축물과 담장은 건축물의 수직면을 넘어서는 아니 된다. 다만, 지표 아래 부분은 수직면을 넘을 수 있다.
   ② 도로면으로부터 4.5m 이하의 출입구, 창문은 열고 닫을 때 건축선의 수직면을 넘지 아니하는 구조로 하여야 한다.

핵심논점 29-1 \ 건축물의 구조안전

1. 구조안전 확인서류 제출대상 건축물(내진능력 공개대상)
   ① 층수가 2층(목구조 건축물은 3층) 이상
   ② 연면적 $200m^2$(목구조 건축물은 $500m^2$) 이상
   ③ 높이가 13m 이상
   ④ 처마높이가 9m 이상
   ⑤ 기둥 + 기둥 사이의 거리가 10m 이상
   ⑥ 단독주택 및 공동주택
2. 난간설치 : 높이 1.2m 이상
3. 옥상광장 : 5층 이상인 문화 및 집회시설(전시장 및 동물원·식물원은 제외), 종교시설, 판매시설, 주점영업, 장례시설
4. 헬리포트 : 11층 이상 + 11층 이상인 층의 바닥면적의 합계가 1만m^2 이상인 건축물
5. 피난안전구역 설치
   ① 초고층 건축물 : 최대 30개층마다 1개소 이상 설치하여야 한다.
   ② 준초고층 건축물 : 전체 층수의 2분의 1에 해당하는 층으로부터 상하 5개 층 이내에 1개소 이상 설치하여야 한다.
6. 소음방지를 위한 층간바닥 설치대상 : 다가구주택, 공동주택(주택법에 따른 주택건설사업계획 승인대상은 제외), 오피스텔, 다중생활시설
7. 범죄예방기준에 따라 건축하여야 하는 건축물 : 기숙사×, 동·식물원×, 연구소 및 도서관×

핵심논점 30 \ 지역 및 지구 안의 건축물

1. 건폐율 : 대지면적에 대한 건축면적의 비율(강화○, 완화○)
2. 용적률 : 대지면적에 대한 연면적의 비율(강화○, 완화○)
3. 대지의 분할제한 : 주거($60m^2$), 상업·공업($150m^2$), 녹지($200m^2$), 관리·농림·자연환경보전지역($60m^2$)
4. 가로구역에서의 높이제한
   ① 같은 가로구역에서 허가권자가 지방건축위원회의 심의를 거쳐 건축물의 높이를 다르게 정할 수 있다.
   ② 특별시장과 광역시장은 특별시나 광역시의 조례로 정할 수 있다.

5. 전용주거지역과 일반주거지역: 정북 방향(건축물의 높이가 10m 이하인 부분은 1.5m 이상, 건축물의 높이가 10m를 초과하는 부분은 건축물 높이의 2분의 1 이상)
6. 공동주택: 일반상업지역과 중심상업지역은 채광 등의 확보를 위한 건축물의 높이제한을 적용하지 아니한다.
7. 2층 이하 + 8m 이하: 일조 등의 확보를 위한 건축물의 높이제한을 적용하지 아니할 수 있다.

핵심논점 31 \ 특별건축구역

1. 지정권자: 국장, 시·도지사
2. 지정대상: 개발제한구역, 자연공원, 접도구역, 보전산지는 지정할 수 없다.
3. 지정의 효과: 용도지역·용도지구·용도구역은 의제×
4. 적용의 배제: 건폐율, 용적률, 건축물의 높이제한, 대지의 조경, 대지 안의 공지에 관한 규정을 적용하지 아니할 수 있다.
5. 통합 적용: 건축물의 미술작품의 설치, 부설주차장 설치, 공원의 설치에 관한 규정을 통합하여 적용할 수 있다.

핵심논점 31-1 \ 면적산정방법

1. 건축면적(외벽 + 중심선)
   ① 지하주차장의 경사로: 건축면적에 산입×
   ② 건축물의 지상층에 일반인이나 차량이 통행할 수 있는 보행통로나 차량통로: 건축면적에 산입×
   ③ 생활폐기물보관시설: 건축면적에 산입×
2. 바닥면적(구획 + 중심선)
   ① 벽·기둥의 구획이 없는 건축물: 지붕 끝부분으로부터 1m를 후퇴한 선으로 둘러싸인 수평투영면적
   ② 건축물의 노대: 노대의 면적 − (가장 긴 외벽×1.5m)
   ③ 1층 필로티: 주차에 전용하는 경우와 공중의 통행, 차량의 통행, 공동주택의 경우에는 바닥면적에 산입×
   ④ 승강기탑, 계단탑, 장식탑: 바닥면적에 산입×
   ⑤ 층고가 1.5m(경사진 지붕 형태의 경우에는 1.8m) 이하인 다락은 바닥면적에 산입×
   ⑥ 공동주택으로서 지상층에 설치한 기계실, 전기실, 어린이놀이터, 조경시설, 생활폐기물 보관시설은 바닥면적에 산입×

3. 용적률 산정시 연면적에서 제외되는 것: 지하층, 지상층의 주차용 면적(부속용도인 경우에 한함), 피난안전구역의 면적, 대피공간의 면적
4. 지하층은 층수에 산입하지 않는다.
5. 층의 구분이 명확하지 아니한 건축물: 4m마다 하나의 층으로 산정한다.
6. 건축물의 부분에 따라 층수가 다른 경우: 가장 많은 층수를 건축물의 층수로 본다.

핵심논점 31-2 건축협정

1. 건축협정의 체결: 토지 또는 건축물의 소유자, 지상권자 등은 전원의 합의로 건축물의 건축·대수선 또는 리모델링에 관한 협정을 체결할 수 있다.
2. 건축협정 체결대상 토지가 둘 이상에 걸치는 경우: 토지면적의 과반이 속하는 인가권자에게 인가를 신청할 수 있다.
3. 건축협정 폐지: 과반수 동의 + 인가
4. 건축협정의 승계: 건축협정이 공고된 후 건축협정구역에 있는 토지나 건축물 등에 관한 권리를 협정체결자인 소유자 등으로부터 이전받거나 설정받은 자는 협정체결자로서의 지위를 승계한다.
5. 통합적용대상: 대지의 조경, 대지와 도로의 관계, 지하층의 설치, 건폐율, 부설주차장의 설치, 개인하수처리시설의 설치

주택법(목표 5문제)

핵심논점 32 용어정의

1. 국민주택
   ① 국가, 지방자치단체, 한국토지주택공사 또는 지방공사가 건설하는 주택 + $85m^2$ 이하(수도권을 제외한 도시지역이 아닌 읍 또는 면은 $100m^2$ 이하)인 주택
   ② 국가, 지방자치단체의 재정 또는 주택도시기금으로부터 자금을 지원받아 건설되는 주택 + $85m^2$ 이하(수도권을 제외한 도시지역이 아닌 읍 또는 면은 $100m^2$ 이하)인 주택
2. 준주택: 오피스텔, 노인복지주택, 기숙사, 다중생활시설

핵심논점 32-1 용어정의

1. 도시형 생활주택: 300세대 미만 + 국민주택규모 + 도시지역에 건설하는 주택
2. 아파트형 주택
   ① 세대별로 욕실 및 부엌을 설치할 것
   ② 지하층에는 세대를 설치하지 아니할 것
⇨ 준주거지역 또는 상업지역에서는 아파트형 주택과 도시형 생활주택이 아닌 주택을 함께 건축할 수 있다.
⇨ 하나의 건축물에는 단지형 연립주택 또는 단지형 다세대 주택과 아파트형 주택을 함께 건축할 수 없다.
3. 사업계획승인을 받아 건설하는 세대구분형 공동주택: 구분 소유×, 전체 세대수의 3분의 1을 초과×
4. 별개의 주택단지: 너비 20m 이상의 일반도로로 분리된 토지, 너비 8m 이상의 도시계획예정도로로 분리된 토지
5. 부대시설: 주차장, 관리사무소, 담장, 건축설비, 경비실
6. 복리시설: 어린이놀이터, 근린생활시설, 유치원, 경로당, 주민운동시설, 주민공동시설
7. 간선시설: 도로·상하수도·전기시설·가스시설·통신시설 및 지역난방시설 등 주택단지 안의 기간시설을 그 주택단지 밖에 있는 같은 종류의 기간시설에 연결시키는 시설
8. 리모델링: 대수선 또는 증축[15년 경과 + 전용면적 30% 이내 + 세대수 15% 이내 + 수직 증축(기존 층수가 14층 이하인 경우에는 2개층 이하, 15층 이상인 경우에는 3개층 이하까지 증축 가능)]
9. 공구: 착공신고 및 사용검사를 별도로 수행할 수 있는 구역. 공구별 세대수는 300세대 이상 + 공구 간 경계는 6m 이상일 것(전체 세대수는 600세대 이상)

핵심논점 33 주택조합

1. 조합원 모집: 조합원의 사망 등으로 충원하는 경우와 미달된 조합원을 재모집하는 경우에는 신고하지 아니하고 선착순의 방법으로 조합원을 모집할 수 있다.
2. 지역주택조합과 직장주택조합: 조합설립인가신청시 80% 이상의 토지사용권원 + 15% 이상의 소유권 확보하여 시장·군수·구청장에게 제출하여 인가를 받아야 한다.
3. 리모델링주택조합: 조합설립인가신청시 결의서(주택단지 전체를 리모델링하는 경우에는 전체 3분의 2 이상의 결의 + 동별 과반수 결의, 동을 리모델링하는 경우 3분의 2 이상의 결의)와 대수선(10년), 증축(15년)이 경과하였음을 증명하는 서류를 제출할 것
4. 국민주택 + 직장주택조합(시장·군수·구청장에게 신고): 조합원은 무주택자에 한한다.
5. 주택의 우선공급: 지역주택조합과 직장주택조합
6. 지역주택조합과 직장주택주합: 주택건설예정세대수(임대주택은 제외)의 50% 이상이 조합원 + 20명 이상이어야 한다.
7. 의결요건: 100분의 20 이상이 직접 출석○
   ① 자금의 차입과 그 방법·이자율 및 상환방법
   ② 예산으로 정한 사항 외에 조합원에게 부담이 될 계약
   ③ 업무대행자의 선정·변경
   ④ 시공자의 선정·변경 및 공사계약의 체결
   ⑤ 조합임원의 선임 및 해임
   ⑥ 사업비의 조합원별 분담명세 확정 및 변경
   ⑦ 조합해산의 결의 및 해산시의 회계 보고
8. 충원 가능사유
   ① 조합원의 사망
   ② 무자격자로 판명된 경우
   ③ 조합원의 탈퇴 등으로 50% 미만이 된 경우
9. 추가모집에 따른 자격요건 판단시점: 조합설립인가신청일
10. 추가모집에 따른 변경인가신청: 사업계획승인신청일
11. 지역주택조합과 직장주택조합: 조합설립인가를 받은 후 2년 이내에 사업계획승인을 신청하여야 한다.
12. 가입철회 등
    ① 가입을 신청한 자는 30일 이내에 청약 철회할 수 있다.
    ② 모집주체는 7일 이내에 가입비 반환을 요청하여야 한다.
    ③ 예치기관의 장은 10일 이내에 반환하여야 한다.

핵심논점 34 │ **주택상환사채**

1. 발행권자 : 한국토지주택공사와 등록사업자. 이 경우 등록사업자는 지급보증○
2. 등록사업자 : 자본금 5억원 이상 + 최근 3년간 주택건설실적이 300호 이상
3. 발행계획 : 국장의 승인
4. 발행방법 : 기명증권(양도금지). 액면 또는 할인가능
5. 명의변경 : 원부에 기재변경신청. 채권에 기록하지 아니하면 발행자 및 제3자에게 대항할 수 없다.
6. 상환기간 : 3년(발행일부터 공급계약체결일까지의 기간)을 초과할 수 없다.
7. 등록사업자의 등록말소 : 효력에는 영향을 미치지 않는다.
8. 양도가능 사유 : 세대원의 근무·취학·결혼으로 인하여 세대원 전원이 이전하는 경우 + 세대원 전원이 2년 이상 해외에 체류하고자 하는 경우 + 세대원 전원이 상속으로 이전

핵심논점 35 │ **사업계획승인**

1. 사업계획승인 대상 : 한옥 50호 이상, 대지 1만m^2 이상
2. 한국토지주택공사가 사업주체인 경우와 국장이 지정·고시한 지역 : 국장의 사업계획승인을 받아야 한다.
3. 사업계획 승인여부 통보 : 60일 이내
4. 사업계획의 경미한 변경 : 사업주체가 국가, 지자체, 한국토지주택공사, 지방공사인 경우로 총사업비의 20%의 범위에서의 증감, 대지면적의 20% 범위에서의 면적 증감, 위치를 변경되지 아니하는 범위에서의 배치조정 또는 도로의 선형변경은 변경승인을 받지 않아도 된다.
5. 표본설계도서 : 한국토지주택공사, 지방공사 또는 등록사업자는 동일한 규모의 주택을 대량으로 건설하려는 경우에는 국토교통부장관에게 주택의 형별(型別)로 표본설계도서를 작성·제출하여 승인을 받을 수 있다.
6. 착공 : 사업계획승인을 받은 날부터 5년(1년의 범위에서 연장 가능) 이내에 공사를 시작하여야 한다(2공구 : 2년 이내에 공사를 시작하여야 한다).
7. 착공신고 : 20일 이내에 수리 여부를 통지하여야 한다.
8. 취소사유 : 사업계획승인권자는 다음에 해당하면 사업계획승인을 취소할 수 있다.
   ① 5년 이내에 착수×(2공구는 취소할 수 없다)
   ② 사업주체가 대지의 소유권을 상실한 경우(분양보증×)
   ③ 공사 완료가 불가능한 경우(분양보증×)

핵심논점 35-1 사업주체의 매도청구

1. 매도청구대상: 대지(건축물을 포함)
2. 매도청구가격: 시가
3. 협의기간: 3개월 이상
4. 95% 이상 사용권원 확보: 모든 소유자
5. 95% 미만 사용권원 확보: 10년 이전에 소유권을 확보하여 계속 보유한 자에게는 매도청구할 수 없다.
6. 리모델링주택조합: 리모델링 결의에 찬성하지 아니한 자에게 매도청구할 수 있다.

핵심논점 35-2 주택소유자의 매도청구

1. 매도청구대상: 주택소유자가 실소유자에게 매도청구
2. 매도청구가격: 시가
3. 대표자 선정: 4분의 3 이상의 동의
4. 매도청구요건: 전체 대지면적의 5% 미만
5. 송달기간: 2년 이내

핵심논점 35-3 임대주택건설 및 용적률 완화

1. 완화대상: 용적률
2. 임대주택 건설비율: 완화된 용적률의 30% 이상 60% 이하
3. 임대주택 인수자: 국장, 시·도지사, 한국토지주택공사, 지방공사 ⇨ 시·도지사가 우선 인수할 수 있다. 이 경우 시·도지사가 인수하지 아니한 경우에는 국장에게 인수자 지정요청
4. 공급가격: 건축비○. 부속토지는 기부채납한 것으로 본다.
5. 선정방법: 공개추첨의 방법으로 선정하여야 한다.

핵심논점 36 공급질서교란금지

1. 공급질서 교란금지 대상행위: 매매·증여·알선·광고는 금지(상속·저당은 허용).
2. 해당 지위(증서): 조합원의 지위, 주택상환사채(토지상환채권, 도시개발채권×), 입주자저축증서, 시장·군수·구청장이 발행한 건축물철거확인서, 이주대책대상자확인서

핵심논점 37 분양가상한제

1. 입주자모집공고: 시장·군수·구청장의 승인(공공주택사 업자×), 복리시설: 신고(공공주택사업자×)
2. 마감자재 목록표: 2년 이상 보관
3. 분양가상한제 적용대상에서 제외하는 주택: 도시형 생활주택, 관광특구에서 50층 이상 또는 높이가 150m 이상인 공동주택, 주거환경개선사업 및 공공재개발사업, 혁신지구재생사업, 도심 공공주택 복합사업에서 건설·공급하는 주택
4. 분양가격: 택지비 + 건축비(토지임대부 분양주택은 건축비만 해당)
5. 분양가격 공시의무: 공공택지(사업주체), 공공택지 외의 택지(시장·군수·구청장). 공시내용: 간접비도 포함된다.
6. 분양가상한제 적용지역: 국장 지정
   ① 12개월간의 분양가상승률이 물가상승률의 2배 초과
   ② 3개월간 주택매매거래량이 20% 이상 증가
   ③ 2개월간 청약경쟁률이 모두 5:1 초과 또는 국민주택규모 주택의 청약경쟁률이 모두 10:1 초과
7. 분양가심사위원회: 시장·군수·구청장이 20일 이내에 설치·운영하여야 한다.

핵심논점 38 투기과열지구

1. 지정권자: 국장(시·도지사의 의견청취), 시·도지사(국장과 협의)
2. 지정대상지역
   ① 2개월간 청약경쟁률이 모두 5:1 초과 또는 국민주택규모 주택의 청약경쟁률이 모두 10:1 초과한 지역
   ② 주택의 분양실적이 지난 달보다 30% 이상 감소한 지역
   ③ 시·도의 주택보급률 또는 자가주택비율이 전국 평균 이하인 곳

3. 재검토: 국장 + 반기
4. 전매제한대상: 상속은 제외
5. 전매제한기간: 입주자로 선정된 날부터 수도권은 3년, 수도권 외의 지역은 1년

핵심논점 38-1 조정대상지역

1. 지정권자: 국장
2. 과열지역(3개월간 주택가격상승률이 1.3배를 초과)
   ① 2개월간 청약경쟁률이 모두 5:1 초과 또는 국민주택규모 주택의 청약경쟁률이 모두 10:1 초과한 지역
   ② 3개월간 분양권 전매거래량이 30% 이상 증가한 지역
   ③ 시·도의 주택보급률 또는 자가주택비율이 전국 평균 이하인 지역

핵심논점 38-2 전매가능 사유

1. 세대원이 근무, 생업상의 사정이나 질병치료·취학·결혼으로 인하여 세대원 전원이 다른 시 또는 군으로 이전하는 경우. 다만, 수도권 안에서 이전하는 경우는 제외한다.
2. 상속 + 세대원 전원이 이전하는 경우
3. 세대원 전원이 해외로 이주하거나 2년 이상의 기간 해외에 체류하고자 하는 경우
4. 이혼 + 배우자에게 이전하는 경우
5. 주택 또는 지위의 일부를 그 배우자에게 증여하는 경우
6. 채무불이행으로 경매 또는 공매가 진행되는 경우
7. 실직·파산·신용불량으로 경제적 어려움이 발생한 경우
⇨ 전매제한 주택을 전매하는 경우에는 한국토지주택 공사가 그 주택을 우선 매입할 수 있다.
⇨ 분양가상한제 적용주택 및 공공택지 외의 택지에서 건설·공급하는 주택 및 토지임대부 분양주택을 공급하는 경우에는 그 주택의 소유권을 제3자에게 이전할 수 없음을 소유권에 관한 등기에 부기등기하여야 한다.

농지법(목표 1문제)

핵심논점 39 농지의 소유제한

1. 농업인
   ① 1,000m² 이상의 농지에서 농작물 또는 다년생식물을 경작 또는 재배하거나 1년 중 90일 이상 농업에 종사하는 자
   ② 농지에 330m² 이상의 고정식온실·버섯재배사·비닐하우스를 설치하여 농작물 또는 다년생식물을 경작 또는 재배하는 자
   ③ 대가축 2두, 중가축 10두, 소가축 100두, 가금 1천수 또는 꿀벌 10군 이상을 사육하거나 1년 중 120일 이상을 축산업에 종사하는 자
   ④ 농산물의 연간 판매액이 120만원 이상인 자
2. 농지의 소유상한(주말·체험영농: 세대원 합산 1천m² 미만, 상속과 이농: 1만m² 까지만 소유 가능)
3. 농취증 발급○: 학교 + 시험·연구·실습지, 주말·체험영농 목적으로 농업진흥지역 외의 농지를 취득, 농지전용허가를 받거나 농지전용신고를 한 자가 농지를 취득
4. 농취증 발급기간: 7일(농업경영계획서 또는 주말·체험영농계획서를 작성하지 않는 경우에는 4일, 심의를 거쳐야 하는 경우에는 14일) 이내
5. 농취증 발급×
   ① 국가나 지방자치단체가 농지를 소유하는 경우
   ② 상속으로 농지를 취득하여 소유하는 경우
   ③ 담보농지를 취득하여 소유하는 경우
   ④ 농지전용협의를 마친 농지를 소유하는 경우
   ⑤ 농업법인의 합병으로 농지를 취득하는 경우
   ⑥ 공유농지의 분할로 농지를 취득하는 경우
   ⑦ 시효의 완성으로 농지를 취득하는 경우
6. 농지의 처분사유: 소유농지를 정당한 사유(징집, 질병, 취학, 공직취임) 없이 자기의 농업경영에 이용하지 않은 경우
7. 농지의 처분의무: 1년
8. 농지의 처분명령: 6개월(3년간 직권으로 처분명령유예)
9. 매수청구: 한국농어촌공사(공시지가)
10. 이행강제금: 1년에 1회씩 감정가격 또는 개별공시지가 중 높은 가액의 100분의 25를 부과

핵심논점 39-1 농지의 임대차

1. 임대차 사유 : 60세 이상 + 농업경영기간이 5년 이상
2. 임대차 계약방법 : 서면계약을 원칙으로 한다.
3. 대항력 : 임대차계약은 등기가 없는 경우에도 임차인이 농지소재지를 관할하는 시·구·읍·면의 장의 확인을 받고, 해당 농지를 인도받은 경우에는 그 다음 날부터 제3자에 대하여 효력이 생긴다.
4. 임대차 기간 : 3년 이상 또는 5년(다년생식물재배지 또는 비닐하우스를 설치한 농지) 이상
5. 임대차 기간의 특례 : 징집·질병·취학·공직취임 등 불가피한 사유가 있으면 3년 또는 5년 미만으로 정할 수 있다.
6. 무효 : 농지법에 위반된 약정으로서 임차인에게 불리한 것은 효력이 없다.

핵심논점 40 농지의 보전

1. 농업진흥지역 지정권자 : 시·도지사(농장은 승인권자)
2. 농업진흥지역 구분 : 농업진흥구역(집단화) + 농업보호구역
3. 농업진흥지역 지정대상 : 녹지지역(특별시는 제외)·관리지역·농림지역·자연환경보전지역
4. 농업진흥구역에서 허용되는 행위 : 농수산물 가공처리시설, 농수산관련 시험연구시설, 문화유산의 보수복원, 농업인 주택
5. 농업보호구역에서 허용되는 행위 : 관광농원사업(3만m^2 미만), 주말농원사업(3천m^2 미만), 단독주택(1천m^2 미만), 양수정·정수장(3천m^2 미만), 태양에너지 발전설비(1만m^2 미만)
6. 농지전용신고 : 농업인 주택, 농수산물 유통가공시설, 어린이놀이터, 양어장, 양식장 등 농업용시설로 전용하는 경우
7. 농지전용허가의 필수적 취소 : 명령을 위반한 경우

제37회 공인중개사 시험대비 **전면개정**

2026 박문각 공인중개사
김희상 필수서 2차 부동산공법 | 부동산공법 핵심 논점 40제 총정리

초판인쇄 | 2025. 11. 25.　**초판발행** | 2025. 11. 30.　**편저** | 김희상 편저
발행인 | 박 용　**발행처** | (주)박문각출판　**등록** | 2015년 4월 29일 제2019-000137호
주소 | 06654 서울시 서초구 효령로 283 서경 B/D 4층　**팩스** | (02)584-2927
전화 | 교재 주문 (02)6466-7202, 동영상문의 (02)6466-7201

저자와의
협의하에
인지생략

이 책의 무단 전재 또는 복제 행위는 저작권법 제136조에 의거, 5년 이하의 징역 또는 5,000만원 이하의 벌금에 처하거나 이를 병과할 수 있습니다.

비매품
ISBN 979-11-7519-473-1